¡Spanish for You!

Spanish Course for Beginners
and Advanced Students A1-B1

HEIDI MCPHERSON

Copyright © 2019 Heidi McPherson

All rights reserved. In accordance with U.S. Copyright Act of 1976, the scanning, uploading, and electronic sharing of any part of this book without permission of the publisher constitute unlawful piracy and theft of the author's intellectual property. No part of this book may be reproduced in any form by any electronic or mechanical means (including photocopying, recording or information storage and retrieval) without permission in writing from the author or publisher. Thank you for your support of the author's rights. If you would like to purchase bulk or wholesale copies, please contact the publisher at richterpublishing@icloud.com.

Published by Richter Publishing LLC www.richterpublishing.com

Book Cover Design: Richter Publishing LLC – artwork 123.rtf

Editors: Marisa Beetz & Margarita Martinez

Book Formatting: Monica San Nicolas

ISBN-10: 1-945812-79-6 paperback

ISBN-13: 978-1-945812-79-8

DISCLAIMER

This book is designed to provide information on the Spanish language only. This information is provided and sold with the knowledge that the publisher and author do not offer any legal or medical advice. In the case of a need for any such expertise consult with the appropriate professional. This book does not contain all information available on the subject. This book has not been created to be specific to any individual people or organization's situation or needs. Reasonable efforts have been made to make this book as accurate as possible. However, there may be typographical and or content errors. Therefore, this book should serve only as a general guide. This book contains information that might be dated or erroneous and is intended only to educate and entertain. The author and publisher shall have no liability or responsibility to any person or entity regarding any loss or damage incurred, or alleged to have incurred, directly or indirectly, by the information contained in this book or as a result of anyone acting or failing to act upon the information in this book. You hereby agree never to sue and to hold the author and publisher harmless from any and all claims arising out of the information contained in this book. You hereby agree to be bound by this disclaimer, covenant not to sue and release. You may return this book within the guaranteed time period for a full refund. In the interest of full disclosure, this book may contain affiliate links that might pay the author or publisher a commission upon any purchase from the company. While the author and publisher take no responsibility for any virus or technical issues that could be caused by such links, the business practices of these companies and/or the performance of any product or service, the author or publisher have used the product or service and make a recommendation in good faith based on that experience. All characters appearing in this work have given permission. Any resemblance to other real persons, living or dead, is purely coincidental. The opinions and stories in this book are the views of the authors and not those of the publisher.

HOW IS THIS SPANISH COURSE STRUCTURED? .... **VIII**

LECCIÓN 1 *EMPECEMOS BIEN* MAKING A GOOD START **1**

    The form of address in Spain - Farewells - Expressing thanks 2

    Comma rules 3

    The Spanish alphabet *(el alfabeto)* and pronunciation *(pronunciación)* 3

    Números *(Numbers)* 6

    Especificaciones de cantidad *(Quantity specifications)* 7

    Las Profesiones *(The Professions)* 7

    La Nacionalidad *(The Nationality)* 8

    The endings for nationalities; The gender of job titles 11

    The personal pronouns 11

    El presente de indicativo – ser (to be), llamarse (to call oneself), tener (to have) 12

LECCIÓN 2 *¿DE DÓNDE ERES TÚ?* WHERE ARE YOU FROM? **13**

    The question words 14

    Preguntas para la clase *(Questions in the classroom)* 14

    El articulo *(The article)* 18

    El articulo determinado *(The definite article)* 18

    El articulo indeterminado *(The indefinite article)* 19

    Nouns - Masculine/Feminine – Singular/Plural 20

    El presente de indicativo – trabajar *(to work)*, estudiar *(to study)*, hablar *(to talk)* 23

LECCIÓN 3 *EXPRESIONES DE TIEMPO EN ESPAÑOL* TIME EXPRESSIONS IN SPANISH **24**

    Las partes del día en España *(The parts of the day in Spain)* 25

    La Hora *(The time)* 26

    Los meses del año *(The months of the year)* 28

    Todo el año *(The course of the year)* 29

    Los cumpleaños *(Birthdays)* 29

    Al teléfono *(On the phone)* 29

    Quiero, Quieres, Quiere 30

    Talking about reasons with 30

    Verbs and their prepositions 32

    Further functions of prepositions 33

LECCIÓN 4 *DESCRIPCIÓN DETALLADA DEL PRESENTE DE INDICATIVO CON EJERCICIOS* A DETAILED DESCRIPTION OF THE PRESENT INDICATIVE WITH EXERCISES 34

- El indicativo *(The indicative)* 35
- El presente de indicativo *(The present indicative tense)* 35
- Irregular verbs 39

LECCIÓN 5 *TODO EL SANTO DÍA* THE WHOLE DAY LONG 48

- El tra(n)scurso del día *(The daily routine)* 49
- Reflexive verbs 50
- El clima *(The climate)* 52
- The formation of the feminine and plural forms of adjectives 53
- *Muy + Mucho* 56
- Los colores *(The colors)* 57
- Demonstrative pronouns and adjectives 58
- Important characteristics of the Spanish language 59
- Adverbs 60

LECCIÓN 6 *MI FAMILIA* MY FAMILY 61

- El grupo familiar *(The whole family)* 62
- Los posesivos *(The possessives)* 62

LECCIÓN 7 *DE COMPRAS Y RESTAURANTES* SHOPPING AND RESTAURANTS 69

- La ropa *(The clothing)* 70
- Una tienda de ropa *(A clothing store)* 70
- Dining out in a restaurant 71
- Questions from a waiter in a restaurant 72
- How to order in a restaurant 73
- Questions and responses of two customers in a restaurant 73
- Necessary verbs – *pedir, salir, valer, traer, poner* 74

LECCIÓN 8 *LOS BARRIOS* THE DISTRICTS 77

- Mi barrio es … *(My district is …)* 78
- Negation 79
- Las tiendas *(The stores)* [BE shops] 79
- Las instalaciones *(The facilities)* 80
- Preguntar por la dirección *(Asking the way)* 81

Answers to a request for directions 81

Ask for a specific place or business and understand the answers 85

Indefinite quantifiers 86

LECCIÓN 9 *DEPORTES Y OCIO* SPORT AND LEISURE 87

Aficiones *(Hobbies)* 88

The verb gustar *(to like, to enjoy, to be pleasing (to))* 88

Pleasures and interests 89

LECCIÓN 10 *LA DISTINCIÓN ENTRE SER, ESTAR, Y HAY.* THE DISTINCTION BETWEEN *SER, ESTAR,* AND *HAY* 92

The verb *hay* 93

The distinction between *ser* and *estar* 94

LECCIÓN 11 *AQUÍ TIENES TU CASA* MAKE YOURSELF AT HOME 100

Apartment *(BE flat)* 101

Expressing superiority 104

Expressing equality 104

Expressing inferiority 105

LECCIÓN 12 *PRETÉRITO PERFECTO* THE PERFECT TENSE 106

El pretérito perfecto *(The perfect tense)* – Part I 107

Verbs and their past participles 108

Los marcadores temporales *(Time markers for the perfect tense)* 108

The different use of the verbs *poder* and *saber* 111

Pretérito perfecto *(The perfect tense)* – Part II 112

Questions in the *pretérito perfecto* 114

LECCIÓN 13 *DEMOSTRATIVOS* (DEMONSTRATIVES) *Y GERUNDIOS* (GERUNDS) 117

Demostrativos *(Demonstratives)* 118

Interrogative pronouns *quién, quiénes* 119

El gerundio *(The gerund)* 121

The use of gerunds 123

The position of the pronouns with the gerund 126

LECCIÓN 14 *ME CUESTA COMPRENDER EL ESPAÑOL* I FIND IT DIFFICULT TO UNDERSTAND SPANISH 127

A mí me gustaría/A ella le gustaría *(Expressing wishes)* 128

Expresar gustos y preferencias *(Expressing pleasures and preferences)* 128

Me siento *(I feel)* 129

Ponerse *(Expressing present feelings)* 131

Dar *(Expressing feelings)* 131

Pasar *(Expressing positive and negative feelings)* 132

Me cuesta *(I find it hard; I can hardly; it is (are) difficult for me)* 132

Va Bien and Tienes Que *(Making suggestions)* 134

Difference between *parecerse a* and *parecer* 135

Difference between *llevarse* and *llevar* 138

LECCIÓN 15 *¿TE GUSTA EL CORDERO?* DO YOU LIKE LAMB? 140

La comida *(The food)* 141

Impersonal instructions 145

Impersonal expressions 146

Giving instructions 146

Recomendar, dar consejos, aconsejar To give somebody a piece of advice 147

Giving advice using direct object pronouns 151

The definite article with a descriptive expression 152

Tener ganas de 154

LECCIÓN 16 *¿ME DEJAS TUS MALETAS?* WILL YOU LEND ME YOUR BAGS? 156

To meet someone or to bump into someone 156

Borrow things, actions, or favors 158

Different approaches to ask for a favor or an action 160

Pedir permiso *(to ask for permission)* 161

LECCIÓN 17 *POR Y PARA* 163

LECCIÓN 18 *PRETÉRITO INDEFINIDO* THE SIMPLE PAST (PRETERITE) 169

Irregular verbs in the *pretérito indefinido* 172

Irregular verbs in which vowel and consonant changes 173

completely irregular verbs 174

Differentiation between *pretérito perfecto* and *pretérito indefinido* 177

LECCIÓN 19 STRONG LANGUAGE AND IDIOMATIC EXPRESSIONS IN SPANISH 182

LECCIÓN 20 *PRETÉRITO IMPERFECTO* THE IMPERFECT TENSE 186

    Regular verbs 187

    Irregular verbs 187

    Differentiation between *pretérito perfecto, pretérito indefinido* and *pretérito imperfecto* 189

    The difference between *pretérito indefinido* and *pretérito imperfecto* in a past event 192

LECCIÓN 21 *MAÑANA SERÁ OTRO DÍA* TOMORROW IS ANOTHER DAY 198

    Futuro próximo *(The near future)* 199

    Futuro simple *(The simple future)* 199

LECCIÓN 22 *CONDICIONAL SIMPLE* THE SIMPLE CONDITIONAL 204

LECCIÓN 23 *DAR A CONOCER* COMMUNICATE 212

    Las perífrasis verbales *(The verbal periphrases)* 213

LECCIÓN 24 ¡*DESPIERTA Y DESAYUNA!* WAKE UP AND HAVE BREAKFAST! 220

    El imperativo *(The imperative)* 221

    Irregular imperative verbs 223

    The position of the pronouns 224

    Pronouns with the imperative 225

    Negative imperative 226

    Prohibición *(Prohibition)* y Obligación *(Obligation)* 229

LECCIÓN 25 ¿*SE TE DAN BIEN LOS IDIOMAS?* DO YOU HAVE ANY LANGUAGE SKILLS? 232

    Conjunctions for continuing a story 233

    Conjunctions used to explain the cause of events 233

    Conjunctions used to express opposing ideas in one sentence 234

    Expressing peoples' abilities *(habilidades)* 235

    El pretérito pluscuamperfecto *(The past perfect)* 241

LECCIÓN 26 ¡*DESEO QUE TENGAS MUCHA SUERTE!* I WISH YOU A LOT OF LUCK! 242

    El presente de subjuntivo *(The present subjunctive)* 243

    Express a hypothesis 251

    futuro perfecto *(future perfect indicative)* 252

    Assessment of facts and situations with the *presente de subjuntivo* 254

    Creer/Creerse 254

Usage of the pretérito perfecto de subjuntivo *(The present perfect subjunctive)* 255

El pretérito imperfecto de subjuntivo *(The imperfect subjunctive)* 258

SOLUTIONS 260

ENGLISH TRANSLATIONS 310

VOCABULARY 328

HEIDI MCPHERSON

HOW IS THIS SPANISH COURSE STRUCTURED?

This Spanish course is a detailed guide to learning the Spanish language. Particularly, it is intended to help students approach real-language usage.

In many lecciónes, everyday topics are discussed, including very useful vocabulary. For those cases in which vocabulary is extensive, a part is integrated into the lección's grammar section, and the rest is discussed separately. In addition, many English translations are included for ease of understanding.

Separate lecciónes are devoted to the distinctions between *ser* and *estar*, and *por* and *para*. Exercises are used to make their distinct application clear and understandable. The four past tenses are also clearly explained. Exercises illustrate when each should be used.

At the end there is a big vocabulary that contains all the Spanish words in this book. In addition, as a small bonus many other important Spanish phrases and words are also included in this vocabulary.

Three big tests are included at levels A1 and B1 and can be used to identify your weaknesses.

Have fun with this Spanish course!

LECCIÓN 1
EMPECEMOS BIEN
MAKING A GOOD START

The beginning is always the hardest part, and yet, nothing ventured, nothing gained. It is true that the Spanish language can be tricky, especially as you get into the grammar. But if you are determined and do not give up, you will eventually be rewarded by knowing a wonderful language.

In this lección, you will learn the usual Spanish way to greet someone and to say goodbye. You'll also learn the alphabet, its pronunciation, the numbers, and professions and nationalities.

There is some Spanish text in this book. Don't worry if you don't understand it immediately; there is, of course, an English translation wherever necessary.

Abbreviations are used in this book as well: AE (American English); BE (British English); LatAm (Latin American); CAm (Central American); Ud. (Usted); Uds. (Ustedes).

<u>Grammar</u>
- Comma rules
- The Spanish alphabet
- Gender of job titles and nationalities
- Verbs *ser*, *tener*, and *llamarse*

<u>Vocabulary</u>
Greeting and Parting
Numbers
Professions
Nationalities

HEIDI MCPHERSON

THE FORM OF ADDRESS IN SPAIN - FAREWELLS - EXPRESSING THANKS

Usually in Spanish, you welcome someone with **¡Hola!** *(Hello!)*, which can be combined with **¿Qué tal?** *(How are you?)*, or more formally, **¡Buenos días!** *(Good morning!; Good day!)*.

¡Buenos días! is said in Spain until lunchtime, which is about 3:00 p.m. After lunch, people greet each other with **¡Buenas tardes!** *(Good afternoon!; Good evening!)* until it gets dark.

After dark, they say **¡Buenas noches!** *(Good evening!; Good night!)*.

When meeting someone, joy and surprise are sometimes expressed with the word **¡Hombre!** *(Man!)*, which can even be said to a woman or a child.

<u>Farewells in Spanish</u>

¡Adiós!	*Goodbye!; See you!*
¡Adiós!, ¡buenos días!	*Goodbye! Have a good day!*
¡Adiós!, ¡buenas tardes!	*Goodbye! Have a nice evening!*
¡Hasta luego!	*See you later!*
¡Hasta mañana!	*See you tomorrow!*
¡Hasta pronto!	*See you!*
¡Hasta el lunes, el martes …!	*See you on Monday, Tuesday …!*

LATIN AMERICAN USAGE

In Latin American countries goodbye is only expressed with **¡Adiós!**.

¡Adiós!, ¡buenos días! as well as **¡Adiós!, ¡buenas tardes!** is not used.

<u>Expressing thanks in Spanish</u>
Thanks are expressed with **¡Gracias!** *(Thank you!)*. The reaction to this is **¡De nada!** *(You're welcome!)* or **¡No hay de que!** *(Not at all!; Don't mention it!)*.

In Spain, the informal form (**tú**) is used most of the time. Exceptions are made between old people among themselves, if a young person approaches someone much older, or if somebody at work is talking to their superior. Otherwise, the <u>usted</u> and <u>ustedes</u> forms are hardly used. There is also something special in the form of address *Estimados señores*. In Spanish, a colon is used (not a full stop or a comma) and the text that follows starts with a capital letter.

Generally, most Spanish words are not written with capital letters, except for the following:

- The first word of a sentence
- Celebrations
- Proper names (cities, mountains, planets, persons, countries)
- Subjects
- Abbreviations
- Sciences
- Institutions
- Departments

¡SPANISH FOR YOU!

COMMA RULES

The comma is used to clarify the pauses which are important in terms of the content of a sentence. In the negation of a sentence, the comma has to be correctly placed in order to avoid misunderstandings.

You are asked	*¿Eres bombero? (Are you a firefighter?)*
The right answer is	No, soy cartero. *(No, I am a postman.)*
The answer without comma	No soy cartero. *(I am not a postman.)* Contextually, this is simply wrong, though the sentence would be fine in a different context.

A comma is used after ***Hola***, for example, as the form of address.

Describing the different age groups in Spain

1) Niños (0 - 13 years) — *Children*
2) Adolescentes (14 - 18 years) — *Teenagers*
3) Jóvenes — *Young people*
4) Mayores de edad — *Adults*

THE SPANISH ALPHABET *(EL ALFABETO)* AND PRONUNCIATION *(PRONUNCIACIÓN)*

a = a, b = be, c = ce, ch = che, d = de, e = e, f = efe, g = he, h = achet, i = i, j = hota, k = ka, l = ele, ll = eye, m = eme, n = ene, ñ = enye, o = o, p = pe, q = koo, r = erre, s = ese, t = te, u = oo, v = oove, w = doble oove, x = ekis, y = i griega, z = zeta

a = Like English *a* in *father*; **ganar** *(to win),* **lamentar** *(to regret, to be sorry about).*

b = v In Spanish, both letters present the English *b*, but they have two possible pronunciations.
  1. At the beginning of a word and after *m* and *n* it is pronounced like English *b*; **bueno** *(good)*, **ventana** *(window)*, **hombre** *(man)*, **invierno** *(winter)*.
  2. In all other cases, it is pronounced as *half-b, half-w*. This sound does not exist in English; an English speaker can try saying *b* without quite bringing the lips together; **cabra** *(goat)*, **suave** *(soft, smooth)*.

c = The pronunciation of *c* depends on the following letter.
  1. Before *a, o, u,* or a consonant, it is like English *k*; **cabello** *(hair)*, **concha** *(shell)*, **Cuba** *(Cuba)*.
  2. In Spain, before *e* or *i*, the 'c' is pronounced like English *th* in *think*; **cesta** *(basket)*, **cielo** *(sky)*. However, Spanish speakers from Latin American countries pronounce this like an English *s* in *chase*.

ch = Like English *ch* in *church*: **mucho** *(much, a lot of)*, **noche** *(night)*.

d = There are three different pronunciations.
  1. At the beginning of a word and after *l* and *n*, it is spoken like English *d* in *dog*; **don** *(talent, Mr.)*, **caldera** *(crater, boiler)*, **píldora** *(pill)*, **conde** *(count, countess, earl)*.
  2. Between vowels and after consonants other than *l* and *n*, the sound is relaxed and approaches the English *th* in *this*; **dedo** *(finger)*, **guardar** *(to keep)*. In parts of Spain it is further relaxed or even disappears, especially in the *-ado* ending.
  3. It tends to be nearly or completely silent at the end of a word such as in **usted** and **Madrid**.

e = It is like English *e* in *they* but without the following sound of *y*; **grande** *(large, big)*, **pelo** *(hair)*. When followed by a consonant in the same syllable, it has a shorter sound like *e* in English *bet*; **renta** *(income)*.

f = Same as English *f* in *fox*; **fuego** *(fire)*.

g = Again, there are three different pronunciations.
1. Before *e* and *i*, it is pronounced like the *ch* in the German word *Kirche*. This sound doesn't exist in English, with the exception of *Loch Ness*; **gente** *(people)*, **coger** *(to take, to catch)*, **gigante** *(giant)*.
2. At the beginning of a word and after *n*, it is pronounced like English *g* in *get*; **grapa** *(staple)*, **ninguno** *(none, nobody)*.
3. In all other cases, the sound is like example 2, above, but much softer. The *g* almost vanishes; **agua** *(water)*, **hogar** *(home)*. **Important!** In the group *gui*, *gue* the *u* is silent (**guerra** *(war)*, **guindar** *(to steal)*) unless marked with a dieresis; **antigüedad** *(senority)*. In the group *gua*, all letters are sounded.

h = Always silent, like in *honor* in English; **honor** *(honor)*, **búho** *(owl)*.

i = Like *ee* in *see* or *i* in *machine* but somewhat shorter; **clima** *(climate)*, **circo** *(circus)*.

j = Approximately like *ch* in the German word *Kirche* or in Scots, *loch*; **joven** *(young)*, **jugar** *(to play)*.

k = Same as the English *k* in *kin*; **kilo** *(kilo)*, **kiosco** *(kiosk)*.

l = Like English *l* in *live*; **ligero** *(light, thin)*, **pelo** *(hair)*.

ll = Approximately like the English *lli* in *million*; **millón** *(million)*, **mellado** *(nicked, chipped, gap-toothed)*. However, in Argentina and some other countries, it is spoken like *tsch*. For example, la llave is spoken like *la tschave* *(the key)*, llamo is spoken like *tschamo* *(my name is)*.

m = Like English *m* in *mine*; **mar** *(sea, ocean)*, **también** *(also, as well, too)*.

n = Like English *n* in *now*; **pan** *(bread)*, **sandalia** *(sandal)*. Except before *v*, when the group is pronounced like *mb*; **invierno** *(winter)*, **inviter** *(to invite)*.

ñ = Like *gn* in *Cognac*.
This sound does not exist in English but is similar to English *ni* in *onion*; **niño** *(child, kid)*, **bañar** *(to bath)*.

o = If followed by a consonant in the same syllable like *au* in English *fault*, or the *a* in *fall*; **costra** *(crust)*. If not, as in English *November*; **esposa** *(wife, spouse)*.

p = Like the English *p* in *park*; **por** *(because of, for)*, **papa** *(pope)*.

q = Like English *k* in *key*, always in combination with *u*, which is silent; **aquel** *(that, those)*, **querer** *(to want, to love)*.

r = It is like a single trill stronger than any *r* in English, but like Scots *r*; **querer**, **nariz** *(nose)*. In the final position, it is more relaxed. Pronounced like *rr* at the beginning of a word and after *l*, *n*, *s*; **rodeo** *(rodeo, detour)*.

rr = It is strongly trilled, the typical Spanish long-rolled *r*; **perro** *(dog)*, **hierro** *(iron)*.

s = Like English *s* in *chase*; **rosal** *(rose)*, **losa** *(tombstone, flagstone, flag)*. But before *b*, *d*, hard *g*, *l*, *m* and *n* it is like English *s* in *rose*; **isla** *(island)*, **fresno** *(ash, ash tree)*.

t = Like English *t* in *table*; **tonto** *(stupid, silly, difficult)*, **roto** *(broken, torn)*.

u = Like English *oo* in *food*. When it **diphthongs** *(two vowels that blend together to form a sound)* **with** other **vowels**, it sounds like an English *w* in *well*, which means that the letters *cu* followed by vowel sound like *qu* in English; **cuando** *(when)*. Silent after *q* and in *gue, gui* unless marked with a dieresis, **pingüino** *(penguin)*.

v = See *b*.

w = Only present in loan-words and usually pronounced as the English *w*, but sometimes with a very low *g* sound before it; **windsurf** *(windsurfing)*. The pronunciation may be inconsistent.

x = It is the same as in English; *ks, gs*. In the word *Mexico*, it is spoken like *ch*. Before a consonant like English *s*.

y = When occurring as a vowel (in the conjunction *y* or at the end of a word), it is pronounced like *i*.

z = Like English *th* in *thin*, most of the time it is before *a, o, u*; **za** = **zapato** *(shoe)*, **zo** = **zoo** *(zoo)*, **zu** = **azul** *(blue)*. In Latin America, the Canary Islands, and southern Spain, it is pronounced like English *s* in *chase*.

¿Cómo se dice?

HOW TO SAY SINGLE LETTERS, FOR EXAMPLE, ON THE TELEPHONE.

a	ah	**A**lberto
b	beh	**B**uenos Aires
c	seh	**C**uba
d	de	**D**iego
e	eh	**E**lena
f	efe	**F**rederico
g	heh	**G**arcía
h	ah-chay	**H**onduras
i	ee	**I**gnacio
j	hota	**J**avier
k	ka	**K**enia
l	ele	**L**uis
m	eme	**M**aría
n	ene	**N**atalia
ñ	enye	**E**spaña
o	oh	**Ó**scar
p	peh	**P**érez
q	koo	**Q**uito
r	erre	**R**amón
s	ese	**S**ara
t	teh	**T**eresa
u	oo	**U**ruguay
v	oove	**V**enezuela
w	doble oove	**W**alter
x	ekis	**A**lex
y	i gree-ehga	**Y**alta
z	ceta	**Z**aragoza

Números *(Numbers)*		
0 = cero	17 = **diecisiete**	34 = treinta **y** cuatro
1 = uno	18 = **dieciocho**	35 = treinta **y** cinco
2 = dos	19 = **diecinueve**	36 = treinta **y** seis
3 = tres	20 = **veinte**	37 = treinta **y** siete
4 = cuatro	21 = veint**i**uno	38 = treinta **y** ocho
5 = cinco	22 = veint**i**dós	39 = treinta **y** nueve
6 = seís	23 = veint**i**trés	40 = **cuarenta**
7 = siete	24 = veint**i**cuatro	50 = **cincuenta**
8 = ocho	25 = veint**i**cinco	60 = **sesenta**
9 = nueve	26 = veint**i**séis	70 = **setenta**
10 = diez	27 = veint**i**siete	80 = **ochenta**
11 = once	28 = veint**i**ocho	90 = **noventa**
12 = doce	29 = veint**i**nueve	99 = noventa **y** nueve
13 = trece	30 = **treinta**	100 = **cien**
14 = catorce	31 = treinta **y** uno	101 = **ciento** uno/una
15 = quince	32 = treinta **y** dos	102 = ciento dos
16 = dieciséis	33 = treinta **y** tres	110 = ciento diez
200 = **doscientos**/-as	500 = **quinientos**/-as	800 = ochocientos/-as
300 = **trescientos**/-as	600 = seiscientos/-as	900 = **nove**cientos/-as
400 = **cuatrocientos**/-as	700 = **sete**cientos/-as	1.000 = mil
2.000 = **dos mil**	10.000 = diez mil	100.000 = cien mil
20.000 = **veinte mil**	200.000 = doscientos/-as mil	200.000 = dos millones
1.000.000 = **un millón**	1.000.000.000 = mil millones	
1980 = **mil novecientos ochenta**		

Ordinal numbers

primero, primera	*first*
segundo, segunda	*second*
tercero, tercera	*third*
cuarto, cuarta	*fourth*
quinto, quinta	*fifth*
sexto, sexta	*sixth*
sé(p)timo, sé(p)tima	*seventh*
octavo, octava	*eighth*
noveno, novena	*ninth*
décimo, décima	*tenth*
undécimo, undécima	*eleventh*
duodécimo, duodécima	*twelfth*

¡SPANISH FOR YOU!

ESPECIFICACIONES DE CANTIDAD (QUANTITY SPECIFICATIONS)

1/4 = un cuarto   1/2 = medio
3/4 = tres cuartos   1/3 = un tercio

EXERCISE 1

Escribe estas cantidades en letras. Write out these quantities in words.

1. 1/4 kg ....
2. 1/2 l ....
3. 28 cl ....
4. 420 g ....
5. 5 l ....
6. 900 g ....
7. 125 ml..............................
8. 52 kg ....

Translation no. 1

¡Hola, amigos!
Me llamo Frida, soy española y tengo veintiuno años. Soy de Sevilla, una ciudad muy agradable. Soy estudiante en la universidad. Estudio para ser abogada porque yo creo que es una profesión muy exigente. También estudio inglés y francés para poder hablar con mis amigos. Tengo dos amigos franceses: Jerome y Philippe. Ellos son de Paris. Y también tengo una buena amiga inglesa llamada Nancy. Es del sur de Inglaterra. Mis tres amigos tienen veinte años y estudian derecho y español.

Las Profesiones (The Professions)			
Spanish	English	Spanish	English
La profesión	**The profession**	**El lugar**	**The place**
Cartero/-a	*Mailman/Mailwoman*	la oficina de correos	*the post office*
Panadero/-a	*Baker*	la panadería	*the bakery*
Peluquero/-a	*Hairdresser*	la peluquería	*the hairdresser*
Músico/-a	*Musician*	la orquesta	*the orchestra*
Veterinario/-a	*Veterinarian [BE Vet]*	la clínica	*the clinic*
el/la dentista	*Dentist*	la consulta del dentista	*the dentist's practice*
Jefe/Jefa	*Boss*	la empresa	*the company*
Bombero/-a	*Fireman*	la estación de bomberos	*the fire department*
Vendedor/Vendedora	*Sales assistant*	la boutique	*the boutique*
Médico/-a	*Doctor*	el consultorio médico	*the doctor's office*
Enfermero/-a	*Male nurse/Nurse*	el hospital	*the hospital*
Abogado/-a	*Lawyer*	el bufete	*the lawyer's office*
Camarero/-a	*Waiter/Waitress*	el restaurant	*the restaurant*
Mecánico/-a	*Mechanic*	el taller	*the vehicle repair shop*
Dependiente/Dependienta	*Salesperson*	la tienda	*the store [BE shop]*

Docente	*Teacher*	la escuela	*the faculty*
Doctor(a)	*Doctor*	el consultorio	*the practice [BE surgery]*
Estudiante	*Student*	la universidad	*the university*
Periodista	*Reporter*	la cadena de televisión	*the television station*
Cantante	*Singer*	el coro	*the choir*
Futbolista	*Soccer player*	el club de fútbol	*the football club*

La Nacionalidad *(The Nationality)*		
El país *(The country)*	**Los habitantes** *(The inhabitant)*	**La lengua** *(The language)*
La Alemania *(Germany)*	alemán, alemana	el alemán
La Argentina *(Argentina)*	argentino/-a	el español
La Austria *(Austria)*	austriaco/-a	el alemán
La Bélgica *(Belgium)*	el/la belga	el francés, el flamenco *(Flemish)*
El Brasil *(Brazil)*	brasileño/-a	el portugués
El Canadá *(Canada)*	el/la canadiense	el inglés
La China *(China)*	chino/-a	el chino
La España *(Spain)*	español/española	el español
Los Estados Unidos (EEUU) = USA	el/la estadounidense	el inglés
La Finlandia *(Finland)*	finlandés/finlandesa	el finlandés
La Francia *(France)*	francés/francesa	el francés
La Grecia *(Greece)*	griego/-a	el griego
La Hungría *(Hungary)*	húngaro/-a	el húngaro
La India *(India)*	indio/-a	el indio o el hindú
La Inglaterra *(England)*	inglés/inglesa	el inglés
El Israel *(Israel)*	el/la israelita	el hebreo
La Italia *(Italy)*	italiano/-a	el italiano
El Japón *(Japan)*	japonés/japonesa	el japonés
El Marruecos *(Morocco)*	el/la marroquí	el árabe
El México *(Mexico)*	mexicano/-a	el español
La Portugal *(Portugal)*	portugués/portuguesa	el portugués
La Rusia *(Russia)*	ruso/-a	el ruso
La Suecia *(Sweden)*	sueco/-a	el sueco
La Suiza *(Switzerland)*	suizo/-a	el italiano, el francés, el alemán
La Venezuela *(Venezuela)*	venezolano/-a	el español

Countries don't have an article in front of them in a sentence, except for countries or islands, which are plural.

Example:	Cada año viajo a México.	*(Every year I travel to Mexico.)*
But	Cada año viajo a los Estados Unidos.	*(Every year I travel to the USA.)*
Or	Cada año viajo a las islas griegas.	*(Every year I travel to the Greek Islands.)*

¡SPANISH FOR YOU!

EXERCISE 2

Fíjate en estas palabras. ¿Son nacionalidades o profesiones, masculino o femenino?
Clasifícalas como en los ejemplos.
Look closely at the following words. Are they nationalities or professions, masculine or feminine?
Classify them as in the examples.

mecánico	mecánica	doctor	doctora	italiano	italiana
ruso	rusa	estudiante	chino	china	finlandés
finlandesa	argentino	argentina	griego	griega	cartero
cartera	peluquero	peluquera	periodista	panadero	panadera
belga	japonés	japonesa	estadounidense	futbolista	dependiente
dependienta	docente	dentista	cantante	israelita	

Profesiones *(Professions)*		
Masculino	**Femenino**	**Masculino y Femenino**
panadero	panadera	estudiante

Nacionalidades *(Nationalities)*		
Masculino	**Femenino**	**Masculino y Femenino**
finlandés	finlandesa	estadounidense

EXERCISE 3

¿De dónde proceden/vienen estas cosas?
Where did these things come from?

> Brasil   Italia   Hungría   Rusia
> Argentina   Francia   Suiza
> la India   España   Estados Unidos

1. El bistec: Argentina
2. La Torre Eiffel: ....
3. La pizza: ....
4. El curry: ....
5. El vodka: ....
6. La hamburguesa: ....
7. El carnaval: ....
8. El gulasch: ....
9. La fondue de queso: ....
10. Ir de tapas: ....

EXERCISE 4

Completa las frases.
Complete these sentences.

> **isla** *(island)*   **montaña** *(mountain)*   **río** *(river)*   **bebida** *(beverage)*
> **ciudad** *(city)*   **capital** *(capital)*   **cordillera** *(mountain range)*

1. El Nilo es el .... más largo de África.
2. Menorca es una .... de España.
3. El Teide es la .... más alta de España.
4. Santander es una .... del norte de España.
5. La .... de los Andes está en Sudamérica.
6. Madrid es la .... de España.
7. El tinto verano es una .... típica de Andalucía.

más largo/-a *(longest)*; **más alto/-a** *(highest)*; **el norte** *(the north)*; **los Andes** *(the Andes)*; **Sudamérica** *(South America)*; **típico/-a** *(typical)*

¡SPANISH FOR YOU!

THE ENDINGS FOR NATIONALITIES

The masculine ends with -**o**, or just the consonant; the feminine ends with -**a**. But there are exceptions; these have the same ending—no matter if they are masculine or feminine. The nationality adjective, which ends in the masculine with -**és**, -**án**, loses the accent in the feminine due to the addition of -**a**.

For example: alemán – alemana
              inglés – inglesa

Masculino -o	Femenino -a	Masculino y Femenino
suizo (Swiss)	suiza (Swiss)	belga (Belgian)
griego (Greek)	griega (Greek)	marroquí (Moroccan)
-**consonante**	-**consonante** + a	estadounidense (American)
francés (Frenchman)	francesa (Frenchwoman)	canadiense (Canadian)
finlandés (Finn)	finlandesa (Finn)	árabe (Arab)

THE GENDER OF JOB TITLES

Many job titles have a masculine *(-o)* or feminine *(-a)* form.

Job titles that end in -**ista**, -**ente** or -**ante** usually only have one form for both genders. For these, the gender can only be recognized by the article.

Nur Masculino	Nur Femenino	Masculino y Femenino
panadero (Baker)	panadera (Girl at the bakery)	periodista (Journalist)
carnicero (Butcher)	carnicera (Butcher)	docente (Professor(a))
pescador (Fisherman)	pescadora (Fisherwoman)	cantante (Singer)

LOS PRONOMBRES PERSONALES *(THE PERSONAL PRONOUNS)*

They refer to persons, e.g., *I* — **yo**, *you [informal form, singular]* — **tú**; *he* — **él**; *she* — **ella**; *you [formal form, singular]* — **usted**; *we* — **nosotros**; *you [informal form, plural]* — **vosotros**; *they* — **ellos**, **ellas**; *you [formal form, plural]* — **ustedes**. The conjugated verb usually stands alone, except it is not clear who is being addressed in a conversation.

	ser *(to be)*	
(yo)	**soy**	I am
(tú)	**eres**	you are *[informal form, singular]*
(él/ella)	**es**	he/she is
(usted)	**es**	you are *[formal form, singular]*
(nosotros/-as)	**somos**	we are
(vosotros/-as)	**sois**	you are *[informal form, plural]*
(ellos/ellas)	**son**	they are
(ustedes)	**son**	you are *[formal form, plural]*

Note:
Ellos = they *(men and women)*.
Even if there is **only one male** in a group of people, no matter how many other women — **_ellos_** *[plural]* is used.
Ellas = they *(only women)*.

There are two ways of saying *you* in Spanish. The informal form **tú** and the more formal **usted** (Ud.). English speakers are used to addressing everyone as *you*, so Spanish is a bit different. Whether **tú** or **usted** is used basically depends on how intimate the speaker is with the other person. Be careful, because the form of *you* that is used changes the verb ending. When learning the conjugations, both the formal and informal forms must be learned. **Usted** and **ustedes** are usually seen as a sign of politeness.

In Spanish, the name is expressed using a reflexive verb **llamarse** *(to be called)*. The reflexive pronoun - **me**, **te**, **se**, **nos**, **os**, **se** - is always behind the subject and before the reflexive verb (except in the infinitive). More on this in Lección 5

It is conjugated as follows:

(yo)	me llam**o**	*my name is*
(tú)	te llam**as**	*your name is [informal form, singular]*
(él/ella)	se llam**a**	*he/she is called*
(usted)	se llam**a**	*you [formal, singular] are called*
(nosotros/-as)	nos llam**amos**	*we call ourselves*
(vosotros/-as)	os llam**áis**	*you [informal, plural] are called*
(ellos/ellas)	se llam**an**	*they are called*
(ustedes)	se llam**an**	*you [formal, plural] are called*

The verb **tener** *(to have)* is also used when indicating the age.

(yo)	**tengo**	*I have*
(tú)	ti**e**n**es**	*you have [informal form, singular]*
(él/ella)	ti**e**n**e**	*he/she has*
(usted)	ti**e**n**e**	*you [formal, singular] have*
(nosotros/-as)	ten**emos**	*we have*
(vosotros/-as)	ten**éis**	*you [informal, plural] have*
(ellos/ellas)	ti**e**n**en**	*they have*
(ustedes)	ti**e**n**en**	*you [formal, plural] have*

LECCIÓN 2
¿DE DÓNDE ERES TÚ?
WHERE ARE YOU FROM?

In this lección, you will learn phrases such as:

* What's your name?
* Where are you from?
* What do you do for a living?
* What are your hobbies?

Then you will know the people around you better and can begin communicating in Spanish. What kinds of questions are asked here, and how are they answered?

Grammar
- The definite article
- The indefinite article
- The gender of the nouns and the formation of the plural
- The infinitive endings -AR/-ER/-IR
- The verbs *estudiar, trabajar, hablar*

Vocabulary
Questions words
Questions and replies

THE QUESTION WORDS

How
¿**Cómo** estás?
How are you?

Which (one)
¿**Cuál** es tu casa?
Which (one) is your house?

What
¿**Qué** son los …?
What are the …?

¿De qué?; ¿Con qué?	*(From what?; With what?)*
¿A qué hora?	*(What time?)*
¿Quién?; ¿Quiénes?	*(Who?; Whom?)*
¿A quién?; ¿De quién?; ¿Con quién?	*(Whom?; To whom?; From whom?; With whom?)*
¿Cuánto, -a, -os, -as?	*(How?; How much?; How many?)*
¿Dónde?	*(Where?)*
¿De dónde?	*(Where from?)*
¿Adónde?	*(Where?)*
¿Cuándo?	*(When?)*
¿Cómo?	*(How?)*
¿Por qué?	*(Why?)*
¿Para qué?	*(What for?)*
¿Cuál?; ¿Cuáles?	*(Which (one)?; What?; Which?)*

PREGUNTAS PARA LA CLASE *(QUESTIONS IN THE CLASSROOM)*

Spanish	English
¿Cómo se escribe *mesa*?	*How do you spell table?*
¿Qué significa *mesa*?	*What does mesa mean?*
¿Cómo se dice *table* en español? - Mesa.	*What's table in Spanish? - Mesa.*
¿Puedes repetirlo?	*Can you repeat that?*
No comprendo.	*I don't understand.*
¿Puedes hablar más lento (despacio)?	*Can you speak slower?*
¿Puedes hablar más rápido *(fast)*?	*Can you speak faster?*
¿Puedes hablar más alto *(loud)*?	*Can you speak louder?*
¿Puedes hablar más bajo *(quiet)*?	*Can you speak more quietly?*
¿Qué tal?	*How are you?*
¿Cómo te llamas?	*What's your name?*
¿En qué trabajas?	*What's your job?*
¿De dónde eres?	*Where are you from?*
¿A qué te dedicas?; ¿Qué eres?; ¿Qué haces?	*What do you do for a living?*
¿Cómo se llama él/ella?	*What's his/her name?*
¿De dónde es él/ella?	*Where is he/she from?*
¿Dónde vive él/ella?	*Where does he/she live?*
¿Cuántas lenguas habla él/ella?	*How many languages does he/she speak?*
¿Cuántos años tiene él/ella?	*How old is he/she?*
¿Qué haces en tu tiempo libre?	*What do you do in your spare time?*
Tirando = Reply to the question - *How are you?*	*It means - fine. (Colloquial language)*

¡SPANISH FOR YOU!

Preguntas *(Questions)*	**Respuestas** *(Replies)*
¿Cómo (tú) te llamas? *(What's your name?)* *tú* can also be placed at the end. **(With an accent, it always means *you*.)** In normal language usage, it is left out.	Me llamo Pedro. *(My name is Pedro.)* Soy Pedro. *(I'm Pedro.)*
¿Cuál es tu nombre? *(What's your name?)* *tu* (without an accent) **means** - *your*.	Mi nombre es … *(My name is …)*
¿Cuál es tu apellido? *(What's your surname?)*	Mi apellido es … *(My surname is …)*
¿De dónde (tú) eres? *(Where are you from?)* *tú* can also be placed at the end. In normal language usage, it is left out.	(Yo) soy de España. *(I'm from Spain.)*
¿Dónde (tú) vives? *(Where do you live?)* *tú* can also be placed at the end. In normal language usage, it is left out.	(Yo) vivo en Sevilla. *(I live in Seville.)*
¿Cuál es tu profesión? *(What is your profession?)* ¿Qué eres?; ¿Qué haces? ¿A qué te dedicas? *(What do you do for a living?)*	(Yo) soy músico. *(I'm a musician.)* (Yo) soy bombero. *(I'm a firefighter.)*
¿Cuántos años tienes? *(How old are you?)*	(Yo) tengo 48 años. *(I'm 48 years old.)*
¿Qué lenguas (idiomas) hablas? *(Which languages do you speak?)*	(Yo) hablo español, inglés, y francés. *(I speak Spanish, English, and French.)*
¿Cuántas lenguas hablas? *(How many languages* ¿Cuántos idiomas hablas? *do you speak?)*	(Yo) hablo tres idiomas. *(I speak three languages.)*
¿Qué haces en tu tiempo libre? *(What do you do in your spare time?)*	Me gusta ver películas. *(I like watching movies - BE films.)*
¿Cuáles son tus aficiones? *(What are your hobbies?)*	Me gusta hacer deporte. *(I like to do sports.)*
¿Cómo es tu familia? *(What is your family like?)*	Yo tengo dos hijos. *(I have two sons.)*
¿Cuál es tu correo electrónico? *(What is your email?)*	Es juarez@hotmail.com. *(It is juarez@hotmail.com.)*
¿Cuál es tu número de teléfono? *(What is your phone number?)*	Es el 60548032653. *(It is 60548032653.)*

¿Cómo estás? *or* ¿Qué tal?   Estoy - bien *(I'm well)*, okay *(I'm so-so)*,
(How are you?)   mal *(I'm not well)*, enfermo/-a *(I'm sick, BE I'm ill)*.

You don't say "Estoy bueno/-a" because *bueno/-a* refers back to a substantive—masculine or feminine.
Example: la paella (feminine) — buen**a**   el arroz (masculine) — buen**o**.

The use of the verb *ser*

Stating one's name.	Soy Steve.	*(I'm Steve.)*
Stating one's nationality.	Soy inglés.	*(I'm English.)*
Stating one's profession.	Soy médico.	*(I'm a doctor.)*

Personal information

a) **¿Cómo te llamas?** *(What's your name?)* **¿De dónde eres?** *(Where are you from?)*
   Me llamo Antón. *(My name is Anton.)* Soy austríaco. *(I'm Austrian.)*
   (Soy) de Viena. *(I'm from Vienna.)*

b) **¿Cuál es tu nombre?** *(What's your name?)* **¿Eres inglés?** *(Are you English?)*
   James. *(James.)* Sí, (soy) de Londres. *(Yes, I'm from London.)*
   ¿Cuál es tu apellido? *(What's your surname?)* **¿En qué trabajas?** *(What's your job?)*
   Moolten. *(Moolten.)* Soy panadero. *(I'm a baker.)*

   ¿Cuántos años tienes? *(How old are you?)*
   Tengo 26 años. *(I'm 26 years old.)*

c) **¿A qué te dedicas?** *(What do you do for a living?)*
   Trabajo en una tienda. *(I work in a store.)*
   Trabajo de dependiente. *(I work as a sales assistant.)*

   ¿Tienes móvil? *(Do you have a mobile?)*
   Sí. *(Yes.)*

   ¿Tienes correo electrónico? *(Do you have an email address?)*
   Sí. *(Yes.)*

EXERCISE 5

Completa las preguntas.
Complete these questions.

1. ¿…… te dedicas?
   Soy panadero.
2. ¿……. te llamas?
   Jerome
3. ¿……. años tienes?
   24.
4. ¿……….. eres?
   Soy de Madrid.
5. ¿……….. mexicano?
   No, soy español.
6. ¿……….. significa *gracias*?
   Thank you.
7. ¿…… se escribe *banco*? ¿Con *b* o con *v*?
   Con *b*.

¡SPANISH FOR YOU!

EXERCISE 6

¿Cuáles son las preguntas? Pregunta primero con *tú* y luego con *usted*.
What are the questions? Ask first using you *[familiar form, singular]* **and then you** *[formal, singular]*.

TÚ	USTED
• ¿Cómo te llamas?	* ¿Cómo se llama?
• Markus, Markus L. Maurer.	* Markus, Markus L. Maurer.
•	* ....
• Soy austríaco, de Viena.	* Soy austríaco, de Viena.
•	* ....
* 32 años.	* 32 años.
•	* ....
• Soy cartero.	* Soy cartero.
•	* ....
• Es markus123@yahoo.es.	* Es markus123@yahoo.es.
•	* ....
• Es el 727442866.	* Es el 727442866.

The infinitive is the full form (dictionary form) of the verb. In Spanish, it is expressed by a single word ending, as shown below. In English, this is made up of **to + verb** (e.g., to read). Spanish verbs in the infinitive form have one of these three endings: *-ar*, *-er*, *-ir*.

- AR		- ER		- IR	
habl**ar**	*(to talk)*	com**er**	*(to eat)*	sent**ir**	*(to feel)*
busc**ar**	*(to search)*	v**er**	*(to see)*	sal**ir**	*(to go away, to go out)*
trabaj**ar**	*(to work)*	aprend**er**	*(to learn)*	prefer**ir**	*(to prefer)*

EXERCISE 7

Clasifica estos verbos según sus terminaciones y ponlas en la columna correspondiente.
Classify these verbs according to their endings and put them in the corresponding column.

tirar *(to throw)*   beber *(to drink)*   borrar *(to wipe something, to delete)*
buscar *(to search)*   abrir *(to open)*   completar *(to complete)*
preguntar *(to ask)*   ir *(to go)*   responder *(to reply)*
leer *(to read)*   vivir *(to live)*   entrar *(to enter)*
mirar *(to observe)*   tener *(to have)*   salir *(to go out, to leave)*
bailar *(to dance)*   esquiar *(to ski)*   trabajar *(to work)*
escribir *(to write)*   aprender *(to learn)*   estudiar *(to study)*
escuchar *(to listen)*   ser *(to be)*   preferir *(to prefer)*
comprender *(to understand)* meter en *(to put in)*

-AR	-ER	-IR

EL ARTICULO *(THE ARTICLE)*

EL ARTICULO DETERMINADO *(THE DEFINITE ARTICLE)*

The Spanish definite article, which refers to specific or known things, agrees in gender (masculine/feminine) and number (singular/plural) with the noun.

The definite article with the plural formation.

	masculine	feminine
Singular	el barco *(the boat)*	la bolsa *(the bag)*
Plural	los barcos *(the boats)*	las bolsas *(the bags)*

	Singular		Plural	
	el amigo	*(the friend)*	los amigos	*(the friends)*
Masculine	el toro	*(the bull)*	los toros	*(the bulls)*
	el ojo	*(the eye)*	los ojos	*(the eyes)*
	la puerta	*(the door)*	las puertas	*(the doors)*
Feminine	la mesa	*(the table)*	las mesas	*(the tables)*
	la escuela	*(the school)*	las escuelas	*(the schools)*

The prepositions *de* or *a* join with the article *el* to form *del* and *al*.
Example: Ella saca el libro **del** bolso. *(She takes the book out of the bag.)*   **de + el = del**   **a + el = al**

Which feminine substantive always has *el* in front of it?

Agua is feminine; the plural is *las aguas,* although the singular is *el agua*. The reason is that the form of expression *la agua* doesn't exist in Spanish. It is about facilitating the flow of language. This applies to all **substantives** which begin with a **stressed a** or **ha** if the article is directly followed by the substantive.

In the singular, these substantives usually have the masculine *el*.
Example: El aula es pequeña.   *(The classroom is small.)*
                   Con todo el alma, mi hija quiere ser médica.   *(My daughter wants to become a doctor with all her heart.)*

These substantives are feminine even though they are used with the article *el*.

These rules do not apply to the following:

- Women's names (first or last).
- Letters of the alphabet (la hache [h]).
- Substantives which represent people or animals.
- If the gender is expressed.
- If the word beginning with a stressed *a* is not a **noun**.
  Example: La <u>agria</u> crítica.   *(The <u>harsh</u> criticism.)*

This rule is also not used if the noun is **stressed** on the **second syllable**.
Example: La alm<u>e</u>ja no sabe a nada.   *(The clam has no flavor.)*

Useful to know!
For centuries (711 – 1492) Spain was occupied by the Arabs. Thus there are almost 1200 words in Spanish whose etymology is Arabic. Many of these words begin with ***a-*** or ***al-*** because the Arabic article ***al*** has been integrated into the words. There are more nouns than verbs of Arab origin. Some of these agglutinated words starting with *al-* have the feminine Spanish article ***la***.

Example: la almohada   = *the pillow*
           la Alhambra   = *the Alhambra*
           la alfombra   = *the carpet*

EL ARTICULO INDETERMINADO *(THE INDEFINITE ARTICLE)*

Indefinite articles refer to a nonspecific or indefinite object (*a* bottle or *a* book). They translate to *a, an, some,* or *a few* in English and agree with the nouns they modify in both gender and number.

<u>The</u> <u>indefinite</u> <u>article</u> <u>with</u> <u>the</u> <u>plural</u> <u>formation</u>

	masculine	feminine
Singular	<u>un</u> coche *(a car)*	<u>una</u> foto *(a photo)*
Plural	<u>unos</u> coches *(a few cars)*	<u>unas</u> fotos *(some photos)*

	Singular		**Plural**	
	un nervio	*(a nerve)*	**unos** nervios	*(some nerves)*
Masculine	**un** juego	*(a game)*	**unos** juegos	*(a few games)*
	un mono	*(a monkey)*	**unos** monos	*(some monkeys)*
	una pregunta	*(a question)*	**unas** preguntas	*(some questions)*
Feminine	**una** ballena	*(a whale)*	**unas** ballenas	*(some whales)*
	una mentira	*(a lie)*	**unas** mentiras	*(a few lies)*

Before a singular feminine noun beginning with a stressed **a-** or **ha-**, use **un** instead of **una**.
Example: un arma   *(a weapon)*.

Unos/unas is placed before concrete objects, which are mainly used in the plural.
Unos/unas used before numbers means *approximately*.

Nouns - Masculine/Feminine – Singular/Plural

El género		El número	
Masc. -o -a -e Fem.-a -o -e		Singular	Plural
el amigo *(the friend)* el idioma *(the language)* el expediente *(the file)*	la boda *(the wedding)* la mano *(the hand)* la parte *(the part)*	If the word ends in a **vowel (a, e, i, o, u)** la boda la mano la parte	Ending **-s** la boda – las bodas *(the weddings)* la mano – las manos *(the hands)* la parte – las partes *(the parts)*
		With ending **-y** el rey *(the king)*	Ending **-es** los reyes *(the kings)*
		With ending **-z** el pez *(the fish)*	Ending **-ces** los peces *(the fishes)*
		With a **consonant** un doctor *(a doctor)*	Ending **-es** unos doctores *(a few doctors)*
		With a **consonant** **and** an **accent** on the last syllable una canción *(a song)* el alemán *(the German)*	Ending **-es** and the **accent is omitted** in the plural unas canciones *(a few songs)* los alemanes *(the Germans)*

Neutral nouns do not exist in Spanish. They are either masculine or feminine.

1. Nouns ending in **-o** or a **consonant** are usually masculine.
   El lago *(the lake)*; el país *(the country)*.

2. Numbers; colors; and many trees and rivers are masculine.
   El dos *(number two)*; el amarillo *(the yellow)*; el olivo *(the olive tree)*; el Amazonas *(the Amazon)*.

3. All nouns ending in **-a**, **-dad**, **-sión** or **-ción** are feminine.
   La pera *(the pear)*; la verdad *(the truth)*; la tensión *(the tension)*; la detonación *(the explosion)*.

4. Nouns ending in **-e** are either masculine or feminine.
   El coche *(the car)*; la noche *(the night)*.

There are exceptions!

* <u>Masculine nouns</u>: el día *(the day)*; el mapa *(the map)*.

* A lot of nouns that end in **-ma** and **-ta** are masculine because they are Greek in origin.
  Example: el proble**ma** *(the problem)*; el plane**ta** *(the planet)*; el siste**ma** *(the system)*.

* <u>Feminine nouns</u>: la mano *(the hand)*; la foto *(the photo)*; la moto *(the motorbike, the motorcycle)*.

The feminine substantive is derived from the masculine substantive by replacing the ending **-o** (or some **-e**) with **-a** or by adding an **-a** to the final consonant.

El fotógraf**o**	La fotógraf**a**	El alemán	La alemán**a**
(masculine)	(feminine)	(masculine)	(feminine)

El president**e**	La president**a**	*but* El estudiante	La estudiante
(masculine)	(feminine)	(masculine)	(feminine)

There are also nouns where the female form is more different from the masculine. In this case **-ina**, **-isa**, **-esa** is added on the noun, or **-tor** and **-dor** are replaced with **-triz**.
Example: el héro**e** – la hero**ína**, el cond**e** – la cond**esa**, el re**y** – la re**ina**, el poe**ta** – la poet**isa**
el ac**tor** – la ac**triz**, el empera**dor** – la empera**triz**

Several nouns are always plural even if they are denoting only a single object. In some cases, it is just the same as in English grammar.
Example: las gafas *(the glasses)*; las vacaciones *(the vacation)*.

If these nouns are the subject of a sentence, the verb is also plural.
Example: Tus gafas <u>son</u> modernas.   *(Your glasses are modern.)*

The companion (article, possessive pronoun, etc.) as well as additions to the substantive (for example, adjective) are also pluralized.
Example: ¿Son <u>estas</u> <u>tus</u> gafas?   *(Are these your glasses?)*

Other nouns are plural <u>most of the time</u>, but they can be found in the singular.
Example: los pantalones, el pantalón *(the pants)*; las tijeras, la tijera *(the scissors)*.

Compound words, where the second component is a plural substantive, remain the same when pluralized.
Example: el sacacorchos - los sacacorchos *(the corkscrew)*.

Some words may have a different meaning in the plural than in the singular.
Example: el padre *(the father)* – los padres *(the parents)*
la letra *(the letter)* – las letras *(the literature)*

EXERCISE 8

Clasifica las palabras en la tabla con el artículo.
Write each word in the chart with its correct article.

casa *(house)*   **plátano** *(banana)*   **página** *(page)*   **pizarra** *(blackboard)*
premio *(prize)*   **puerta** *(door)*   **hincha** *(fan)*   **cuadro** *(picture)*
fresco *(fresco)*   **arte** *(art)*   **entrada** *(entrance)*   **ventana** *(window)*
sello *(stamp)*   **saco** *(coat)*   **exposición** *(exhibition)*

Masculino		Femenino	
SINGULAR	PLURAL	SINGULAR	PLURAL
el plátano	los plátanos	la casa	las casas

EXERCISE 9

¿Qué artículos acompañan a las siguientes palabras?
Which articles accompany the following words?

             el   la   los   las

1. ……… documentación *(documentation)*
2. ……… pasaportes *(passports)*
3. ……… verdura *(greenery)*
4. ……… oeste *(west)*
5. ……… luna *(moon)*
6. ……… escala *(scale)*
7. ……… experimento *(experiment)*
8. ……… tierra *(land, earth)*
9. ……… gente *(people)*
10. ……… bicicletas *(bicycles)*
11. ……… tienda *(store, BE shop)*
12. ……… curva *(curve)*
13. ……… crisis *(crisis)*
14. ……… cifra *(number, figure)*
15. ……… mesa *(table)*
16. ……… muebles *(furniture)*
17. ……… coche *(car)*
18. ……… ópera *(opera)*

The verb **_trabajar_** *(to work)* conjugates as follows:

(yo)	trabaj**o**	*I work*
(tú)	trabaj**as**	*you work*
(él/ella/	trabaj**a**	*he/she works/*
usted)	trabaj**a**	*you [formal, singular] work*
(nosotros/-as)	trabaj**amos**	*we work*
(vosotros/-as)	trabaj**áis**	*you [informal, plural] work*
(ellos/ellas/	trabaj**an**	*they work/*
ustedes)	trabaj**an**	*you [formal, plural] work*

The verb **_estudiar_** *(to study, to learn)* conjugates as follows:

(yo)	estudi**o**	*I study*
(tú)	estudi**as**	*you study*
(él/ella/	estudi**a**	*he/she studies/*
usted)	estudi**a**	*you [formal, singular] study*
(nosotros/-as)	estudi**amos**	*we study*
(vosotros/-as)	estudi**áis**	*you [informal, plural] study*
(ellos/ellas/	estudi**an**	*they study/*
ustedes)	estudi**an**	*you [formal, plural] study*

The verb **_hablar_** *(to speak, to talk)* conjugates as follows:

(yo)	habl**o**	*I speak*
(tú)	habl**as**	*you speak*
(él/ella/	habl**a**	*he/she speaks/*
usted)	habl**a**	*you [formal, singular] speak*
(nosotros/-as)	habl**amos**	*we speak*
(vosotros/-as)	habl**áis**	*you [informal, plural] speak*
(ellos/ellas/	habl**an**	*they speak/*
ustedes)	habl**an**	*you [formal, plural] speak*

LECCIÓN 3
EXPRESIONES DE TIEMPO EN ESPAÑOL
TIME EXPRESSIONS IN SPANISH

In this lección, you will learn about time—how to ask for it, how to tell the answer, and how to specify the date. In addition, the days of the week, the months of the year, the course of the year, and birthdays are discussed.

Which verb form is used to express

You want to do something in the future.

You will also learn how to explain

Why you did something.

This lección begins with a Spanish text about the habits of Spaniards, for which there is also an English translation. Based on the times, you will soon notice that the daily routine in Spain is different from those in England or the USA.

Grammar
Expressing intent
Talking about reasons
Verbs and their prepositions
The verb *querer*

Vocabulary
The parts of the day
The time
The days of the week
The months
The course of the year

¡SPANISH FOR YOU!

EXPRESSIONS OF TIME IN SPANISH

Translation no. 2

Comidas

En España, se desayuna muy poco antes de ir al trabajo. Normalmente se toma, por ejemplo, un café o un vaso de leche con galletas. Pero pasando las once del mediodía, se suele hacer una pausa para comer un bocadillo y tomar un café. Para muchos españoles el almuerzo se toma entre la una y las tres de la tarde. Cenan a partir de las nueve, y en verano también más tarde.

Comercios y oficinas

En España, la mayoría de las tiendas cierran entre la una y media y las cuatro y media (1:30 p.m. – 4:30 p.m.), excepto los supermercados.

Ocio

Después del trabajo, muchos españoles toman una caña de cerveza o una copa de vino y una tapa. En general, los españoles se acuestan muy tarde, particularmente los fines de semana. En la tele hay programas nocturnas que empiezan a las doce de la noche.

Trabajo

La mayoría de españoles tienen horario de trabajo con un descanso para el almuerzo de dos o tres horas. Sin embargo, muchos prefieren el horario intensivo de las ocho a las tres.

Niños y escuelas

Los niños van a la escuela a las 9. Muchos alumnos comen en la escuela y tienen algunas actividades extraescolares. Como la cena es muy tarde y después se suele ver un poco la tele, muchos escolares están cansados por la mañana.

LAS PARTES DEL DÍA EN ESPAÑA (THE PARTS OF THE DAY IN SPAIN)

Desde las – hasta las	
6:00 a.m. – 1:00 p.m.	La mañana (de la mañana); **desayunar** *(to have breakfast)*; ¡Buenos días!
1:00 p.m. – 3:00 p.m.	La tarde (de la tarde); **almorzar** *(to have lunch)*; ¡Buenas tardes!
4:00 p.m. – 6:00 p.m.	La tarde (de la tarde); **merendar** *(to have a snack in the afternoon)*; la merienda.
9:00 p.m. – 1:00 a.m.	La noche (de la noche); **cenar** *(to have dinner)*; ¡Buenas noches! After dinner, ***tapas*** are often served later.
1:00 a.m. – 6:00 a.m.	La noche; la madrugada; la mañana *(all these can be said at this time)*.
1:00 p.m. – 5:00 p.m.	El/del mediodía *(midday)*.

The verb **almorzar** *(to have lunch)* conjugates as follows: *alm**o**rzar* is an irregular verb; **-o** changes into **ue**.

(yo)	alm**ue**rzo	*I have lunch*
(tú)	alm**ue**rzas	*you have lunch*
(él/ella/	alm**ue**rza	*he/she has lunch/*
usted)	alm**ue**rza	*you [formal, singular] have lunch*
(nosotros/-as)	almorzamos	*we have lunch*
(vosotros/-as)	almorzáis	*you [informal, plural] have lunch*
(ellos/ellas/	alm**ue**rzan	*they have lunch/*
ustedes)	alm**ue**rzan	*you [formal, plural] have lunch*

LA HORA *(THE TIME)*

In Spanish, times within **the first 30 minutes of the hour are added** (**y**).

y cuarto = ... *and 15 minutes/quarter* ...   **y media** = ... *and 30 minutes/half* ...

Example:
- Son las dos **y** cuarto.   *(It's 2:15.)*
- Son las tres **y** media.   *(It's 3:30.)*
- Son las cinco **y** diez.   *(It's 5:10.)*
- Son las cuatro **y** media.   *(It's 4:30.)*

In the second half hour, for example, from 4:30 p.m. – 5:00 p.m., **every minute is subtracted** from the next full hour (in this case: 5 o'clock ***menos***).

Example:
- Son las cinco **menos** diez.   *(It's 4:50 p.m.)*
- Son las once **menos** siete.   *(It's 10:53 p.m.)*
- Son las cuatro **menos** cuarto.   *(It's 3:45 p.m.)*

If someone asks about the time in Spain by using ***¿Qué hora es? (What time is it?)***, then the answer is

La una *or* **Es la una** *(If it is 1:00 a.m./p.m.).*

Otherwise, the response is   ***Las + the time*** *or* ***Son las + the time***.

For example: **Las tres** *or* **Son las tres**   *(It is 3:00 p.m.)*

a) ¿Qué hora es?   *(What time is it?)*

Es la una.   *(It's one o'clock.)*
Son las dos.   *(It's two o'clock.)* All hours are plural, except 1:00 a.m./p.m.
Son las tres en punto.   *(It's three o'clock on the dot.)*

b) ¿Tienes/Tiene la hora? (Do you/you [formal, singular] have the time?)

La uno en punto. (It's one o'clock exactly.)
Las tres y diez. (It's ten past three.)
Las dos y cuarto. (It's quarter past two.)
Las ocho y media. (It's half past eight.)
Las seis menos veinte. (It's twenty to six.)
Las tres menos cuarto. (It's quarter to three.)
Las dos y diez. (It's ten past two.)
Las cuatro y cuarto. (It's quarter past four.)
Las seis y media. (It's half past six.)
Las ocho menos veinte. (It's twenty to eight.)
Las diez menos cuarto. (It's quarter to ten.)

But if the question is ***¿A qué hora ...?*** *(At what time?)* then the answer is
A la una *... (if it is 1:00 a.m./p.m.)*, otherwise ***A las*** ...

a) ¿**A qué** hora ...? (At what time ...?)
Yo me despierto **a las** siete en punto. (I wake up at 7:00 a.m. on the dot.)

b) ¿**A qué** hora llega el avión? (What time does the plane land?)

- **A las** cinco de la mañana. (At 5:00 a.m.)
- **A las** doce del mediodía. (At 12:00 p.m./noon.)
- **A las** siete y media de la tarde. (At 7:30 p.m.)
- **A las** diez de la noche. (At 10:00 p.m.)

c) La mayoría de españoles ... (The majority of Spanish people ...

... **antes** de + <u>ir</u> al trabajo ... ... **before** going to work ...)
... antes de + <u>infinitive</u>

... <u>los</u> <u>españoles</u> <u>desayunan</u> ... <u>the</u> <u>Spanish</u> <u>have</u> <u>breakfast</u>

- <u>entre</u> las ocho y las diez. <u>between</u> 8:00 a.m. and 10:00 a.m.

- <u>de</u> ocho <u>a</u> diez. <u>from</u> 8:00 a.m. <u>to</u> 10:00 a.m.

- <u>desde</u> las ocho <u>hasta</u> las diez. <u>from</u> 8:00 a.m. <u>to</u> 10:00 a.m.

LA FECHA *(THE DATE)*

¿Qué día es hoy?	*(What day is it today?)*
Hoy es martes, 5 de abril de 2016.	*(Today is Tuesday, April 5th, 2016.)*
Ayer <u>fue</u> lunes.	*(Yesterday <u>was</u> Monday.)*
	(<u>fue</u> = past tense of the verb <u>ser</u> (to be); means: <u>it was</u> – Lección 18.)
Antes de ayer fue domingo.	*(**The day before yesterday** was Sunday.)*
Mañana es miércoles.	*(**Tomorrow** is Wednesday.)*
Pasado mañana.	*(**The day after tomorrow**.)*

LOS DÍAS DE LA SEMANA *(THE DAYS OF THE WEEK)*

- El/los lunes — *Monday/Mondays*
- El/los martes — *Tuesday/Tuesdays*
- El/los miércoles — *Wednesday/Wednesdays*
- El/los jueves — *Thursday/Thursdays*
- El/los viernes — *Friday/Fridays*
- El sábado/los sábados — *Saturday/Saturdays*
- El domingo/los domingos — *Sunday/Sundays*
- El fin de semana — *The weekend*

¿Sabes qué día es hoy?	*(Do you know what day it is today?)*
¿Hoy? Lunes.	*(Today? Monday.)*
¿Cuándo llegas?	*(When do you arrive?)*
El viernes a las siete de la tarde.	*(On Friday, at 7:00 p.m.)*
¿Qué haces los domingos?	*(What do you do on Sundays?)*
Normalmente como con mi familia.	*(Normally I eat with my family.)*

LOS MESES DEL AÑO *(THE MONTHS OF THE YEAR)*

el enero	*January*		el julio	*July*
el febrero	*February*		el agosto	*August*
el marzo	*March*		el septiembre	*September*
el abril	*April*		el octubre	*October*
el mayo	*May*		el noviembre	*November*
el junio	*June*		el diciembre	*December*

¡SPANISH FOR YOU!

TODO EL AÑO *(THE COURSE OF THE YEAR)*

Spanish	English
el año	*the year*
las estaciones (del año)	*the seasons (of the year)*
la primavera	*the spring(time)*
el verano	*the summer*
el otoño	*the fall, BE the autumn*
el invierno	*the winter*
el mes	*the month*
la semana	*the week*
el día laborable	*the workday*
el día festivo	*the holiday*
mensual	*monthly*
annual	*yearly, annual*
el semestre	*the half year, the semester*
el trimestre	*the quarter, BE the term*

LOS CUMPLEAÑOS *(BIRTHDAYS)*

¡Feliz cumpleaños!	*(Happy birthday!)*
La fecha de nacimiento	*(Date of birth, birthday)*
La fiesta de cumpleaños	*(Birthday party)*
El regalo de cumpleaños	*(Birthday present)*
Celebrar el cumpleaños	*(Celebrate the birthday)*
La tarta (**LatAm** el pastel) de cumpleaños	*(Birthday cake)*
La tarjeta de cumpleaños	*(Birthday card)*
¿Cuándo es tu cumpleaños?	*(When is your birthday?)*
Nacer	*(To be born)*
(Yo) nací el …	*(I was born on …)*
Él nació …	*(He was born …)*
¿Qué día naciste (tú)?	*(Which day were you born?)*
¿Qué día nació tu marido?	*(Which day was your husband born?)*

AL TELÉFONO *(ON THE PHONE)*

In Spain, a person's own phone (not at work) is never answered with a name, but rather with **diga**, **dígame**, or **sí**. The same is true in Latin America where phones are answered with **aló** or **hola**.

QUIERO, QUIERES, QUIERE

There are several things that you would like to do in the future.

Intent can be expressed as follows

	Querer *(to want)*	**+ Verb in infinitive**
(**yo**)	quiero *(I want)*	
(**tú**)	quieres *(you want)*	
(**él/ella/ usted**)	quiere *(he/she wants/ you [formal, singular] want)*	nadar. *(to swim.)*
(**nosotros/nosotras**)	queremos *(we want)*	estudiar español. *(to learn Spanish.)*
(**vosotros/vosotras**)	queréis *(you want)* [informal, plural]	trabajar en España. *(to work in Spain.)*
(**ellos/ellas/ ustedes**)	quieren *(they want/ you [formal, plural] want)*	

Quiero hablar español. *(I want to speak Spanish.)*
José quiere vivir en España. *(Joseph wants to live in Spain.)*
Diana y yo queremos nadar en el mar. *(Diana and I want to swim in the sea.)*
María y José quieren hacer deporte. *(Mary and Joseph want to do sports.)*

aprender algo *(learn something)*

¿Quieres aprender otros idiomas? *(You want to learn other languages?)*
Yo quiero aprender árabe. *(I want to learn Arabic.)*
Yo aprendo español. *(I am learning Spanish.)*

TALKING ABOUT REASONS WITH

Para *(To, for)*; **Por** *(Because of, for)*; **Porque** *(Because)*

¿Por qué estudiar español? *(Why study Spanish?)*

If people are asked why they are learning Spanish, the following answers might be given.

Tom   Para leer en español. *(To read in Spanish.)*

Sam   Porque mi novia es colombiana. *(Because my girlfriend is Colombian.)*

John   Para mi vida. *(For my life.)*

Lola   Para entender español. *(To understand Spanish.)*

¿**Por qué él/ella quiere aprender español?**   *(Why does he/she want to learn Spanish?)*

- Para   **leer**   en español.   *(To read in Spanish.)*
      + verb in infinitive

When you learn Spanish ***para** leer en español* (in order to be able to read in Spanish), then to read in Spanish is a future end-goal situated chronologically after studying Spanish.

- Porque él/ella   **quiere**   leer en español.   *(Because he/she wants to read in Spanish.)*
      + conjugated verb + sentence

- Por   <u>su</u>   trabajo.   *(For his work.)* Here the pronoun *mi*, *su*,
      + substantive   etc. or the article *(por **el** trabajo)* has to be
                placed before the noun ***trabajo***.

Here *por* is causative; it means he is learning Spanish <u>because</u> of his work. The work causing him to learn Spanish is in the past/present and is situated chronologically before studying Spanish.

Talking about reasons

	Para + verb in the infinitive
Por qué + conjugated verb	**Para** vivir en España.
	(To live in Spain.)
¿**Por qué** estudias español?	
(Why are you studying Spanish?)	**Por** + substantive
	Por mi ego.
	(Because of my ego.)
	Porque + conjugated verb
	Porque quiero trabajar en España.
	(Because I want to work in Spain.)

EXERCISE 10

Relaciona los elementos de la izquierda con los de la derecha para construir frases lógicas con *para* o *porque*.
Draw a line between the left and right columns to build logical sentences using *para* or *porque*.

Quiero estudiar español		hablar con mis amigos españoles.
Quiero vivir en España		quiero nadar en el Atlántico.
Quiero viajar a Fuerteventura	porque	trabajar en una empresa española.
Quiero ir de tapas	para	creo que esta comida es muy rica.
Quiero ir a Sevilla		comprender español.
Quiero ir a una fiesta de paella		visitar mi familia.

VERBS AND THEIR PREPOSITIONS

1. In relation to time

en

<u>en</u> marzo	*(in March)*
<u>en</u> verano	*(in summer)*
<u>en</u> el 2001	*(in the year 2001)*

a

un día <u>a</u> la semana	*(one day per week)*
cerrado de 1 <u>a</u> 2	*(closed from 1:00 p.m. to 2:00 p.m.)*

de

El tren sale a las 6 <u>de</u> la tarde.	*(The train leaves at 6:00 p.m.)*
Estudio <u>de</u> 8 a 11.	*(I study from 8:00 p.m. to 11:00 p.m.)*

hasta

¡Hasta luego!	*(See you later!; So long!)*
¡Hasta pronto!	*(See you soon!)*

2. In relation to locality

a

Llego <u>al</u> cine a las 8 de la tarde.	*(I arrive at the cinema at 8:00 p.m.)*
<u>a</u> la izquierda	*(left, to the left)*
<u>al</u> final de la calle	*(down the street)*

de

Soy <u>de</u> España.	*(I am from Spain.)*
Salgo <u>de</u> la mezquita a las 6 de la tarde.	*(I leave the mosque at 6:00 p.m.)*

hasta

<u>hasta</u> la calle Picasso	*(all the way to Picasso Street)*

en

Vivo <u>en</u> Madrid.	*(I live in Madrid.)*
Trabajo <u>en</u> un museo.	*(I work in a museum.)*
<u>en</u> la playa	*(on the beach)*
<u>en</u> la plaza	*(in the square)*
<u>en</u> la silla	*(on the chair)*
<u>en</u> la costa	*(on the coast)*

¡SPANISH FOR YOU!

FURTHER FUNCTIONS OF PREPOSITIONS

Quiero *(I want*

	autorizar a alguien *to authorize someone*	**para** vender mi casa. *to sell my house.)*
	conocer *to be acquainted with; to know*	**a** mi familia. *my family.)*
	luchar *to fight*	**por** los derechos de las mujeres. *for women's rights.)*
	dejar *to stop*	**de** entrenar. *training.)*
	consider que no **basta** *to consider that it is not enough*	**con** un debate. *with a debate.)*
	empezar *to start*	**a** trabajar. *working.)*
	ir *to go*	**a** tomar algo/**al** teatro/**a** caballo. *for a drink/to the theater/on horseback.)* **de** viaje. *on a trip.)*
	pensar *to think*	**en** mi madre. *about my mother.)*
	salir *to go out; to leave*	**a** comer. *(to eat.)* **con** mi familia. *(with my family.)* **de** tarde. *(to leave in the afternoon.)*

It should be noted that the 1st and 2nd person singular change when they precede the preposition **con**. The change is: mi — **conmigo** *(with me)*   and   ti — **contigo** *(with you)*

* Vas conmigo.   *(You go with me.)*

* Voy contigo.   *(I go with you./I'm with you.)*

LECCIÓN 4
DESCRIPCIÓN DETALLADA DEL PRESENTE DE INDICATIVO CON EJERCICIOS
A DETAILED DESCRIPTION OF THE PRESENT INDICATIVE WITH EXERCISES

This lección deals exclusively with the present indicative tense in more detail. You will learn the present indicative forms of regular verbs, irregular verbs, and completely irregular verbs.

The additional exercises should help you to internalize the changes in the verb forms.

<u>Grammar</u>

* El presente de indicativo - The present indicative tense

¡SPANISH FOR YOU!

EL INDICATIVO (*THE INDICATIVE*)

In Spanish, the indicative mood is a verb form that is generally used in statements. It includes various tenses, such as:

* *el presente (the present tense)*
* *estar + gerundio (the present progressive)*
* *el pretérito perfecto (the perfect tense)*
* *el pretérito indefinido (the simple past (preterite))*
* *el pretérito pluscuamperfecto (the past perfect)*
* *el futuro próximo (the near future)*
* *el futuro simple (the simple future)*
* *el futuro perfecto (the future perfect indicative)*
* *el condicional simple (the simple conditional)*
* *el condicional compuesto (the conditional perfect)*

EL PRESENTE DE INDICATIVO (*THE PRESENT INDICATIVE TENSE*)

When describing something that is happening now, or when someone talks about an action that is in the process of taking place in the moment, the present progressive construction (estar + gerundio; see Lección 13) is used, not the present indicative tense.

The present indicative tense is usually used to express what is occurring in a general, present time frame.

Example:
1. **Aprendo** español. *(I learn Spanish./I'm learning Spanish.)*
2. **Creo en** ángeles. *(I believe in angels.)*

However, this tense also has other meanings. It indicates:

A. Facts or a general truth, something that is permanently true
Example:
1. El pasto **es** verde. *(The grass is green.)*
2. El universo **es** infinito. *(The universe is infinite.)*
3. Ocho menos dos **son** seis. *(Eight minus two equals six.)*

B. Habitual actions
Example:
1. **Voy** a la iglesia todos los domingos. *(I go to the church every Sunday.)*
2. Siempre **desayuno** miel. *(I always eat honey for breakfast.)*

With the modal auxiliary verb ***soler*** *(to be accustomed to)* followed by the infinitive, habitual actions can also be expressed.

Example:
1. **Suelo** levantarme a las seis de la mañana. *(I usually get up at 6:00 a.m.)*
2. No **suele** comer almejas. *(He/She doesn't normally eat clams.)*

The same meaning is expressed with the verb ***acostumbrar (a)*** *(to be accustomed to),* followed by the infinitive.

Example:
Los domingos **acostumbran (a)** ir a la iglesia. *(On Sundays they usually go to church.)*

C. Timeless facts or situations
Example:
Mi perro **es** siempre mi mejor amigo. *(My dog is always my best friend.)*

D. To express ability
Example:
Toca la guitarra. *(He/She plays the guitar.)*

E. To refer to an action or state that began in the past and still continues in the present
Example:
1. Desde el principio, nos **llevamos** bien con tus padres.
   (From the beginning, we got along well with your parents.)
2. Hace dos años que **viven** en Madrid. *(They've been living in Madrid for two years.)*

F. Things that are certain to happen in the future
Example:
1. Mañana **hace** viento seguro. *(Tomorrow it will definitely be windy.)*
2. Mi madre **llega** mañana. *(My mother arrives tomorrow.)*

G. To make past events more vivid when talking or writing
Example:
1. Colón **llega** a América en 1492. *(Columbus arrives in America in 1492.)*
2. La guerra **termina** en 1945. *(The war ends in 1945.)*

In Spanish, the infinitive form of the verb changes (conjugates). This is how the different times are formed. Below, for example, it is shown how to conjugate the infinitive form of the verb ***amar*** *(to love)* by changing the end of the infinitive *-ar* into an *-o;* = *amo (I love)*.

Verbos regulares   **- ar**   **- er**   **- ir**
(Regular verbs)   am**ar**   com**er**   viv**ir**

(to love)   *(to eat)*   *(to live)*

Personas

		-ar	-er	-ir
Yo	*(I)*	**-o**	**-o**	**-o**
Tú	*(You)*	**-as**	**-es**	**-es**
Él/ella/usted *(He/she/you—formal, singular)*		**-a**	**-e**	**-e**
Nosotros/-as	*(We)*	**-amos**	**-emos**	**-imos**
Vosotros/-as	*(You)*	**-áis**	**-éis**	**-ís**
Ellos/ellas/ustedes *(They/you—formal, plural)*		**-an**	**-en**	**-en**

EXERCISE 11

Completa las formas que faltan.
Fill in the missing blanks.

	HABLAR *(to speak)*	TRABAJAR *(to work)*	ESTUDIAR *(to study)*
(**yo**)	hablo		estudio
(**tú**)		trabajas	
(**él/ella/usted**)	habla		estudia
(**nosotros/nosotras**)		trabajamos	
(**vosotros/vosotras**)	habláis		estudiáis
(**ellos/ellas/ustedes**)		trabajan	

EXERCISE 12

Completa con las formas de los verbos *comer* (to eat) y *comprender* (to understand).
Fill in the blanks with the correct verb forms of *comer* (to eat) and *comprender* (to understand).

	BEBER *(to drink)*	COMER *(to eat)*	COMPRENDER *(to understand)*
(**yo**)	bebo *(I drink)*		
(**tú**)	bebes *(you drink)*		
(**él/ella/usted**)	bebe *(he/she drinks/ you drink—formal, singular)*		
(**nosotros/nosotras**)	bebemos *(we drink)*		
(**vosotros/vosotras**)	bebéis *(you drink—informal plural)*		
(**ellos/ellas/ustedes**)	beben *(they drink/ you drink—formal, plural)*		

EXERCISE 13

Coloca las formas verbales de *vivir* (to live) en los huecos correspondientes.
Fill in the correct form of the verb *vivir* (to live) in the corresponding gap.

vivís	vive	vivimos	vive
viven	vivo	vives	viven

Yo ....
Tú ....
Carmen ....
Pedro ....
José y yo ....
Pablo y tú ....
Philippe y Xavier ....
María y Mónica ....

EXERCISE 14

Reformula las opiniones del maorí y de jefe blanco (= nombre del hombre blanco) transformando el verbo en infinitivo en una forma conjugada del presente.

Reformulate the opinions of the Maori and the Jefe blanco (= name of the white man), by converting the verb form of the infinitive into the conjugated form of the present.

Explanation: The first two lines in every text are always grammatically wrong because the *Maori* do not conjugate verbs. (The Maori are the indigenous Polynesian people of New Zealand which had the first contact with early European explorers = Jefe blanco – white man [who first visited in 1769].) The correctly conjugated verb forms have to be inserted in the remaining two lines. Some vocabulary has been given for this exercise to make it a bit easier.

comer *(to eat)*; **tatuar** *(to tattoo)*; **conservar** *(to preserve)*; **andar** *(to walk)*; **hacer** *(to do, to make)*; **llevar** *(to wear)*; **necesitar** *(to need)*; **hacer la vista gorda** *(to ignore something)*; **mirar a alguien por encima del hombro** *(to look down on someone/something)*

Example:
Jefe blanco no **comer** humanos.
Nosotros **comer** humanos muchas veces.
Jefe blanco no **come** humanos.
Nosotros **comemos** humanos muchas veces.

1. Jefe blanco no tatuar el cuerpo.
   Nosotros tatuar el cuerpo. Nosotros orgullosos.
   Jefe blanco no .... el cuerpo.
   Nosotros .... el cuerpo.

¡SPANISH FOR YOU!

2. Jefe blanco no conservar las tradiciones.
   Nosotros conservar nuestras costumbres.
   Jefe blanco no ………….. las tradiciones.
   Nosotros …………… nuestras costumbres.

3. Los jefes blancos no andar mucho.
   Nosotros andar en la naturaleza. Nosotros persistentes y hábiles.
   Los jefes blancos no …………… mucho.
   Nosotros …………… mucho.

4. Jefe blanco nos mirar por encima del hombro.
   Nosotros no mirar a jefe blanco por encima del hombro. Nosotros amables y divertidos.
   Jefe blanco nos …………. por encima del hombro.
   Nosotros no ……………. a jefe blanco por encima del hombro.

5. Los jefes blancos no hacer la vista gorda con pequeños errores.
   Nosotros hacer la vista gorda con pequeños errores. Nosotros sensibles y delicados.
   Los jefes blancos no …………… la vista gorda con pequeños errores.
   Nosotros ……………. la vista gorda con pequeños errores.

6. Jefe blanco llevar mucha ropa.
   Nosotros llevar solo taparrabos. Nosotros desnudos.
   Jefe blanco ………….. mucha ropa.
   Nosotros …………… taparrabos.

7. Los jefes blancos necesitar muchas cosas superfluas.
   Nosotros necesitar solo unas pocas cosas. Nosotros simples.
   Los jefes blancos ……………… muchas cosas superfluas.
   Nosotros ……………. solo unas pocas cosas.

IRREGULAR VERBS

There are two different types of irregularities.

1. **Verbos con alteraciones vocálicas** *(Verbs with vowel changes)*

Many verbs change their stem. For example, the infinitive of **dormir** *(to sleep)*. The stem is **dorm-**, from which the **o** changes to **ue** = **duer m**- in all but the 1st and 2nd person plural – but the endings are those of regular verbs.

Look out! The vowel does not change with ***nosotros/-as*** and ***vosotros/-as***.

	e > ie **cerrar** *(to close)*	**o > ue** **dormir** *(to sleep)*	**u > ue** **jugar** *(to play)*	**e > i** **medir** *(to measure)*
(yo)	cierro *(I close)*	duermo *(I sleep)*	juego *(I play)*	mido *(I measure)*
(tú)	cierras *(you close)*	duermes *(you sleep)*	juegas *(you play)*	mides *(you measure)*
(él/ella/ usted)	cierra *(he/she closes/ you close— formal, singular)*	duerme *(he/she sleeps/ you sleep— formal, singular)*	juega *(he/she plays/ you play— formal, singular)*	mide *(he/she measures/ you measure— formal, singular)*
(nosotros/ nosotras)	cerramos *(we close)*	dormimos *(we sleep)*	jugamos *(we play)*	medimos *(we measure)*
(vosotros/ vosotras)	cerráis *(you close) [informal, plural]*	dormís *(you sleep) [informal, plural]*	jugáis *(you play) [informal, plural]*	medís *(you measure) [informal, plural]*
(ellos/ ellas/ ustedes)	cierran *(they close/ you close— formal, plural)*	duermen *(they sleep/ you sleep— formal, plural)*	juegan *(they play/ you play— formal, plural)*	miden *(they measure/ you measure— formal plural)*

Poder means ***can*** in the sense of ***ability***.

	i > y **construir** *(to build)*	**e > i** **reir** *(to laugh)*	**o > ue** **poder** *(to be able to)*	**e > ie** **entender** *(to understand)*
(yo)	construyo *(I build)*	río *(I laugh)*	puedo *(I can)*	entiendo *(I understand)*
(tú)	construyes *(you build)*	ríes *(you laugh)*	puedes *(you can)*	entiendes *(you understand)*
(él/ella/ usted)	construye *(he/she builds/ you build— formal, singular)*	ríe *(he/she laughs/ you laugh— formal, singular)*	puede *(he/she can/ you can— formal, singular)*	entiende *(he/she understands/ you understand— formal, singular)*
(nosotros/ nosotras)	construimos *(we build)*	reímos *(we laugh)*	podemos *(we can)*	entendemos *(we understand)*
(vosotros/ vosotras)	construís *(you build) [informal, plural]*	reís *(you laugh) [informal, plural]*	podéis *(you can) [informal, plural]*	entendéis *(you understand) [informal, plural]*
(ellos/ ellas/ ustedes)	construyen *(they build/ you build— formal, plural)*	ríen *(they laugh/ you laugh— formal, plural)*	pueden *(they can/ you can— formal, plural)*	entienden *(they understand/ you understand— formal, plural)*

Other verbs in which the vowel changes from ***e*** to ***i***:
impedir *(to hinder, to prevent)*; **seguir** *(to follow, to continue)*; **perseguir** *(to pursue)*; **repetir** *(to repeat)*; **competir** *(to compete)*; **sonreír** *(to smile)*

Verbs in which the vowel changes from *e* to *ie* (as in *cerrar*):
sentar(se) *(to sit down)*; **pensar** *(to think)*; **empezar** *(to begin, to start)*; **comenzar** *(to begin, to commence)*; **perder** *(to lose)*; **sentir(se)** *(to feel)*; **preferir** *(to prefer)*; **mentir** *(to lie)*; **negar** *(to deny, to refuse)*; **fregar** *(to wash dishes, to scrub)*; **gobernar** *(to govern, to rule)*

Verbs in which the vowel changes from *o* to *ue* (as in *dormir*):
doler *(to pain, to hurt)*; **morir** *(to die)*; **volar** *(to fly, to blow up)*; **recordar** *(to remember, to recall, to remind)*; **encontrar** *(to find, to meet, to encounter)*; **costar** *(to cost)*; **volver** *(to return, to go back)*; **m**o**ver(se)** *(to move)*; **contar** *(to count, to relate, to tell)*; **sonar** *(to ring, to sound)*; **morder** *(to bite)*; **llover** *(to rain)*; **probar** *(to test, to prove, to try)*; **soñar** *(to dream)*; **acostarse** *(to go to bed, to lie down)*

EXERCISE 15

¿Cambia la vocal? Rellena los siguientes huecos.
Does the vowel change or not? Fill in the following blanks.

From -*e* to -*ie*

¿Qu…res el cuadro?
C…rramos la ventana.
Qu…ro comer una paella.
Mi amigo ent…nde belga.
Hoy emp…zamos a buscar.
¿Qué p…nsas tú?
S…nten la arena.
R….petimos los verbos irregulares.

From -*o* and -*u* to -*ue*

Me d…le la espalda.
¿P…déis reflexionar?
No enc…ntro mi gato.
C…sta un montón.
Sin alimento las vacas se m…ren.
¿V…lvéis a España?
¿Rec…rdas mi nombre?
V…lamos a África.

el cuadro *(the picture, the painting, the table)*; **la ventana** *(the window)*; **buscar** *(to look for, to seek)*; **la arena** *(the sand)*; **la espalda** *(the back - anatomy)*; **reflexionar** *(to reflect)*; **el gato** *(the cat)*; **un montón** *(a lot, plenty)*; **el alimento** *(the food)*; **las vacas** *(the cows)*; **el nombre** *(the name)*

EXERCISE 16

Escribe el pronombre personal que corresponde a cada forma verbal dada.
Write the personal pronoun that corresponds to each given verb form.

Example: quiero: yo
ríes: ……………………
entienden: ……………………
queremos: ……………………
construyo: ……………………
jugáis: ……………………
cierras: ……………………
duermes: ……………………

duelo: ……………………
miden: ……………………
vuelan: ……………………
hablamos: ……………………
pueden: ……………………
vivo: ……………………
vives: ……………………
queréis: ……………………

EXERCISE 17

Une los verbos con el texto de la derecha. Hay más de una posibilidad.
Connect the verbs to the text on the right. More than one answer is possible.

hacer	1	A	24 años
ver	2	B	un libro
tener	3	C	español
vivir	4	D	todo el mundo
leer	5	E	una carta
hablar	6	F	una película
escribir	7	G	estudiar idiomas
conocer	8	H	en España
querer	9	I	deporte

hacer *(to do, to make)*; **ver** *(to see)*; **vivir** *(to live)*; **leer** *(to read)*; **hablar** *(to talk, to speak)*; **escribir** *(to write)*; **conocer** *(to know, to be acquainted with)*; **querer** *(to want)*; **un libro** *(a book)*; **todo el mundo** *(the whole world)*; **una carta** *(a letter)*; **una película** *(a movie - BE film)*; **estudiar** *(to study, to learn)*; **el idioma** *(the language)*; **el deporte** *(the sport)*

2. **Verbos con forma irregular en la 1ª persona singular.** *(Irregular 1st person singular)*

Many verbs are irregular in the 1st person singular (**yo**) present-tense form.

	Asir *(to grasp, to grab hold of)*		**Conocer** *(to know, to be acquainted with)*	
(yo)	**asgo**	*(I grasp)*	**conoczco**	*(I know)*
tú	ases	*(you grasp)*	conoces	*(you know)*
él/ella/	ase	*(he/she grasps/*	conoce	*(he/she knows/*
ustedes	ase	*you grasp – formal, singular)*	conoce	*you know – formal, singular)*
nosotros/-as	asimos	*(we grasp)*	conocemos	*(we know)*
vosotros/-as	asís	*(you grasp – informal, plural)*	conocéis	*(you know – informal, plural)*
ellos/ellas/	asen	*(they grasp/*	conocen	*(they know/*
ustedes	asen	*you grasp – formal, plural)*	conocen	*you know – formal, plural)*

Additional examples

	hacer *(to do)*	**dar** *(to give)*	**coger** *(to catch)*	**caer** *(to fall)*	**ver** *(to see)*
(yo)	**hago** *(I do)*	**doy** *(I give)*	**cojo** *(I catch)*	**caigo** *(I fall)*	**veo** *(I see)*
(tú)	haces *(you do)*	das *(you give)*	coges *(you catch)*	caes *(you fall)*	ves *(you see)*
(él/ella/ usted)	hace *(he/she does/ you do— formal, singular)*	da *(he/she gives/ you give— formal, singular)*	coge *(he/she catches/ you catch— formal, singular)*	cae *(he/she falls/ you fall— formal, singular)*	ve *(he/she sees/ you see— formal, singular)*
(nosotros/ nosotras)	hacemos *(we do)*	damos *(we give)*	cogemos *(we catch)*	caemos *(we fall)*	vemos *(we see)*
(vosotros/ vosotras)	hacéis *(you do) [informal, plural]*	dais *(you give) [informal, plural]*	cogéis *(you catch) [informal, plural]*	caéis *(you fall) [informal, plural]*	veis *(you see) [informal, plural]*
(ellos/ ellas/ ustedes)	hacen *(they do/ you do— formal, plural)*	dan *(they give/ you give— formal, plural)*	cogen *(they catch/ you catch— formal, plural)*	caen *(they fall/ you fall— formal, plural)*	ven *(they see/ you see— formal, plural)*

	saber *(to know)*	**caber** *(to fit into)*	**parecer** *(to seem)*	**agradecer** *(to thank)*	**conducir** *(to drive)*
(yo)	**sé** *(I know)*	**quepo** *(I fit into)*	**parezco** *(I seem)*	**agradezco** *(I thank)*	**conduzco** *(I drive)*
(tú)	sabes *(you know)*	cabes *(you fit into)*	pareces *(you seem)*	agradeces *(you thank)*	conduces *(you drive)*
(él/ella/ usted)	sabe *(he/she knows/ you know— formal, singular)*	cabe *(he/she fits into/ you fit into— formal, singular)*	parece *(he/she seems/ you seem— formal, singular)*	agradece *(he/she thanks/ you thank— formal, singular)*	conduce *(he/she drives/ you drive— formal, singular)*
(nosotros/ nosotras)	sabemos *(we know)*	cabemos *(we fit into)*	parecemos *(we seem)*	agradecemos *(we thank)*	conducimos *(we drive)*
(vosotros/ vosotras)	sabéis *(you know) [informal, plural]*	cabéis *(you fit into) [informal, plural]*	parecéis *(you seem) [informal, plural]*	agradecéis *(you thank) [informal, plural]*	conducís *(you drive) [informal, plural]*
(ellos/ellas/ ustedes)	saben *(they know/ you know— formal, plural)*	caben *(they fit into/ you fit into— formal, plural)*	parecen *(they seem/ you seem— formal, plural)*	agradecen *(they thank/ you thank— formal, plural)*	conducen *(they drive/ you drive— formal, plural)*

	introducir (to introduce)	**traducir** (to translate)	**producir** (to produce)
(**yo**)	**introduzco** (I introduce)	**traduzco** (I translate)	**produzco** (I produce)
(**tú**)	introduces (you introduce)	traduces (you translate)	produces (you produce)
(**él/ella/ usted**)	introduce (he/she introduces/ you introduce—formal, singular)	traduce (he/she translates/ you translate—formal, singular)	produce (he/she produces/ you produce—formal, singular)
(**nosotros/ nosotras**)	introducimos (we introduce)	traducimos (we translate)	producimos (we produce)
(**vosotros/ vosotras**)	introducís (you introduce) [informal, plural]	traducís (you translate) [informal, plural]	producís (you produce) [informal, plural]
(**ellos/ellas/ ustedes**)	introducen (they introduce/ you introduce—formal, plural)	traducen (they translate/ you translate—formal, plural)	producen (they produce/ you produce—formal, plural)

The following verbs are also irregular in the 1st person singular, but they can be easily derived.

Example: des**hacer**—des**hago**   (to undo, to destroy, to take apart)
            re**hacer**—re**hago**   (to redo, to rebuild, to repair, to refurbish)
            su**poner**—su**pongo**   (to suppose, to assume)
            com**poner**—com**pongo**   (to compose, to repair)
            a**traer**—a**traigo**   (to attract, to allure, to charm)
            a**parecer**—a**parezco**   (to appear, to show up)
            des**aparecer**—des**aparezco** (to disappear)

EXERCISE 18

Identifica y corrige los errores.
Find and correct the errors.

Example: Yo *quero* ...**quiero**... hablar español bastante bien.

1. ¿Tú podes ……….. ir a casa de Juan?

2. Yo sé mucho, pero no hablas ………. mucho.

3. María traduzco …………… mis cartas.

4. Nosotros conducimos …………. a Madrid y tengo ……….. un bueno tiempo.

¡SPANISH FOR YOU!

EXERCISE 19

Completa las oraciones con la forma correcta del verbo.
Complete the sentences with the right verb form.

Example: Tú **te pareces** a Julia Roberts. Yo **me parezco** a mi abuela.

1. ¿Tú **ves** el gato aquel? Yo ……… muchos gatos en la calle.

2. ¿Tú **das** una conferencia sobre los daños ecológicos? Yo siempre ………. a entender lo importante que es la protección del medio ambiente.

3. Tú siempre **desapareces** después de la hora de la comida. Yo no ……………. No me fío de tí.

4. Tú siempre le **agradeces** a la persona que te presta ayuda. Igual que yo. Yo se le ………………. también.

5. Tú **conduces** demasiado rápido constantemente. Yo …………. siempre de forma prudente.

6. ¿Tú no **conoces** a mis padres? Pues yo ………….. a los tuyos.

7. ¿Carmen está muerta? ¿Cómo lo **sabes**? Yo no ……… nada.

una conferencia *(a conference)*; **los daños ecológicos** *(the ecological damage)*; **siempre** *(always)*; **después** *(after, then)*; **la protección del medio ambiente** *(the environmental protection)*; **la persona** *(the person)*; **presta ayuda** *(provides support, offers assistance)*; **igual que yo** *(just like me)*; **demasiado/-a** *(too, far too, way too, excessively)*; **constantemente rápido/-a** *(constantly fast)*; **forma prudente** *(prudently, conservatively, cautiously)*; **está muerta** *(she's dead; she died)*

3. **Verbos irregulares**
   (Irregular verbs, which combine the 1st and 2nd verb changes)
   These verbs are irregular in the 1st person singular (yo) and the stem also changes.

	Venir *(to come)*	**Elegir** *(to choose, to pick)*
yo	vengo	elijo
tú	vienes	eliges
él/ella/usted	viene	elige
nosotros/-as	venimos	elegimos
vosotros/-as	venís	elegís
ellos/ellas/ustedes	vienen	eligen

	Decir *(to say, to tell)*	**Oír** *(to hear)*
yo	digo	oigo
tú	dices	oyes
él/ella/usted	dice	oye
nosotros/-as	decimos	oímos
vosotros/-as	decís	oís
ellos/ellas/ustedes	dicen	oyen

4. Verbos completamente irregulares
(Completely irregular verbs)

Haber *(to have)*
as an auxiliary, helping verb
to form the compound tenses

Ir *(to go)*

yo	he	*(I have)*		voy	*(I go)*
tú	has	*(you have)*		vas	*(you go)*
él/ella/	ha	*(he/she has/*		va	*(he/she goes/*
ustedes	ha	*you have – formal, singular)*		va	*you go – formal, singular)*
nosotros/-as	hemos	*(we have)*		vamos	*(we go)*
vosotros/-as	habéis	*(you have – informal, plural)*		vais	*(you go – informal, plural)*
ellos/ellas/	han	*(they have/*		van	*(they go/*
ustedes	han	*you have – formal, plural)*		van	*you go – formal, plural)*

Errar *(to miss)*

Oler *(to smell, to scent)*

yo	yerro	*(I miss)*		huelo	*(I smell)*
tú	yerras	*(you miss)*		hueles	*(you smell)*
él/ella/	yerra	*(he/she misses/*		huele	*(he/she smells/*
usted	yerra	*you miss – formal, singular)*		huele	*you smell – formal, singular)*
nosotros/-as	erramos	*(we miss)*		olemos	*(we smell)*
vosotros/-as	erráis	*(you miss – informal, plural)*		oléis	*(you smell – informal, plural)*
ellos/ellas/	yerran	*(they miss/*		huelen	*(they smell/*
ustedes	yerran	*you miss – formal, plural)*		huelen	*you smell – formal, plural)*

EXERCISE 20

Completa este anuncio de una página web de intercambios con la forma correcta del verbo.
Complete this advertisement for an exchange website with the correct form of the verb.

tener   conversar   ver   ser   estudiar
hablar   llamarse   querer   comprender

Hola, ………. Nikos y ……… de Grecia. En mi país hay muchos problemas y, por ello, ………. derecho en España. Yo …….. español y ……. trabajar en un bufete. ………. 19 años y ………. español muy bien, porque ……… muchas películas en español y ………. todo el tiempo con los españoles.

conversar *(to talk, to chat)*; **estudiar** *(to study)*; **comprender** *(to understand)*; **el problema** *(the problem)*; **derecho** *(law)*; **el bufete** *(the law office, the firm)*; **muy bien** *(very good)*; **todo el tiempo** *(all the time)*

EXERCISE 21

Completa las oraciones con los siguientes verbos y ponlos en la forma correcta.
Complete the sentences using the following verbs and put them in the correct form.

viajar *(to travel)*	**desayunar** *(to have breakfast)*	**tomar** *(to drink, to have)*
poder *(to be able, can)* **ir** *(to go)*	**ser** *(to be)* **visitar** *(to visit)*	**trabajar** *(to work)*
acostar(se) *(to go to bed)*	**salir** *(to go out)*	**tener** *(to have, to hold)*

Translation no. 3

Mis amigos españoles .... ligero. Normalmente se .... té negro con limón y un pequeño bocadillo. Mis compañeros de clase .... por todo el mundo y .... de excursión. Los profesores de la escuela de idiomas .... una buena educación, por eso mismo .... en la escuela. Todos .... muy educados, amables y serviciales. Todas las tardes hay una pregunta en el tablón de anuncios de la escuela: ¿Qué programa tenemos para hoy? Por ejemplo, los estudiantes .... conocer la ciudad, ... un museo o unas catacumbas, y también .... por la noche. En Andalucía hace sol hasta muy tarde; en consecuencia, la gente se .... muy tarde.

LATIN AMERICAN USAGE

In the Latin American countries where Spanish is spoken, the **vosotros/-as** subject pronoun, used for familiar address in the plural, and the corresponding form of the verb are not used. Instead, **ustedes** is used in both formal and familiar address.

In the Río de Plata area (Uruguay and Argentina), **vos** is used instead of **tú**. There is a difference in the regular present tense forms for **vos** and **tú** above: **vos comés, vos tomás, vos vivís**.

Stem changes, which have an effect on the **tú** form of the verb (example: **tú tienes**), do not apply to the **vos** forms (example: **vos tenés**) in this area.

The irregular form **eres** (infinitive = **ser**) becomes **sos: vos sos**.

LECCIÓN 5
TODO EL SANTO DÍA
THE WHOLE DAY LONG

In this lección, you will learn the vocabulary for everyday objects as well as how to ask for certain things. You will learn how to talk about the weather, as well as the different uses of *muy* and *mucho*. Colors will be briefly introduced. Demonstrative pronouns and adjectives will be explained, and you will learn how to answer the following question:

How often do you do something?

Finally, there is a summary of some peculiarities of the Spanish language.

Grammar
* The verbs **vestirse, volver, empezar**
* Reflexive verbs
* Questions with **qué**, **cuál**, **dónde**
* The formation of the feminine and the plural in adjectives
* **Muy** and **mucho**
* Color adjectives: gender and number
* Demonstrative pronouns and adjectives (decision-making)
* Important characteristics in Spanish
* Adverbs

Vocabulary
The daily routine
The climate

EL TRA(N)SCURSO DEL DÍA *(THE DAILY ROUTINE)*

Most verbs used in the description of a person's day are reflexive. They can be recognized by the *-se* added at the end of the verb in the infinitive—for example, levantar(se), duchar(se), etc. These verbs are reflexive, which means they refer back to the acting person with the use of the reflexive pronoun. In English, a reflexive pronoun is a personal pronoun that contains *self* or *selves*. In Spanish and English, a reflexive pronoun causes the action of the verb to fall on the reflexive pronoun, which is in the same person and number as the subject.

Therefore, the reflexive verbs are conjugated with a reflexive pronoun, which is always placed after the subject and before the verb, except in the infinitive. In Spanish, the reflexive pronouns are:

me = myself; **te** = yourself; **se** = himself, herself, itself, yourself (Ud.); **nos** = ourselves; **os** = yourselves; **se** = themselves, yourselves (Uds.).

Example: **yo me lavo** *(I wash myself)*; **él se peina** *(he combs himself)*.

- Carlos se despierta a las ocho y siete.   *(Carlos wakes up at 8:07 a.m.)*
- Se levanta a las ocho y diez.   *(He gets up at 8:10 a.m.)*
- Carlos se ducha a las ocho y cuarto.   *(Carlos takes a shower at 8:15 a.m.)*
- Se lava los dientes a las ocho y media.   *(He brushes his teeth at 8:30 a.m.)*
- Se viste a las nueve menos veinte.   *(He gets dressed at 8:40 a.m.)*
- Carlos se peina a las nueve menos diez.   *(Carlos combs himself at 8:50 a.m.)*
- Desayuna a las diez menos cuarto.   *(He has breakfast at 9:45 a.m.)*
- Carlos sale de su casa a las diez y media.   *(Carlos leaves his house at 10:30 a.m.)*
- Carlos entra a la empresa a las once.   *(Carlos enters the company at 11:00 a.m.)*
- Después de eso empieza el trabajo regular.   *(After that, regular work begins.)*
- Carlos merienda a las cinco.   *(Carlos has an afternoon snack at 5:00 p.m.)*
- Vuelve a casa a las siete.   *(He comes home at 7:00 p.m.)*
- Se lava a las siete y media.   *(He washes himself at 7:30 p.m.)*
- Se acuesta a las diez.   *(He goes to bed at 10:00 p.m.)*

Irregular verbs in the present

	e > i	o > ue	e > ie
	vestirse *(to get dressed)*	**volver** *(to return)*	**empezar** *(to begin)*
(yo)	me visto *(I get dressed)*	vuelvo *(I return)*	empiezo *(I begin)*
(tú)	te vistes *(you get dressed)*	vuelves *(you return)*	empiezas *(you begin)*
(él/ella/ usted)	se viste *(he/she gets dressed/you get dressed—formal, singular)*	vuelve *(he/she returns/you return—formal, singular)*	empieza *(he/she begins/you begin—formal, singular)*
(nosotros/-as)	nos vestimos *(we get dressed)*	volvemos *(we return)*	empezamos *(we begin)*
(vosotros/ vosotras)	os vestís *(you get dressed) [informal, plural]*	volvéis *(you return) [informal, plural]*	empezáis *(you begin) [informal, plural]*
(ellos/ellas/ ustedes)	se visten *(they get dressed/ you get dressed—formal, plural)*	vuelven *(they return/ you return—formal, plural)*	empiezan *(they begin/ you begin—formal, plural)*

REFLEXIVE VERBS

	Spanish	English
	despertarse	**to wake up**
(yo)	**me** despiert**o**	*I wake up*
(tú)	**te** despiert**as**	*you wake up*
(él/ella/	**se** despiert**a**	*he/she wakes up/*
usted)	**se** despiert**a**	*you [formal, singular] wake up*
(nosotros/-as)	**nos** despert**amos**	*we wake up*
(vosotros/-as)	**os** despert**áis**	*you [informal, plural] wake up*
(ellos/ellas/	**se** despiert**an**	*they wake up/*
ustedes)	**se** despiert**an**	*you [formal, plural] wake up*

	Spanish	English
	levantarse	**to get up**
(yo)	**me** levanto	*I get up*
(tú)	**te** levantas	*you get up*
(él/ella/	**se** levanta	*he/she gets up/*
usted)	**se** levanta	*you [formal, singular] get up*
(nosotros/-as)	**nos** levantamos	*we get up*
(vosotros/-as)	**os** levantáis	*you [informal, plural] get up*
(ellos/ellas/	**se** levantan	*they get up/*
ustedes)	**se** levantan	*you [formal, plural] get up*

Spanish		English	
echar(se)		*to throw oneself, to lie down, to put on*	
ac**o**star(se)	= irregular	*to go to bed, to lie down*	**o** changes to **ue**
s**e**ntar(se)	= irregular	*to sit down*	**e** changes to **ie**
desnudar(se)	= regular	*to undress*	(yo) me desnudo *(I undress)*
quitar(se)		*to take off, to remove*	(yo) me quito *(I'll take off, I take off)*
duchar(se)		*to take a shower*	
lavar(se) los dientes		*to brush one's teeth*	
peinar(se)		*to comb one's hair*	
desayunar		*to have breakfast*	
emborrachar(se)		*to get drunk*	
dar(**se**) la mano		*to shake hands*	
casar(**se**)		*to get married (to someone)*	
abrazar(**se**)		*to embrace (each other)*	

Darse la mano, casarse, and **abrazarse** are actions that involve two people.

If the action is one-sided, proceeding from only one actor, then the verb is used nonreflexively. For example, when only I embrace someone, then the verb is used nonreflexively; abrazar *(to embrace)* is a regular verb.

¡SPANISH FOR YOU!

A fictitious day

Por la mañana, me levanto a las ocho. Desayuno a las ocho y media y luego navego a vela en el Mediterráneo. Por la tarde, ceno en un restaurante en un puerto pequeño. Por la noche, bebo un coctel, escucho música, y después me acuesto muy tarde.

¿QUÉ *(What, which)*; CUÁL *(Which, what)*; O DÓNDE *(Where)*?

Lee estas frases y fíjate en cuándo se usa *qué*, *cuál/cuáles*, y *dónde*.
Read the sentences and pay attention to when *qué*, *cuál/cuáles*, and *dónde* are used.

¿**Cuál** es la bebida más conocida de España?   *(**What** is the most famous drink in Spain?)*
La sangría.   *(Sangria.)*

¿**Qué** es la Alhambra?   *(**What** is the Alhambra?)*
Es el monumento emblemático de Granada.   *(It is the symbolic monument of Granada.)*

¿**Cuáles** son los idiomas oficiales de Bélgica?   *(**What** are the official languages of Belgium?)*
El francés y el flamenco.   *(French and Flemish.)*

¿**Dónde** está Sevilla?   *(**Where** is Seville?)*
En Andalucía.   *(In Andalusia.)*

¿Cómo es la vida en España?   *(How is life in Spain?)*
Maravillosa.   *(Wonderful.)*

¿**Dónde** está Timbuktu?   *(**Where** is Timbuktu?)*
En África   *(In Africa.)*

¿Cuántos hijos tienes?   *(How many children do you have?)*
Tres.   *(Three.)*

¿Cuántas mascotas hay en tu casa?   *(How many pets are there in your house?)*
Dos gatos.   *(Two cats.)*

Questions about definitions

¿**Qué** es el tinto verano?   *(What is the tinto verano?)*
Una bebida típica de Andalucía.   *(A typical drink from Andalusia.)*

¿**Qué** son las tapas?   *(What are tapas?)*
Un pequeño plato típico de España.   *(A small, typically Spanish dish.)*

Questions about identification

¿**Qué** montaña es la más alta de España? *(Which is the highest mountain in Spain?)*
El Teide. *(The Teide.)*

¿**Cuál** es la capital de España? *(What is the capital of Spain?)*
Madrid. *(Madrid.)*

¿**Cuáles** son las montañas más altas en el interior de Europa? *(What are the highest mountains in the interior of Europe?)*
Los Alpes. *(The Alps.)*

EXERCISE 22

Pregunta le a tu compañero por sus costumbres.
Ask your friend about his habits.

A) ¿A qué hora ...?
B) ¿Cómo ...?
C) ¿Cuándo ...?
D) ¿Con quién ...?
E) ¿Qué haces ...?
F) ¿Qué ...?
G) ¿Dónde ...?

1) el fin de semana
2) deportes que practicas
3) lugar de la cena
4) hora de salida
5) hora de despertarse
6) de máxima audiencia
7) celebrar la Nochevieja
8) ir a casa
9) lunes por la tarde

¿**Qué haces**? *(What are you doing?)*; ¿**Qué** ...? *(What ...?)*; ¿**Con quién** ...? *(With whom ...?)*; **el fin de semana** *(the weekend)*; **deportes que practicas** *(activities you're involved in)*; **lugar de la cena** *(location of the dinner)*; **hora de salida** *(departure time)*; **hora de despertarse** *(time to wake up)*; **horas de máxima audiencia** *(prime time)*; **celebrar la Nochevieja** *(celebrate New Year's Eve)*; **ir a casa** *(go home)*; **lunes por la tarde** *(Monday evening)*

EL CLIMA *(THE CLIMATE)*

¿Qué tiempo hace hoy en Madrid? *(What is the weather like today in Madrid?)*
Hoy en Madrid ...
    llueve (mucho, un poco) *(it is raining hard, a little)*
    hace *fresco hoy* *(it is cool today)*
    hace *sol* *(it is sunny)*
    hace *calor* *(it is warm/hot)*
    hace *viento* *(it is windy)*
    hace *frío y nieva* *(it is cold and snowing)*
    hay *neblina* *(it is foggy)*
    hay *muchas nubes* *(there are a lot of clouds)*
    está *nublado* *(it is cloudy)*
    hoy tenemos 17 °C (grados) *(today it is 17 degrees)*
    temenos - 3 °C (grados bajo cero) *(it is - 3 degrees (below zero))*
    el clima es templado/tropical *(the climate is temperate/tropical)*

El levante *(The east wind)*   **El poniente** *(The west wind)*

El norte *(the north)*; el este *(the east)*; el sur *(the south)*; el oeste *(the west)*.

Example:

En Fuerteventura hace mucho viento.	*(It is very windy in Fuerteventura.)*
En Santander está nublado.	*(It is cloudy in Santander.)*
En Alicante hace calor.	*(It is hot in Alicante.)*
En Gran Canaria hace sol.	*(It is sunny in Gran Canaria.)*
En Pamplona hace frío y nieva.	*(It is cold and snowing in Pamplona.)*
En Gijón llueve.	*(It is raining in Gijon.)*

THE FORMATION OF THE FEMININE AND PLURAL FORMS OF ADJECTIVES

Endings in the singular

masculine		feminine	
-o	blanco	-a	blanca
-e	verde	unchanging	verde
-a	rosa	unchanging	rosa
- Consonant	azul	unchanging	azul

These rules for forming the feminine don't apply to adjectives of nationality.

The plural of the adjective

	Singular		Plural
- Vowel	blanco/blanca	+ s	blancos/blancas
	verde		verdes
	rosa		rosas
- Consonant	azul	+ es	azules

Adjectives that end in consonants, with the exception of those referring to nationality or origin, do not change for the feminine.

Example: An adjective written in the <u>masculine</u> as **gris** *(grey, AE gray)*, which is also the <u>feminine</u> **gris**, has no change.

Exceptions: Adjectives with the endings *-án*, *-ín*, *-ón,* or *-or* have an *-a* added in the feminine.

Example: trabajador - trabajadora *(hard-working)*; cabezón - cabezona *(pigheaded, big-headed)*

Some adjectives have the same ending in both the masculine and the feminine. Adjectives with the following endings are always neutral: *-ista*, *-a*, *-e*.

Example: *masculine* el partido social**ista**; *feminine* la candidata social**ista**
masculine un pueblo indígen**a**; *feminine* la población indígen**a**
masculine un país pobr**e**; *feminine* una región pobr**e**

Exceptions: Adjectives with the endings *-ete* or *-ote* have the last vowel replaced with an *-a*.

Example: *masculine* regordete; *feminine* regordeta *(chubby)*
masculine grandote; *feminine* grandota *(huge)*

Note:
Adjectives which are originally names of things do not change for gender and number.

Example: paredes naranja   *(orange walls)*

Most adjectives agree in gender (masculine and feminine) and number (singular and plural) with the substantive they qualify.

Example: la cara simpátic**a**   *(the nice face)*.

When the adjective refers to more than one substantive and one of them is masculine, then the masculine plural form of the adjective is used. If all of the substantives have the same gender, then the adjective also has the same gender.

As with nouns, if the Spanish adjective ends with an unstressed vowel, then the plural ends with *-s*. For example, una torre alt**a**—*plural* las torres alta**s**. After a consonant or *i*, **es** will be added. For example, un paquete fácil—*plural* los paquetes fácil**es**; un niño israelí—*plural* dos niños israelí**es**

Adjectives Agree with the Subject after the Verb *Estar*

Mi amigo está malo.   *(My friend is sick.)*
Mi amiga está mala.   *(My girlfriend is sick.)*

Mis amigos están malos.   *(My friends are sick.)*
Mis amigas están malas.   *(My girlfriends are sick.)*

Nationalities
Adjectives that end in *-e*, *-a*, *-í*, *-ú* do not change in the feminine. In singular and plural, they are the same in the masculine and feminine forms. Adjectives that end in a consonant are followed by an *-a* in the feminine.

EXERCISE 23

¿Qué adjetivos se pueden combinar con estas palabras? Which adjectives can be combined with these words?

hermoso/-a *(beautiful)*; **caluroso/-a** *(hot)*; **soleado/-a** *(sunny)*; **excepcional** *(exceptional)*; **rico/-a** *(delicious)*; **apetitoso/-a** *(appetizing)*; **sabroso/-a** *(tasty)*; **ventoso/-a** *(windy)*; **importante** *(important)*; **gigantesco/-a** *(gigantic, giant)*; **famoso/-a** *(famous)*; **desierto/-a** *(deserted)*; **nublado/-a** *(cloudy)*; **peligroso/-a** *(dangerous)*; **impresionante** *(amazing)*

Clima *(Climate)*	**Montaña** *(Mountain)*	**País** *(Country)*	**Comida** *(Meal)*
caluroso/-a			

Translation no. 4

Lee el siguiente texto sobre los españoles. Read the following text about Spaniards.

Los españoles son amables y comunicativos. Los españoles comen fuera de casa y salen por la noche. Los españoles que viven en España son felices. En España el clima es perfecto, pues es un país mediterráneo y el sol hace a la gente sentirse más satisfecha y sociable. Las playas son especialmente importantes para los españoles. En España cada región es diferente.

EXERCISE 24

¿Verdadero (V) o falso (F)?
Based on what's written in Translation 4 (above), determine whether or not these five statements are True (T) or false (F).

                                                                (T) (F)

1. Los españoles son reservados.
2. Los españoles salen mucho.
3. Los españoles aman el clima de España.
4. Las playas y el sol son importantes para los españoles.
5. Los españoles son simpáticos.

EXERCISE 25

Une estas frases según la información del texto anterior.
Join the following phrases based on the information in the text above.

1. El clima influye
2. En España
3. Los españoles
4. Cada región en España

a) es distinta a las otras.
b) quieren vivir en España.
c) hay muchas playas.
d) en el humor de las personas.

es distinta a las otras *(is different from the others)*; **quieren vivir en España** *(they want to live in Spain)*; **hay muchas playas** *(there are many beaches)*; **el humor de las personas** *(people's moods)*

Muy + Mucho

Translation no. 5

Mallorca

Estoy <u>muy</u> feliz aquí. Hoy estoy en la playa. Tomo el sol, nado, y buceo. Las playas son maravillosas, pero hay <u>muchos</u> turistas por aquí, y por eso las playas están <u>muy</u> llenas. <u>Muchos</u> países viven del turismo y en Mallorca todo está pensado para los turistas. Hace <u>mucho</u> calor y el clima es <u>muy</u> seco. Tengo que tomar <u>mucha</u> agua, y entonces me encuentro <u>muy</u> bien. Te aconsejo hacer un viaje a Mallorca; es una isla preciosa. La isla es <u>muy</u> bonita. Me gusta <u>mucho</u>. ¡Que la pases bien!

MUY + ADJETIVO	**VERBO** + MUCHO
muy bonito/-a/-os/-as	Llueve mucho.
	Nieva mucho.

1) **Muy** is placed **before adjectives** — *Very*
   muy **bonito/-a/-os/-as**; muy **pequeño/-a/-os/-as** — *(<u>very</u> pretty; <u>very</u> small)*
   or <u>adverbs</u> (muy + adverbio).
   Mi padre va muy **despacio**. — *(My father goes <u>very</u> slowly.)*

2) **Mucho** is used after verbs or can be <u>alone</u>. — *A lot, much*
   Verbo + mucho
   Te **quiero** mucho. — *(I like you <u>a lot</u>/I love you <u>a lot</u>.)*
   Ella **come** mucho. — *(She eats <u>a lot</u>.)*
   ¿Te gusta? - Sí, <u>mucho</u>. — *(Do you like it/him/her? - Yes, <u>a lot</u>.)*

3) **Mucho/-a/-os/-as** is placed before substantives.
   Mucho/-a/-os/-as + **_Sustantivo_**
   En Madrid hay much**os** <u>bares</u>. — *(In Madrid, there are <u>a lot</u> of bars.)*
   En Madrid hay much**as** <u>discotecas</u>. — *(In Madrid, there are <u>a lot</u> of discotheques.)*

EXERCISE 26

Completa el siguiente texto sobre el clima con *muy, mucho, muchos, muchas*.
Complete the following text about the climate using *muy, mucho, muchos, muchas*.

Los Estados Unidos son un país con …….. climas distintos. En Arizona los veranos son ………. secos; no llueve ……. y no hace frío. En el norte llueve ……. y casi siempre hace un poco de frío. Las temperaturas son extremas en el interior: los veranos son ……. calurosos y los inviernos ……. fríos. En ……. zonas del sur llueve …… poco y en verano hace ……. calor.

¡SPANISH FOR YOU!

LOS COLORES (THE COLORS)

Spanish	English
blanco/-a/-os/-as	white
amarillo/-a/-os/-as	yellow
rojo/-a/-os/-as	red
negro/-a/-os/-as	black
naranja/s	orange
rosa/s	pink
lila/s	purple
verde/s	green
azul/azules	blue
gris/es	grey (AE gray)
marrón/-ones	brown
beis	beige

La nieve es blanca. (The snow is white.)
Los pepinos son verdes. (The cucumbers are green.)
La mariposa es rosa. (The butterfly is pink.)

La noche es negra. (The night is black.)
La castaña es marrón. (The chestnut is brown.)
Los burros son grises. (The donkeys are grey [AE gray].)

El girasol es amarillo. (The sunflower is yellow.)
La manzana es roja. (The apple is red.)
El cielo es azul. (The sky is blue.)

Marrón loses the accent on the **o** when the plural ending **-es** is added: **marrón – marrones**

EXERCISE 27

Elige la opción correcta. Choose the correct answer.

1. Mónica y Diana tienen el pelo ....
a. rubio   b. rubia   c. rubios   d. rubias
2. Mónica y Diana son ....
a. rubio   b. rubia   c. rubios   d. rubias
3. Sabine tiene los ojos muy ....
a. negro   b. negra   c. negros   d. negras
4. Silvia tiene el pelo ....
a. negro   b. negra   c. negros   d. negras
5. Pablo tiene la piel muy ....
a. blanco   b. blanca   c. blancos   d. blancas
6. Pablo es muy ...., ¿no?
a. blanco   b. blanca   c. blancos   d. blancas

el pelo *(the hair);* **rubio/-a** *(blonde);* **los ojos** *(the eyes);* **la piel** *(the skin, the leather, the fur)*

DEMONSTRATIVE PRONOUNS AND ADJECTIVES

¿Ésta? ¿O ésta?
This one? Or that one?

When a decision between two things cannot be reached, then the following question-words (which all point to something) are indicated: ***ésta, éstas, éste, éstos*** and ***esto***.

If an accent is put over the forms *-e, -a, -os, -as* (as you see above), then the words replace the substantive instead of accompanying it, just like *this (one)/that (one)* in English—in which case, they act as pronouns. This means that, in a sentence, these words are used alone, without the substantive. They (also when they function as adjectives with an accompanying noun) always refer to the subject and change their form depending on whether the subject is feminine, masculine, plural, or singular.

If, for example, the garment is <u>el jersey</u> *(the sweater)*, then it will be requested with ***¿éste?***, because <u>el jersey</u> is singular and masculine. The pronoun ***éstos*** is used, for example, to ask which shoes <u>los zapatos</u> (masculine, plural) one should buy. The feminine singular form ***ésta*** is used for <u>la camiseta</u> *(the T-shirt)* and the feminine plural form ***éstas*** is used for <u>las sandalias</u> *(the sandals)*. However, if there are two different things and only one of them is masculine, then the masculine plural form ***éstos*** is used.

The form ***esto*** is only indicated if one thing is being discussed in general terms. This form is neutral in the Spanish language. It is used for both masculine and feminine, even when it is not obvious whether the subject is something masculine or feminine. ***Esto*** is always followed by a verb—never a substantive since it is a demonstrative pronoun. This form ending in *-o* never has an accent above it: ***esto***.

Example:	Esto es un libro.	*(This is a book.)*
	This sentence is of a rather generic nature. It refers to a nonspecific thing.	
But	Éste [libro] está sobre la mesa.	*(This [book] is on the table.)*
	Here it is a specific term for one specific thing (masculine).	

The neutral demonstrative pronoun is also used if it refers to a previous sentence.

Example: ¡Esto es imposible!   *(This is impossible!)*

- ¿Cuál de los abrigos es más caro?   ¿Éste o éste?
  (Which of the coats is more expensive?)   *(This one or that one?)*
    - El azul.   *(The blue.)*
- ¿Cuáles de los vaqueros prefieres?   ¿Éstos o éstos?
  (Which jeans do you prefer?)   *(These or those?)*
    - Los amarillos.   *(The yellow.)*
- ¿Cuál de las chaquetas compro?   ¿Ésta o ésta?
  (Which of the jackets do I buy?)   *(This one or that one?)*
- ¿Cuáles de las sandalias son más bonitas?   ¿Éstas o éstas?
  (Which of the sandals are prettier?)   *(These or those?)*

- Busco una blusa de flores. Esto es difícil.
    (I'm looking for a flowery blouse) *(This is difficult.)*

Refer to objects with demonstrative adjectives and demonstrative pronouns

este traje	*(this suit)*	**éste**	*(that one)*		
esta blusa	*(this blouse)*	**ésta**	*(this one)*	**esto** *(this)*	
estos vaqueros	*(these jeans)*	**éstos**	*(these)*	*(neutral)*	
estas sandalias	*(these sandals)*	**éstas**	*(these)*		

It is also worth noting that, in Spanish, the use of an accent on demonstrative pronouns was required to differentiate them from demonstrative adjectives. But with the 2010 ruling on orthography, it was decided that the accent is no longer required. Any text predating this will have accents on the demonstrative pronouns, and many publications and people continue to use them.

IMPORTANT CHARACTERISTICS OF THE SPANISH LANGUAGE

Yo hablo español y portugués.
Yo hablo español **e** ingles.
Before a **vowel**, *y* changes to *e*.

En invierno o verano.
En invierno **u** otoño.
Because the second word starts with an *o-*, the *o* changes to *u*.

The meaning, though, remains the same—in both cases.

If someone talks about a <u>completed</u> period of time, then the word ***durante*** is used.
(If it indicates a duration = during, it indicates a period = for.)

Example: Estoy en Madrid durante 3 semanas.   *(I'm in Madrid for 3 weeks.)*

Where is the adjective? Before or after the noun? It makes a big difference.

un amigo grande	*(a big guy, a giant dude)*
un gran amigo	*(a close friend)*
una casa grande	*(a very large house)*
una gran casa	*(a smaller house, but wonderful - spectacular)*
un pobre hombre	*(an unlucky person)*
un hombre pobre	*(a poor man)*
un queso grande	*(a big cheese)*
un gran queso	*(a delicate cheese, with prime quality)*

<u>**Look out**</u>**!**   The verb <u>**aplicar**</u> is not used like the verb <u>**solicitar**</u>. In Spanish, ***aplicar*** is not used when applying for a job like the English word *apply*. The word ***solicitar*** is used when applying for a job, asking for something, or requesting something.

But the Spanish *aplicar* does have the same meaning as the English *apply* in the context of, for example, to apply cream *(aplicar la crema)* or to apply your knowledge to someone *(aplicar tus conocimientos a alguien)*.

Please note!

La gente (exception) is a *singular feminine form*. Therefore **es**, rather than *son*, is used.

La gente **es** muy amable   *(The people are very kind.)*

Adverbs

Adverbs are words that add information about adjectives, verbs, or other adverbs. This information can be about place, time, manner, or number. It can answer questions such as: **How? How often? When? How long? Where?** Spanish adverbs are invariable, which means they do not change according to the gender or number. This is because adverbs modify adjectives, verbs, and adverbs — not nouns.

Adverbs of

place	**aquí** *(here)*; **allí** *(there)*; **cerca** *(near)*; **dentro** *(inside)*; **arriba** *(up)*; **lejos** *(far)*
time	**ayer** *(yesterday)*; **mañana** *(tomorrow)*; **ya** *(already)*; **hoy** *(today)*
manner	**así** *(like this)*; **bien** *(well)*; **mal** *(badly)*; **peor** *(worse)*; **mejor** *(better)*
quantity or degree	**bastante** *(enough)*; **demasiado** *(too much)*; **mucho** *(a lot)*; **poco** *(a little)*
negation, assumption	**no** *(no)*; **quizá(s)** *(maybe)*; **tampoco** *(neither)*; **jamás** *(never)*

Adverbs ending in *-mente*

Adverbs can be formed by adding the suffix **-mente** to the feminine singular form of the adjective.
Example: **tranquilo** (masculine, singular adjective); **tranquila** (feminine, singular adjective); **tranquilamente** (adverb) — *calmly*.

Adjectives without a special feminine form simply add **-mente** to the singular form.
Example: **actual** (adjective); **actualmente** (adverb) — *currently*.

Adverbs ending in **-mente** keep the written accent of the adjective.
Example: **fácil** (adjective); **fácilmente** (adverb) — *easily*.

¡SPANISH FOR YOU!

LECCIÓN 6
MI FAMILIA
MY FAMILY

In this lección, you will learn

      * the vocabulary for the family
      * the possessives.

By the end, you will know how to express yourself when talking about your own family, friends, or things.

Grammar
* Possessive adjectives
* Possessive pronouns

Vocabulary
Families and relatives

El grupo familiar (*The whole family*)

Spanish	English	Spanish	English
el abuelo	*the grandfather*	la abuela	*the grandmother*
el bisabuelo	*the great-grandfather*	la bisabuela	*the great-grandmother*
el padre	*the father*	la madre	*the mother*
los suegros	*the in-laws*	los padres	*the parents*
el suegro	*the father-in-law*	la suegra	*the mother-in-law*
el hijo	*the son*	la hija	*the daughter*
el yerno	*the son-in-law*	la nuera	*the daughter-in-law*
un niño	*a boy*	una niña	*a girl*
el hermano	*the brother*	la hermana	*the sister*
el cuñado	*the brother-in-law*	la cuñada	*the sister-in-law*
el tío	*the uncle*	la tía	*the aunt*
el sobrino	*the nephew*	la sobrina	*the niece*
el primo	*the (boy) cousin*	la prima	*the (girl) cousin*
el nieto	*the grandson*	la nieta	*the grand-daughter*
el/la compañero/-a	*the companion*	la mujer	*the wife*
mi mejor amigo/-a	*my best friend*	la pareja	*the partner*
el marido	*the husband*	la novia	*the bride or the girlfriend*
dos niños/hijos	*two children*	el novio	*the bridegroom or the boyfriend*

If you have siblings and only one of them is a brother, you say:

mis herman**os** = *my siblings;* **mis hermanos** also means *my brothers.*

el gato	*(the cat)*	la gata	*(the female cat)*
el perro	*(the dog)*	la perra	*(the female dog)*
las mascotas	*(the domestic pets)*	Estoy casado/-a con …	*(I'm married to …)*

Yo tengo *(I have)* un marido - or un esposo *(a husband)*/una mujer - or una esposa *(a wife).*

Los posesivos (*The possessives*)

In Spanish, possessives are used to express your affiliation to someone or something. Possessives can be divided into **short forms** and **long forms**.

A. The short forms

They can only function as adjectives and are always placed before the noun or noun phrase that they modify. They are **not** used with a definite or indefinite article. They always agree in number (singular or plural) with the noun that they refer to, not with the owner.

	my	**your** (of **tú**)	**his, her, its, your** [familiar]
Singular	mi	tu	su
Plural	mis	tus	sus

	our	**your** (of **vosotros/-as**)	**their, your** [formal]
Singular	nuestro, -a	vuestro, -a	su
Plural	nuestros, -as	vuestros, -as	sus

Since there is no masculine and feminine form in *su* and *sus*, they have several meanings. With *su* you can refer to **él**, **ella**, **usted**; and with *sus* to **ellos**, **ellas** and **ustedes**. Therefore there are several English equivalents. From the context it is usually clear which term is the right one.

But it is sometimes better to use a <u>prepositional phrase</u> with personal pronouns or names instead.

The Possessive Prepositional Phrase Formula
Definite/indefinite article + entity possessed + de + pronoun/name of possessor

For example: **Madrid es la capital de España.**   *(Madrid is the capital of Spain.)*
This is clearer than **Madrid es su capital**. Whose capital? His? Hers? Yours? Theirs?

Persona	Singular			Plural		
(yo) 1st person singular	mi mi	hijo hija	*(my son)* *(my daughter)*	mis mis	sobrinos sobrinas	*(my nephews)* *(my nieces)*
(tú) 2nd person informal singular	tu tu	hijo hija	*(your son)* *(your daughter)*	tus tus	sobrinos sobrinas	*(your nephews)* *(your nieces)*
(él/ella) 3rd person singular	su su	hijo hija	*(his/her son)* *(his/her daughter)*	sus sus	sobrinos sobrinas	*(his/her nephews)* *(his/her nieces)*
(usted) 2nd person formal singular	su	hijo	*(your son)*	sus	sobrinos	*(your nephews)*
(nosotros/-as) 1st person plural	nuestro nuestra	hijo hija	*(our son)* *(our daughter)*	nuestros nuestras	sobrinos sobrinas	*(our nephews)* *(our nieces)*
(vosotros/-as) 2nd person informal plural	vuestro vuestra	hijo hija	*(your son)* *(your daughter)*	vuestros vuestras	sobrinos sobrinas	*(your nephews)* *(your nieces)*
(ellos/ellas) 3rd person plural	su su	hijo hija	*(their son)* *(their daughter)*	sus sus	sobrinos sobrinas	*(their nephews)* *(their nieces)*
(ustedes) 2nd person formal plural	su	hijo	*(your son)*	sus	sobrinos	*(your nephews)*

The possessive adjectives are placed before feminine and masculine nouns.

- <u>Su</u> hijo se llama Miguel.   *(<u>His</u> son's name is Michael.)*

- <u>Mi</u> sobrino y <u>su</u> novia estudian alemán.   (<u>My</u> nephew and <u>his</u> wife are learning German.)

The 1st person plural (nosotros/-as) and the 2nd person plural familiar (vosotros/-as) also agree in gender.

- nuestr**a** amig**a**, nuestr**o** amig**o**   (our girlfriend, our friend)
  vuestr**a** amig**a**, vuestr**o** amig**o**   (your girlfriend, your friend)

- El hijo de Paco y María, <u>nuestro</u> ….   (The son of Paco and Mary, <u>our</u> …)

EXERCISE 28

Completa las frases con los nombres de las relaciones de parentesco correctos.
Complete the sentences with the correct relatives' names.

1. El hijo de mi hermana es mi ……..
2. El marido de mi hermana es mi ………
3. La madre de mi marido es mi ……….
4. El marido de mi hija es mi …………
5. El padre de mi abuela es mi ……………
6. El hermano de mi madre es mi ……….

Translation no. 6

<u>Anna chats with a girlfriend. Who are they talking about</u>?

María   ¡Qué tengas una buenas vacaciones! ¿Adónde vas?
Anna   A Mallorca, con **mis** sobrinos.
  ¿Y tú? ¿De vacaciones con **tu** novio y **tus** padres?
María   Este verano voy a Tarife, pero solo con **mi** pareja y **mi** madre. **Mi** padre está en Barcelona con **sus** compañeros. ¿Diana viajará con vosotros a Mallorca, no?
Anna   Sí, es la niña de **mis** vecinos. **Sus** padres están gravemente enfermos y **su** hermano tiene serios problemas físicos.
María   ¡Madre mía!
Anna   ¡Así es! Pásalo bien con **tu** familia.
María   Lo mismo. ¡Hasta luego!
Anna   ¡Adiós!

Look out!

In Spanish, possessive adjectives are not usually used when talking about

* body parts
* abstract concepts
* something that obviously only belongs to the speaker.

A definite article is used for these in Spanish, although in English a possessive adjective might be used.

Example:
Me duele **la** pierna.   ***My*** *leg hurts.*
Me voy a **la** casa.   *I'm leaving for (**my**) home.*
Se me cae **la** peluca.   ***My*** *wig is falling off.*

EXERCISE 29

Completa las siguientes frases con mi/mis/tu/tus/su/sus.
Complete the following sentences using mi/mis/tu/tus/su/sus.

1. Le presento a Diana, ….. mujer.
   Hola, ¿cómo estás?

2. ¿Cuándo es ……. cumpleaños?
   El 9 de abril.

3. ¿Qué planes tienes para esta noche?
   Una fiesta de cumpleaños con …… amigos.

5. ¿José no quiere salir esta noche?
   No, es que …….. novia tiene una crisis nerviosa.

6. ¿Cuáles son …… tres libros favoritos?
   Uf, *Don Quijote, El Principito, El Chico Que Nunca Existió*.

7. Me tienes que contar lo que pasó el otro día con …… padres.

Le presento a … *(I introduce you to …)*; **la fiesta** *(the party)*; **una crisis nerviosa** *(a nervous breakdown)*; **favorito/-a** *(favorite)*; **me tienes que contar** *(you have to tell me)*; **lo que pasó** *(what happened)*

EXERCISE 30

Lee el diálogo y complétalo con los posesivos adecuados.
Read the dialogue and complete it using the correct possessives.

Tea   ¡Hola Pablo! Quiero recoger ..... libros, ... cuadros y ..... películas.
Pablo Qué bien que hayas venido. Tengo ..... libros, ... cuadros y ..... películas. ¿Quieres ...... paraguas?
Tea   Sí, he olvidado ..... paraguas.
Pablo Pero un cuadro es mío, y una película también.
Tea   Exactamente. ..... cuadro y ...... película están aquí.
Pablo Aquí está una película de suspenso de ..... prima Sofía y un valioso cuadro de ...... madre.

recoger *(to pick up)*; **un cuadro** *(a painting)*; **que hayas venido** *(that you came)*; **un paraguas** *(an umbrella)*; **he olvidado** *(I have forgotten)*; **también** *(also, too, as well)*; **exactamente** *(exactly)*; **aquí** *(here)*; **una película de suspenso** *(a thriller)*; **valioso/-a** *(valuable)*

B. The long forms

Long forms agree in number and gender with the noun they refer to. They can function as:

1) **Adjectives** *(adjetivos posesivos)*. They are always placed after the substantive and don't have an article. This constructions puts the stress on the adjective rather than the noun. Most often they are used as the equivalent *of mine, of yours*, etc. in English.

   a) ... este sueño **tuyo** ...   *(... this dream of yours ...)*

   b) Es un un amigo **mío**.   *(He is **my** friend./He is a friend **of mine**.)*

   c) Prefiero la casa **tuya**.   *(I prefer **your** house./I prefer the house **of yours**.)*

   d) Es un coche **nuestro**.   *(It is **our** car./Is is a car **of ours**.)*

   e) Dónde están los libros **vuestros**.   *(Where are **your** books./Where are the books **of yours**.)*

Yo	= mío, mía, míos, mías	*(mine)*
Tú	= tuyo, tuya, tuyos, tuyas	*(yours – of **tú**)*
Él/ella/usted	= suyo, suya, suyos, suyas	*(his/hers/its/yours – of **Ud**.)*
Nosotros/-as	= nuestro, nuestra, nuestros, nuestras	*(ours)*
Vosotros/-as	= vuestro, vuestra, vuestros, vuestras	*(yours – of **vosotros/-as**)*
Ellos/ellas/ustedes	= suyo, suya, suyos, suyas	*(theirs, yours – of **Uds**.)*

	SINGULAR Masculine	SINGULAR Feminine
(yo)	un compañero de clase **mío** *(a classmate of mine)*	una compañera de clase **mía** *(a classmate of mine)*
(tú)	ese bolígrafo **tuyo** *(that ballpoint pen of yours)*	aquella pluma **tuya** *(that pen of yours)*
(él/ella/ usted)	otro calendario **suyo** *(another calendar of his/hers/yours;* *his/her other calendar)*	otra pluma **suya** *(another pen of his/hers/yours;* *his/her other pen)*
(nosotros/ nosotras)	otro gato **nuestro** *(another male cat of ours)*	otra gata **nuestra** *(another female cat of ours)*
(vosotros/ vosotras)	ese sobrino **vuestro** *(that nephew of yours)*	esa sobrina **vuestra** *(that niece of yours)*
(ellos/ellas/ ustedes)	un sello **suyo** *(a stamp of theirs)*	una calculadora **suya** *(a calculator of theirs)*

	PLURAL Masculine	PLURAL Feminine
(yo)	unos compañeros de clase **míos** *(some classmates of mine)*	unas compañeras de clase **mías** *(some classmates of mine)*
(tú)	esos bolígrafos **tuyos** *(those ballpoints of yours)*	aquellas plumas **tuyas** *(those pens of yours)*
(él/ella/ usted)	otros cochos **suyos** *(other cars of his/hers/yours;* *his/her other cars)*	otras películas **suyas** *(other movies of his/hers/yours;* *his/her other movies)*
(nosotros/ nosotras)	otros gatos **nuestros** *(other cats of ours)*	otras vacas **nuestras** *(other cows of ours)*
(vosotros/ vosotras)	esos sobrinos **vuestros** *(those nephews of yours)*	esas primas **vuestras** *(those cousins of yours)*
(ellos/ellas/ ustedes)	unos sellos **suyos** *(some stamps of theirs)*	unas calculadoras **suyas** *(some calculators of theirs)*

1) **Pronouns**. They replace the substantive instead of accompanying it and are usually preceded by a definite article (**el mío**).

   Example: Mi colega trabaja en su sección y yo trabajo en **la mía**.
   *(My colleague works in his section and I work in **mine**.)*

   La sección is a feminine noun. Hence, the use of ***la mía***.

Pronouns without an article that are preceded by the verb ***ser*** *(to be)* mean <u>to belong to</u>.
Example: ¿**Es** <u>suya</u> esta mochila?   *(Does this backpack belong to you?)*

The forms with an article replace a previously named substantive and serve to establish a distinction.
Example:
Ahí está tu maleta. Y esa de ahí es **la mía**.   *(There is your suitcase. And that is **mine**.)*

	mine	yours	his/hers/its/yours
Singular	(el) mío; (la) mía	(el) tuyo; (la) tuya	(el) suyo; (la) suya
Plural	(los) míos; (las) mías	(los) tuyos; (las) tuyas	(los) suyos; (las) suyas

	ours	yours	theirs
Singular	(el) nuestro; (la) nuestra	(el) vuestro; (la) vuestra	(el) suyo; (la) suya
Plural	(los) nuestros; (las) nuestras	(los) vuestros; (las) vuestras)	(los) suyos; (las) suyas

EXERCISE 31

Corrige el texto siguiente con el adjetivo posesivo correcto en vez de la construcción con *de*.
Correct the following text by replacing the construction *de* + with the correct possessive adjectives.

Example: ¡Qué feliz estoy! He vendido un coche ~~de nosotros~~ **nuestro**.

1. ¿Ése es un caballo de vosotros? Maravilloso.
2. He olvidado una camiseta de ti en mi casa.
3. Quiero tomar el perro de ti.
4. El gato de mí es muy amable.

un caballo *(a horse)*; **maravilloso/-a** *(wonderful, marvelous)*; **una camiseta** *(a T-shirt)*; **tomar** *(to take)*; **muy amable** *(very friendly, very kind)*

LATIN AMERICAN USAGE

In Latin America the familiar form **vuestro** is not used, where the short form **su** and the long form **suyo** are used in both formal and familiar address. After prepositional phrases such as **delante** *(in front)*; **detrás** *(behind)*, **enfrente** *(opposite)*, the use of long forms is common in spoken Latin American Spanish, e.g., **enfrente nuestro** *(opposite of us)*, instead of **enfrente de nosotros**; **detrás mío** *(behind me)*, instead of **detrás de mí**.

De + subject pronoun is used to make a clear identification of the third person

¿La bicicleta es **de él** o **de ella**?   *(Does the bicycle belong **to him** or **to her**?)*

Una bicicleta **de él**.   *(A bicycle **of his**.)*

This is a clear identification, rather than the following:

Una bicicleta **suya**.   *(A bicycle of **his/hers/yours/theirs**.)*

LECCIÓN 7
DE COMPRAS Y RESTAURANTES
SHOPPING AND RESTAURANTS

In this lección, you will learn how

to express yourself when shopping in a store.

You will also learn the usual expressions that are necessary when

ordering something from a waiter in a restaurant.

To illustrate this situation more precisely, there is also dialogue provided between a waiter and a customer.

Afterward, there are a few exercises to help you internalize what you have learned.

Grammar
* Questions and replies in a clothing store
* The verbs *pedir*, *salir*, *valer*, *traer*, *poner*

Vocabulary
Clothing
Dining out in a restaurant
Side dish

LA ROPA *(THE CLOTHING)*

Spanish	English	Spanish	English
los pantalones	*the pants [BE trousers]*	la chaqueta	*the jacket*
los vaqueros	*the jeans*	una rebeca	*a cardigan*
la camisa	*the shirt*	el suéter/el jersey	*the sweater*
la camiseta	*the T-shirt*	el abrigo	*the coat*
la blusa	*the blouse*	el impermeable	*the raincoat*
la traje	*the suit, the costume*	el chaleco	*the vest [BE waistcoat]*
la corbata	*the tie*	la gorra	*the cap*
el vestido	*the dress*	la bufanda	*the scarf*
la falda	*the skirt*	el sombrero	*the hat*
la minifalda	*the miniskirt*		
el calzado	*the footwear*	la pijama	*the pajamas*
los zapatos	*the shoes*	la ropa interior	*the underwear*
las botas	*the boots*	los calzoncillos	*the underpants*
las zapatillas	*the canvas shoes*	la braga	*the panties*
la chancla	*the flipflop*	el albornoz	*the bathrobe*
la sandalia	*the sandal*	el sujetador	*the bra*
el calcetín	*the sock*	el bikini	*the bikini*
la media	*the stocking*	el bañador	*the swimsuit*
los accesorios	*the accessories*	el arete	*the earring*
el cinturón	*the belt*	el reloj	*the watch*
el collar	*the necklace*	la pulsera/el brazalete	*the bracelet*
el anillo	*the ring*	un par de gafas de sol	*a pair of sunglasses*

UNA TIENDA DE ROPA *(A CLOTHING STORE)*

El/la dependiente/-a	The shop assistant	El/la cliente/-a	The customer
¿Qué desea? (usted)	*(What do you wish?)*	Yo deseo ...	Yo quiero ...
		(I wish ...)	*(I would like to ...)*
¿Qué quiere? (usted)	*(What would you like?)*	It is a very polite expression.	
¿Qué deseas? (tú)	*(What do you wish?)*	¿Cuánto cuesta/n el reloj/los relojes?	
		(How much does the watch/do these watches cost?)	
¿Qué quieres? (tú)	*(What would you like?)*		
		Vale, me llevo esto.	*(Ok, I take this.)*
		Vale, compro ...	*(Ok, I buy ...)*

¿Cuánto cuesta est**a** camis**a**?   *(How much does this shirt cost?)*
¿Cuánto cuestan est**as** camis**as**?   *(How much do these shirts cost?)*
¿Cuánto vale est**a** pulser**a**?   *(How much is this bracelet worth?)*
¿Cuánto valen est**as** pulser**as**?   *(How much are these bracelets worth?)*

Las sandalias, **estas** verdes ...	*(The sandals, these green ...)*
Los zapatos, **estos** negros ...	*(The shoes, these black ...)*
El jersey, **este** ...	*(The sweater, this ...)*
Esta camiseta azul ...	*(This blue shirt ...)*

In a bar or a restaurant, you can say:

¡La cuenta, por favor!	*(The check, please!)*
¿Qué *te*/*le* debo?	*(What do I owe you?/What do I owe?)*

Te is the familiar form — you use the informal term with each other.
Le is the polite form — you use the formal term for addressing each other.

DINING OUT IN A RESTAURANT

Dialogue between a waiter (camarero) and a customer (cliente).

Translation no. 7

Camarero	¿Qué desea?
Cliente	Perdone, ¿tienen lentejas?
Camarero	No, lo siento. Hoy tenemos ensalada griega, macarrones gratinados, y sopa.
Cliente	¿Macarrones gratinados con carne picada o solo con salsa de tomate?
Camarero	Con carne picada.
Cliente	Vale, de primero quiero macarrones gratinados.
Camarero	Y de segundo, ¿qué desea?
Cliente	De segundo, bistec con patatas, por favor.
Camarero	¿Algo para beber?
Cliente	Una limonada.
Camarero	Enseguida le traigo la limonada.
Cliente	Gracias. Y, perdone, ¿me puede traer un poco de sal también?
Camarero	Sí, inmediatamente.
Cliente	Gracias.
Cliente	¡La cuenta, por favor!
Camarero	Sí, enseguida.

las lentejas *(the lentils)*; **macarrones gratinados** *(macaroni au gratin)*; **la sopa** *(the soup)*; **la carne picada** *(the minced meat)*; **la salsa de tomate** *(the tomato sauce)*; **bistec con patatas** *(steak with potatoes)*; **el sal** *(the salt)*

el plato de primero = el primer plato	*(the starter)*
el plato de segundo = el segundo plato	*(the main dish)*
el postre	*(the dessert)*
la bebida y el pan	*(the drink and the bread)*

Acompañamiento - *Side dish*

Con espinaca   / coliflor   / ensalada / verduras   / col de Bruselas / choucroute / puré / frijoles.
With spinach   / cauliflower / salad   / vegetables / Brussels sprout / sauerkraut / purée / beans.

- ¿El pollo **viene con** acompañamiento?   *(Does the chicken come with a side dish?)*
  Sí, viene con ensalada o con puré.   *(Yes, it comes with salad or with purée.)*

QUESTIONS AND INFORMATION ABOUT FOOD

- ¿No está muy seca la carne de cordero?   *(Is not the lamb very dry?)*
  No, la carne es tierna.   *(No, the meat is tender.)*

- ¿El Camembert **es** una salchicha **o** un queso?   *(Is the Camembert a sausage or a cheese?)*
  Queso.   *(Cheese.)*

- ¿La ensalada griega **lleva** cebollas?   *(Does the Greek salad have onions?)*
  Sí, dos.   *(Yes, two.)*

A FEW QUESTIONS FROM A WAITER *(EL CAMARERO)*

Camarero: Hola, ¿ya saben lo que van a tomar?   *(Hello, do you already know what you would like?)*
           tomar *(eat and drink)*

Camarero: ¿Qué les traigo?   *(What can I get you?)*

Camarero: Y de segundo, ¿qué <u>van</u> a tomar?   *(And what are you having as a main course?)*
           van (ustedes) = *formal*
           vais (vosotros) = *informal*

Camarero: Y para beber, ¿qué desean?   *(And what would you like to drink?)*
           desear *(to wish for)*

Camarero: ¿Han acabado ya?   *(Have you already finished?)*
           acabar *(to finish, to end)*

¡SPANISH FOR YOU!

HOW TO ORDER IN A RESTAURANT

1. One person in a restaurant

The waiter	¿Qué desea?	*(What would you like?)*
	¿Qué le traigo?	*(What can I get you?)*
You	De primero, (quiero) la sopa, y de segundo, el pollo.	

2. A group of people in a restaurant

The waiter	¿Qué desean?	*(What would you like?)*
	¿Qué les traigo?	*(What can I get you?)*
You	Yo, de primero …	
Your companion	Y yo …	

QUESTIONS AND RESPONSES OF TWO CUSTOMERS IN A RESTAURANT

La clienta *(The customer A)*	**El cliente** *(The customer B)*
¿Qué hay en el menú?; ¿Qué tienen?; ¿Qué tenéis? *(What's on the menu?; What do you have?)*	
De primero (quiero) la sopa. *(As a starter, I would like the soup.)*	Una ensalada para mí. *(A salad for me.)*
De segundo, el bistec a la plancha. *(As a main course, the grilled steak.)*	Yo (quiero) los calamares. *(I would like the calamari.)*
Para beber, una copa de vino tinto. *(To drink, a glass of red wine.)*	Para mí una cerveza, por favor. *(A beer for me, please.)*
Perdone, ¿me trae un poco más de pan? *(Excuse me, can you bring me a little more bread?)* me trae *(bring me)*	
El postre, ¿Me trae el flan, por favor? *(As a dessert, bring me the caramel pudding, please.)*	Para mí, melón, por favor. *(Melon for me, please.)*
¿Cuánto es?; ¿Qué le debo?; ¡La cuenta, por favor! *(How much is it?; What do I owe?; The check, please!)*	

Necessary verbs

	pedir (to order)	**salir** (to go out, to leave)	**valer** (to be worth, to cost)	**traer** (to bring)	**poner** (to put)
(yo)	pido (I order)	salgo (I go out)	valgo (I'm worth)	traigo (I bring)	pongo (I put)
(tú)	pides (you order)	sales (you go out)	vales (you're worth)	traes (you bring)	pones (you put)
(él/ella/ usted)	pide (he/she orders/ you order— formal, singular)	sale (he/she goes out/ you go out— formal, singular)	vale (he/she is worth/you're worth—formal, singular)	trae (he/she brings/ you bring— formal, singular)	pone (he/she puts/ they put— formal, singular)
(nosotros/ nosotras)	pedimos (we order)	salimos (we go out)	valemos (we're worth)	traemos (we bring)	ponemos (we put)
(vosotros/ vosotras)	pedís (you order) [informal, plural]	salís (you go out) [informal, plural]	valéis (you're worth) [informal, plural]	traéis (you bring) [informal, plural]	ponéis (you put) [informal, plural]
(ellas/ ellos/ ustedes)	piden (they order/ you order— formal, plural)	salen (they go out/ you go out— formal, plural)	valen (they're worth/ you're worth— formal, pural)	traen (they bring/ you bring— formal, plural)	ponen (they put/ you put— formal, plural)

If I bring something to someone, then the following verb is used: **llevar**

If someone should bring something to me, then the following verb is used: **traer**

EXERCISE 32

Completa las siguientes oraciones con la forma correcta de uno de los verbos mencionados abajo.
Complete the following sentences in the correct form with the verbs listed below.

traer   tener   venir   salir   tener   llevar

1. ¡Qué día más bonito tenemos hoy! …………… un queso, una barra de pan, y una botella de vino. Si quieres, nos vamos a hacer un picnic.

2. ¡Hola, Leticia! ¿Estás completamente sola? ¿No está aquí Pablo? Sí, sí, ………… sola. Pablo jamás es puntual.

3. ¿Me ………. el vaso, por favor? Sí, enseguida.

4. ¿Vamos de tapas, Juan?
   Yo hoy no ………; no ………… dinero. Estoy en paro.

5. Bueno, ¿te ………… una limonada?
   Sí, gracias.

un queso *(a cheese)*; **una barra de pan** *(a loaf of bread, a baguette)*; **una botella de vino** *(a bottle of wine)*; **vamos a hacer un picnic** *(let's have a picnic)*; **¿estás completamente sola?** *(are you all alone?)*; **jamás es puntual** *(never is punctual)*; **el vaso** *(the glass, the cup)*; **enseguida** *(right away, immediately)*; **ir de tapas** *(to go out for tapas)*; **el dinero** *(the money)*; **estoy en paro** *(I'm unemployed)*

EXERCISE 33

Abajo están las respuestas de clientes y camareros en un restaurante. ¿Cuáles pueden ser las preguntas correspondientes? Formula las preguntas en la forma de *tú* y *usted*.

Below are the answers from customers and waiters in a restaurant. What are the corresponding questions? Formulate the questions using the familiar form of address *(tú)* and the polite form of address *(usted)*.

tú ¿................?	tú ...., ¿............?	tú ¿..............?
usted ¿................?	usted ...., ¿............?	usted ¿..............?
* Son 25 dólares.	* Una limonada, por favor.	* Flan o tiramisú.

EXERCISE 34

¿Quién habla, el camarero o el cliente?
Who is speaking, the waiter (camarero) **or the customer** (cliente)**?**

1. ¿Te traigo una botella de vino? a) camarero   b) cliente
2. ¿Me puede traer un poco de pan? a) camarero   b) cliente
3. ¿Me trae la cuenta, por favor? a) camarero   b) cliente
4. ¿Le traigo postre? a) camarero   b) cliente
5. ¿Me trae una tortilla de patatas, por favor? a) camarero   b) cliente
6. ¿Te pongo un arroz con leche? a) camarero   b) cliente

la cuenta *(the check)*; **el postre** *(the dessert)*; **una tortilla de patatas** *(a potato omelette)*; **un arroz con leche** *(a rice milk, a rice pudding)*

LATIN AMERICAN USAGE

Camarero is more commonly used in Spain. In Mexico the word connotes *maid* (as in hotel maid). All around the Central American area and their neighboring countries they say **MESERO** (waiter) instead of **CAMARERO**.

EXERCISE 35

Completa el diálogo usando las siguientes palabras y expresiones.
Complete the text using the following words and expressions.

¿Y de segundo?	sin gas	¡La cuenta, por favor!
de primero	lleva	a la plancha
una limonada	les traigo	para beber
un poco de	helado	

- ¿Qué van a tomar?
- Yo, ..., quiero arroz con sepia.
- ¿Qué .... el arroz a la cubana?
- Arroz con salsa de tomate, huevo frito, cebolla, plátano frito, y .... perejil.
- Para mí, un arroz a la cubana, por favor.
- Muy bien. ....
- Para mí, sardinas ...., por favor.
- Yo tomaré tortilla de gambas.
- Y, ..., ¿que desean?
- .... para mí.
- Yo quiero agua ....
- Muy bien.
- ¿............. postre?
- ¿Tienen flan?
- No, lo siento. Hoy tenemos ...., yogur y fruta.
- Yo quiero un yogur.
- Yo fruta.
- ....
- Enseguida.

¿Qué van a tomar? *(What will you have?)*; **de primero** *(first)*; **arroz con sepia** *(rice with cuttlefish)*; **arroz a la cubana** *(Cuban-style rice)*; **¿Y de segundo?** *(And for the main course? And to follow?)*; **sin gas** *(without gas, no gas)*; **a la plancha** *(broiled, BE grilled, pan-seared)*; **una limonada** *(a lemonade)*; **les traigo** *(I'll get you)*; **para beber** *(to drink)*; **un poco de** *(some, a little, a bit of)*; **el helado** *(the ice cream)*; **tortilla de gambas** *(shrimp omelette)*; **el flan** *(the caramel pudding)*; **lo siento** *(I'm sorry)*; **la fruta** *(the fruit)*; **el yogur** *(the yogurt)*; **¡La cuenta, por favor!** *(The check, please!)*

LECCIÓN 8
LOS BARRIOS
THE DISTRICTS

This lección contains a few descriptions of some different districts in Seville.

There is a list of different stores [BE shops], and you will learn

how to ask someone where a restaurant or store is.

You will be able to find your way around a city because you will understand the various directions given in Spanish. By the end, you will be able to cope with the labyrinth of a completely foreign city.

Grammar	Vocabulary
* Negative forms **nunca**, **nadie**, **ningún/a** ...	Districts
* Quantifications **algún**, **ningún**, **muchos** ...	Stores
* Prepositions and adverbs of place	Facilities
a, **en**, **al lado de**, **lejos**, **cerca** ...	Directions
* The verbs **estar**, **cruzar** and **seguir**	

Los barrios (The districts)

Description of some different city districts in Seville.

Translation no. 8

Sevilla es la cuna del flamenco.

Triana está al oeste de la orilla del río Guadalquivir, fuera del casco antiguo. Es un barrio muy histórico. Este antiguo barrio de alfareros, navegantes, y trabajadores es famoso tanto por sus cantantes de flamenco como por sus toreros. También hay espectáculos de flamenco y muchos bares y restaurantes que ofrecen las deliciosas tapas de la ciudad.

Macarena es uno de los barrios más densamente poblados y se encuentra cerca del casco antiguo. Esta zona sirvió como puerta de entrada a la ciudad y la arquitectura evidentemente fue influenciada por el estilo árabe. Algunos monumentos interesantes son, por ejemplo, el Arco de la Macarena; algunas partes de la antigua muralla; la basílica de la Macarena; y la iglesia Omnium Santorum, la cual es una hermosa ilustración del estilo gótico mudejar. También hay muchos bares de tapas y tiendas tradicionales.

Santa Cruz es un barrio muy monumental con muchos lugares de interés. La UNESCO lo ha declarado patrimonio cultural de la humanidad. Algunos de sus monumentos más interesantes son, por ejemplo, la catedral con su Giralda y el Archivo de Indias. Hay muchas callejas, pequeñas plazas, diseños orientales, edificios, patios elegantes, y muchos bares y restaurantes.

Mi barrio *(district)* es (ser)	muy	+ adjetivo	
	un poco	ruidoso	*(a bit noisy)*
	bastante	feo	*(pretty ugly)*
	demasiado	histórico	*(too historical)*

Es un barrio ...   tranquilo / moderno / antiguo / con ambiente   / con poco ambiente.
This neighborhood is ...   quiet / modern   / old   / with atmosphere / with a little atmosphere.

EXERCISE 36

Completa las dos columnas.
Complete the two columns.

NOUN	ADJECTIVE
la fealdad *(the ugliness)*	feo/-a *(ugly)*
	moderno/-a *(modern)*
el centro *(the center)*	
	histórico/-a *(historical)*
	tranquilo/-a *(quiet)*
	antiguo/-a *(old)*

¡SPANISH FOR YOU!

NEGATION

	Mi barrio no es …	= simple negation *(is not)*
Or	Mi barrio no es nada …	= double negative *(is not at all)*

Words *(Palabras)* in case of double negative

nada *(nothing, not anything)*	ningún/a *(no, none)*	tampoco *(neither, not either)*
nadie *(nobody, no one)*	nunca *(never)*	ni siquiera *(not even)*

In Spanish, the double negative nevertheless expresses a **negation**.
Example: Aquí **no** hay **nadie**.   *(There is **no one** here.)*

In the double negative construction, the <u>verb</u> is placed between the first and the second negative word.
Example: En mi barrio, **no** <u>hay</u> **ninguna** plaza.   *(In my neighborhood, <u>there is</u> **no** square.)*
= Double negative

In English, **a double negative means a positive**! For example, not nothing = something.

Hay is never followed by *el*, *los*, *la*, *las*. (Lección 10)   En mi barrio, hay <u>una</u> plaza …

LAS TIENDAS *(THE STORES)* [BE SHOPS]

Spanish	English	Spanish	English
una joyería	*a jeweler's shop*	una floristería	*a flower shop*
una librería	*a bookshop*	un juguetería	*a toyshop*
una papelería	*a stationer's shop*	una pescadería	*a fish market, BE fishmonger's*
una pastelería	*a pastry shop*	una bodega	*a wine cellar*
una charcutería	*a delicatessen*	una carnicería	*a butcher's shop/meat shop*
una farmacia	*a drugstore, BE chemist's*	una frutería	*a fruit store, BE greengrocer's*
una panadería	*a bakery*	un supermercado	*a supermarket*

Hacer la compra. *(To go grocery shopping; to **do** the shopping - for food.)*
This a fixed idiomatic expression in Spanish. In English, it means <u>doing the shopping</u>. It is a daily or weekly task. It is never used for anything else besides food.

Careful!
There is also the Spanish expression ***ir de compras***, which, in English, means <u>to **go** shopping</u>. *(Maybe going from store to store looking for what you want.)*

Example: Me voy de compras.   *(I am going shopping (for clothes, etc.).)*

Las instalaciones (The facilities)

Spanish	English	Spanish	English
una biblioteca	*a library*	un gimnasio	*a gymnasium, a gym*
una oficina de correos	*a post office*	un banco	*a bank*
un ayuntamiento	*a town (city) hall*	un cine	*a cinema*
un museo	*a museum*	un mercado	*a market*
un cajero automático	*a cash machine/ATM*	un hospital	*a hospital*
una iglesia	*a church*	una mezquita	*a mosque*
una sinagoga	*a synagogue*	una comisaría	*a police station*
una estación de ferrocarril	*a railway station*	una escuela	*a school*

EXERCISE 37

El barrio ideal—¿qué número corresponde a qué letra?
The ideal neighborhood—which number corresponds to which letter?

1. un banco
2. un gimnasio
3. un museo
4. un cine
5. un mercado
6. una biblioteca
7. una oficina de correos
8. una farmacia
9. el ayuntamiento

A. enviar una carta
B. leer un libro
C. obtener un pasaporte
D. hacer deporte
E. transferencia a una cuenta
F. ver antiguos cuadros
G. obtener un medicamento
H. ver una película
I. hacer la compra

la transferencia *(the transfer)*; **una cuenta** *(an account)*; **obtener** *(to get)*; **antiguos cuadros** *(old paintings)*

El tiempo está muy bien.	*(The weather is very good.)*
En primavera, la ciudad es muy bonita.	*(In spring, the city is very beautiful.)*
¿Qué me recomiendas?	*(What do you recommend?)*
Tienes muchas cosas **para** <u>hacer</u> y ver.	*(You have many things to do and see.)*

After *para* follows the <u>infinitive</u>.

¿Tienes alguna sugerencia?	*(Do you have any suggestions?)*
Sí, claro. Tienes que ir al barrio de Santa Cruz.	*(Yes, of course. You have to go to the Santa Cruz district.)*
¿Y alguna sugerencia más?	*(And any further suggestions?)*
Puedes dar un paseo en coche de caballos.	*(You can take a carriage ride.)*

una sugerencia *(an inspiration, a suggestion)*; **recom<u>e</u>ndar** *(to recommend)* = irregular verb - *e* changes to *ie*

¡SPANISH FOR YOU!

PREGUNTAR POR LA DIRECCIÓN (ASKING THE WAY)

1) ¡Perdón!; ¡Perdone!; ¡Perdona! *(Pardon me!; Excuse me!; Sorry!)*
2) ¿Sabe/s si hay …? *(Do you [formal, sing.]/you know if there is …?)*
3) ¿La iglesia está en esta calle? *(Is the church on this street?)*
4) ¿Dónde está …? *(Where is …?)*
5) ¿Muy cerca? *(Very close?)*
6) ¿Aquí? *(here?);* ¿Cerca? *(near, close?);* ¿Al lado de? *(Beside?, Next to?)*

You can attract attention with:

¡Por favor! *(Please!)* **¡Perdone!** *(Excuse me!);* **¡Perdón!** *(Excuse me, pardon me)* This is polite.
¡Perdona! *(Sorry!)* This is an informal way of approaching someone.

* Por favor, ¿el museo griego?
 (Please, the Greek museum?)
* Por favor, ¿el cine está delante de la iglesia?
 (Please, is the cinema in front of the church?)
* Por favor, ¿dónde está el ayuntamiento?
 (Please, where is the town hall?)
* Por favor, ¿sabes si hay una biblioteca (por) aquí cerca?
 (Please, do you know if there is a library around here?)
* Por favor, ¿está muy lejos de aquí la iglesia?
 (Please, is the church far away from here?)
* Por favor, ¿sabes si el hospital está (por) aquí cerca?
 (Please, do you know if the hospital is nearby?)

Verbs

	estar *(to be; location of persons, places or things)*	**cruzar** *(to cross)*	**seguir** *(to follow)*
(yo)	estoy *(I am)*	cruzo *(I cross)*	sigo *(I follow)*
(tú)	estás *(you are)*	cruzas *(you cross)*	sigues *(you follow)*
(él/ella/ usted)	está *(he/she is/ you are—formal, singular)*	cruza *(he/she crosses/ you cross—formal, singular)*	sigue *(he/she follows/ you follow—formal, singular)*
(nosotros/-as)	estamos *(we are)*	cruzamos *(we cross)*	seguimos *(we follow)*
(vosotros/-as)	estáis *(you are) [informal, plural]*	cruzáis *(you cross) [informal, plural]*	seguís *(you follow) [informal, plural]*
(ellos/ellas/ ustedes)	están *(they are/ you are—formal, plural)*	cruzan *(they cross/ you cross—formal, plural)*	siguen *(they follow/ you follow—formal, plural)*

ANSWERS TO A REQUEST FOR DIRECTIONS

a la izquierda (de …) = *to the left (of …)*	en *(in)*	el parque *(the park)*
a la derecha (de …) = *to the right (of …)*	en *(in)*	la iglesia *(the church)*
todo recto = *straight ahead*	en *(in)*	la calle *(the street)*
al lado (de …) = *next (to …)*	en *(in)*	el museo *(the museum)*
al final de la calle = *at the end of the street*	en *(in)*	la avenida *(the avenue)*

sigue ... = *follow* ...	por	el camino *(the road)*
sigue ... = *continue* ...	hasta *(to)*	el ayuntamiento *(the town hall)*
sigue ... = *keep* ...	hacia *(to)*	la derecha *(the right)*
La primera calle = *The first road*	a *(to)*	la izquierda *(the left)*
La segunda calle = *The second road*	a *(to)*	the **a** always means that you
La tercera calle = *The third road*	a *(to)*	**go to something** or **drive somewhere**.
cruza ... = *cross* ...		la plaza *(the square)*
sigue todo recto ... = *keep going straight* ...		

LATIN AMERICAN USAGE

In Mexico, straight ahead is **siga derecha**. **Todo recto** means everything is correct.

How to specify a direction

ir todo recto	*(to go straight ahead)*
por la Calle Blanca	*(down Blanca Street)*
hasta la Plaza Negro	*(to the Plaza Negro)*
hasta el final de la calle	*(to the end of the street)*
hacia la derecha	*(to the right)*
hacia la izquierda	*(to the left)*
Giramos a la izquierda.	*(We turn left.)*
Giramos a la derecha.	*(We turn right.)*
Cruzamos la plaza hacia la izquierda.	*(We cross the square to the left.)*

EXERCISE 38

Completa esta conversación con la preposición adecuada: *a(l), hasta, de(l), por, en*.
Complete this conversation using the proper preposition: *a(l), hasta, de(l), por, en*.

1. Perdón, ¿sabes si una iglesia está ……. aquí cerca?

    Sí, hay una ……. la derecha, al final ……. la carretera del litoral.

2. Mañana vamos a ver a mis abuelos.

    ¿No viven …….. la avenida?

    Sí, ………… la derecha de la plaza. Son 10 minutos ……. pie.

3. ¿Dónde hay un cajero automático, por favor?

    Creo que ……… la plaza hay uno.

4. ¿Vamos ………. coche?

    No, vamos ……. bicicleta, está ……. ocho minutos.

5. ¿Está muy lejos ……… aquí la farmacia?

   Sí, hay una …….. la avenida, pero debe seguir …….. el final.

Depending on whether the noun is masculine or feminine, questions can be answered in a simplified way by using *alguno/alguna*. Before a masculine singular noun, *alguno* becomes *algún* if it is used as an adjective. The noun can be omitted. Alternatively, the noun can also be replaced with *uno/una*.

algún/alguna/-o *(adjective: any, some; **pronoun**: some, one, someone, somebody)*

¿Sabes **alguna solución**?	*(Do you know **any solution**?)*
Tal vez voy a tener **alguna** en una semana.	*(Maybe I'll have **one** in a week.)*
Or Sí, hay **una**.	*(Yes, there is **one**.)*

La solución is feminine, so you would use alguna/una.

¿Sabes si hay **algún mercado**?	*(Do you know if there is **any market**?)*
Sí, hay **alguno**.	*(Yes, there is **one**.)*
Or Sí, hay **uno**.	*(Yes, there is **one**.)*

El mercado is masculine, therefore: algún/alguno/uno.

En mi barrio no hay ningún puente, ¿en tu barrio hay **alguno**?
*(In my neighborhood, there is no bridge; is there **one** in your neighborhood?)*
El puente is masculine, therefore: alguno.

<u>**The same applies when answering with**</u>:

ningún/ninguno/ninguna *(adjective: any, no; **pronoun**: any, none, either, neither, nobody, no-one)*

No, no hay **ningún restaurant**.	*(No, there is **no restaurante**.)*
No, no hay **ninguno**. *(Pronoun)*	*(No, there is **none**.)*
¿Te gusta alguno?	*(Would you like any?)*
No, **ninguno**.	*(No, **none**.)*

En mi barrio no hay **ningún parque**.	*(In my neighborhood, there is **no park**.)*
Pues, en el mío hay **uno** muy bonito.	*(Well, in mine there is a very nice **one**.)*

El restaurant, el parque is masculine, therefore: ningún/ninguno/uno.

Perdona, ¿hay alguna hostería por aquí?	*(Sorry, is there any inn around here?)*
No, no hay **ninguna**.	*(No, there is **none**.)*

La hostería is feminine, therefore: ninguna.

Hay is derived from the verb *haber*. This verb is also an auxiliary (helper) verb.
Hay means **there is** or **there are** and therefore it is used in many conversations.

EXERCISE 39

Completa las oraciones. Elige la respuesta correcta entre las 3 opciones.
Complete the phrases. Choose the correct answer from the 3 options.

¿Perdona, sabes si hay (1) .... cajero automático por aquí cerca?
Si, hay (2) .... en la plaza.
(1) a. nothing added   b. uno   c. un
(2) a. uno   b. ninguna   c. algún

¿Perdone, hay (3) .... biblioteca por aquí cerca?
Pues no, no hay (4) ....
(3) a. alguno   b. alguna   c. la
(4) a. ninguna   b. alguna   c. una

¿No hay (5) .... gimnasio por aquí cerca?
Claro, en esa avenida hay (6) ....
(5) a. ningún   b. uno   c. algún
(6) a. un   b. algún   c. uno

¿Sabes si hay (7) .... oficina de correos por aquí cerca?
Sí, hay (8) .... al final de la calle.
(7) a. alguna   b. ninguna   c. la
(8) a. una   b. muchas   c. ninguna

¿En este barrio no hay (9) .... tienda de ropa?
Sí, sí hay (10) .... en la esquina, a la izquierda.
(9) a. un   b. alguna   c. ninguna
(10) a. una   b. uno   c. nothing added

¿Perdone, hay (11) .... banco por aquí cerca?
Pues me parece que no hay (12) ....
(11) a. nothing added   b. un   c. ninguno
(12) a. ningún   b. alguno   c. ninguno

The following directions are very important

Note!   de + el = **del**   (**del** coche)   a + el = **al**   (**al** mercado)

está <u>delante de</u> ... = *in front of ...*
El perro **está** <u>delante de</u> la puerta.   (The dog is <u>in front of</u> the door.)

está <u>detrás de</u> ...   = *behind ...*
El perro **está** <u>detrás de</u> la puerta.   (The dog is <u>behind</u> the door.)

está encima de …. = *on top of, on …*
El gato **está** encima del coche. (The cat is on top of the car.)

está debajo de … = *under, beneath …*
El gato **está** debajo del coche. (The cat is under the car.)

está cerca de … = *near, close to, nearly, by …*
El chico **está** cerca de la iglesia. (The boy is near the church.)

está lejos de … = *a long way from, far (away) from …*
El chico **está** lejos de la iglesia. (The boy is far away from the church.)

está dentro de … = *in, inside …*
La chica **está** dentro del coche. (The girl is in the car.)

está al lado de … = *next to …*
La chica **está** al lado del coche. (The girl is next to the car.)

está fuera de … = *out (of), outside …*
La mujer **está** fuera del coche. (The woman is outside the car.)

está a la izquierda de … = *on the left of …*
La mujer **está** a la izquierda del coche. (The woman is on the left of the car.)

está a la derecha de … = *on the right of…*
La mujer **está** a la derecha del coche. (The woman is on the right of the car.)

está entre … = *between …*
El hombre **está** entre el coche y el árbol. (The man is between the car and the tree.)

está enfrente de … = *opposite, across …*
El hombre **está** enfrente del cine. (The man is opposite (to) the cinema.)

ASK FOR A SPECIFIC PLACE OR BUSINESS AND UNDERSTAND THE ANSWERS

- ¿Dónde está el museo griego? (Where is the Greek museum?)
- El museo griego está … (The Greek museum is …)

Name of location: … en Madrid. (… in Madrid.)
… al final de la calle. (… at the end of the street.)
… por aquí cerca. (… near here.)
… en la calle Blanca. (… on Blanca Street.)
… lejos de aquí. (… far from here.)
… detrás de la torre. (… behind the tower.)
… delante de la iglesia. (… in front of the church.)

… enfrente de la torre.	*(… opposite the tower.)*
… cerca de aquí.	*(… near here/not far from here.)*
… a la derecha de la torre.	*(… on the right of the tower.)*
… a la izquierda de la torre.	*(… on the left of the tower.)*
… entre la iglesia y la torre.	*(… between the church and the tower.)*
… aquí.	*(… here.)*

INDEFINITE QUANTIFIERS
(THEY ANSWER THE QUESTION *HOW MANY?*)

If you can't respond to questions like that with numbers, then you'll probably need to use one of the indefinite quantifiers because they express the indefinite idea of quality *(any)* or quantity *(different, several)*. They can replace a noun, accompany it, or do both.

Idefinite pronouns: algo *(something)*; nada *(nothing)*; alguien *(someone, anyone)*; nadie *(nobody)*; uno/una *(one)*; cualquiera *(someone, anyone)*; cada uno/cada una *(everyone)*. **Indefinite adjectives**: cada *(each, every)*; calquier *(any)*; cierto,-a,-os,-as *(certain)*; mismo,-a,-os,-as *(same)*; tal,-es *(such (a))*. **Indefinite pronouns and adjectives**: alguno,-a,-os,-as *(any)*; unos/unas *(some)*; ninguno,-a,-os,-as *(none)*; mucho,-a,-os,-as *(many)*; poco,-a,-os,-as *(few, not many)*; tanto,-a,-os,-as *(a lot of, many)*; todo,-a,-os,-as *(all)*; otro,-a,-os,-as *(another, other[s])*; bastante(s) *(enough)*; suficiente(s) *(sufficient)*; demasiado,-a,-os,-as *(too much, too many)*.

If they replace a noun (indefinite pronouns), they always stand alone. Some of them are changeable, which means they agree in number and gender with the noun they modify. The ending *-a* is appended to the female form and *-os* and *-as* to the plural forms. Unchangeable in number and gender are ***algo***, ***cualquiera***, ***nada***, ***nadie***, and ***alguien***.

Indefinite quantifiers that accompany a noun (indefinite adjectives) never stand alone. Usually, they come before the noun they refer to or come after a copulative verb. Like other adjectives, they (the changeable ones) must match the nouns they refer to in number and gender. **Unchangeable** in number and gender are ***cualquier*** or ***cada***.

SINGULAR

MASCULINO	FEMENINO
mucho ruido *(a lot of noise)*	**mucha** niebla *(a lot of fog)*
cualquier aparcamiento *(any parking lot, BE car park)*	**cada** zona *(each region)*
ningún puente *(no bridge)*	**ninguna** acera *(no sidewalk, BE pavement)*
algún barrio *(any district)*	**alguna** calle *(any street)*
poco tráfico *(low traffic)*	**poca** policía *(few police)*
	suficiente gente *(enough people)*

PLURAL

MASCULINO	FEMENINO
muchos jardines *(many gardens)*	**muchas** carreteras *(many (main) roads)*
pocos trenes *(few trains)*	**pocas** estaciones *(few stations)*
algunos cruces *(some crossroads)*	**algunas** afueras *(some outskirts)*
bastantes parques *(quite a lot of parks)*	

LECCIÓN 9
DEPORTES Y OCIO
SPORT AND LEISURE

In this lección, you will learn to say what you do and don't like doing. It is all about leisure and hobbies.

How do you reply when you like something?

Grammar
* The verbs *gustar*, *encantar*, *interesar*
* To prefer something with the verb *preferir*
* Replying with *también*, *tampoco*
* How to express if you like something more or less with *lo que* - *más* or *menos*

Vocabulary
Leisure activities
Adverbs of frequency

AFICIONES *(Hobbies)*

Aquí tienes una lista de aficiones.
Here is a list of hobbies. (Spaniards also say *hobby*)

Spanish	English	Spanish	English
cocinar	*to cook*	leer	*to read*
ver la tele	*to watch TV*	jugar al fútbol	*to play soccer [BE football]*
esquiar	*to ski*	viajar	*to travel*
ir al gimnasio	*to go to the gym*	escribir	*to write*
cantar	*to sing*	jugar al tenis	*to play tennis*
ir a bailar	*to go dancing*	tocar la guitarra	*to play the guitar*
ir al cine	*to go to the cinema*	hacer manualidades	*to do handicrafts*
ir al teatro	*to go to the theater*	ir a conciertos	*to go to concerts*
ir a museos	*to go to museums*	escuchar música	*to listen to music*
andar/pasear	*to go for a walk*	correr	*to run*
ir a tomar algo	*to go for a drink*	visitar amigos	*to visit friends*
navegar por internet	*to surf the internet*	nadar	*to swim*
hacer deporte	*to practice sport*	hacer bricolaje	*to work around the house*
montar en bicicleta	*to ride a bicycle*	ver películas	*to watch movies*
montar a caballo	*to ride a horse*	fotografiar	*to photograph*
montar en moto	*to ride a motorcycle*	ir a comer fuera	*to go out to eat*

THE VERB GUSTAR *(TO LIKE, TO ENJOY, TO BE PLEASING (TO))*

In this construction, the indirect object pronouns (Lección 24) **me** *(me)*; **te** *(you)*; **le** *(him, her, you – formal, singular)*; **nos** *(us)*; **os** *(you – familiar, plural)*; and **les** *(them, you – formal, plural)* are used.
They give information on **who** is doing the liking. The indirect object pronoun precedes the verb.

Expresar gustos *(Saying that you like something)*

		gustar	
(a mí) = obligatory	me	gusta *(I like)*	esta capilla. *(this chapel.)* (Sustantivo en singular = Substantive in the singular)
(a ti)	te	gusta *(you like)*	
(a él/ella/ usted)	le	gusta *(he/she likes/ you like—formal, singular)*	leer. *(to read.)* (Verbo en infinitivo = Verb in the infinitive)
(a nosotros/-as)	nos	gustan *(we like)*	
(a vosotros/-as)	os	gustan *(you like)* [informal, plural]	estos pueblos. *(these villages.)* (Sustantivos en plural = Substantive in the plural)
(a ellos/ellas/ ustedes)	les	gustan *(they like/ you like—formal, plural)*	

¡SPANISH FOR YOU!

Me gusta *demasiado*, *mucho*, *bastante*, *un poco*, *nada* leer.

The following verbs are used in the same way as <u>gustar</u>, and in the same context:
me interesa/n *(I'm interested ...)*; **me molesta/n** *(... bother/s me)*; **me duele/n** *(it pains me ...)*; **me encanta/n** *(I love ...)*; **me queda/n** *(I have left ...)*; **me basta/n** *(is enough for me ...)*; **me falta/n** *(I miss ...)*; **me aburre/n** *(I'm bored with ...)*; **me fascina/n** *(... fascinates me, I am fascinated by ...)*.

<u>Encantar</u> cannot be enhanced, for example, by adding *mucho*, *bastante*, etc.
This mode of expression already describes the highest level of liking something or someone.

PLEASURES AND INTERESTS

me		el concierto. *(the concert.)* - Substantive singular
te	fascina	<u>ir</u> al concierto. *(<u>to go</u> to the concert.)* - Verb in the infinitive
le		
nos		
os		
les	fascina**n**	las óperas. *(the operas.)* – Substantive plural

(a mí)	me encanta	*(I love ...)*	
(a mí)	me gusta mucho	*(I really like ...)*	
(a mí)	me gusta bastante	*(I quite like ...)*	el flamenco.
(a mí)	me interesa	*(I'm interested in ...)*	
(a mí)	no me gusta mucho	*(I don't much like ...)*	
(a mí)	no me gusta	*(I don't like ...)*	
(a mí)	no me gusta nada	*(I don't like it at all)*	

Example:
* Me encanta escuchar música en la radio.   *(I love listening to music on the radio.)*
* Me gustan los deportes de riesgo *(risk)*.   *(I like extreme sports.)*
* Me gusta sentir *(to feel)* el viento en mi cara *(my face)*.   *(I like to feel the wind in my face.)*
* Me gusta hacer competiciones de windsurf.   *(I like to do windsurf competitions.)*
* Me encanta ir a conciertos.   *(I love going to concerts.)*
* Me interesa mucho Rusia.   *(I am very interested in Russia.)*
* Me encanta viajar y descubrir *(to discover)* nuevos lugares *(new places)*.
   (I love to travel and discover new places.)

Asking someone about his preferences

- ¿**Te gusta** el flamenco?   *(Do you like flamenco?)*
  Sí, me encanta.   *(Yes, I love it.)*

- ¿**Qué** libro **te gusta** más?   *(Which book do you like most?)*
  París era una fiesta.   *(A Moveable Feast.)*

- **¿Qué tipo de** película **te gusta**? *(What kind of movie do you like?)*
  Las películas de suspenso. *(Thrillers.)*

Preferences with the verb *preferir* (to prefer)

(yo)	pref**ie**ro	esta opera/estas operas	*(this opera/these operas)*
(tú)	pref**ie**res	este concierto/estos conciertos	*(this concert/these concerts)*
(él/ella/usted)	pref**ie**re	Sustantivos = Substantives	
(nosotros/-as)	preferimos		
(vosotros/-as)	preferís	ir al concierto	*(to go to the concert)*
(ellos/ellas/ustedes)	pref**ie**ren	Verbo en infinitivo = Verb in the infinitive	

If someone makes a statement about how much he likes something, for example with the verb *gustar*, then the other person can answer as follows with:

también *(also, as well, too)*   or   tampoco *(not ... either, nor, neither)*.

Miguel   No me gusta nada la ópera.   *(I do not like opera at all.)*
María   A mí tampoco.   *(Me neither.)*
Mónica   Ah, a mí sí, me encanta.   *(Ah, I love it.)*

A Pedro le gusta escuchar música.   **Pedro likes to listen to music.**
- A mí también.   *(Me too.)*
- A mí no.   *(I don't.)*
- A mí tampoco.   *(Me neither.)*
- The opposite of **A mí también**; is **A mí no**.

A Pablo no le gusta escuchar música.   **Pablo does not like to listen to music.**
- A mí tampoco.   *(Me neither.)*
- A mí sí.   *(I do.)*
- A mí también.   *(Me too.)*
- The opposite of **A mí tampoco**; is **A mí sí**.

Mónica, 25 años, Madrid.
¿Qué tipo de película prefieres?   *(What kind of movie do you prefer?)*
Las películas de terror.   *(Horror films.)*

¿Dónde celebras tu aniversario?   *(Where do you celebrate your wedding anniversary?)*
En el salón de fiestas.   *(In the banquet hall.)*

¿Cuál es tu música preferida?   *(What is your favorite music?)*
La música africana.   *(African music.)*

¡SPANISH FOR YOU!

The Spanish expressions for liking something more or less

Lo que *(What)*   **más** *(more)*   or   **menos** *(less)*

1) Lo que más me gusta/n es .../son ... + sustantivo

　　　　　　　　　　　　... la tranquilidad, ... las casas viejas.

　(What I like the most is .../are ... + substantive

　　　　　　　　　　　　... the tranquility, ... the old houses.)

2) Lo que menos me gusta es que *(+ subject)* ... **los coches** van muy rápido.
   *(What I like the least is that ... **the cars** drive very fast.)*

Adverbs and expressions of frequency

How often do you do something?

¿Cuándo ...?   ¿Con qué frecuencia ...?   ¿... haces deporte?
When ...?   How often ...?   ... do you do sport?

Positive		Negative	
siempre	*(always)*	nunca	*(never, at no time)*
			- Yo nunca hago deporte.
			- Yo (no) hago deporte nunca.
			(I never do sport.)
casi siempre	*(almost always)*	casi nunca	*(hardly ever, almost never, rarely)*
todos los días	*(every day)*	muy pocas veces	*(seldom)*
cada día	*(every day)*		
Frecuentemente/a menudo/muchas veces		cada dos días; cada dos semanas; cada 3 meses	
	(often, frequently)	*(every second day; biweekly; every three months)*	
		alguna vez	*(ever)*
		algunas veces	*(sometimes)*
		una vez	- por semana/a la semana *(weekly)*
		dos veces	- por semana/a la semana *(biweekly)*
		algún día	*(someday, sometime)*

LECCIÓN 10
LA DISTINCIÓN ENTRE SER, ESTAR, Y HAY
THE DISTINCTION BETWEEN *SER*, *ESTAR*, AND *HAY*

In this lección, you will learn the different uses of *hay (there is, there are)*; *ser (to be)*; and *estar (to be)*.

The main emphasis here is on the distinction between *ser* and *estar.*

These verbs have the same meaning, but in Spanish, they are used so differently that it is necessary to internalize them exactly.

Grammar
* The verbs **hay**, **ser**, and **estar**
* Different meanings of adjectives depending on their use with **ser** or **estar**

¡SPANISH FOR YOU!

THE VERB *HAY*

The meaning of ***hay*** in English is ***there is*** or ***there are***. Therefore, in questions, ***hay*** means ***is there?*** or ***are there?***

It expresses the existence of a place or a thing in Spanish. ***Hay*** does not change gender (masculine/feminine) or number (singular/plural).

In general, ***hay*** is used for indefinite things or information. For this reason, ***hay*** is not combined with proper names or nouns which have a definite article or are accompanied by possessive pronouns and demonstrative pronouns.

Consequently ***hay*** is never followed by a definite article, only by an indefinite article. Furthermore, in this particular case, substantives can only be preceded, for example, by: ***mucho/-a/-os/-as*** *(a lot of)*; ***alguno/-a/-os/-as*** *(some)*; ***bastante/s*** *(enough, plenty of)*; ***demasiado/-a/-os/-as*** *(too much)*; ***poco/-a/-os/-as*** *(few)*; ***un/a*** *(a, an)*; ***unos/-as*** *(some)*; etc. or numerals like ***dos***, ***tres***...

¿Dónde **está** la farmacia?	*(Where is the pharmacy [BE chemist's]?)*
¿Dónde **hay** una farmacia?	*(Where is there a pharmacy [BE chemist's]?)*
¿Dónde **están** mis libros?	*(Where are my books?)*
¿Dónde **hay** libros?	*(Where are there books?)*
En esta ciudad solo **hay** dos hospitales.	*(In this city, there are only two hospitals.)*
Hay un consultorio médico en esta calle.	*(There is a doctor's office on this street.)*
En Madrid **hay** muchos bares.	*(In Madrid, there are many bars.)*
En México **hay** muchas ciudades bonitas.	*(In Mexico, there are many beautiful cities.)*
En Cuba **hay** playas fantásticas.	*(In Cuba, there are fantastic beaches.)*

En Uruguay **hay** unas playas que se llaman *Punta del Este*.
(In Uruguay, there are some beaches that are called Punta del Este.)

<u>Look out</u>!
There are some exceptions to this rule, where the definite article does follow ***hay***. These are

1. <u>Superlative</u>
   En este país **hay las** playas **más** bonitas del mundo.
   (In this country, there are the most beautiful beaches in the world.)

2. <u>Expressing the emphasis on elements that often occur</u>
   Hay la tontería **de siempre**.
   (There is the usual nonsense.)

3. <u>As a synonym for **quedar** (to be left (over))</u>
   Para cenar **hay la** carne de ayer.
   (For dinner, there is meat from yesterday.)

¿Qué hay? is used to ask **What is there? What is available? What's up? What's the news?**

The Distinction Between *ser* and *estar*

The following chart shows the different uses of *ser* and *estar* in Spanish in detail. The generalization that **ser** is used to refer to general characteristics, and **estar** to temporary states, can be found in many textbooks. While this is true to some extent, it can be misleading. Therefore, it is always better to look at each use individually because it is very important to be able to distinguish these two verbs.

ser = Identification	*estar* = Location
1. To express a profession, religion, or ideology. **Soy** dentista. *(I'm a dentist.)*	1. To express temporary work. Ahora, **estoy** de camarero en un hotel. *(Now I'm a waiter in a hotel.)*
2. To express property or possession. **Es** mi casa. *(It is my house.)*	2. To express the development of an action. Ahora mismo **estamos** practicando los verbos. *(We are practicing verbs right now.)*
3. To express time, parts of the day, and date. **Son** las cuatro y media. *(It's half past four.)*	3. To express an inconsistent price. Hoy el kilo de naranjas **está** a 2 dólares. *(Today, a kilo of oranges is 2 dollars.)*
4. To express the location of the party, the event, or the occasion. ¿Dónde **es** la fiesta? *(Where is the party?)* La fiesta **es** en mi casa. *(The party is at my house.)*	4. To locate a place. Málaga **está** en el sur de España. *(Malaga is in the south of Spain.)*
5. Identification Madrid **es** la capital de España. *(Madrid is the capital of Spain.)*	5. To express the final result of an action. La ventana **está** abierta. *(The window is open.)*
6. To describe an intrinsic characteristic of persons or things. Yo **soy** moreno. El cielo **es** azul. *(I'm dark-haired. The sky is blue.)* José **es** alto y moreno. *(Joseph is tall and dark-haired.)*	6. For the <u>exact</u> indication of time, date. ¿A qué día **estamos**? *(What day is it?)* Hoy **estamos** a 11 de marzo de 2016. *(Today is March 11th, 2016.)* In this case (***estamos***) is <u>always</u> in plural and with an ***a***.
7. To make judgments. (ser + adjective) Mi comida **es** muy buena. *(My food is very good.)*	7. To give a subjective description of persons to their temporary state. Hoy Elena **está** muy guapa. *(Elena is very beautiful today.)*
8. To formulate a definition. ¿Qué <u>es</u> esto? Esto <u>es</u> una tortilla, una comida típica de España. *(What is this? This is an omelet, a typical Spanish meal.)* = Definition	8. To express temporary physical or emotional states. Últimamente **estoy** un poco cansado. *(Lately, I'm a bit tired.)* When talking about the size of a child who is still growing, then the size is a temporary state. Mi hijo **está** un poco bajo para su edad. *(My son is a bit short for his age.)*

9. **To indicate origin, nationality, and source.** Yo **soy** español. **Soy** Pedro. *(I'm Spanish. I'm Pedro.)* La naranja **es** de Valencia. *(The orange is from Valencia.)*	9. **To specify a distance.** Córdoba **está a** 342 millas de Alicante. *(Cordoba is 342 miles away from Alicante.)* This is always combined with ***a***.
10. **To specify the material which something is made of.** La mesa **es** de madera. *(The table is made of wood.)*	10. **Estar + gerundio** A. This phrase is used to express that someone is doing something at a particular moment. José se **está duchando**. *(Joseph is taking a shower.)* B. It also expresses an ongoing action. Diana **está haciendo** un máster en sanidad pública. *(Diana is doing a master's degree in public health.)*
11. **To express a fixed price**. (For example, with the check [BE bill] in the restaurant.) ¿Cuánto **es**? **Son** veinte dólares. *(How much is it? It's 20 dollars.)*	

In general, the verb **estar** expresses **where something is**. In the case of temporary states, **estar** is also used, but it is not compulsory, as in the case of location data.

For example:

La ciudad	**está**	al norte/sur/este/oeste de Jalisco.
La ciudad	**está**	en el norte/sur/este/oeste de México.
La ciudad	**está**	cerca/lejos de Oaxaca y Puebla.
La ciudad	**está**	entre Guadalajara y Puebla.
La ciudad	**está**	a tres horas/millas de Monterrey.

Ciudad Juárez está en México.
Las playas más fantásticas están en Cuba.
Cartagena de Indias está en Colombia.
La capital Quito está en Ecuador.

The following adjectives may have different meanings, depending on the use of <u>ser</u> or <u>estar</u>.

<u>Ser</u>   <u>Estar</u>

malo/-a

A person with a very bad character.   You are sick; feel bad for health reasons.
Poor/low quality of something,   You are in bad shape.
for example: the coffee is bad.   Something tastes bad or the food is tasteless.

bueno/-a

A person of principle/good character.   You enjoy good health.
The high quality of something,   To be tasty.
for example, the ham is good.   Physical attractiveness.

listo/-a

An intelligent, clever person.   To be ready to go.

verde

The color: green.   To be inexperienced, immature,
From the political view: ecological.   not have any experience of life.
                                                 Unripe (fruits).

negro/-a

The color: be black.   Somebody is black as an old boot or filthy-black/dirty.
                                                 To be furious about something.
                                                 Someone has dark, tanned skin.

rojo/-a

The color: red.   He turned as red as a beet; BE He went as red as a
From the political view: a communist.   beetroot (this is a rapidly changing condition).

rico/-a

A millionaire, a rich person.   The food tastes good/delicious.

orgulloso/-a

A very arrogant person.   Está muy orgulloso de …, means:
                                                 he/she is very proud of … (someone/something).

atento/-a

A helpful, cooperative person.	To pay attention to something, to follow something closely.

caliente

Sexy.	Hot (apparent temperature). *Hoy está muy caliente* = lecherous.

católico/-a

To be a Catholic.	To be healthy.

despierto/-a

An intelligent person who is a fast learner.	To be awake (the opposite of the state of sleep).

abierto/-a

An extroverted person.	To be open-minded.

cerrado/-a

An introverted person.	Stubborn, to be slow on the uptake.

estresante

A stressful person.	A stressful situation or work.

raro/-a

Of strange/rare character.	If, on this day, a person is behaving in an odd way.

An adjective that **only occurs with** the verb *ser* is ***inteligente***; *es* inteligente.

Some adjectives that are **only used with** the verb *estar* include:

está contento/-a *(he/she is pleased/happy)*; **la puerta está abierta** *(the door is open)*; **está bien** *(it's okay, it's all right)*; **está mal** *(it's wrong, it's bad)*; **estar en paro** *(to be unemployed)*; **estar bautizado/-a** *(to be baptized)*; **está seguro/-a** *(he/she is sure/is certain/makes sure)*.

Either **ser** or **estar** can be used to indicate marital status, it has the same meaning.

ser/estar

soltero/-a *(single)*   **casado/-a** *(married)*
viudo/-a *(widowed)*   **divorciado/-a** *(divorced)*

cansado/-a	= estar	<u>Estoy</u> cansado porque tengo mucho trabajo.
arquitecto/-a	= ser	La profesión de mi tía <u>es</u> arquitecta.
bien	= estar	Hoy <u>estoy</u> bien porque voy a ir a la playa.
estresado/-a	= estar	<u>Estoy</u> estresada porque estudio mucho español.
guapo/-a	= ser + estar	José <u>es</u> guapo. Hoy Diana <u>está</u> guapa.
raro/-a	= ser + estar	El carácter de mi sobrino <u>es</u> muy raro. Hoy Carmen <u>está</u> muy rara.
triste	= estar	<u>Estoy</u> triste porque todo el mundo está en malas condiciones.

cansado/-a *(tired)*; **arquitecto/-a** *(architect)*; **estresado/-a** *(stressed)*; **guapo/-a** *(handsome)*; **triste** *(sad)*

EXERCISE 40

Completa las frases con las formas correctas de los verbos *ser/estar*.
Complete the sentences with the correct forms of the verbs *ser/estar*.

1. Hola Carmen, ¿cómo .... Pablo?
   No .... curado, ... hospitalizado.
2. ¿De dónde .... estas mandarinas? .... de Málaga.
3. Aquella chica .... quien me ayudó con mis deberes.
4. Tu sobrino .... muy gordo.
   Lógico, ... súper fuerte, como su madre.
5. ¿Has visto mis bolígrafos? No sé dónde ....
6. Markus y Mónica .... alemanes.
7. ¿No .... demasiado mayor para ir en coche? No, tengo 60 años y ….. en plena forma.
8. ¿Y Juan? .... trabajando en el restaurante, ahora sale.
9. ¿A cuánto .... hoy las patatas?
10. ¿Dónde trabaja Pedro Sánchez?
    En un bufete; .... abogado.
11. Tomamos una botella de vino y dos hamburguesas.
    Pues, entonces, ... nueve dólares.
12. Hoy Teresa .... muy elegante.
13. ¿Dónde .... la exposición? En el edificio que .... a la izquierda de la iglesia.
14. La mesa .... de plástico.
15. Ahora mismo .... practicando español.
16. La casa .... en mal estado.
17. .... una persona con un buen carácter.
18. Mi jefe .... dispuesto a subirme el sueldo.

hospitalizado/-a *(hospitalized)*; **la chica** *(the girl)*; **los deberes** *(the homework)*; **gordo/-a** *(fat)*; **dólares** *(dollars)*

EXERCISE 41

Completa las frases con las formas correctas de los verbos *ser/estar*.
Complete the sentences with the correct forms of the verbs *ser/estar*.

1. ¿Tú ya .... listo para ir a caballo?
    No. Me he peleado con mi mujer. .... negro con esta.
2. Roberto .... muy orgulloso. Cree que es siempre el centro de atención.
3. Ana .... muy cerrada. Con frecuencia se queda en casa.
4. Hoy me siento mal. No .... católica.
5. Mi sobrino .... muy listo, calcula muy rápidamente.
6. Ana .... muy atenta; .... muy amable con todos.
7. Pablo .... muy cerrado; él no comprende nada.
8. ¿Has comido esta paella? .... malísima.
    ¿Ah, sí? Yo también la he comido y .... muy rica.
9. Carmen y Paolo .... muy orgullosos de las recientes negociaciones del convenio. Han tenido éxito.
10. Ana no .... muy católica, tiene gripe.
11. Este hombre .... malo. No tiene respeto a las mujeres.
12. Pablo .... muy majo, pero desde hace dos semanas .... muy antipático.
13. Ayer sufrí un accidente y mis padres .... muy preocupados.
14. La paella de España .... buenísima.
15. El niño de María .... malo, tiene fiebre.
16. José .... un hombre muy despierto. Tiene un premio Nobel.

me he peleado *(I had a fight)*; **el centro de atención** *(the center of attention)*; **con frecuencia** *(frequently)*; **se queda** *(stays)*; **me siento mal** *(I feel bad; I feel sick)*; **calcula muy rápidamente** *(calculates very quickly)*; **no comprende nada** *(doesn't understand anything)*; **malísimo/-a** *(very bad)*; **presumiendo** *(bragging about)*; **negociaciones del convenio** *(negotiations of the collective agreement)*; **tener éxito** *(be successful)*; **tener gripe** *(have the flu)*; **antipático/-a** *(unsympathetic)*; **preocupado/-a** *(worried)*; **tener fiebre** *(feverish)*

EXERCISE 42

Completa las frases siguientes con el presente de los verbos *ser* o *estar*.
Complete the following sentences with the verbs *ser* or *estar* in the present tense.

1. Mi caballo .... muy rápido.
2. No quiero estudiar hoy. .... vago.
3. Sevilla .... en el sur de España.
4. ¿Dónde .... mis gatos?
5. Mi padre .... abogado.
6. ¿Quién .... la mujer que .... allí de pie?
7. La habitación .... muy sucia; mi nieta .... una catástrofe.
8. Pedro .... español y hoy .... muy guapo.
9. Este .... mi piso, pero .... a 25 millas de mi trabajo.

LECCIÓN 11
AQUÍ TIENES TU CASA
MAKE YOURSELF AT HOME

In this lección, everything revolves around the house, including the vocabulary.

You will learn about the types and parts of apartments, as well as the adjectives that describe an apartment.

You will learn how to compare things with each other and how to describe the materials from which they are made.

A short Spanish text is also included.

Grammar
* Comparisons
* Expressing that you like something

Vocabulary
Types of housing
Parts of the house
Housing conditions
Descriptive adjectives relating to the house
Grading a quality
Superlative form of **pretty**
Irregular forms of adjectives

¡SPANISH FOR YOU!

APARTMENT *(BE FLAT)*

Spanish	English
el balcón	*the balcony*
la granja	*the farm*
el periódico	*the newspaper*
el anuncio	*the advertisement*
la agencia inmobiliaria	*the real estate agency, BE estate agency*
el portal inmobiliario	*an internet shopping portal for property*
¿Cuántos años tiene?	*How old is it?*
la localización	*the location*
¿Está amueblada o no?	*Is it furnished or not?*
los m2 (los metros cuadrados)	*the square meterage*
tener poder adquisitivo	*to have purchasing power*
¿Están las facturas (la luz y el agua) incluidas o no?	*Are the bills (electricity + water) included or not?*

The location of the apartment [BE flat]

Spanish	English
bien situado	*well located*
bien comunicado	*good transport links*
cerca de ...	*near ..., close to ...*
a 5 minutos de ...	*5 minutes from ...*

Tipos de vivienda *(Types of apartments - BE flats)*	Partes de la casa *(Parts of the house)*	Otras características *(Other features)*
el chalé *(the chalet, the detached family home)*	el jardín *(the garden)*	de nueva construcción *(the new building [or house])*
el ático *(the attic, BE the top-floor flat, the top-floor apartment)*	el baño *(the bath, the bathroom, BE the toilet, lavatory)*	muy tranquilo/-a *(very quiet, very peaceful, very tranquil)*
el estudio *(the studio apartment - BE flat)*	el garaje *(the garage)*	listo para entrar a vivir *(it can be moved into)*
el piso *(the floor, BE the storey, the apartment, BE the flat)*	el recibidor *(the entrance hall)*	fantásticas vistas *(fantastic views)*
el apartamento *(the small apartment, BE the small flat)*	el lavadero *(the utility room, the laundry room)*	totalmente equipado/-a *(entirely furnished)*
la propiedad privada *(the private ownership)*	el salón *(the living room)*	sin amueblar *(unfurnished)*
la propiedad *(the property)*	el despacho *(the office)*	en estado perfecto *(in perfect condition)*
el edificio *(the building)*	el comedor *(the dining room)*	tiene parque *(with park)*

el/la propietario/-a (the owner)	la cocina (the kitchen)	el edificio antiguo (the old building)
la casa rural (the farmhouse)	la habitación (the room)	con encanto (with charm)
la casa adosada (row-house, BE the terraced house)	el dormitorio (the bedroom)	muy luminoso/-a (very bright)
la finca (the cottage, the country house)	la entrada (the entrance)	con mucho sol (with a lot of sun)
el bloque de viviendas (the block of apartment buildings, or BE the block of flats)	la sala de jugar (the playroom, the game room)	buena distribución (good supply - water, gas, oil)
el rascacielos (the skyscraper)	la terraza (the terrace)	oscuro/-a (dark)
la parcela (the lot, BE the plot)	el balcón (the balcony)	moderno/-a (modern)
el primer piso (the first floor, BE the first storey)	el trastero (BE the junk room, the lumber room)	acogedor, acogedora (warm, friendly ambiente, charming, cozy, comfortable, welcoming)
la planta baja (the bottom floor, BE ground floor)	el cuarto de baño (the bathroom)	frío/-a (cold)
la planta (the floor)	el tejado (the roof)	clásico/-a (classical)

es (it is- how?)	está (it is – where?)	tiene (it has)	dar a un lugar … (to look out to …/ be adjacent to …)
grande (large)	en el distrito/barrio (in the district)	la calefacción (the heating)	… a la parte de atrás … (… to the back of …)
ruidoso/-a (noisy)	en las afueras (outside)	la bañera (the bathtub)	… a una calle tranquila (… to a quiet street)
bonito/-a (nice)	en el centro (in the center)	el ascensor (the elevator, BE the lift)	… a una zona peatonal (… to a pedestrian area)
pequeño/-a (small, tiny)	en el campo (in the countryside)	la estufa de cerámica (the ceramic stove)	… a un lago (… to a lake)
nuevo/-a (new)	en una isla (on an island)	la chimenea (the chimney)	… al mar (… with sea view)

Spanish	English	Spanish	English
un florero	a vase	el jarrón	a big vase
la estantería	the shelf	relajarse	to relax
el sillón	the armchair	el cojín	the cushion
la alfombra	the rug, the carpet	la lámpara	the lamp
la mesa **de** madera	the wooden table	la mesa **de** cristal	the glass table
el sofá **de** tela	the cloth sofa	el sofá **de** piel	the leather sofa
la silla **de** plástico	the plastic chair	la silla **de** metal	the metal chair

¡SPANISH FOR YOU!

Es + de specifies what <u>material</u> something is made of.

¿**De** qué **es** esta silla? - **De** aluminio. *(What is this chair made out of?) - (Out of aluminum.)*

Translation no. 9

Lee este foro. Read this forum.

Carmen

¡Hola! Me voy de Madrid a Estrasburgo. Soy abogada. Quiero comprar una casa o alquilar un piso. ¿Alguien sabe algo?

Respuesta

Juan

Hola, Carmen. Pues, creo que las casas en Estrasburgo son **tan** caras **como** en Madrid, pero en mi opinión las casas son **más** antiguas **que** en Madrid. Las casas son **menos** modernas **que** en Madrid y hay **menos** meses calurosos **que** aquí.

¡Cuidado! Muchas casas son **más** húmedas **de** lo habitual. Quizás sería mejor alquilar un apartamento. Si tienes problemas con el apartamento, eso realmente no debe importarte. Se lo comunicas al propietario y éste se encarga de la reparación. Lamentablemente, los alquileres son **tan** caros **como** en Madrid, pero los gastos adicionales **son** menos caros **que** en España.

La vida nocturna es **tan** excitante **como** en España.

Grading a quality

muy	*(very)*	muy caliente	*(very hot)*
demasiado	*(too, too many, too much)*	demasiado caliente	*(too hot)*
un poco	*(some, a little, bit, slightly)*	un poco caliente	*(a bit hot)*
no tan	*(not so, not as)*	no tan caliente	*(not so hot)*

Superlative forms of *pretty*

precioso/-a	*(beautiful)*	súper bonito/-a	*(super nice)*
buenísimo/-a	*(excellent, super-duper)*	fantástico/-a	*(fantastic)*
impresionante	*(impressive)*	súper variado/-a	*(super varied)*

Making a comparison

más ... que	*(more ... than)*
menos ... que	*(less ... than, fewer ... than)*
igual de ... que	*(just as ... like, same as ... like)*
tan ... como	*(such ... as, as ... as)*
igual	*(equal, same, identical)*
parecido/parecida	*(similar to)*
no tanto/-a como	*(not as much as)*
tanto/-a como	*(as much as)*

Irregular comparative forms of some adjectives

más bueno/-a *(more good, hotter)* = **mejor** *(better, best)*

más malo/-a *(more bad)* = **peor** *(worse)*

más grande *(bigger)* = **mayor** *(biggest, major, greatest, highest)*

más pequeño/-a *(smaller)* = **menor** *(smallest, youngest)*

EXPRESSING SUPERIORITY

El piso grande es **más** bonito **que** el piso pequeño.
(The big apartment is nicer than the small apartment.)

Sevilla tiene **más** teatros **que** Estrasburgo.
(Seville has more theaters than Strasbourg.)

Los jóvenes en Francia comen **más que** los jóvenes en España.
(Young people in France eat more than young people in Spain.)

EXPRESSING EQUALITY

Este pueblo necesita **tanta** policía de tráfico **como** el otro.
(This village needs as many traffic police as the other.)

Este pueblo necesita **tanto** dinero **como** el otro.
(This village needs as much money as the other.)

Este pueblo necesita **tantas** guarderías **como** el otro.
(This village needs as many nursery schools as the other.)

Este pueblo necesita **tantos** hospitales **como** el otro.
(This village needs as many hospitals as the other.)

El baño pequeño es **igual de** práctico **que** el grande.
(The small bathroom is just as practical as the large one.)

El baño pequeño es **tan** práctico **como** el grande.
(The small bathroom is as practical as the large one.)

Yo trabajo **tanto como** tú.
(I work as much as you.)

Mi piso y el tuyo **son iguales**.
(My apartment and yours are the same.)

    Son iguales = *are the same.*

Hoy llevas unos pantalones **parecidos** a los míos.
(Today, you are wearing pants similar to mine.)

    Son parecidos = *are similar, are alike, is similar.*

EXPRESSING INFERIORITY

El piso pequeño es **menos** elegante **que** el piso grande.
(The small apartment is less elegant than the large apartment.)

Aquí mi perro ladra **menos que** en mi casa.
(My dog barks here less than in my house.)

Mi jardín tiene **menos** árboles **que** el otro.
(My garden has fewer trees than the other.)

LECCIÓN 12
PRETÉRITO PERFECTO
THE PERFECT TENSE

Let's move on to the next important item, the first of the three major past tenses in Spanish—the *pretérito perfecto*. It is essential to learn this past tense thoroughly. When this has been mastered, you've taken the first step to having perfect Spanish grammar.

This lección consists predominantly of grammar. It starts with a Spanish text, including the *pretérito perfecto*, followed by an explanation on why and when it is used, along with some exercises.

Grammar
* Pretérito perfecto
* Pretérito perfecto with *algún* …, *ningún* …
* Pretérito perfecto with reflexive verbs
* Different uses of *poder* and *saber*

Vocabulary
The ideal roommate [BE flatmate]
Señor Sanchez's daily routine
Tell me about your life

¡SPANISH FOR YOU!

EL PRETÉRITO PERFECTO *(THE PERFECT TENSE)* – PART I

Translation no. 10

Carmen llama a su amiga:

Hola, ¿qué tal? Estoy muy triste. Hoy he visto a mi marido con otra mujer delante de la iglesia. Por casualidad, he visto cómo han charlado, se han abrazado y se han besado. Siempre he pensado que sería mejor no saber nada sobre la otra mujer. Hoy mi marido me ha vuelto loca y me he puesto como una furia. También he llorado durante todo el día. Hasta ahora no he sabido nada de su lío amoroso y últimamente he tenido mucho estrés en mi trabajo. Nunca he engañado a mi marido. Creo que no hay nada que hacer. ¡Qué mala suerte!

Spanish, like English, makes a distinction between the perfect tense *(e.g., she has worked)* and the simple past *(e.g., she worked)*. But the use varies from region to region. In Peninsular Spanish, the perfect is used more often than in the Spanish-speaking countries of Latin America—here the preterite (Lección 18) is used when talking about very recent events.

Generally, the *pretérito perfecto* expresses completed actions that have taken place in the time unit that you are still in—hoy *(today)*, **esta semana** *(this week)*, **hasta ahora** *(up to now)*.

The perfect tense (pretérito perfecto) is formed from the auxiliary verb **haber** *(to have)* followed by the past participle (participio). To form the past participle, remove the *-ar*, *-er* or *-ir* ending and add *-ado* to the stem of *-ar* verbs, and *-ido* to that of *-er* and *-ir* verbs.

	haber	+	**Participio** *(Past participle)*
yo	he		- ar: cant(ar) ado
tú	has		- er: beb(er) ido
él/ella/usted	ha		- ir: viv(ir) ido
nosotros/-as	hemos		
vosotros/-as	habéis		**IRREGULAR PAST PARTICIPLES**
ellos/ellas/ustedes	han		

Verbo	Participio
imprimir	impreso *(printed)*
hacer	hecho *(made/done)*
freír	frito *(fried)*
cubrir	cubierto *(covered)*
descubrir	descubierto *(discovered)*
resolver	resuelto *(solved)*
escribir	escrito *(written)*
romper	roto *(broken)*
poner	puesto *(put, placed)*
abrir	abierto *(opened)*
morir	muerto *(died)*
volver	vuelto *(returned)*
decir	dicho *(said)*
ver	visto *(seen)*

Verbs and their Past Participles

Verbo	Participio	Verbo	Participio
caer	caído *(fallen)*	gustar	gustado *(liked)*
hablar	hablado *(spoken)*	tener	tenido *(had)*
subir	subido *(came up, climbed)*	comprar	comprado *(bought)*
ser	sido *(been)*	pedir	pedido *(asked, requested)*
encontrar	encontrado *(met, found)*	traer	traído *(brought)*
escuchar	escuchado *(listened)*	estar	estado *(been)*
recibir	recibido *(recieved)*	conocer	conocido *(known)*
andar	andado *(walked)*	dar	dado *(given)*
leer	leído *(read)*	llegar	llegado *(arrived)*
ayudar	ayudado *(helped)*	olvidar	olvidado *(forgotten)*
poder	podido *(was able)*	enviar	enviado *(sent)*
jugar	jugado *(played)*	oír	oído *(heard)*
venir	venido *(come)*	comer	comido *(eaten)*
saber	sabido *(known)*	ir	ido *(gone)*

Los Marcadores Temporales *(Time Markers for the Perfect Tense)*

Limited time frames that include the moment of speaking require the *pretérito perfecto*. Therefore, you should look for the following markers:

hoy	*(today)*	esta semana	*(this week)*
este año	*(this year)*	este mes	*(this month)* etc.
estas vacaciones	*(this vacation)*		
esta mañana/tarde	*(this morning/this evening or this afternoon)*		

Hoy, por la mañana me he duchado. *(Today, I have showered in the morning.)*
Hoy he llegado tarde a clase. *(Today, I have arrived late to class.)*

Este verano	*(this summer)*	Estos días	*(these days)*
Esta semana	*(this week)*	Estas vacaciones	*(this vacation)*

Esta semana he comprado agua mineral. *(I have bought mineral water this week.)*
Este año he viajado mucho. *(I have traveled a lot this year.)*
Esta semana te he visto en la tele. *(I have seen you on television this week.)*

The *pretérito perfecto* is also normally used for timeless questions or information. Therefore, this tense usually appears with ***alguna vez*** *(ever, once, sometime)* and ***nunca*** *(never)*. These time markers (time phrases) are applied to **things**, not to people.

a) ¿Has preparado (alguna vez) una cena romántica? *(Have you (ever) prepared a romantic dinner?)*
 Si, he preparado una cena romántica. *(Yes, I have prepared a romantic dinner.)*
 No, nunca he preparado ninguna vez ... *(No, I have never ever prepared ...)*
 No, no he preparado nunca una ... *(No, I have never prepared a ...)*

b) ¿Has leído este libro? *(Have you read this book?)*
   No, no lo he leído. *(No, I have not read it.)*

c) ¿Has esquiado alguna vez? *(Have you ever skied?)*
   No, no he esquiado nunca. *(No, I have never skied.)*

d) ¿Has bebido demasiado alcohol alguna vez? *(Have you ever drunk too much alcohol?)*
   Sí, me he emborrachado alguna vez. *(Yes, I have gotten drunk sometime.)*
   No, no me he emborrachado nunca. *(No, I have never gotten drunk ever.)*
   No, nunca me he emborrachado. *(No, I have never gotten drunk.)*

The *pretérito perfecto* is used for unlimited time frames that include the moment of speaking. Here, you should look for the following markers.

Spanish	English	Spanish	English
siempre	always	todavía/aún	still, even, yet
nunca	never	todavía no/aún no	not yet
últimamente	lately, recently	alguna vez	ever, once, sometime
algunas veces	sometimes	muchas veces	often, many times
ya	already, yet, now	hasta ahora	up to now, so far, thus far

a) ¿Has estado alguna vez en Nueva York? *(Have you ever been in New York?)*
   Sí, he estado dos veces. *(Yes, I have been twice.)*
   No, **nunca** he estado. - It is possible to say it like this, but in Spain,
   No, **no** he estado **nunca**. the second form is often used verbally.
   (No, I've never been.)

b) ¿Has estado ya en la catedral? *(Have you been to the cathedral already?)*
   Sí, sí he estado una vez. *(Yes, I have been once.)*
   Sí, **ya** he estado. *(Yes, I have been **already**.)*
   No, no he estado nunca. *(No, I have never been.)*
   No, todavía no he estado. *(No, I have not been yet.)*

c) No, aún no ha llegado. *(No, he/she has not arrived yet.)*

d) ¿Habéis comido? *(Have you eaten?)*
   No, todavía no hemos comido. *(No, we have not eaten yet.)*

The *pretérito perfecto* is also used in sentences for an activity that may still be carried out in the future.

ya *(**already**, **yet**, **now**)*	**pero**	**todavía no** *(**not yet**)*
Yo ya he ido a la playa,	pero	todavía no me he bañado en el mar.
(I have already gone to the beach,	*but*	*I have not swum in the sea yet.)*
Yo ya he navegado en internet,	pero	todavía no he visto nada en la tele.
(I have already surfed on the Internet,	*but*	*I have not watched anything on TV yet.)*

The usage of

algún *(some, any)*; **alguno** *(some, any* – with a masculine subject*)*;
alguna *(some, any* – with a feminine subject*)*.

* ¿Ha leído algún libro?   *(Has he/she read any book?)*
 - Sí, ha leído dos libros.   *(Yes, he/she has read two books.)*
 - Sí, ha leído algún libro.   *(Yes, he/she has read some books.)*
 Or only - Sí, ha leído **alguno**.   *(Yes, he/she has read **some**.)*
 Here, **alguno** stands for <u>libro</u>—it prevents an unnecessary repetition of the subject.

* Ha visto alguna película.   *(He/She has seen some movies [BE films].)*
 It's the same as Ha visto **alguna**.   *(He/She has seen **some**.)*
 Here, **alguna** can also be used alone, to prevent an unnecessary repetition of the subject *(película)*.

The opposite of it is

ningún/ninguno + **ninguna** *(any, none, no, no one)*   **ningunos** + **ningunas** *(none, no, no one)*
* No, **no** ha leído ningún libro.   *(No, he/she has not read any book.)*
* No, ha leído **ninguno**.   *(No, he/she has read **none**.)*
 Here, **ninguno** is alone and stands for <u>libro</u>—it prevents an unnecessary repetition of the subject.

With the following, it is possible **to replace a** previously mentioned **subject** (things).

    Algo *(something, anything)*   **Nada** *(nothing)*
    (alguna cosa)   (ninguna cosa)

* Sí, he comprado un montón de **maquillaje**. *(Yes, I have bought a lot of make-up.)*
 a) Si, he comprado **algo**.   b) No, **no** he comprado **nada**.
 *(Yes, I have bought **something**.)*   *(No, I have bought **nothing**.)*

Instead of people, it is possible to use: *alguien (anyone, someone, anybody)* and *nadie (nobody, no one)*.

* Mi madre ha comido una paella.   *(My mother has eaten paella.)*
- **Alguien** ha comido una paella.   *(**Somebody** has eaten paella.)*
- **Nadie** ha comido una paella.   *(**Nobody** has eaten paella.)*

EXERCISE 43

¿Qué número corresponde a qué letra? What number corresponds to which letter?

1. Es un premio Nobel de medicina.   a) Ha descrito un nuevo elemento químico.
2. Es un músico muy famoso.   b) Ha tenido muchos hits.
3. Es un químico muy famoso.   c) Ha vivido en España 5 años.
4. Conoce España muy bien.   d) Ha encontrado un medicamento contra el SIDA.
5. Es un mentiroso.   e) Nunca ha dicho la verdad.

la medicina *(the medicine)*; **un elemento químico** *(a chemical element)*; **famoso/-a** *(famous)*; **un químico** *(a chemist)*; **los hits** *(the hits)*; **el SIDA** *(AIDS)*; **un mentiroso** *(a liar)*; **la verdad** *(the truth)*

The perfect tense (pretérito perfecto) with reflexive verbs

For example: Levantarse *(to get up, to rise)*

Esta mañana **me he** levantado a las 7:00.	*(This morning **I** got up at 7:00 a.m.)*
Esta mañana **te has** levantado a las 7:00.	*(This morning **you** got up at 7:00 a.m.)*
Esta mañana **se ha** levantado a las 7:00.	*(This morning **he/she** got up at 7:00 a.m., **you** [formal, singular] got up at 7:00 a.m.)*
Esta mañana **nos hemos** levantado a las 7:00.	*(This morning **we** got up at 7:00 a.m.)*
Esta mañana **os habéis** levantado a las 7:00.	*(This morning **you** [informal, plural] got up at 7:00 a.m.)*
Esta mañana **se han** levantado a las 7:00.	*(This morning **they** got up at 7:00 a.m., **you** [formal, plural] got up at 7:00 a.m.)*

The reflexive pronoun is always placed before the verb.

Ella **se** ha vestido.	*(She has dressed herself.)*
Me llevo <u>bien</u> **con** alguien.	*(I get along well with someone.)*
Me llevo <u>mal</u> **con** alguien.	*(I don't get along with someone.)*

THE DIFFERENT USE OF THE VERBS *PODER* AND *SABER*

Poder *(to be able, can)* **is an irregular verb**.

yo	puedo	nosotros/-as	podemos
tú	puedes	vosotros/-as	podéis
él/ ella/usted	puede	ellos/ellas/ustedes	pueden

Saber *(to know)* **is irregular in the 1st person singular.**

yo	sé	nosotros/-as	sabemos
tú	sabes	vosotros/-as	sabéis
él/ella/usted	sabe	ellos/ellas/ustedes	saben

Poder **and** *saber* **are followed by an infinitive**.

Example: Yo no <u>puedo</u> conducir porque he bebido 2 cervezas.
(I cannot drive because I have drunk 2 beers.)

Yo <u>sé</u> conducir. Tengo el permiso de conducir desde hace muchos años.
(I know how to drive. I have had a driver's [BE driving] license for many years.)

To give details about a duration with:	desde hace *(for, since [a time])*.
To give details about a certain time with:	desde *(from, since [for example: 1999])*.

EXERCISE 44

Completa usando *puedes* **o** *sabes*.
Complete using *puedes* **or** *sabes*.

1. ¿............ esquiar?
   Sí, estas Navidades iremos todos a esquiar.
2. ¿............ esquiar?
   No, me he roto la pierna.
3. ¿No .... cocinar una paella?
   No, lo siento. Estoy enfermo.
4. ¿................. cocinar una paella?
   Sí, ya he cocinado paella muchas veces.

esquiar *(skiing)*; **las Navidades** *(Christmas)*; **me he roto la pierna** *(I have broken my leg)*; **enfermo/-a** *(sick, ill)*; **muchas veces** *(often, many times)*; **todo/-a** *(all)*

A small exercise to broaden the vocabulary.

El compañero de piso ideal *(The ideal roommate, BE flatmate)*

Lee esta descripción del compañero de piso ideal para extranjeros que quieren vivir en España. ¿Estás de acuerdo? ¿Puedes pensar en algo más?
Read this description of the ideal roommate [BE flatmate] for foreigners who want to live in Spain. Do you agree? Can you think of anything else?

Éstas son las características del candidato perfecto.
- Es limpio y organizado.   *(He/She is clean and organized.)*
- Sabe cocinar.   *(He/She can cook.)*
- Siempre ha compartido piso.   *(He/She has always shared a flat.)*
- Es una persona responsable.   *(He/She is a responsible person.)*
- No toca el saxófono.   *(He/She does not play the saxophone.)*
- Ha vivido fuera de España.   *(He/She has lived outside Spain.)*
- Es paciente.   *(He/She is patient.)*
- No trabaja de noche   *(He/She does not work at night and does not*
  y no duerme de día.   *sleep during the day.)*

PRETÉRITO PERFECTO *(THE PERFECT TENSE)* – PART II

1. The *pretérito perfecto* is used when someone has done something at a time in the past that is very close to the present. **But** to refer to a <u>recent</u> past, for example, with *esta mañana,* <u>hoy</u>, *esta tarde,* (e.g., *they had breakfast <u>today</u>)*, the English may use the simple past rather than the perfect tense.

   Example: Esta mañana he visto a Pedro.   *(I saw Pedro this morning.)*

2. It is also used when something was done during a period of time that is <u>not yet completed</u>. For example, someone says that he has done something this year, which means that the year in which he performed the action is not yet over. He is still in the same year that he is talking about and in which he acted.

   It is used to describe past events or actions that are related to the present or which continue into the present.

3. When something is nonspecific, it is not clearly asked or expressed.

   Example: ¿**Has estado** alguna vez en Jamaica?   *(Have you ever been to Jamaica?)*
         = **pretérito perfecto**
                        (A general question.)

   Sí, claro. *(Yes, of course.)*
   ¿Cuándo? *(When?)*   **Careful! – This is now a specific question.**
                        Therefore, the past tense changes from *pretérito perfecto* **to *pretérito indefinido*** (Lección 18).

   La primera vez **fui** en el <u>año</u> <u>2008</u> y   *(The first time, **I went** in the <u>year</u> <u>2008</u> and
   la segunda vez **fui** el <u>año</u> <u>pasado</u>.   the second time, **I went** <u>last</u> <u>year</u>.)*
                        The past periods are entirely completed, especially the one in the more distant past.

EXERCISE 45

Comenta con tu compañero: ¿Qué dirías en cada una de estas situaciones?
Discuss with your partner: What would you say in each of these situations?

1. **Hace ocho días, le contaste a un amigo tuyo que quieres comprar una camiseta en una tienda. Hoy tu amigo te llamo por teléfono:**
   ¿Ya has comprado la camiseta?
   ¿Has comprado la camiseta?

2. **No te gusta el musical "Cats". Te preguntan: ¿Ya has visto "Cats"? Si tú no tienes pensado ir, ¿qué respondes?**
   No, no lo he visto.
   No, todavía no lo he visto.

3. **Esta tarde quieres visitar a tus padres y quieres hacer un pastel. Tu marido se ofrece para ayudarte, pero no es necesario. ¿Qué le respondes?**
   No, gracias. Ya lo he hecho.
   No gracias. Lo he hecho.

4. **Te gusta mucho la exposición "Van Gogh". En Amsterdam quieren saber de ti:**
   ¿Ya has visitado la exposición?
   Si quieres ir, ¿qué respondes?
   No, no la he visitado.
   No, todavía no.

contaste *(you told)*; **llamar por teléfono** *(to phone, to call)*; **no tienes pensado ir** *(you do not plan to go)*; **hacer un pastel** *(to bake a cake)*; **se ofrece** *(offering)*; **pero** *(but)*; **ayudarte** *(to help you)*; **¿Qué le respondes?** *(What do you answer him?)*; **la exposición** *(the exhibition)*; **si quieres ir** *(if you want to go)*; **todavía** *(still, yet, already)*

QUESTIONS IN THE *PRETÉRITO PERFECTO*

¿Has comprado algo para tu casa?	*(Have you bought something for your home?)*
¿Has hecho algún viaje?	*(Have you made a trip?)*
¿Has visto alguna película?	*(Have you seen a movie [BE film]?)*
¿Has dicho alguna mentira?	*(Have you told a lie?)*
¿Te has emborrachado?	*(Have you gotten drunk?)*
¿Te has enfadado con alguien?	*(Have you been angry with someone?)*
¿Has escrito alguna postal?	*(Have you written a postcard?)*
¿Has hecho algo original?	*(Have you done something original?)*

Señor Sanchez's daily routine

¿Qué ha hecho hoy el señor Sanchez?   *(What has Mr. Sanchez done today?)*

- Se ha levantado temprano. — *(He got up early.)*
- El despertador ha sonado. — *(The alarm clock has rung.)*
- Se ha lavado. — *(He has washed himself.)*
- Ha puesto una lavadora. — *(He has started a washing machine.)*
- Ha limpiado un poco la casa. — *(He has cleaned the house a little.)*
- Ha regado las plantas. — *(He has watered the plants.)*
- Se ha tomado un café. — *(He had a coffee.)*
- Se ha vestido.   Infinitive = vestirse — *(He dressed himself.)*
- Ha salido de su casa. — *(He has left his house.)*
- Ha ido a la estación a pie. — *(He has gone to the station on foot.)*
- Se ha caído. — *(He has fallen.)*

caerse *(to fall, to fall down, to tumble)* is an irregular verb:
(yo) me caigo; (tú) te caes; (él/ella/usted) se cae; (nosotros/-as) nos caemos; (vosotros/-as) os caéis; (ellos/ellas/uds.) se caen.

- Ha vuelto a casa. — *(He has returned home.)*
- Ha estado muy cansado. — *(He has been very tired.)*
- Ha sacado la ropa de la lavadora. — *(He has taken the clothes out of the washing machine.)*
- Se ha quitado la ropa. — *(He has undressed himself.)*
- Ha puesto el despertador. — *(He has set the alarm.)*

Translation no. 11

Un hombre español, de vacaciones en Fuerteventura, les envía una postal a sus hijas.
(A Spanish man, on holiday in Fuerteventura, sends a postcard to his daughters.)

¡Hola!
He llegado a Fuerteventura. Estoy contento, porque tengo miedo a volar. ¡Qué feliz estoy! Ha sido un viaje tranquilo. Las playas son maravillosas. He tomado mucho el sol y he nadado en el Atlántico muchas veces. Voy a ir a muchas excursiones. En una excursión vamos a ir al sur de la isla con jeeps. Vamos a visitar la "villa Winter" y un faro. En tres semanas voy a ir en avión a Granada para visitar la Alhambra. Un beso. Pedro.

EXERCISE 46

Completa las casillas con lo que Pedro ya ha hecho y con lo que todavía tiene pensado hacer.
Complete the boxes with what Pedro has already done and what he still plans to do.

Experiencias *(What has he already done?)*	Planes *(What is he planning to do?)*

Translation no. 12

Junio 2016, Alhambra

Hoy hemos llegado a la Alhambra a las 09:00 y me encanta. La Alhambra es realmente maravillosa y muy grande. Hemos visto muchos árboles, palmeras y flores. Nos han gustado mucho los ornamentos árabes en los viejos muros. Hemos tenido una visita guiada y, en una pausa, hemos bebido un café árabe. ¡No está mal este café! Esta noche vamos a cenar en un restaurante en Granada. Después vamos a ir a un bar muy famoso. Mañana vamos a ir en autobús a Sevilla.

Junio 2016, Sevilla

¡Ya estamos aquí! La ciudad es muy hermosa. Hemos ido en coche de caballos por Sevilla y hemos visto muchos barrios de la ciudad. Esto es tan bonito que vamos a quedarnos dos días más. Esta noche vamos a ver un espectáculo de flamenco en un bar muy grande; después vamos a ir a pie por Sevilla y vamos a ir de tapas. En Sevilla hay muchos bares y restaurantes. ¡Qué suerte!

EXERCISE 47

Completa la tabla con lo que Pedro ya ha hecho y con lo que tiene pensado hacer.
Complete the chart with what Pedro has already done and what he is planning to do.

Experiencias *(What has he already done?)*	Planes *(What is he planning to do?)*
Ha llegado a Alhambra.	Va a comer en un restaurant.

¿Qué es de tu vida? Completa la tabla con cosas de tu vida.
What is going on in your life? Complete the chart with things from your life. Simply add the things that you have already done or still want to do to the bottom chart. This is also a good exercise for broadening your vocabulary.

- jubilarme *(to retire)*
- estudiar en un país extranjero *(to study in another country)*
- enamorarme *(to fall in love)*
- divorciarme *(to get divorced)*
- montar un negocio *(to set up or start a business)*
- tener hijos *(to have children)*
- casarme *(to get married)*
- aprender a ir en bicicleta *(to learn to ride a bike)*
- acabar los estudios *(to finish one's studies)*
- hacerme famoso/-a *(get famous, be famous, become famous)*
- comprar una casa *(to buy a house)*
- dar la vuelta al mundo *(to go on a journey around the world)*
- aprender a tocar un instrumento *(to learn to play an instrument)*
- ir a la universidad *(to go to college, to go to university)*
- escribir un libro *(to write a book)*
- plantar un árbol *(to plant a tree)*

Cosas que ...		*(Things, that ...)*	
Ya he hecho. *(Things that I have already done.)* = past tense	**Nunca he hecho, pero voy a hacer.** *(Things that I have not done yet but intend to do.)* = future *(Lección 21)*	**Nunca he hecho y nunca voy a hacer.** *(Things that I have not done yet and will never do.)* = future *(Lección 21)*	**Hago en este momento.** *(Things that I am doing right now.)* = present tense
He aprendido a ir en bicicleta.	Voy a plantar un árbol.	No voy a tener hijos.	Compro una casa.

LECCIÓN 13
DEMOSTRATIVOS (DEMONSTRATIVES) *Y GERUNDIOS* (GERUNDS)

This lección deals with demonstratives and gerunds.

Demonstratives are a bit difficult because they are used to differentiate respective distances and are also dependent on whether you know what a particular thing is. Do not let this worry you! Once you get used to it, you will realize that this is really not as bad as it initially seems.

Gerunds are used to shorten subordinate clauses and can be combined with various verbs. They are also used when someone is in the midst of an action and does not know exactly when it will end.

Now it is time for the first test. Let's see how you do. Good luck!

<u>**Grammar**</u>
* Demonstrative pronouns
* Demonstrative adjectives
* Interrogative pronouns *quién*, *quiénes* …
* El gerundio *(The gerund)*
* Pronouns with gerunds

<u>**Vocabulary**</u>
What is happening?

DEMOSTRATIVOS *(DEMONSTRATIVES)*

Demonstratives help define a speaker's physical, temporal (referring to space and time), or emotional distance to someone or something.

Demonstrative pronouns

Demonstratives can act as pronouns. In this case, they refer to a noun without mentioning it specifically. They do not need to accompany the substantive, but they always match its gender and number.

	masculine	feminine		neutral	
Singular	este	esta	*(this, this one - close)*	esto	*(this - close)*
Plural	estos	estas	*(these, these ones - close)*		
Location	aquí		*(here - close)*		
Singular	ese	esa	*(that, that one – further away)*	eso	*(that –*
Plural	esos	esas	*(those, those ones – further away)*		*further away)*
Location	ahí		*(there - further away)*		
Singular	aquel	aquella	*(that, that one - distance)*	aquello	*(that over there*
Plural	aquellos	aquellas	*(those, those ones - distance)*		*- distance)*
Location	allí		*(there - distance)*		

este/estos   esta/estas = **aquí**, when something is very close to me (in space and time), but I know what it is.

ese/esos   esa/esas = **ahí**, when something is further away (in space and time), but I know what it is.

aquel/aquellos
aquella/aquellas = **allí**, something is far away (in space and time), but I know what it is.

Important!
If you do not know exactly what the thing is that you're asking for, then the distance is always important. You must also end the demonstrative pronoun with -O: *esto*, *eso*, *aquello*.

<u>Esto</u> is therefore <u>neutral</u> + <u>it</u> <u>has</u> <u>no</u> <u>plural</u>.   ¿**Qué es esto?** *(What is that?; What is this?)*

* Y **esto**, ¿qué es?   *(And this, what is it?)*
* Un regalo. Espero que te guste.   *(A gift. I hope you like it.)*

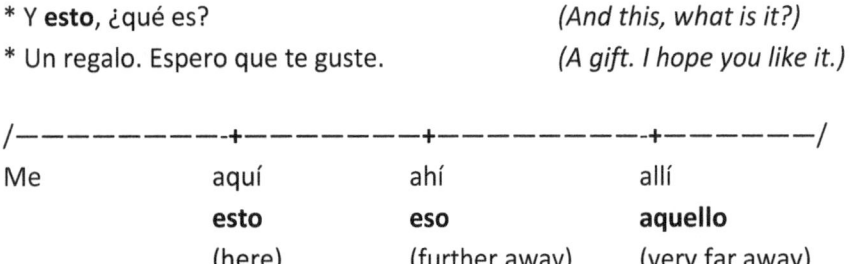

The neutral forms ***esto***, ***eso***, and ***aquello*** do not refer back to a specific noun and do not change. They are invariable because they don't contain any information about gender and number. They refer to unspecified objects (that were not previously mentioned, for example, *¿Qué es esto?*), to an already mentioned fact, or to sentences.

Example: Pedro viene y **eso** es muy excitante. *(Pedro is coming, and **that** is very exciting.)*

Eso is also used in fixed phrases.
Example: **Eso** sí que no. *(No way.)*

They do not necessarily have to refer to something that was previously mentioned; they can also be used to point to something or to a fact. **They are used if someone wants to draw attention to something, but he/she does not know what it is**.

In the answer, if you know what it is, you also have to pick the pronoun based on the distance, but the demonstrative pronoun must also always refer to the subject (which is spoken of) in gender and number.

Something is further away:	**¿Qué es eso? Ése** es un móvil.
Something is very far away:	**¿Qué es aquello? Aquél** es un radio.

Earlier, the demonstrative pronouns recieved an accent. Meanwhile this accent is usually no longer used.
The demonstrative pronouns ***este*, *esta*** ... which are used for a known subject, are often associated with personal pronouns of the 1st person (yo, nosotros/-as) and the adverbs ***aquí*** *(here)* and ***ahora*** *(now)*.

The forms ***ese*, *esa*** ... are often associated with the 2nd person (tú, vosotros/-as) and the adverb ***ahí*** *(over there)*.

Aquel*, *aquella are often associated with the 3rd person (él, ella, ellos ...) and the adverb ***allí*** *(there, over there)*.

When you know what you're talking about, the question and the answer, as well as the request all depend on **how far away** the thing is from you. In this case, however, since the demonstrative pronoun **refers** to the noun, **its ending changes** depending on the noun.

Determinantes demostrativos *(Demonstrative determiners, demonstrative adjectives)*
Demonstrative determiners, also called demonstrative adjectives, are always placed before the substantive (agreeing in gender and number with the substantive) and are used to point out things or people. They never stand alone and replace the substantive.

¿Puedes darme **ese** diccionario? *(Can you give me that dictionary?)*
I know what it is and it is further away.

¿Puedes darme **aquel** libro de allí? *(Can you give me that book over there?)*
I know what it is and it is very far away.

If you ask about people
the following, **interrogative pronouns** are used:

quién - who - (in the singular, when asking about one person) or
quiénes - who - (in the plural, when asking about more than one person).

¿Quién es esa?	*(Who is she?)*
¿Quién es ese?	*(Who is he?)*
¿Quiénes son esos?	*(Who are they?)*

Ese, *esa*, *esos*, *esas* **mostly stand alone**, but sometimes the same forms are directly placed **before a substantive**.

¿Quién es esa chica?   *(Who is that girl?)*
¿Quiénes son esos chicos?   *(Who are those guys?)*

EXERCISE 48

Completa estas frases con las terminaciones que faltan.
Complete these sentences with the missing endings.

1. Mi falda es del año pasado. Tengo que comprar una nueva falda. ¿Qué te parece?
   ¿Ést ..... o ést ..... ?
   ¿La naranja? ¿En serio?
   Sí, me gusta mucho.
2. Todavía me pongo las sandalias del verano pasado. ¿Cuáles prefieres?
   ¿Ést ..... o ést .....? No sé.
3. Para este invierno me voy a comprar un abrigo nuevo.
   ¿Qué abrigo prefieres? ¿Ést ..... o ést .....?   Pues, no sé.
4. Los pantalones van bien con botas altas. ¿Cuáles prefieres? ¿Ést ..... o ést .....?
5. ¿Qué es .....?
   Son unas gafas de sol.

EXERCISE 49

Subraya la opción más adecuada.
Underline the most appropriate answer.

1. ¿Qué es **animal/aquello**?
   Creo que es un delfín.
2. Carmen dice que no te quiere.
   Esa/eso no me interesa para nada.
3. ¿Por qué no compraste **esa flor/ese**?
   Prefiero el girasol.
4. ¿Quieres naranjas?
   Sí, pero solo una; dame **esa/eso**.
5. ¿En su tiempo libre **ese señor/eso** se dedica a fotografiar pájaros?
   ¿Es verdad?
6. ¿En qué piensas?
   En **aquella mujer/aquello** que me visitó ayer.
7. ¿En qué piensas?
   En **aquella mujer/aquello** qué ocurrió ayer.
8. ¿**Ese/Eso** de la calva es Pablo?
   Sí, últimamente Pablo tiene un aspecto descuidado.

un delfín *(a dolphin)*; **no me interesa para nada** *(doesn't interest me at all)*; **compraste** *(you bought)*; **la flor** *(the flower)*; **el girasol** *(the sunflower)*; **dame** *(give me)*; **se dedica** *(is dedicated)*; **me visitó ayer** *(visited me yesterday)*; **qué ocurrió ayer** *(what happened yesterday)*; **la calva** *(the bald spot)*, **últimamente** *(lately)*; **tiene un aspecto descuidado** *(he/she has a disheveled appearance)*

EXERCISE 50

Completa las frases con los pronombres o adjetivos demostrativos.
Complete the sentences with demonstrative pronouns or adjectives.

Están AQUÍ *(They are very close)*

If you don't know what it is.
1.a. ¿Qué es ………?
   Un girasol.
   ¿Y ………? ¡Qué raro!
   Una bellota.

If you know what it is.
1.b. ¡Qué rico está ……… salmón y
   qué buenas están ……….. merluzas!
   ¡……….. langostinos están deliciosos
   y ……….. vino es afrutado!

Están AHÍ *(They are further away)*

2.a. ¿Qué es ……… que hay allí?
   Es una alfombra.
   ¿Qué es ……. sobre la mesa?
   Es un libro.

2.b. Quiero comprar ………. filete,
   ………. chuleta, ……… salchichas y
   ………. salchichones.

Están ALLÍ *(They are very far away)*

3. Pues, ¿y ………? No tengo ni idea
   de qué es lo que se ve al fondo de la calle.
   Es un llavero.
   ¿Y ……….. al final del calle?
   Es una gallina.

3.b Al fondo de la tienda me gustan
   ……….. ropa, ………. jerseys,
   ………. faldas, y ……… abrigo.

EL GERUNDIO *(THE GERUND)*

¿Qué están haciendo? What are they doing right now?

1. **Estoy comiendo** una paella muy rica.
2. **Estás comiendo** mucho. Necesitas una dieta.
3. La mayoría de las veces **voy a** la peluquería los sábados.
4. **Estoy hablando** por teléfono con mi marido.
5. **Estoy saliendo** con mis compañeros.
6. **Estamos llegando** a la universidad.
7. Mi amiga **está haciendo** una paella.
8. Señores, ahora **estamos conduciendo** en autobús por Sevilla.

Las frases anteriores hacen referencia a acciones relacionadas con el presente, pero con diferentes matices. Fíjate en los verbos usados y marca la casilla correspondiente en la tabla.
The previous sentences refer to actions related to the present, but with different nuances. Look at the verbs that were used and check the corresponding box in the chart.

	It is happening right now, while we are talking about it.	It keeps repeating itself; it's a habit.	It happens at the same time or in an indefinite time.
1	X		
2			X
3		X	
4	X		
5			X
6	X		
7	X		
8	X		

Gerunds are not used when you are talking about something you usually do.

The endings of gerunds depend on the ending of the infinitive of the verb, as shown in the examples below;

salir *(to go out, to leave)*   - saliendo *(getting out, leaving)*
trabajar *(to work)*   - trabajando *(working)*
esperar *(to hope)*   - esperando *(hoping)*
comer *(to eat)*   - comiendo *(eating)*
hacer *(to do, to make)*   - haciendo *(doing, making)*
volar *(to fly, to blow up)*   - volando *(flying, blowing up)*
vivir *(to live)*   - viviendo *(living)*

The verb is ending on -**ar**   = **-ando**
The verb is ending on -**er** + -**ir**   = **-iendo**

IRREGULAR FORMS OF GERUNDS

Infinitivo   **Gerundios**

oír	-	oyendo	*(hearing)*
caer	-	cayendo	*(falling)*
leer	-	leyendo	*(reading)*
construir	-	construyendo	*(building, constructing)*
dormir	-	durmiendo	*(sleeping)*
decir	-	diciendo	*(saying, telling)*
vestirse	-	vistiendo	*(dressing oneself, getting dressed)*
sentir	-	sintiendo	*(feeling, feeling sorry, regretting)*
ir	-	yendo	*(going)*
venir	-	viniendo	*(coming)*

ver	-	viendo	*(seeing)*
tañer	-	tañendo	*(pealing, ringing out)*
poder	-	pudiendo	*(being able to)*
gruñir	-	gruñendo	*(grumbling, grunting, growling)*
medir	-	midiendo	*(measuring, weighing)*
reír	-	riendo	*(laughing)*
erguir	-	irguiendo	*(raising, standing up straight)*

THE USE OF GERUNDS

You can use gerunds (gerundios) to shorten subordinate clauses. First, the subject has to be the same in both the main and subordinate clauses. Second, the action in the subordinate clause is happening simultaneously with the one in the main clause or is expressing a sequence. Sometimes the gerund corresponds to the *-ing* verb form in English, but not always.

Me despedí de José **dándo**le un apretón de manos.
(I said goodbye to Joseph, giving him a handshake.)

You can also use the gerund to shorten temporal, causal, modal, conditional, and concessive phrases.

a) <u>Temporal</u> <u>clause</u> - temporal relation (**when?**)

Volviendo a la cafetería, Pedro ve su monedero.
(Returning to the coffee bar, Pedro sees his change purse [BE purse].)

b) <u>Causal</u> <u>clause</u> - causal relation (**why?**)

Viendo que era tan temprano, decidí ir a la fiesta.   (Como era tan temprano ...)
(Seeing that it was so early, I decided to go to the party.)

c) <u>Adverbial</u> <u>clause</u> - modal and instrumental relation (**how?**).

Se sentó junto a mí **admirándome**.   (Con admiración.)
(He/She sat next to me, admiring me.)

d) <u>Conditional</u> <u>clause</u> - conditional relation - (**under which conditions?**)

Estudiando así recibirás un bueno empleo.   (Si estudias así ...)
(Studying like that, you will get a good job.)

e) <u>Concessive</u> <u>clause</u> - concessive relation - (**in spite of which facts?**)

Carmen estuvo tentada de probarlo así, **sabiendo** lo duro que era.   (Aunque sabía ...)
(Carmen was tempted to try it that way, knowing how hard it was.)

In combination with various finite verbs, gerunds can add certain nuances to the meaning of the sentence.

1) **Venir** + **gerundio** is used to describe the repeated or habitual repetition of an action or event continuing up to the present time. An exact time specification is not needed here.

   Venimos algún tiempo observando la degradación económico en esa región.
   (We have been observing the economic degradation in that region for some time.)

2) **Llevar** + **gerundio** is used to indicate the time in which the current action takes place or how long you have been doing something. Different from *venir + gerundio*, the past period of time must be indicated here.

   The construction is **Llevar + tiempo + gerundio**.

   a) **Llevo cinco meses trabajando** aquí. *(I have been working here for five months.)*

   b) **Llevo trabajando cinco meses aquí.** - Is also possible, but less common.
      The first form is recommended.

3) **Andar** + **gerundio** is often used to refer to a movement but involves only a vague reference to the time or place of the action.

   Anda buscando hongos. *(He/She is looking for mushrooms.)*

4) **Continuar**/**seguir** + **gerundio** is used to express that a state or action does not pause but carries on.

   Continúo **estudiando** derecho. *(I continue studying law.)*

5) **Ir** + **gerundio** is used to indicate that a development or action starts slowly, gradually.

   … se han **ido empeorando**. *(… they have been getting worse.)*

6) **Quedar(se)** + **gerundio** is used to indicate the continuation of an action or condition and often occurs in connection with a location.

   Ayer **me quedé leyendo** hasta las tres de la mañana en mi cama.
   (Yesterday, I stayed up reading in my bed until 3:00 a.m.)

7) **Acabar**/**terminar** + **gerundio** is used to describe the end of something or the result.

   La obra fue algo divertida, así que **acabé sonriendo**.
   (The performance was slightly funny, so I ended up smiling.)

8) **Empezar/comenzar** + **gerundio** is used to indicate the beginning of a development and express what happens next.

>**Empecé trabajando** 6 días por semana como cirujano.
>*(I started out working 6 days a week as a surgeon.)*

The most common use is definitely   **ESTAR + GERUNDIO**

Estar + *gerundio* is used for a present action or situation that is either simultaneous or has an indefinable temporal ending. It is slightly similar to the English present progressive (e.g., she is cleaning her car). However, in Spanish, the continuous form of the present is very strongly associated with the moment. It is used, for example, when someone calls a friend and asks him what he is doing.

	ESTAR	+ GERUNDIO
(yo)	estoy	
(tú)	estás	
(él/ella/usted)	está	saliendo
(nosotros/nosotras)	estamos	durmiendo
(vosotros/vosotras)	estáis	viniendo
(ellos/ellas/ustedes)	están	

In this combination, the gerund can have different functions.

A. <u>Description of current activities</u>

>No puede responder al teléfono, **se está duchando** en este momento.
>*(He cannot answer the phone, he's showering at the moment.)*

>[No puede responder al teléfono, ~~se ducha~~.   = This is wrong]

B. <u>Description of a gradual development</u>

>Creo que **me estoy acostumbrando** a esta mujer.
>*(I think I'm getting used to this woman.)*

C. <u>Expression of a temporary action</u>

>**Estoy trabajando** de camarero en una discoteca.
>*(I'm working as a waiter in a nightclub.)*

THE POSITION OF THE PRONOUNS WITH THE GERUND

a) When a gerund is preceded by another verb, the pronoun can be placed before the other verb (not between the other verb and the gerund) or attached to the end of the gerund.

Note:
When the pronoun is added to the end of the gerund, a written accent has to be put on the *a* in *-ando* or *e* in *-iendo*.

Example:
Me estoy vistiendo para ti./Estoy visti**é**ndo**me** para ti.   *(I'm getting dressed for you.)*

b) When a gerund stands by itself, the pronoun is attached to the gerund.

Example: Terminándo**lo**, tendrás una pequeña victoria.   *(By finishing it, you'll have a small victory.)*

But sometimes you can also express the same thing in the present tense, with a time phrase, without using the gerund. These time phrases are:

últimamente *(recently, lately)*; **estos últimos meses** *(the last few months)*;
desde hace algún tiempo *(for some time)*

Example: *Desde hace algún tiempo* **trabajo** *de camarero en un discoteca.*
(For some time, I have been working as a waiter in a nightclub.)

The gerund can also be used in combination with the imperfect (Lección 20).

Example: Estaba (imperfect) con unos amigos en Madrid, <u>viendo</u> (gerundio) el partido de fútbol.
(I was with some friends in Madrid, watching the football game.)

LECCIÓN 14

ME CUESTA COMPRENDER EL ESPAÑOL
I FIND IT DIFFICULT TO UNDERSTAND SPANISH

In this lección, you will learn how to express yourself in the following ways.

You will learn:

- To say that you would love to do something in the future.
- How someone can say that he finds it difficult to do something.
- Different expressions of feelings.

You will practice:

- How to give recommendations.
- How someone says that he is like someone else in terms of physical appearance, personal characteristic.
- How other people are similar to each other.
- How someone says that he has a certain impression of someone else.
- How to explain the way someone gets along with someone else (well or not well).

You will also learn about differentiating verbs that can be used reflexively and nonreflexively.

Grammar
* Verbs *gustaría*; *sentirse*; *ponerse*; *dar*; *pasar*; *costar*; *para* + *infinitive* + *va bien*; *tienes que* + verb in the infinitive; *parecerse* and *parecer*; *llevarse* and *llevar*

Vocabulary
Descriptive adjectives about:
feelings
description of persons
physical appearance

A MÍ ME GUSTARÍA/A ELLA LE GUSTARÍA
(EXPRESSING WISHES)

I would like to do something that I like. This has nothing to do with reality; it's just a wish that describes what I want to do.

Example: A mí **me gustaría** nadar en el mar.   *(I would like to swim in the sea.)*

(a mí)	**me**	gustaría	leer.	*(to read.)*
= obligatory			**+ Verb in the infinitive**	
(a ti)	**te**			
(a él/ella/usted)	**le**	gustarí**an** las playas.		*(the beaches.)*
(a nosotros/-as)	**nos**	**(with substantives in the plural)**		
(a vosotros/-as)	**os**			
(a ellos/ellas/ustedes)	**les**			

The following verbs can be used in the same way as *gustar* and thus they can also be used as shown above:

encantar *(to bewitch, to enchant, be thrilled)*; **parecer** *(to seem, to appear)*; **interesar** *(to interest someone, to be interested in someone/something)*; **importar** *(to matter)*; **caer** *(to fall)*; **doler** *(to ache, to pain, to hurt)*; **traer** *(to bring, to carry, to wear)*; **molestar** *(to bother, to disturb, to upset)*.

EXPRESAR GUSTOS Y PREFERENCIAS *(EXPRESSING PLEASURES AND PREFERENCES)*

Nos ha gustado + <u>verb</u> <u>in</u> <u>infinitive</u>   *(We've liked it ..., We've enjoyed (it) ...)*
Nos ha gustado + <u>nadar</u>.   *(We've liked to swim.)*

Nos ha gustado + <u>substantive</u> <u>in</u> <u>singular</u>
Nos ha gustado <u>la</u> <u>paella</u>.   *(We've liked the paella.)*

Nos ha<u>n</u> gustado + <u>substantive</u> <u>in</u> <u>plural</u>
Nos han gustado <u>las</u> <u>tapas</u>.   *(We've enjoyed the tapas.)*

And

gustar *(to like)*
Esto **me** gusta mucho.   (yo)   *(**I** like this a lot; **I** like this very much; **I** like this too much.)*
Esto **te** gusta mucho.   (tú)   *(**You** like this a lot; **you** like this very much.)*

And

* Las cosas **que más me gustan** son el cine y la música.
   (The things that I like the most are movies and music.)

* **Mi sueño** *(my dream)* **es** ir a un concierto de los Rolling Stones.
  (My dream is to go to a Rolling Stones concert.)
* **Mis pasiones son** los viajes y la fotografía.
  (My passions are trips [BE journeys] and photography.)
* **Mi** fotógrafo **favorito** es ...
  (My favorite photographer is ...)

The verb **parecer** *(to seem, to appear)* can also be used in the same form as the verb **gustar** in *pretérito indefinido* (Lección 18).

(A mí)	me		excelente/s *(excellent)*
(A ti)	te	**pareció** *(I, he, we, etc. – thought I, we, etc. – thought it was)*	muy bueno/-a/-os/-as *(very good)*
(A él/ella/usted)	le		una maravilla *(a wonder)*
(A nosotros/-as)	nos	**parecieron** *(seemed to, appeared to, seemed like, they seemed)*	un papagayo *(a parrot)*
(A vosotros/-as)	os		una rosa *(a rose)*
(A ellos/ellas/ustedes)	les		aburrido/-a/-os/-as *(bored)*

ME SIENTO *(I FEEL)*

Sentir<u>se</u> *(to feel, feeling)* - reflexive

<u>Me</u> siento genial. *(I feel fantastic.)*
         + **adjetivo (adjective)**

<u>Me</u> siento bien/mal. *(I feel good/bad.)*
         + **adverbio (adverb)**

Me	siento		*(I feel sad; I'm sad; I get sad.)*
Te	sientes		*(You feel sad; You are feeling sad.)*
Se	siente	**triste/-s.**	*(He/She feels sad./You [formal, singular] feel sad.)*
Nos	sentimos		*(We feel sad.)*
Os	sentís		*(You [informal, plural] feel sad.)*
Se	sienten		*(They feel sad./You [formal, plural] feel sad.)*

Several adjectives that express feelings:

inseguro/-a *(insecure, unconfident)*; **frustrado/-a** *(frustrated)*; **ridículo/-a** *(ridiculous)*; **fatal** *(fatal)*; **genial** *(fantastic)*; **feliz** *(happy)*; **contento/-a** *(pleased)*; **alegre** *(cheerful, amusing)*.

Sentirse	+ adjective	+ cuando +	conjugated verb in presence.
Me siento	ridículo/-a	cuando	no puedo hablar español.
(I feel	*ridiculous*	*when*	*I can't speak Spanish.)*
Me siento	inseguro/-a	cuando	hablo con nativos.
(I feel	*insecure*	*when*	*I speak with native speakers.)*

Me siento bien cuando tengo clases particulares con un profesor bueno. Puedo preguntar lo que sea. Eso es muy importante para mí.
(I feel good when I have private classes with a good teacher. I can ask anything. That is very important to me.)

Me siento inseguro cuando mis compañeros de clase hablan español muy bien.
(I feel insecure when my classmates speak Spanish very well.)

Me siento ridícula cuando no me acuerdo de las palabras españolas.
(I feel ridiculous when I do not remember the Spanish words.)

Me siento fatal cuando estoy en clase sin decir una palabra.
(I feel terrible when I'm in class and don't say a word.)

Me siento mal cuando el profesor me pregunta en clase y no entiendo nada.
(I feel bad when the teacher questions me in class and I do not understand anything.)

Cuando leo un texto o escucho una conversación, me siento un poco frustrada cuando no entiendo todas las palabras.
(When I read a text or listen to a conversation, I feel a little frustrated when I do not understand all the words.)

Other expressions

Para mí **es muy difícil** entender películas en español.
*(It is **very difficult** for me to understand movies in Spanish.)*

Para mí **son muy difíciles** las palabras largas.
*(The long words **are very difficult** for me.)*

¡SPANISH FOR YOU!

PONERSE (EXPRESSING PRESENT FEELINGS)

Feelings can also be expressed with the reflexive verb **ponerse**. It is used when something emotional happens to someone in the present. For example, at this moment you are getting a little cranky because of something, or something is making you sad right now, etc.

The following phrases are examples:

ponerse nervioso/-a *(to get nervous)*; **ponerse rojo/-a** *(to turn red, go red)*;
ponerse histérico/-a *(to get hysterical)*; **ponerse de buen humor** *(to get into a good mood)*;
ponerse de mal humor *(to get into a bad mood)*; **ponerse triste** *(to be sad)*;
ponerse contento/-a *(to be pleased, to be happy)*.

This will be illustrated using the following example, **_ponerse nervioso/-a_**. However, the other expressions are conjugated in the same way as this example.

(yo)	me pongo *(I get)*	
(tú)	te pones *(you get)*	
(él/ella/usted)	se pone *(he/she gets/you get – formal, singular)*	nervioso/-a *(nervous)*
(nosotros/nosotras)	nos ponemos *(we get)*	
(vosotros/vosotras)	os ponéis *(you get – informal, plural)*	nerviosos/-as *(nervous)*
(ellos/ellas/ustedes)	se ponen *(they get/you get – formal, plural)*	

DAR (EXPRESSING FEELINGS)

The verb **dar** means *to give*, but in the phrase **me da miedo** it just means:

something makes me (gives me) fear.

Example: **Me da miedo** preguntar.   *(I'm afraid to ask.)*

But: **Me da vergüenza** decir la verdad.   *(I'm ashamed to tell the truth.)*

Since the verb **dar** is always dependent on a noun in the singular or plural, which is the trigger for the feeling, **dar** is used **only in the third person singular and plural**.

This will be illustrated by the example *dar miedo*.

(a mí)	**me**	da	- miedo -	salir a la pizarra. (***LatAm*** la pizarrón)
				(I'm afraid to go up to the blackboard.)
(a mí = obligatory)				**Infinitive of the verb (salir)**
a mí	**me**	da	- miedo -	la tarántula. *(I'm afraid of the tarantula.)*
				Substantive singular (la tarántula)
a mí	**me**	da<u>n</u>	- miedo -	los insecto<u>s</u>. *(I'm afraid of insects.)*
				Substantive plural (los insectos)
(a ti)	**te**			
(a él/ella/usted)	**le**			
(a nosotros/-as)	**nos**			
(a vosotros/-as)	**os**			
(a ellos/ellas/ustedes)	**les**			

Other phrases with **dar** are: **dar vergüenza** *(to be embarrassed, to be ashamed of yourself)*; **dar enorgullecer** *(something makes you proud)*; **dar pánico** *(to panic, something makes you panic)*; **dar pena** + **dar lástima** *(to feel sorry for, to be sad, to pity)*; **dar asco** *(to make someone feel sick, to disgust)*; **dar confianza** *(to give confidence, to provide confidence)*; **dar alegría** *(to give joy, to bring joy)*; **dar cansancio** *(to make tired)*; **dar frío** *(to make cold, to get cold)*; **dar miedo** *(to be scared, to be afraid, to be scary, be frightening)*.

(A mí)	me		vergüenza	
(A ti)	te	da *(it makes ...)*	miedo enorgullecer confianza	salir a la pizarra. Verb in infinitive (***LatAm*** – salir a la <u>pizarrón</u>.) *(to go up to the blackboard.)*
(A él/ella/ usted)	le		asco pánico	la tarántula. Substantive singular *(the tarantula.)*
(A nosotros/-as)	nos	dan	fatiga	los viajes. Substantive plural *(the trips [BE the journeys].)*
(A vosotros/-as)	os		pena	
(A ellos/ellas/ ustedes)	les		alegría	

P<small>ASAR</small> (E<small>XPRESSING POSITIVE AND NEGATIVE FEELINGS</small>)

The phrases **pasar en grande** *(to have a ball, to have a lot of fun, to have a great time, to have an amazing time)* and **pasar genial** *(to have a great time)* are used to express positive feelings or experiences. For negative feelings or experiences, the phrase **pasar fatal** *(to have a hard time, in an awful state)* is used.

M<small>E</small> <small>CUESTA</small> (I <small>FIND IT HARD;</small> I <small>CAN HARDLY; IT IS (ARE) DIFFICULT FOR ME</small>)

The usual meaning of the verb **costar** is *to cost*. However, in the phrase **me cuesta**, it is used to express that *something is difficult (or hard) for me*. This phrase is impersonal, and it is therefore used in the same way as the phrase **me gusta**.

¡SPANISH FOR YOU!

I find it hard ..., I can hardly ..., it is (are) difficult for me

| (a mí) | **me** | cuesta | leer. *(I find it hard to read.)* |
| = obligatory | | | **Verb in infinitive** |

a mí	**me**	cuesta	la gramática.
			(The grammar is difficult for me.)
			Substantive singular

a mí	**me**	cuesta**n**	los ejercicios.
			(The exercises are difficult for me.)
			Substantive plural

(a ti)	**te**
(a él/ella/usted)	**le**
(a nosotros/-as)	**nos**
(a vosotros/-as)	**os**
(a ellos/ellas/ustedes)	**les**

Example: **Me cuesta mucho** pronunciar *la erre* española.
*(**I find it extremely difficult** to pronounce the Spanish r.)*

Me cuestan mucho los verbos irregulares.   *(I have a very hard time with irregular verbs.)*
También **me cuesta** la pronunciación.   *(Also, the pronunciation is difficult for me.)*
También **me cuesta** entender los textos.   *(I also find it hard to understand the texts.)*

If there is a **no** placed before *me cuesta*, then the phrase is **no me cuesta**. This means that something is **not difficult** for someone. However, the above usage remains the same.

Example: No me cuesta leer.   *(It is not hard for me to read.)*

Or   Al hermano perfecto no le cuesta ayudarme con mis problemas.
   (It is not difficult for the perfect brother to help me with my problems.)

Example texts, using these terms and other expressions, can be found below.

Translation no. 13

Text for positive terms about school subjects. ¿Cuál es tu asignatura favorita?

Mónica   Francés. **Me gusta** aprender cosas sobre la revolución francesa. Es muy divertido hablar francés. Cantamos canciones francesas los martes y los viernes y **me pongo muy contenta** esos días.
María   A mí **me encantan** las matemáticas. **Me la paso genial** cuando resuelvo una ecuación complicada.
Pedro   Latín. **Me lo paso en grande** leyendo los textos latinos. Además, **me encanta** la medicina, así que es útil aprender latín.
Pablo   La física. A mí me parece muy fácil, porque a mí **me apasiona** resolver problemas difíciles, y cuando los termino **me siento fantástico**.

Text for negative terms about school subjects. ¿Qué asignatura no te gusta nada?

Mónica ¡La física! No entiendo nada de eso y por eso **me siento muy frustrada**. No me gusta mucho asistir a clase. La asignatura **me pone muy triste**; **me quedo hecha polvo**.

María Latín. **No me gusta** nada. **Me molesta** tener que aprender tantas palabras. En general **me quedo en blanco**.

Pedro El alemán. Me cuesta mucho. **Me siento ridículo** hablando alemán. No sé, **me da vergüenza** reconocerlo.

Pablo Las matemáticas. **Lo paso fatal** en los exámenes. **Me da miedo** y **me pongo muy nervioso**.

VA BIEN AND TIENES QUE *(MAKING SUGGESTIONS)*

Hacer recomendaciones (recomendar) – make suggestions.

The construction presented here begins with ***para + infinitivo*** to indicate for which activity you need a recommendation. The second part of the construction is ***va (muy) bien***, which means <u>it</u> <u>is</u> <u>helpful</u>/<u>one</u> <u>should</u>. The phrase ***va muy bien*** can be followed by an infinitive or a substantive in the singular or plural.

Va bien *(it is helpful, one should)*

Para estudiar *(to study)* la gramática española *(To study Spanish grammar, it is (very) helpful to read the newspaper.)*	**va (muy) bien**	<u>leer</u> el periódico. **+ Verb in the infinitive**
Para curar una enfermedad grave, *(To cure a serious illness, the hospital is (very) helpful.)*	**va (muy) bien**	<u>el</u> hospital. **+ Substantive singular**
Para perder el miedo a hablar español, *(To lose the fear of speaking Spanish, exchanges are (very) helpful.)*	**va<u>n</u> (muy) bien**	<u>los</u> intercambios. **+ Substantive plural**

Other examples for uses of ***va bien***.

* Yo creo que **va bien** practicar mucho para no correr ningún riesgo.
  (I think it's helpful to practice a lot so that you don't have to take any risk.)
* Yo creo que **va bien** cantar muchas canciones en una lengua extranjera.
  (I think it is helpful to sing a lot of songs in a foreign language.)
* Para eso **va bien** repetir muchas veces las palabras.
  (For that, it is helpful to repeat the words many times.)

Tienes que/Tiene que *(You have to/you [formal, singular] have to)*

This phrase is <u>always</u> followed by a verb in the infinitive. It expresses a strong need or an obligation.

Para estudiar *(to study)* la gramática española, *(To study Spanish grammar*	**tienes que** **you have to/you should**	<u>leer</u> el periódico. <u>read</u> the newspaper.) **+ Verb in the <u>infinitive</u>**

Example:
- Creo que **tienes que** <u>leer</u> más libros. *(I think you have to read more books.)*
- **Tienes que** <u>comer</u> muchas comidas ligeras. *(You have to eat lots of light meals.)*

- **Tienes que** mirar a los ojos de la gente para saber si te dicen la verdad.
  (You have to look into people's eyes to know whether they are telling you the truth.)
- **Tienes que** resolver muchas ecuaciones complicadas para pasar el examen.
  (You have to solve many complicated equations to pass the exam.)

EXERCISE 51

En las siguientes oraciones, subraya la opción correcta de las palabras en negrita.
Choose the correct option from the words in bold type in the following sentences.

1. A nosotros nos **cuesta/cuestan** estudiar alemán.
2. Me **cuesta/cuestan** comprender las películas en español.
3. Para curar una inflamación de los ojos **va/van** muy bien las gotas para los ojos.
4. A Carmen le **cuesta/cuestan** las clases.
5. Para tener buena memoria **va/van** muy bien los crucigramas.
6. Para descansar **va/van** muy bien escuchar música.
7. Me **cuesta/cuestan** los tratamientos médicos.

para curar una inflamación *(to heal an inflammation)*; **las gotas para los ojos** *(the eye drops)*; **la memoria** *(the memory)*; **los crucigramas** *(the crossword puzzles)*; **descansar** *(to relax)*; **el tratamiento** *(the treatment)*

DIFFERENCE BETWEEN *PARECERSE A* AND *PARECER*

Mi abuela dice que me parezco **a mi madre, pero yo creo que** me parezco **mucho más a mi padre. Soy bajo, como él, y los dos tenemos los ojos marrones. En cuanto al carácter,** me parezco **más a mi madre ...**
(My grandmother says that I look like my mother, but I think I look more like my father. I'm short, like him, and we both have brown eyes. In character, I am more like my mother ...)

Parecer(se) a *(to look like someone/something, to be like someone/something)* is reflexive. It is an expression to describe the similarity between one person and another (or more) or the similarity between other people, but only in terms of a physical resemblance or their personal qualities.

Example: Yo me parezco a mi padre.   *(I look like my father.)*

(yo)	me parezco	*(I look like)*
(tú)	te pareces	*(you look like)*
(él/ella/usted)	se parece	*(he/she looks like/you look like—formal, singular)*
(nosotros/-as)	nos parecemos	*(we look like)*
(vosotros/-as)	os parecéis	*(you look like—informal, plural)*
(ellos/ellas/ustedes)	se parecen	*(they look like/you look like—formal, plural)*

- ¿Y este? ¿Es el padre? ¿Es la pareja de Diana?
  (And this one? Is he the father? Is he Diana's partner?)
- No, este es el hermano de Miguel, Pedro. ¿No ves que se parecen mucho?
  (No, this is Miguel's brother, Pedro. Don't you see that they look very much alike?)
- Sí, es verdad, tienen la misma frente, la misma boca ...
  (Yes, it's true, they have the same forehead, the same mouth ...)

* **Parece agradable**, ¿no?
   (He seems nice, no?)
   - Sí, es muy amable. En eso se parece a Diana.
   (Yes, he is very kind. In that, he is like Diana.)

* **Parecer** *(to seem, to appear)*

This is used for one or more people who are not well known and who are believed to have certain character traits. More precisely, it expresses that someone has a certain impression of someone else who they do not know well.

It can be conjugated like the verb ***gustar***.

Example: María me parece muy simpática.   *(Mary seems very nice to me.)*

EXERCISE 52

Completa la conversación con la forma correcta de los verbos *parecer* y *parecerse*.
Complete the conversation with the correct form of the verbs *parecer* and *parecerse*.

1. ¿Tú ……………… más a tu padre o a tu madre?
2. Diana y yo ………………. mucho.
3. José …………….. un chico muy explosivo.   **explosivo/-a** *(hot)*
4. Carmen ……………. muy simpática y amable.

Una página web de contactos *(Website for personals (BE lonely hearts advertisements))*

Translation no. 14

1) **Médico soltero busca …**
Me llamo Pedro. Tengo 41 años, y estoy soltero. Soy rubio, llevo bigote, y tengo los ojos marrones. Soy una persona comprensiva y sincera. Me gusta mucho hacer viajes. Quiero conocer a una mujer amable, pelirroja, delgada, de entre 30 y 38 años para una relación seria.

2) **Mónica**
Soy una mujer algo mayor. Tengo 55 años, pero soy delgada, morena, y muy deportista. Tengo los ojos verdes y el pelo largo. Soy profesora de español. Soy cariñosa e inteligente. Busco a un hombre de mentalidad abierta, activo y guapo, con los ojos claros.

3) **Miguel**
¡Hola! Me llamo Miguel y tengo 25 años, mido 1,90 m, y peso 84 kilos. Soy moreno y tengo los ojos verdes. Me parezco un poco a Arnold Schwarzenegger. Trabajo en un gimnasio; me encantan el culturismo y el boxeo. Quiero conocer a una chica delgada, rubia, deportista, y guapa.

4) **Elvira**

Tengo 48 años y soy nutricionista. Soy morena y tengo los ojos azules. Vivo con mis dos gatos en un piso. Me encanta hacer paellas. Busco a un hombre delgado, activo, divertido, y con un buen carácter para una relación seria.

5) **José**

Hola, soy José. Tengo 40 años. Soy ingeniero y muy inteligente. Soy calvo, llevo perilla y gafas. Me encantan la jardinería y la naturaleza. Tengo dos perros y tres gatos. Vivo en una casa grande y tengo suficiente espacio. Quiero conocer a una mujer de más de 35 años, simpática, inteligente, y guapa.

EXERCISE 53

Completa las casillas. ¿Cómo es cada persona descrita en el ejercicio anterior?
Complete the squares. How is each person described in the previous exercise?

Description of the appearance using *soy*, *tengo*, *llevo*	Description of the character	What do they like? For example, hobbies?	What do they want to have?

EXERCISE 54

Coloca en el cuadro las siguientes palabras y expresiones.
Insert the following words and phrases in the box below.

gordo/-a *(fat)*	**el bigote** *(the mustache)*	**pelirrojo/-a** *(red-haired)*
una barba *(a beard)*	**una falda** *(a skirt)*	**los ojos oscuros** *(the dark eyes)*
calvo/-a *(bald)*	**simpático/-a** *(nice)*	**el pelo liso** *(the straight hair)*
una camisa azul *(a blue shirt)*		

SER *(to be)*	**TENER** *(to have)*	**LLEVAR** *(to wear)*
gordo/-a *(fat)*	los ojos oscuros *(the dark eyes)*	una barba *(a beard)*

DIFFERENCE BETWEEN *LLEVARSE* AND *LLEVAR*

In Spanish, ***llevar*** has many different meanings. Some of the following usages are relevant for comparisons.

- When wearing clothes or jewelry.
  Example: Llevo pantalones. *(I wear pants [BE trousers].)*
- When somebody has any kind of beard.
  Example: Él lleva un bigote. *(He has a mustache.)*
- For having glasses.
  Example: Llevo gafas en la escuela. *(I wear glasses in school.)*
- When carrying goods or passenger.
  Example: Mi hijo lleva la maleta. *(My son is carrying the suitcase.)*
  Llevar una espada. *(Someone is carrying a sword.)*

(yo)	llevo	*I wear*
(tú)	llevas	*you wear*
(él/ella)	lleva	*he/she wears*
(usted)	lleva	*you [formal, singular] wear*
(nosotros/-as)	llevamos	*we wear*
(vosotros/-as)	lleváis	*you [informal, plural] wear*
(ellos/ellas)	llevan	*they wear*
(ustedes)	llevan	*you [formal, plural] wear*

The phrase **llevar encima** has the meaning: <u>to have with one, to carry something</u>.

Example: Nunca lleva pañuelo encima. *(He never carries a handkerchief.)*

<u>Llevar(se) is reflexive and expresses how someone gets along with one person or with several other people</u>.

* Me llevo <u>bien</u> **con** alguien (= una persona). *(I get along <u>well</u> with someone.)*
* Me llevo <u>mal</u> **con** alguien (= una persona). *(I get on <u>badly</u> with someone.)*
  (I <u>don't</u> get on with someone.)
  (I <u>don't</u> get along with someone.)

Rating a relationship using

Llevarse bien/mal con

(yo)	me llevo	*(I get along)*	
(tú)	te llevas	*(you get along)*	
(él/ella/ usted)	se lleva	*(he/she gets along/ you get along—formal, singular)*	bien/mal (con ...)
(nosotros/nosotras)	nos llevamos	*(we get along)*	well/badly (with ...)
(vosotros/vosotras)	os lleváis	*(you [informal, plural] get along)*	
(ellos/ellas/ ustedes)	se llevan	*(they get along/ you [formal, plural] get along)*	

Example:
- Diana se lleva <u>muy</u> <u>bien</u> con su hermana. *(Diana gets along <u>very</u> <u>well</u> with her sister.)*
- Me llevo <u>bien</u> con mi hermano. *(I get along <u>well</u> with my brother.)*
- Me llevo <u>mal</u> con mi jefe. *(I <u>don't</u> get along with my boss.)*
- Rosa se lleva <u>muy</u> <u>mal</u> con su hermana. *(Rosa gets along <u>very</u> <u>badly</u> with her sister.)*
- Me llevo <u>fatal</u> con mi suegro. *(I <u>don't</u> get along with my father-in-law at all.)*

As mentioned earlier, **llevar + gerundio** also expresses how long a certain action has already been taking place, if a specific time period is given.

Example: Llevo dos horas trabajando. *(I've been working for two hours.)*

EXERCISE 55

¿Llevar o llevarse? Completa las frases.
¿Llevar or llevarse? Complete the sentences.

1. .... mis gafas, pero no me gustan.
   a. llevo   b. me llevo
2. Pedro .... bien con sus suegros.
   a. lleva   b. se lleva
3. Pablo .... barba.
   a. lleva   b. se lleva
4. Carmen y yo .... bien con nuestros compañeros de clase.
   a. llevamos   b. nos llevamos
5. Pedro .... bigote.
   a. lleva   b. se lleva

EXERCISE 56

Forma conexiones posibles con los elementos de las dos columnas. Puede haber varias posibilidades.
Connect the elements of the two columns. There may be several possibilities.

		a. vivir separados
		b. bajo/-a
		c. a su abuela
1.	ser	d. un abrigo negro
2.	estar	e. amable
3.	parecer	f. pelirrojo/-a
4.	llevarse	g. soltero/-a
5.	parecerse	h. majo/-a
6.	tener	i. gafas
7.	llevar	j. novio
		k. los ojos azules
		l. bien con todos los compañeros de clase.
		m. a mi padre

LECCIÓN 15
¿TE GUSTA EL CORDERO?
DO YOU LIKE LAMB?

In this lección, you will learn a lot of vocabulary about food and flavors. It deals with impersonal and personal instructions, as well as cooking duties.

It also shows how to give general advice, with and without direct object pronouns. This is followed by the structures used to describe someone by his clothing, his looks, or where he is at the moment.

It also covers formulations that can be used to express that something needs to be done or that someone is looking forward to doing something.

Grammar
* The impersonal **se**
* Impersonal instructions with:
  lo mejor es, **va (muy) bien**, **hay que**
* Personal instructions with:
  deber, tener que, tiene/s que, debe/s, debería/s, puede/s, intente/a, pruebe/a
* Direct object pronouns: **lo, la, los, las**
* Identification of persons: **el, la, los, las**
* To be delighted to do something: **tener ganas**

Vocabulary
Dishes
Preparation of food
Groceries
Flavors

¡SPANISH FOR YOU!

LA COMIDA (THE FOOD)

Los platos (The utensils)	La preparación (The preparation)	Common terms
la cafetera (the coffee maker)	cocer, is irregular: *o* changes to *ue* (to cook, also to bake)	el alimento (the food, the groceries)
la sartén (the frying pan, AE the fry pan)	calentar, irregular: *e* changes to *ie* (to heat up, to warm up, to heat)	¡Buen provecho! (Enjoy your meal!)
la olla (the pot)	asar (to roast, to grill)	la comida (the meal, the food)
el plato (the plate)	pelar (to peel, to shell, to unwrap)	el hambre (the hunger)
el vaso (the glass)	cortar (to cut)	tener hambre (to be hungry)
el cuchillo (the knife)	congelar (to freeze)	la sed (the thirst)
el tenedor (the fork)	lavar (to wash)	tener sed (to be thirsty)
los cubiertos (the cutlery)	a la plancha (grilled)	beber (to drink)
la cuchara (the spoon)	cocinar al vapor (to steam)	el apetito (the appetite)
la cucharilla (the teaspoon)	al horno (roasted in the oven)	¡Qué aproveches! (Enjoy your meal!)
el abrebotellas (the bottle opener)	batir (to beat, to whip, to whisk)	la bolsa de compras (the shopping bag)
el mantel (the tablecloth)	estar crudo/-a (be raw, be underdone)	¡Salud! (Cheers!)
las servilletas (the napkins)	picar (to chop, to cut; BE to mince)	el sabor (the taste)
el horno (the oven)	un guisado (the stew, the casserole)	saber (to taste)
la cocina (the stove)	freír (to fry)	rico, rica (delicious)
el wok (the wok)	echar (to put in)	una docena (a dozen)
el refrigerador (the refrigerator)	calor (warmth, heat)	recién exprimido/-a (freshly squeezed)
la tapa (the lid)	mezclar (to mix)	un trozo (a slice)
la tetera (the teapot)	hervir (to boil)	el filete (the filet)
el platillo (the saucer)	cortados a dados (cut to dice)	fresco, fresca (fresh)
el abrelatas (the can opener)	cocinar (to cook)	la jarra (the pitcher; BE the jug)
la cazuela (the casserole)	hecho, hecha (done, cooked)	una botella (a bottle)
la taza (the cup)	dorar (to brown)	maduro, madura (ripe)
la báscula (the scales)	en su punto (to perfection)	verde (unripe - fruits)
el cubo de (la) basura (the garbage can; BE the dustbin or the bin)	asar a la parrilla (to grill); hacer una barbacoa (to make a barbecue)	una barra de pan (a baguette)
la estufa (the stove; in Mexico, Guatemala)	poner al fuego (to put something on to boil)	seco, seca (dry)
la vitrocerámica (the glass ceramic)	aliñar (to dress - the salad)	con gas (gassy, fizzy)
el lavaplatos (the dishwasher)	condimentar (to season something)	una lata (a can; BE a tin)
el congelador (the freezer)	preparar (to prepare, to make)	la dieta (the diet)
el (horno) microondas (the microwave oven)	la gota (the drop)	los alimentos dietéticos (the health food)
la tostadora (the toaster)	añadir (to add)	vegetariano/-a (vegetarian)

La carne	Los embutidos	Las verduras	El pescado y el marisco
(The meat)	(The sausages)	(The vegetables)	(The fish + the seafood)
el cerdo (the pig)	el jamón cocido (the cooked ham)	el tomate (the tomato)	el atún (the tuna)
el pavo (the turkey)	el salchichón (spiced sausage similar to salami)	la cebolla (the onion)	las sardinas (the sardines)
el pollo (the chicken)	la salchicha (the sausage)	el ajo (the garlic)	la merluza (the hake)
la ternera (the veal) (in Spain often used to refer to beef)	el chorizo (highly seasoned pork sausage)	el calabacín (the zucchini; BE the courgette)	el bacalao (the cod; AE the codfish)
las albóndigas (the meatballs)	el jamón serrano (the cured ham)	el pepino (the cucumber)	el salmón (the salmon)
la carne picada (the ground-beef; BE the mince)	la salchicha de cerdo (the pork sausage)	un espárrago (an asparagus)	el pescado (the food fish) el pez (the living fish in the water)

La fruta	Los productos lácteos	El dulce	Otros
(The fruits)	(The milk products)	(Sweets)	(Others)
la pera (the pear)	el queso (the cheese)	el azúcar (the sugar)	el pan (the bread)
la manzana (the apple)	la margarina (the margarine)	la tarta (the cake)	el café (the coffee)
la fresa (the strawberry)	el yogur (the yogurt)	el tiramisú (the tiramisu)	el té (the tea)
el plátano (the banana)	un Camembert (a Camembert cheese)	el chocolate (the chocolate)	las infusiones (the herbal and fruit teas)
la frambuesa (the raspberry)	el queso azul (the blue (vein) cheese)	el arroz con leche (the rice pudding)	el arroz (the rice)
el melón (the melon)	la leche (the milk)	el pastel (the cake)	las bebidas (the beverages)
la naranja (the orange)	la mantequilla (the butter)	un praliné (a praline)	la cerveza (the beer)
el dátil (the date)	la nata montada (the whipped cream)	el helado (the ice cream)	la limonada (the lemonade)
el arándano (the blueberry)	la leche entera (the whole milk; BE the full-cream milk)	el caramelo (the candy; BE the sweet)	el agua (the water) una botella de agua (a bottle water)
el limón (the lemon)	la crema catalana (dessert similar to crème brûlée)	el flan (the crème caramel)	el zumo (LatAm el jugo) de naranja (the orange juice)
la uva (the grape)	el queso parmesano (the Parmesan cheese)	la miel (the honey)	el cava (the sparkling wine)
la nuez (the walnut)	el queso fresco (green cheese - soft unripened cheese)	la galleta (the cookie; BE the biscuit)	el huevo (the egg)

EXERCISE 57

Une un lado con el otro para formar una frase.
Connect one side to the other to form a phrase.

1) un paquete   a) de pralines
2) una caja   b) de Camembert
3) una barra   c) de zumo (*LatAm* jugo) de naranja
4) un trozo   d) de compras
5) un cartón   e) de azúcar
6) una bolsa   f) de espárragos
7) una lata   g) de huevos
8) una docena   h) de leche
9) una botella   i) de pan

un paquete *(a packet);* **una caja** *(a box);* **un cartón** *(a carton);* **una bolsa** *(a bag)*

EXERCISE 58

Relaciona las preguntas con las repuestas.
Match the questions to the answers.

1. ¿Dónde compras el salmón?   a) La mayoría de las veces con vino, tomates, y pimientos.
2. ¿Dónde compras el té?   b) En su punto.
3. ¿Cómo tomas el té?   c) Las he bajado al sótano.
4. ¿Dónde está el pollo?   d) Lo he puesto en el refrigerador.
5. ¿Dónde están las manzanas?   e) En una pescadería.
6. ¿Cómo prefieres el filete?   f) En un salón de té.
7. ¿Dónde está el queso?   g) Con limón y azúcar.
8. ¿Cómo haces el pollo?   h) 20 minutos en el horno.

el sótano *(the basement);* **la pescadería** *(the fish shop);* **el salón de té** *(the tea shop)*

EXERCISE 59

Completa las frases con las siguientes preposiciones: *a, con* **y** *de***.**
Complete the sentences using the following prepositions: *a*, *con* **and** *de***.**

1. De postre quiero yogur griego .... miel.
2. Me encanta la merluza ...... la plancha.
3. Me gusta mucho el pollo asado .... patatas.
4. ¿Te gusta el té .... leche o .... limón?
5. ¿Me puede traer agua ...... gas fría?
6. ¿El salmón va ...... tallarines?
7. ¿Tenéis un zumo (*LatAm* jugo) .... limón?

Los sabores (The flavors)

soso/-a *(bland, tasteless)*	salado/-a *(salty)*	ácido/-a *(sour)*
dulce *(sweet)*	picante *(hot, spicy)*	amargo/-a *(bitter)*

El plato (The dish, the meal, the course)

ligero/-a *(light)*	pesado/-a *(heavy, stodgy)*	frío/-a *(cold)*
caliente *(hot)*	templado/-a *(lukewarm)*	cocido/-a *(cooked)*
crudo/-a *(raw, underdone)*		

la carne *(the meat)*
- poco hecha *(rare)*
- en su punto *(medium)*
- muy hecha *(well-done)*

EXERCISE 60

Relaciona estas comidas con un adjetivo.
Match these foods with an adjective.

El flan	salado/-a
El estofado a la húngara	picante
El asado de cerdo	soso/-a
La sopa de verduras	dulce
La sepia cocida sin sal	ligero/-a
El jamón serrano	pesado/-a

EXERCISE 61

Completa los diálogos.
Complete the dialogues.

soso/-a   dulce   picante   salado/-a

1. Quiero comer dos tabletas de chocolate con leche.
   Pues, para mí, el chocolate con leche es demasiado …………

2. ¿Quieres un trozo de jamón serrano?
   Hm, solo si no está demasiado …………

3. ¿Me gusta mucho la comida húngara.
   ¿De verdad? Creo que es un poco …………., ¿no?

4. Lo siento, creo que la merluza está un poco …………
   No pasa nada; me gusta sólo con un poco de sal.

¡SPANISH FOR YOU!

IMPERSONAL INSTRUCTIONS

Translation no. 15

Cacerola de verduras

Ingredientes para 5 personas: cuatro patatas; cuatro zanahorias; dos calabacines; tres dientes de ajo; dos cebollas; cuatro tomates; 1/4 l caldo de verduras; aceite; sal; y pimienta negra.

Preparación:
Se pelan las patatas, las zanahorias, las cebollas, los dientes de ajo.
Se lavan los calabacines y **se cortan** todas las verduras en trozos pequeños.
Se calienta el aceite en una sartén y **se asan** todas las verduras.
Se condimentan con sal y pimienta negra y se mezcla todo.
Después, **se añade** el caldo de verduras y todo **se guisa** durante 10 minutos.
Mientras tanto, **se pelan** los tomates, **se cortan** en trozos grandes, y éstos **se mezclan** con la verdura en la sartén. **Se deja** reposar cinco minutos.

The following shows how to formulate an impersonal, general statement when talking about:
- **How to do something (e.g., in a recipe)**
- **How other people should do something**
- **How to do something yourself**

One of these phrases is:

SE + 3rd Person of a verb (singular or plural)

* In a general statement about a restaurant [singular]:
En este restaurante **se** com**e** muy bien.   *(In this restaurant, you eat very well.)*

* In an instruction in a cookbook [plural]:
Se lava**n** y **se** pela**n** las frutas ...   *(The fruits are washed and peeled ...)*

For example, in a recipe.

lavar	se lava/n *(is/are washed)*	calentar	se calienta/n *(is/are heated)*
congelar	se congela/n *(is/are frozen)*	asar	se asa/n *(is/are roasted)*
pelar	se pela/n *(is/are peeled)*	cocer	se cuece/n *(is/are cooked)*
echar	se echa/n *(is/are put in)*	hacer	se hace/n *(is/are made)*
cortar	se corta/n *(is/are cut)*	freír	se fríe/n *(is/are fried)*

2nd person singular

A direct personal instruction is: Tú comes fuera.   *(You eat outdoors.)*

If you are giving someone else an instruction in the personal, informal, singular (you) form.
Example: Mira, primero pon**es** aceite en una sartén.   *(Look, first put oil in a frying pan ...)*

IMPERSONAL EXPRESSIONS

In Spanish, the usage with *se* doesn't relate to a specific person. Strictly speaking, impersonal expressions refer to people in general and are used to make general statements or questions about what **they, we, one, you**, or **people** do. This makes them impersonal!

- **3ª persona del singular**

  En mi familia **se cena** a las ocho. + En mi familia cenamos a las ocho.
  (In my family, we have dinner at 8:00 p.m.)

  cenar = to have dinner (infinitive)
  cena = 3rd person singular.

- **3ª persona del singular + sustantivo en singular**

  En Jerez se **produce** jerez.   *(In Jerez, they produce sherry.)*

  se + 3rd person singular is an impersonal expression and is used when the noun is singular.

- **3ª persona del plural + sustantivo en plural**

  En la Rioja se **hacen** muchos vinos.   *(In Rioja, they produce a lot of wine.)*

  se + 3rd person plural is used when the noun is plural.

GIVING INSTRUCTIONS

Translation no. 16

Si tiene un gato

Si quiere adquirir un gato, usted tiene obligaciones también. Se **tiene que** comprar un retrete de gato y tres comederos. Cada día se **debe** envasar en uno de los comederos agua fresca y en el segundo pienso. En el tercer comedero se **tiene que** poner todas las mañanas y todas las tardes un paquete pequeño de alimento húmedo para gatos. También **hay que** cepillar la piel de vez en cuando, especialmente en verano.

Si quieres adelgazar

Tienes que comer muchas comidas ligeras. **Debes** hacer deporte por lo menos 30 minutos todos los días e **intenta** obtener muchos músculos. **No es bueno** beber alcohol. **Lo mejor es** tomar solo agua y té. **Es bueno** hacer mucha yoga, y **debes** dormir por lo menos 8 horas todos los días.

1) **Deber** *(must, should)*   + infinitive   obligación *(obligation)*

   It implies much more responsibility and obligation (it's your duty ...) than **tener que**, which is more like an ideal.

2) **Tener que** *(to have to)*   + infinitive   obligación *(obligation)*
                                                       recomendación *(recommendation, advice)*
                                                       necesidad *(necessity)*
                                                       impersonal *(in general)*

This is not as strong as **deber**; therefore, it sounds less strained, but it's also stronger than **hay que** because a specific person or group is usually named. It also does not imply personal duty, while **deber** does, but it expresses a strong need.

3) **Hay que** *(it is necessary)*   + infinitive   impersonal *(it is a general obligation)*

This is a more general expression and, since there is no subject (no one in particular is mentioned), this form is always used. It is a mere statement of <u>something that should be done</u> or <u>someone should do something</u>.

* Hay que trabajar.   *(One should work.)*

Or:

* ¿Cómo se hace la paella?   *(How is paella made?)*

  - Es un poco difícil. Hay que comprar un arroz especial …
  (It is a little difficult. One has to buy special rice …)

Further examples for distinguishing:

En España **se come** mucho jamón.   *(In Spain, they eat a lot of ham.)*

This statement does not describe a duty, **only a habit**.

On the other hand, if you say

En España **hay que** comer mucho jamón.   *(A lot of ham should be eaten in Spain.)*
Then you express an **obligation** with it.

Para adelgazar **tenemos que** hacer deporte.   *(To lose weight, we have to do sports.)*
This expresses an **obligation** or a **recommendation**.

RECOMENDAR, DAR CONSEJOS, ACONSEJAR
TO GIVE SOMEBODY A PIECE OF ADVICE

Tienes que/Tiene que   *(You have to/you [formal, singular] have to)*
Lo mejor es   *(it is best to, the best thing is)*   + **verb in infinitive**

Para no olvidar muchas palabras, <u>tengo que</u> repetirlas.
(So as not to forget many words, I have to repeat them.)

Para hablar español, <u>lo mejor es</u> practicar continuamente.
(The best thing for speaking Spanish is to practice continuously.)

¿Cuidas tu cuerpo? *(Do you take care of your body?)*

Para la piel irritada .... el tónico.

Para la piel irritada **lo mejor es usar** el tónico.
(For irritated skin, it is best to use the tonic.)
= lo mejor es + infinitive

Para la piel irritada **va** (**muy**) **bien usar** el tónico.
(For irritated skin, it is (very) helpful to use the tonic.)
= va muy bien + infinitive

Para la piel irritada **tiene/s que usar** el tónico.
(For irritated skin, you [formal, singular]/you have to use the tonic.)
= tienes que/tiene que + infinitive. The infinitive of **tiene/s que** is: **tener que** (must).

Para la piel irritada **debería/s usar** el tónico.
(For irritated skin, you [formal, singular]/you should use the tonic.)
= debería/s (conditional simple - Lección 22) + infinitive. The infinitive of **debería/s** is: **deber** (must, should).

Para adelgazar **debe/s hacer** más deporte.
(To lose weight you [formal, singular]/you must do more sport.)
= debe/s + infinitive. The infinitive of **debe/s** is: **deber** (must, should).

Para la piel irritada **puede/s usar** el tónico.
(For irritated skin, you [formal, singular]/you can use the tonic.)
= puede/s + infinitive. The infinitive of **puede/s** is: **poder** (can, to be able).

Para la piel irritada **intente/a usar** el tónico.
(For irritated skin, you [formal, singular]/you try using the tonic.)
= intente/a (imperative - Lección 24) + infinitive. The infinitive of **intente/a** is: **intentar** (to try, to attempt).

Para la piel irritada **pruebe/a usar** el tónico.
(For irritated skin, you [formal, singular]/you try using the tonic.)
= pruebe/a (imperative - Lección 24) + infinitive. The infinitive of **pruebe/a** is: **probar** (to try, to test).

It is also possible to use **probar** without a verb in the infinitive; for example, you could use it directly in combination with a noun.

Para la piel irritada **pruebe/a** el tónico.   *(For irritated skin, you [formal, singular]/you try the tonic.)*

As mentioned before, ***hay que*** *+ infinitive* is always used in a general statement. For example, it is not used if you want to give advice to a specific person. In contrast, ***tienes que*** can refer to specific persons and address them directly to give them instructions.

Para la piel irritada **hay que usar** el tónico.
(For irritated skin, you have to use the tonic.)

	Impersonal advice
	lo mejor es comer verduras frescas. *it is best to eat fresh vegetables.)*
Para convalecer de una enfermedad *(To recover from an illness*	va (muy) bien tomar aire fresco con frecuencia. *it is (very) helpful to get some fresh air frequently.)*
Si quiere/s convalecer de una enfermedad *(If you [formal, singular]/you want to recover from an illness*	**Personal advice**
	tiene/s que dar paseos con más frecuencia. *you [formal, singular]/you have to go for a walk more often.)*
	debe/s dormir mucho. *you [formal, singular]/you must sleep a lot.)*
	debería/s tomar aire fresco con frecuencia. *you [formal, singular]/you should get some fresh air frequently.)*
	puede/s empezar una sesión de psicoterapia. *you [formal, singular]/you can start a psychotherapy session.)*
	intente/a fumar menos. *you [formal, singular]/you try to smoke less.)*

Los pronombres de objeto directo *(Direct object pronouns)*

A direct object is a **noun** following the verb that answers the questions **what?** or **whom?** Don't forget, a pronoun replaces a noun, and in this case the noun is a direct object. The direct object pronouns *lo*, *los*, *la* and *las* agree in number and gender with the nouns they replace.

	Singular	**Plural**
Masculine	**lo**	**los**
Feminine	la	las
Facts (of the case)	lo	

Yo compro **la cerveza** en el supermercado.	*(I buy **the beer** in the supermarket.)*
Y tú, ¿dónde **la** compras?	*(And you, where do you buy **it**?)*
la = instead of *la cerveza* = feminine, singular	

Yo compro **el vino** en el supermercado.	*(I buy **the wine** in the supermarket.)*
Y tú, ¿dónde **lo** compras?	*(And you, where do you buy **it**?)*
lo = instead of *el vino* = masculine, singular	

The direct object pronouns are placed before the conjugated verb

a) ¿Cómo tomas **el café**? *(How do you drink **coffee**?)*
 - **Lo** tomo con un poco de leche. *(I drink **it** with a little milk.)*
 - **Lo** tomo caliente. *(I drink **it** hot.)*
 lo = el café = masculine, singular/**la** = la cerveza *(see below)* = feminine, singular

b) Tomo sobre todo **cerveza**. *(I mainly drink **beer**.)*
 ¿**La** compras en el supermercado? *(You buy **it** in the supermarket?)*

c) Sí, a veces. Pero me gustan mucho **las cervezas negras**. *(Yes, sometimes. But I really like **dark beers**.)*
 Y **las** compro en mercados especializadas. *(And I buy **them** in niche/specialized markets.)*

d) De acuerdo ... ¿y tomas **refrescos**? *(Okay ... and do you drink **soft drinks**?)*
 ¿**Los** tomas con hielo? *(Do you drink **them** with ice?)*

Further examples:

- ¿Dónde está la miel? *(Where is the honey?)*
 La he guardado en al armario. *(I have put **it** in the cupboard.)*

Note: In Mexico, **armario** means *closet* (as in clothes closet).

- ¿Dónde está el queso? *(Where is the cheese?)*
 Lo he puesto en el refrigerador. *(I have put **it** in the fridge.)*

With an infinitive, gerund, or positive imperative (Lección 24), **pronouns are attached to the end of the verb to form one word**.

1) ... es necesario denunciar**lo** ... (title) *(... you have to report it ...)*

2) Educar a adolescentes no es tarea fácil, pero tratándo**los** de esa manera ...
 *(Educating teenagers is not an easy task, but treating **them** that way ...)*

In the negative, the direct object pronoun is placed between the *no* and the *verb*.

* ¿Conoces este **drama**? *(Do you know this **drama**?)*
 No, no **lo** conozco. *(No, I don't know **it**.)*

• ¿Están buenas las manzanas? *(Are the apples good?)*
 No sé, todavía no **las** he probado. *(I don't know, I have not tried **them** yet.)*

• ¿Has traído los libros de cocina? *(Have you brought the cookbooks?)*
 No, **los** he dejado en casa de mi madre. *(No, I have left **them** at my mother's house.)*

It is common in Spain for both the object and the object pronoun to be used together when speaking, but this is usually unnecessary.

El café, **lo** tomo caliente. = El café + lo   (*The coffee, I drink it hot.*)

GIVING ADVICE USING DIRECT OBJECT PRONOUNS

1. Primero pones mucho **aceite** en una sartén y **lo** calientas.
   *(First, you put a lot of **oil** in a frying pan and you heat **it**.)*
   Here *lo* replaces *aceite*.

2. Entonces añades las **patatas**. **Las** fríes muy bien.
   *(Then add the **potatoes**. Fry **them** very well.)*
   Here *las* replaces *patatas*.

3. Puedes poner un poco de **cebolla**. **La** doras un poco.
   *(You can put in a little **onion**. Brown **it** a little.)*
   Here *la* is used instead of *cebolla*.

4. Luego añades los **huevos**. **Los** echas en la sartén.
   *(Then you add the **eggs**. Put **them** in the frying pan.)*
   Here *los* is used instead of *huevos*.

EXERCISE 62

Completa estas oraciones con un pronombre de objeto directo (lo, la, los, las).
Complete these sentences using a direct object pronoun (lo, la, los, las).

1. He comprado 1 kg de zanahorias.
   Perfecto, …….. metes en el cajón de la verdura ahora mismo.
2. ¿Has pelado los pepinos?
   Sí, y ……. he cortado en rodajas también.
3. Para mi gusto el flan está muy dulce.
   Pues, …….. he comprado en el supermercado.
4. Esta crema catalana sabe muy bien.
   Gracias, ……. he preparado por primera vez.

una zanahoria *(a carrot)*; **en el cajón de la verdura** *(in the vegetable crisper)*; **cortar** *(to cut)*; **en rodajas** *(sliced)*

Lo is also a **neutral** direct object pronoun that replaces a part of the text, thing, or fact.

Example: 1. **Lo** que has dicho.   *(What you have said.)*

2. ¿Sabes que van a abrir un supermercado nuevo? Sí, **lo** he leído en el periódico.
   (Do you know that they are going to open a new supermarket? Yes, I read it in the newspaper.)

You can also use this direct object pronoun before a verb.

Example: El pescado **lo** he preparado yo.   *(I have prepared the fish myself.)*

It should be noted that *lo* can also stand for either a male person or be neutral. Nevertheless, the use of *le* instead of *lo* for a male person is common in Spain, when both speaking and writing. *Lo* is particularly used in northern and central Spain for objects.

Example: **Le** llevé a casa.   *(I took him home.)*
Lo llevé a casa.   *(I took it home.)*

The use of *les* instead of *los* is also common in some areas and continues to spread. However, in most other areas, including Latin America, *lo* and *los* are used for male persons and things.

Describing a person according to their clothing, appearance, or the place where he/she is

The following structures can be used to identify something or someone within a group. But you can alo use these to replace persons mentioned in the same sentence with the articles *el/la/los/las* and a descriptive phrase.

el, **la**, **los**, **las** + **de** + substantive

Los del escúter blanco son mis padres.	*(The ones with the white scooter are my parents.)*
el/la de verde	*(the one in green)*
el/la de pelo corto	*(the one with the short hair)*
el de la calva	*(the bald one)*

el, **la**, **los**, **las** + **que** + verb

La que está en el pasillo es mi tía.	*(The one in the corridor is my aunt.)*
el que está delante de la casa	*(the one in front of the house)*
la que está detrás de María	*(the one behind Mary)*
los que están enfrente de la iglesia	*(the ones in front of the church)*
las que están al lado de Diana	*(the ones that are next to Diana)*
el que lleva ropa cara	*(the one who wears expensive clothes)*

el, **la**, **los**, **las** + adjective

El pelirrojo es mi sobrino.	*(The redhead/red-haired one is my nephew.)*
el menudo/la menuda	*(the slight one)*
el delgado/la delgada	*(the thin one)*
el feo/la fea	*(the ugly one)*

¡SPANISH FOR YOU!

Translation no. 17

En la ilustración puedes ver a mis nuevos compañeros. Diana es **la** de las gafas, la rubia de la camisa negra. Es muy amable. **La** que está a su lado es María; es la primera persona a **la** que conocí en la facultad. **El** del jersey blanco se llama Pedro y es de Sevilla. El otro chico, **el** del saxófono, es Pablo, y **la** rubia que está a su lado es su pareja, Silvia. A ver si un día vienes de visita y **los** conoces en persona, ¿vale?

1. Diana es **la** de las gafas ...   (Diana is **the one** with the glasses ...)
   El del jersey blanco ...   (**The one** with the white sweater ...)
   El del saxófono, es Pablo ...   (**The one** with the saxophone is Pablo ...)

       de + substantive
   el/la/los/las + de + substantive

2. **La** que está a su lado es María;   (**The one** next to her is Mary;)
   La que conocí en la facultad.   ([**The one who**] I met at the faculty.)
   Los conoces en persona,   (Meet **them** in person,)

       que + Verb
   el/la/los/las + que + verb

   La replaces: *the one who is*

3. Diana es **la** rubia ...   (Diana is the blonde [one] ...)
       rubia = adjective

       el/la/los/las + adjective

EXERCISE 63

Completa estas conversaciones con las siguientes expresiones.
Complete these conversations using the following expressions.

1. **el de**   **el que**   **el**

- ¿Cuál es el perro de su padre?
- No lo sé. ¿.......... piel blanca?
- No, creo que es .... ladra siempre.
- Ah, sí, ya me acuerdo, ... agitado. Ese es un perro de caza.

2. los de   los que   los

- ¿Quiénes son esos? ¿Esos son los nietos de Pedro?
- No, esos son …….. mis abuelos. Los nietos de Pedro son …….. están cerca de mi tía.
- Ah, ¿………. pelirrojos?
- Sí.

3. la que   la del   la

- Esa chica alta de rojo, ¿es tu hija?
- ¿………. está detrás de Miguel?
- No, esa es una colega.
- ¿………. casada? ¿………. abrigo blanco?
- Sí, es guapísima.

una piel *(a fur, a skin, a leather)*; **ladrar** *(to bark)*; **me acuerdo** *(I remember)*; **agitado/-a** *(agitated)*; **un perro de caza** *(a hunting dog)*; **cerca** *(near, close)*; **una colega** *(a colleague)*; **guapísimo/-a** *(gorgeous)*

TENER GANAS DE

It is an expression that means someone is delighted to do something.

Tengo ganas de + infinitive   *(I want to do something; I look forward to it;*
                                               I feel like [doing] something)

Hoy tengo ganas de ir a la playa.   *(Today I feel like going to the beach.)*

Pero tengo ganas de trabajar contigo.   *(But I look forward to working with you.)*

Examples for when someone is looking forward to doing something.

Tiene ganas de …   *(He/She feels like …*

    … ir <u>a</u> un lugar.   *… going <u>to</u> a place.)*

    … ir <u>en</u> un medio de transporte.   *… going <u>in</u> a mode of transportation [car].)*

    … ir <u>de</u> compras, excursión, fiesta, copas.   *… going shopping, going on an excursion,*
                                                                            going to a party, going for drinks.)

Below are two more exercises to practice the distinction between **tener** *(to have)* and **tener que** *(to have to)*.

EXERCISE 64

¿Con qué palabras puedes relacionar cada uno de estos tres verbos?
Anota el número delante de las expresiones siguientes.
Which words can you match to each of these three verbs?
Write down the number in front of the following expressions.

	1 tener	2 ir	3 tener que

a caballo   tomar mucha agua sin gas durante todo el día
pagar las tasas académicas   en tren
un novio   hambre
en avión   miedo a un perro negro
terminar la carrera   de viaje

pagar las tasas académicas *(to pay the academic fees)*; **el avión** *(the airplane)*; **terminar la carrera** *(finish the degree)*; **el tren** *(the train)*; **el miedo** *(the fear)*

EXERCISE 65

Completa los siguientes diálogos con las formas adecuadas de *tener* o *tener que*.
Complete the following dialogues using the appropriate forms of *tener* or *tener que*.

Hace buen tiempo, pero llévate el paraguas por si acaso.
Pero no (yo) ………….. un paraguas.

Estoy bajo el dominio de mi suegra. Es una persona muy autoritaria. Yo creo que ……………… hablar con mi marido respecto a su madre.

(Nos) ……………. suerte, allí hay un sitio para aparcar.
¡Menos mal! (Yo) ……………. irme de prisa.

He suspendido una reunión en mi empresa. No (yo) ………….. ganas de hacer negocios con una gran empresa multinacional.
(Vosotros) ………………. competir con la industria química.
Me lo pensaré.

llévate *(take)*; **por si acaso** *(just in case)*; **bajo el dominio** *(under the rule)*; **autoritario/-a** *(authoritarian)*; **respecto/-a a** *(regarding)*; **la suerte** *(the luck)*; **un sitio** *(a place, a space, a spot)*; **aparcar** *(to park)*; **¡Menos mal!** *(Thank God!)*; **irme de prisa** *(to leave in a hurry)*; **la reunión** *(the meeting)*; **la empresa** *(the company, the enterprise)*; **hacer negocios** *(do business)*; **una gran empresa multinacional** *(a large multinational company)*; **competir** *(to compete)*; **la industria química** *(the chemical industry)*; **me lo pensaré** *(I'll think about it)*

LECCIÓN 16
¿ME DEJAS TUS MALETAS?
WILL YOU LEND ME YOUR BAGS?

In this lección, you will learn how to express yourself when you meet someone either deliberately or by accident.

In addition, all of the phrases which you must use if you want to

* borrow something,
* ask for permission, or
* ask for a favor

are explained in detail.

What do you say

if you don't want to do something?

Grammar
* Verbs
    To meet someone: **conocer, encontrarse a, quedar con, despedirse**
    To borrow something: **dar, pasarle, dejar, prestar, tener, poner**
    To ask for a favor: **me podría/s, me puede/s, me deja/s, me ayudas**
    To ask for permission: **poder, importar si**
* If you don't want to do something, then use **Es que** …

¡SPANISH FOR YOU!

Escribe las cosas más interesantes que has hecho desde que estás en España: lugares que has visitado, gente que has conocido, cosas extraordinarias que has hecho, etc.

Describe the most interesting things you've done since being in Spain—places you've visited, people you've met, extraordinary things you've done, etc.

He comprado ropa en varias tiendas.	*(I have bought clothes in several stores.)*
He paseado por Cádiz.	*(I have walked through Cadiz.)*
He tomado el sol en la playa.	*(I have sunbathed on the beach.)*

If you meet someone or know something, then you use CONOCER

He **conocido** a un chico muy especial.	*(I have met a very special guy.)*
Yo he conocido a María este lunes.	*(I have met Mary this Monday.)*
¿Tú conoces Madrid?	*(Do you know Madrid?)*
Sí, he estado aquí antes—dos veces.	*(Yes, I have been here before—twice.)*

If you bump into someone, then you use ENCONTRARSE A

Enc<u>o</u>ntrarse <u>a</u> alguien   *(to run into someone, to meet someone)*   <u>**o**</u> changes to <u>**ue**</u>
Me enc**ue**ntro …   *(I run into …, I bump into …)*

Esta mañana **me** <u>he</u> <u>encontrado</u> a Julia en la calle.   *(This morning, I ran into Julia on the street.)*

To arrange to meet someone, somewhere/for a certain time.
When you meet someone on purpose, then you use QUEDAR CON

Quedar con alguien …   *(arrange to meet (with) someone …)*
Quedar <u>con</u> alguien <u>**en**</u> un lugar.

Esta tarde he quedado con ver a mi hermano a las 17 h delante de la catedral.
(This afternoon, I have arranged to meet my brother at 5:00 p.m. in front of the cathedral.)

When you say goodbye, then you use DESPEDIRSE

<u>Desp**e**dirse</u> de alguien *(<u>to</u> <u>say</u> <u>goodbye</u> to someone)*   **e** changes to **i**

(yo)	me **despido**	*I say goodbye*
(tú)	te desp**i**des	*you say goodbye*
(él/ella)	se desp**i**de	*he/she says goodbye*
(usted)	se desp**i**de	*you [formal, singular] say goodbye*
(nosotros/-as)	nos despedimos	*we say goodbye*
(vosotros/-as)	os despedís	*you [informal, plural] all say goodbye*
(ellos/ellas)	se desp**i**den	*they say goodbye*
(ustedes)	se desp**i**den	*you [formal, plural] all say goodbye*

Borrow things, actions, or favors

<u>You ask for an object that you do not have to return, with</u>   1) **DAR**

- Pedro ¿**me das** un vaso de tinto verano? *(Pedro, will you give me a glass of tinto verano?)*
  ¿Otra vez? *(Again?)*

- ¿Me das un vaso de agua, por favor? *(Will you give me a glass of water, please?)*

- ¿Me das tu correo electrónico? *(Will you give me your email?)*
  - You cannot return it.

- ¿Me das el papel higiénico? *(Will you give me the toilet paper?)*
  - Nobody wants to have it back.

Dar *(to give):*

(yo)	doy	I give
(tú)	das	you give
(él/ella)	da	he/she gives
(usted)	da	you [formal, singular] give
(nosotros/-as)	damos	we give
(vosotros/-as)	dais	you [informal, plural] give
(ellos/ellas)	dan	they give
(ustedes)	dan	you [formal, plural] give

Participle of dar = **dado**; gerund of dar = **dando**.

2) ***Pasarle*** *una cosa a alguien (to pass on something to someone, to give)*
   - you don't keep the object.

Tengo que pasarle el dossier al señor Alcantara.   *(I need to pass the file on to Mr. Alcantara.)*

<u>Here, you are asking for an object that someone wants to get back again or have returned.</u>

a) **Dejar** *(will you lend me, can I borrow, can you lend me).*

   Pedro, perdona, ¿me **dejas** tus libros? En dos semanas te los devuelvo.
   *(Pedro, excuse me, **can I borrow** your books? I'll give them back in two weeks.)*

b) **Prestar** *(to lend, to borrow)*
   ¿Me **prestas** tu escalera este fin the semana?   *(Can **you lend** me your ladder this weekend?)*

EXERCISE 66

¿Cómo le pedirías estas cosas a un compañero de clase?
Clasifícalas en la columna correspondiente.
How would you ask for these things from a classmate?
Sort them into the corresponding column.

un osito de goma *(a gummy bear)*
las tijeras *(the scissors)*
el papel higiénico *(the toilet paper)*
un libro *(a book)*
la bicicleta *(the bicycle)*

tu correo electrónico *(your email)*
el cepillo de pelo *(the hairbrush)*
el pañal *(the diaper)*
el coche *(the car)*
un vaso de zumo de naranja *(a glass of orange juice)*
(**LatAm** un vaso de **jugo** de naranja)

¿Me dejas ...?	¿Me das ...?

c) **Pasar** is used to ask someone to pass a thing that is close to him.

¿Me **pasas** la chaqueta, por favor?   *(Could you **pass** [me] the jacket, please?)*

d) **Prestar o dejar** are used to ask someone to (temporarily) lend a thing that is not yours.

¿Me **prestas/dejas** tu libro un segundo?   *(Do you mind if I **borrow** your book for a second?)*

e) **Tener** is used to ask if the other person has something.

¿**Tienes** un sobre para mí?   *(**Do you have** an envelope for me?)*

f) **Poner is used when** you ask in a bar or grocery store to get something that you know is there. You ask for it directly.

¿Me **pone** tres kilos de manzanas, por favor?   *(Please **give** me three kilos of apples.)*

In Spain, you can also say ***me pones*** in many shops. This form is quite familiar there, although it is informal.

Note: In Mexico, *dar* is used in this case.

Different structures are used depending on the situation, the person opposite, and the difficulty of the request

DIFFERENT APPROACHES TO ASK FOR A FAVOR OR AN ACTION

To ask for an action, you can use the same structures as for borrowing something.

You can ask for an **action** very formally and extremely politely, as follows (= very formally).

¿Me podría/s dejar/dar la maleta?
(Would you [formal, singular]/you give me the suitcase?)

Podría/s = Condicional simple *(Lección 22)*

You can also ask for a **favor** very politely (= very formally!).

¿Podría explicarme por qué llueve hoy? Es muy amable por su parte.
(Could you kindly explain to me why it is raining today? It is very kind of you.)

In the following, you ask in a normal way, for an **action** (= medium formality).

¿Me puede/s dejar/dar la maleta?
(Can you [formal, singular]/you give me the suitcase?)

Here you ask for a **favor** in a normal way (= medium formality).

¿Puedes ayudarme con el pinchazo, por favor?
(Can you help me with the puncture, please?)

Now, you are asking informally for an **action** (= low formality).

¿Me deja/s/da/s la maleta?
(Can you [formal, singular]/you give me the suitcase?)

Now, you are asking informally for a **favor** (= low formality).

¿Me ayudas un momento con los deberes, por favor?
(Can you help me a moment with my homework, please?)

¡SPANISH FOR YOU!

PEDIR PERMISO *(TO ASK FOR PERMISSION)*

1) You can use the verb **poder** *(to be able, can),* followed by the infinitive, to ask for permission.

   ¿**Puedo/Podría dejar** la maleta aqui?   *(Can/Could I leave the suitcase here?)*

2) It is also possible to use the expression ***importar si*** *(mind if ...?)*:

   importar si + presente de indicativo.

   Example: **Te importa si** voy al servicio?
               (***Do you mind if*** *I go to the bathroom [BE toilet]?)*

The difference between permission, favor and courtesy.

Permiso *(Permission)*	**Favor** *(Favor)*
1. ¿Le importa si cierro la ventana? *(Do you mind if I close the window?)* Here the phrase <u>importa si</u> is more polite than the one below.	1. Perdone, ¿podría cerrarme la ventana? *(Excuse me, could you close the window for me?)* This form is the most polite, due to <u>podría</u>.
2. ¿Puedo cerrar la ventana? *(Can I close the window?)*	2. ¿Le importaría cerrarme la ventana, por favor? *(Would you mind closing the window for me, please?)* This form is the second most polite, due to the use of <u>Importaría</u>.
	3. ¿Le importa cerrarme la ventana? *(Do you mind closing the window, please?)* Due to <u>importa</u>, this phrase is the third most polite.
	4. ¿Me puede cerrar la ventana? *(Can you close the window for me?)* Here the wording with <u>puede</u> ensures **courtesy**.
	5. ¿Me cierra la ventana, por favor? *(Close the window for me, please?)* This is the least polite question phrase.

Es que ... *(the thing is ..., is that ..., it's just that ..., the fact is ..., the truth is that ...)* is used at the beginning of a statement, **when you're explaining why you can't do or don't want to do something**. It is very commonly used in Spain.

* ¿Puedo ponerme tu abrigo? Tengo un frío terrible.
  (Can I put on your coat? I'm horribly cold.)
* No, **es que** yo tengo frío también.
  (No, the thing is, I'm cold too.)

* ¿Quieres ir a la función "El lago de los cisnes" mañana?
  (Do you want to go to the "Swan Lake" show tomorrow?)
* No, **es que** no tengo dinero.
  (No, the truth is that I don't have money.)

* He grabado en vídeo un programa de televisión muy divertido. ¿Quieres verlo?
  (I have recorded a very funny television show. Do you want to see it?)
* No, **es que** no me interesa nada.
  (No, it's just that I'm not at all interested.)

* ¿Puedo abrir la ventana?
  (Can I open the window?)
* No, **es que** estoy enfermo.
  (No, the fact is that I'm sick.)

* ¿Me dejas tu libro?
  (Can I borrow your book?)
* No, **es que** el libro no es mío.
  (No, it's just that the book is not mine.)

LECCIÓN 17
POR Y PARA

In this lección, you will discover the different uses of *por* and *para*.

This is one of the tricky areas in the Spanish language, since distinguishing between the two prepositions is very difficult for most people. Both can mean <u>for</u>, but they have distinct uses and often require other prepositions (to, at, etc.) in English as well. For this reason, this topic is discussed in detail.

In general, it is good to know that **por** often expresses a reason or cause, while **para** can indicate destination, purpose, and movement toward something.

POR	PARA
THE REASON FOR SOMETHING	**THE OUTCOME OF SOMETHING**
1. LA CAUSA 　The reason, the cause of something. 　Why something is done? **Because of** …	**1. LA FINALIDAD** 　The ultimate aim, the goal of something. 　Something is done ***in order to*** …
¿Por qué estudias español? **Por + Sustantivo** **Por** placer, por gusto. (*For pleasure, for fun.*) No vinieron **por** el viento. (*They didn't come **because** of the wind.*) Muchas gracias **por** el regalo. (*Thank you **for** the gift.*) **Por** always follows **gracias**.	¿Por qué estudias español? **Para + Infinitivo** **Para** hablar español. (***In order to** speak Spanish.*) Voy a casa **para** ver una película. (*I'm going home **to/in order to** watch a movie.*)
2. LOKALISATION INDETERMINADA * To indicate movement and route with **through**, **over**, or **along**. * To express an indefinite location with **nearby**, **around here**, or **somewhere here**.	**2. El DESTINO FINAL** 　To express the final destination and indicate direction.
- Esta mañana he paseado **por** del río. 　(*This morning I walked **along** the river.*) 　Where exactly he went is not described in detail. - Esta mañana he paseado **por** Madrid. 　(*This morning I walked **through** Madrid.*) 　The precise route, or the streets that were walked through, are not described in detail. - Tengo que pasar **por** el parque para llegar.. 　(*I have to go **through** the park to get to …*) 　He gives the route he has to take to get to a certain place. - Volamos **por** las montañas. 　(*We fly **over** the mountains.*) - ¿Hay alguna tienda **por** aquí? 　(*Is there any shop **nearby**?*) - La panadería está **por** aquí. 　(*The bakery is **around here**.*)	- Esta mañana he ido **para** la catedral. 　(*This morning I aimed **for** the cathedral.*) 　Also possible: Este mañana he ido a la catedral. 　*La catedral* is the final destination. - Vamos **para** casa. 　(*Let's go home* or *We are heading home.*) - Vamos **para** Barcelona. 　(*We're going **to** Barcelone.*) 　But this can also mean: 　(*We drive <u>in the direction</u> of Barcelone.*)

¡SPANISH FOR YOU!

3. **EN EL TIEMPO** *(In the time)* **There is no exact time given**. Example: por la mañana/por la tarde/ por la noche/por mayo/por vacaciones.	3. **EN EL TIEMPO** *(In the time)* **There is an exact time or deadline stated.**
- Mañana **por** la mañana me voy a la playa. *(Tomorrow **in** the morning I am going to the beach.)* Mañana **por** la noche me voy al cine. *(Tomorrow **at** night I will go to the cinema.)* Here there is no precise time specified. - Voy a Sevilla **por** Navidad. *(I'm going to Seville **for** Christmas.)* This is sometime at Christmas. - Llovió **por** un rato. *(It rained **for** a while.)*	- Voy a Sevilla **para** Navidad, el **24**.**12**. *(I'm going to Seville **for** Christmas, on **12/24**.)* - Estos deberes son **para** el lunes. *(These assignments are **for** Monday.)*
4. **LA DISTRIBUCIÓN** The distribution If you use *por*, each person gets the specified amount.	4. **LA DISTRIBUCIÓN** The distribution If you use *para*, each person gets one piece of the specified amount.
- Tengo cinco regalos **por** niño. *(I have five gifts per child.)* **Every** kid gets five presents: **per** child. - Tengo diez fotocopias **por** estudiante. *(I have ten photocopies per student.)* **Every** student gets ten copies: **per** student.	- Tengo cinco regalos, uno **para** cada niño. *(I have five gifts, one **for** each child.)* **Every** kid gets **one** present. - Tengo diez fotocopias, una **para** cada estudiante. *(I have ten photocopies, one **for** each student.)* **Every** student gets **one** copy.
5. **EL MEDIO** *(Through, with)* * Indicating the sort of medium. **With** what, for example, one is talking *(cellphone)*, or how one gets information (**through** newspaper, news). * How one sends information to another person. * Also, when something is happening **through** a window, a door, etc. - I see or throw something **through** a window. * As well it indicates un **medio de transporte** (= means of transportation).	5. **IF SOMEONE EXPRESSES HIS OPINION.** *(In his opinion ..., to be of this opinion.)*
- Él tiró las flores **por** la ventana. *(He threw the flowers **out** the window.)* - Hablar **por** teléfono. *(Talk **on** the phone.)* - Te envío las fotos **por** email. *(I'm emailing you the photos.)* - ¿Van a viajar **por** coche o **por** motocicleta? *(Are you traveling **by** car or motorbike?)*	- **Para** mí la alfombra es horrible. *(For me, the carpet is horrible.)* In his/her opinion, the carpet is horrible.

6. EXPRESAR EL INTERCAMBIO To express an exchange; like the purchase of something.	**6. IN VIEW OF SOMETHING**
- He comprado esta camiseta **por** 12 dólares. *(I bought this shirt **for** 12 dollars.)*	- Los zapatos son demasiado estrechos **para** su número. *(The shoes are too tight **for** his/her size.)*
7. INDICATE THE AGENT OF A PASSIVE CONSTRUCTION, *By* IN ENGLISH	**7. INDICATION OF THE EMPLOYER**
- El niño fue sorprendido **por** su madre. *(The boy was caught **by** his mother.)*	- Trabajo **para** el Parlamento Europeo. *(I work **for** the European Parliament.)*

Para is oriented to the **FUTURE** or the **GOAL**.
Por is more backward-looking or describes the **SOURCE**.

If you bear this in mind, you can tell the difference when two sentences are contrasted.

Lo hice **para** ti.   *(I did it **for** you.)*   Lo hice **por** ti.   *(I did it **because of** you.)*

EXERCISE 67

Completa con *por* o *para*.
Complete with *por* or *para*.

Example: Voy a Madrid para ver a mi pareja.

1. Nos perdimos ……. un bosque y tardamos cuatro horas en encontrar el sendero.
2. Bueno, aquí están las galletas. Nos tocan cuatro …….. persona.
3. Encontrar este piso fue una suerte. Lo compramos …….. la mitad de lo que vale ahora.
4. Pedro afirmó rotundamente que ha dejado el trabajo …….. su pareja, pero yo creo que lo ha hecho ……… él, solo …… él.
5. ¿……… quién son estos regalos?
6. Queremos hablar con la directora …….. ver qué nos dice.
7. Oye, no iremos a la playa …….. aquella carretera que tiene tantas curvas, ¿verdad?
8. Vale, perfecto, ¿por qué no me lo envías …….. fax?
9. ¿Puedes firmar tú …….. mí? Es que me duele muchísimo el dedo y no puedo escribir.
10. El documento va a tardar un poquito, pero llegará a tiempo …….. la tarde.
11. Señoras y señores, les estoy muy agradecida ………. este homenaje.

el bosque *(the wood, the forest)*; **tardar** *(to take)*; **encontrar** *(to find)*; **el sendero** *(the path, the trail)*; **la galleta** *(the cookie; BE the biscuit)*; **nos tocan** *(we get)*; **encontrar** *(to find)*; **la mitad** *(half)*; **afirmó rotundamente** *(stated clearly)*; **un regalo** *(a gift)*; **la carretera** *(the road)*; **la curva** *(the curve)*; **firmar** *(to sign)*; **el dedo** *(the finger)*; **va a tardar un poquito** *(it's going to take a while)*; **llegará a tiempo** *(be here in time)*; **agradecida** *(grateful)*

EXERCISE 68

Relaciona con la interpretación más adecuada.
Match the most appropriate interpretation.

1. Hemos visto el cuadro para la puerta de cristal …
2. Hemos visto el cuadro por la puerta de cristal …
    a) Han visto el cuadro hecho como decoración para una puerta.
    b) Han visto el cuadro detrás de la puerta de cristal.

3. Vamos a caballo por el bosque …
4. Vamos a caballo para el bosque …
    c) El bosque es el destino final adónde quieren llegar.
    d) Estamos cabalgando dentro del bosque.

5. He pintado un cuadro para mis padres …
6. He pintado un cuadro por mis padres …
    e) Porque ellos me lo han pedido.
    f) El cuadro es un regalo.

7. Han recogido el girasol para la ventana …
8. Han recogido el girasol por la ventana …
    g) Quieren poner el girasol en el alféizar.
    h) El girasol ha entrado a través de la ventana.

9. Escuchamos las noticias para el móvil …
10. Escuchamos las noticias por el móvil …
    i) Para entenderlas bien ponemos el móvil un poco alto.
    j) Tenemos que comprar un móvil.

la puerta de cristal *(the glass door)*; **una decoración** *(a decoration)*; **a caballo** *(a horse)*; **el bosque** *(the forest)*; **estamos cabalgando** *(we're riding)*; **he pintado** *(I've painted)*; **me lo han pedido** *(I was asked to)*; **recoger** *(to pick, to gather, to pick up, to collect, to take in, to fetch, to clear up)*; **el alféizar** *(the windowsill, the sill)*; **a tráves de la ventana** *(through the window)*; **las noticias** *(the news)*; **el móvil** *(the mobile, the cell phone)*; **entenderlas** *(understand them, understanding them)*; **ponemos** *(we put)*; **un poco alto/-a** *(a little high, a bit loud)*

EXERCISE 69

Este texto ha sido completado con *por* y *para*. Revísalo y descubre los errores.
This text has been completed with *por* or *para*. Check it and find the mistakes.

1. Soy Mustafa. Yo vine a Marruecos ...**para**... estudiar en una universidad. Vine para (1) ...... pasar los exámenes, pero por (2) .... problemas con un estudiante, no pude aprender bien. Vivo en una pensión que está por (3) .... la salida del Esmeraldo. Anteayer, quería visitar a mi tío en Sevilla, pero por (4) .... mis deberes me he quedado aquí. En breve, no creo que sea posible ir a Sevilla para (5) .... visitar a mi familia.

2. Llegué a esta ciudad para (6) .... mi tío. Mi tío quiso ampliar su taller para (7) .... mí. Vivo en su piso. Mi tío compró su taller para (8) .... 200.000 dólares. Mi familia es muy importante por (9) .... mí. Por (10) .... la mañana escuché las noticias por (11) .... la radio y para (12) .... la tarde fui a comer. Mi tío compraba el periódico todos los días y se enteró de la visita de la cantante peruana por (13) .... este espectáculo; por ello, mi tío me mandó esta noticia por (14) .... fax.

3. No sé por (15) ...... qué estás furioso con mi hijo Pedro. Es un niño muy amable. Ayer dieron un paseo por (16) .... el bosque y, de improviso, me enteré para (17) .... mi marido de tus problemas con Pedro. Fuimos por (18) .... casa y cenamos con mi madre para (19) .... discutir a fondo el asunto. Le he dicho sin rodeos lo que pienso de ti y que no sé por (20) .... qué tratas así a mi hijo. ¿Qué significa esto? No quiero que esto acabe en una riña; en el fondo, ¿para (21) .... qué sirve? Para (22) .... este inútil enfrentamiento, el otro día tu pareja incluso me empezó a insultar.

4. Anteayer por (23) .... la mañana estuve por (24) .... la galería comercial, compré un pañuelo por (25) ...... mi hija. Un pañuelo hermoso, lo compré para (26) .... 10 dólares. Cuando salí de la galería comercial para (27) .... llevar el pañuelo a mi casa, me encontré a mis vecinos y charlamos de la contaminación del medio ambiente. Después, para (28) .... la tarde, limpié mi casa. Mi hija tenía que guardar cama para (29) .... la gripe. Salí para (30) .... comprar medicamentos porque nuestro médico no tiene consulta hoy.

los exámenes *(the exams, the tests)*; **el problema** *(the problem)*; **un estudiante** *(a student)*; **una pensión** *(a pension)*; **la salida de** *(the exit of, outside)*; **los deberes** *(the homework)*; **me he quedado** *(I have stayed)*; **en breve** *(soon, in the near future)*; **posible** *(possible)*; **visitar** *(to visit, to see)*; **llegué** *(I came, I arrived)*; **quiso** *(wanted to, he/she wanted)*; **ampliar** *(to expand, to extend)*; **un taller** *(a workshop, an atelier, a repair shop)*; **el periódico** *(the newspaper, the journal)*; **se enteró** *(he/she found out, was informed)*; **la visita** *(the visit, the tour)*; **el espectáculo** *(the show, the performance)*; **me mandó** *(sent me)*; **la noticia** *(the notice, the news, the story)*; **furioso** *(furious, angry, enraged)*; **dieron un paseo** *(took a walk)*; **de improviso** *(suddenly, unexpectedly)*; **me enteré** *(I heard, I found out)*; **discutir** *(to discuss)*; **a fondo del asunto** *(the substance of the case, bottom of this)*; **sin rodeos** *(bluntly, straight)*; **tratas así** *(how you treat)*; **¿Qué significa esto?** *(what this means?)*; **acabe en** *(end up in)*; **una riña** *(a fight, a quarrel)*; **inútil enfrentamiento** *(useless confrontation)*; **incluso** *(even, including)*; **me empezó a insultar** *(he/she began to insult me)*; **estuve** *(I was)*; **una galería comercial** *(shopping arcade, shopping gallery, shopping mall)*; **un pañuelo** *(a scarf)*; **hermoso/-a** *(beautiful, lovely)*; **llevar** *(to take, to bring, to carry)*; **los vecinos** *(the neighbors)*; **charlamos** *(we chatted, we talked)*; **la contaminación del medio ambiente** *(the environmental pollution)*; **después** *(after, then, afterwards)*; **limpié** *(I cleaned up)*; **guardar cama** *(stay in bed)*

LECCIÓN 18
PRETÉRITO INDEFINIDO
THE SIMPLE PAST *(PRETERITE)*

The *pretérito indefinido* (simple past in English) is the second major past tense in Spanish, which will be explained in detail in this lección. Therefore, this lección begins with Spanish texts using the *pretérito indefinido*.

Then the distinction between the *pretérito indefinido* and the *pretérito perfecto* will be explained and practiced with lots of exercises.

Grammar
* Different time indicators of *pretérito perfecto* and *pretérito indefinido*
* *Pretérito indefinido* - regular, irregular and completely irregular verbs
* To distinguish between *pretérito perfecto* and *pretérito indefinido*

Una experiencia increíble
An incredible experience

Translation no. 18

José	En 1994, **me trasladé** a París y **viví** allí durante algunos años. **Estudié** ciencias naturales en una universidad. **Fueron** los años más felices de mi vida.
Alberto	El año pasado **fui** a Londres y **compré** mucha ropa. Me **sentí** fantástico.
María	Hace unos meses **me casé** en una iglesia.
Rosa	Hace unos años **hice un viaje en** vela hacia Grecia con mis amigos. En el Egeo **nadamos** y **buceamos** mucho. ¡**Hizo** un tiempo maravilloso!

Carlos Saura

Translation no. 19

Nació en Huesca, Aragón, en 1932. Durante la Guerra Civil Española, sus padres se fueron a vivir de Madrid a Valencia y después a Barcelona.

En primer lugar, empezó a estudiar ciencias de ingeniería. En 1952, fue estudiante en el Instituto de Investigaciones y Experiencias Cinematograficas. En 1957, estrenó su primer largometraje, *La Tarde del Domingo*.

En los años 1965 - 1983 ganó varios premios en Berlín y Cannes con muchas películas:

La Caza (1965), Peppermint Frappé (1967), La Prima Angélica (1973), Cría Cuervos (1975) y *Carmen (1983)*.

Su película más famosa, *Cría Cuervos,* salió en 1975 y fue un gran éxito.

The pretérito indefinido is a past tense form used for **an action that was completed in the past and is unrelated to the present**. When you discuss it, you are completely removed from the time unit in which it happened. The actions and events were completed at some point in the past.

The following words distinguish *the pretérito perfecto* from *the pretérito indefinido* = **expressions temporales**.

Pretérito perfecto *(Past actions that are related to the present or have just been completed)*	Pretérito indefinido *(Completed unique actions in the past or events that interrupt another action)*
hoy *(today)*	ayer *(yesterday)* - completed, no relation to the present
esta semana *(this week)*	la semana pasada *(last week)*
este mes/este año *(this month/this year)*	el mes pasado/el año pasado *(last month/last year)*
últimamente *(lately)*	ese mes/ese año *(A point in time which is a little further away)*
aún *(still)*	aquella semana, aquel año *(A point in time which is very far away)*
ya *(already)*	hace dos años *(two years ago)*
siempre *(always)*	en junio … *(= an exact date)*
recientemente *(recently)*	de repente *(suddenly)*
nunca *(never)*	anteayer *(the day before yesterday)*
todavía *(still) - not today, but the possibility exists in the future*	anoche *(last night)*

To form *the pretérito indefinido*, the ending of the infinitive of the verb must be changed as follows.

	-ar	**-er/-ir**
Yo	-é	-í
Tú	-aste	-iste
Él/ella/usted	-ó	-ió
Nosotros/-as	-amos	-imos
Vosotros/-as	-asteis	-isteis
Ellos/ellas/ustedes	-aron	-ieron

	hablar *(to talk, to speak)*	**estudiar** *(to study)*	**comer** *(to eat)*	**vivir** *(to live)*
(**yo**)	hablé	estudié	comí	viví
(**tú**)	hablaste	estudiaste	comiste	viviste
(**él/ella/usted**)	habló	estudió	comió	vivió
(**nosotros/-as**)	hablamos	estudiamos	comimos	vivimos
(**vosotros/-as**)	hablasteis	estudiasteis	comisteis	vivisteis
(**ellos/ellas/ustedes**)	hablaron	estudiaron	comieron	vivieron

Here you can see that the changed verb form in the 1st person plural *(e.g., estudiamos)* is the same as in the present. Whether it is the present or the past can therefore only be determined from the context. In addition, there are forms in the <u>pretérito indefinido</u> and the <u>present tense</u>, which differ only by an accent.

Example:

at presente	*at indefinido*
yo habl**o**	él/ella/usted habl**ó**
yo bail**o**	él/ella/usted bail**ó**
yo entr**o**	él/ella/usted entr**ó**

For verbs ending in a vowel, the *i* becomes an *y* in the 3rd person singular and the 3rd person plural.

	caer *(to fall)*	**oír** *(to hear)*	**leer** *(to read)*
(**yo**)	caí *(I fell)*	oí *(I heard)*	leí *(I read)*
(**tú**)	caíste *(you fell)*	oíste *(you heard)*	leíste *(you read)*
(**él/ella/usted**)	ca**y**ó *(he/she fell/ you fell—formal, singular)*	o**y**ó *(he/she heard/ you heard—formal, singular)*	le**y**ó *(he/she read/ you read—formal, singular)*
(**nosotros/-as**)	caímos *(we fell)*	oímos *(we heard)*	leímos *(we read)*
(**vosotros/-as**)	caísteis *(you fell) [informal, plural]*	oísteis *(you heard) [informal, plural]*	leísteis *(you read) [informal, plural]*
(**ellos/ellas/ustedes**)	ca**y**eron *(they fell/ you fell—formal, plural)*	o**y**eron *(they heard/ you heard—formal, plural)*	le**y**eron *(they read/ you read—formal, plural)*

Irregular verbs in the *Pretérito Indefinido*

There are quite a few irregular verbs. The verbs have an irregular stem, but the endings are always the same.

Infinitive	Verb irregular	Yo	Tú	Él	Nosotros	Vosotros	Ellos
Estar *(to be)*	**Estuv-**	-e	-iste	-o	-imos	-isteis	-ieron
Andar *(to walk)* In Spain, it is pronounced *yo ande*.	**Anduv-**	-e	-iste	-o	-imos	-isteis	-ieron
Tener *(to have)*	**Tuv-**	-e	-iste	-o	-imos	-isteis	-ieron
Haber *(have)*	**Hub-**	-e	-iste	-o	-imos	-isteis	-ieron
Poder *(to be able)*	**Pud-**	-e	-iste	-o	-imos	-isteis	-ieron
Poner *(to put)*	**Pus-**	-e	-iste	-o	-imos	-isteis	-ieron
Saber *(to know)*	**Sup-**	-e	-iste	-o	-imos	-isteis	-ieron
Caber *(to fit into)*	**Cup-**	-e	-iste	-o	-imos	-isteis	-ieron
Venir *(to come)*	**Vin-**	-e	-iste	-o	-imos	-isteis	-ieron
Querer *(to want)*	**Quis-**	-e	-iste	-o	-imos	-isteis	-ieron
Hacer *(to make)*	**Hic-/z-**	-e	-iste	hizo	-imos	-isteis	-ieron
Decir *(to say)*	**Dij-**	-e	-iste	-o	-imos	-isteis	-eron
Traer *(to bring)*	**Traj-**	-e	-iste	-o	-imos	-isteis	-eron
This group of verbs has another irregularity in the **3rd** person plural because the *i* is omitted. Here it is not *-ieron* but *-eron*							
Conducir *(to drive)*	**Conduj-**	-e	-iste	-o	-imos	-isteis	-eron
Traducir *(to translate)*	**Traduj-**	-e	-iste	-o	-imos	-isteis	-eron
Producir *(to produce)*	**Produj-**	-e	-iste	-o	-imos	-isteis	-eron
Reducir *(to reduce)*	**Reduj-**	-e	-iste	-o	-imos	-isteis	-eron
This group of verbs on *-ucir* have the stem in indefinido *-uj*							

Decir

As previously mentioned and shown again in more detail below, this is an exception. The 3rd person plural is not *dij**i**eron*, but rather *dij**eron***, because the *i* is omitted.

	decir *(to say)*	**conseguir** *(to achieve)*
(yo)	dije *(I said)*	conseguí *(I achieved)*
(tú)	dijiste *(you said)*	conseguiste *(you achieved)*
(él/ella/ usted)	dijo *(he/she said/ you said—formal, singular)*	consiguió *(he/she achieved/ you achieved—formal, singular)*
(nosotros/-as)	dijimos *(we said)*	conseguimos *(we achieved)*
(vosotros/-as)	dijisteis *(you said) [informal, plural]*	conseguisteis *(you achieved) [informal, plural]*
(ellos/ellas/ ustedes)	dijeron *(they said/ you said—formal, plural)*	consiguieron *(they achieved/ you achieved—formal, plural)*

¡SPANISH FOR YOU!

IRREGULAR VERBS IN WHICH VOWEL AND CONSONANT CHANGES

In some *-ir* verbs, the *e* of the stem changes into *i*. In others, the *i* becomes *y* (incluir). This happens in the 3rd person singular (**él, ella, usted**) and plural (**ellos, ellas, ustedes**). Other verbs like pedir are: **despedir** *(to say goodbye)*; **elegir** *(to choose)*; **reír(se)** *(to laugh)*; **repetir** *(to repeat)*; **servir** *(to serve)*; **vestir(se)** *(to dress)*; **preferir** *(to prefer)*; **mentir** *(to lie)*; **divertirse** *(to have fun)*; **corregir** *(to correct)*; etc. There are also verbs in which the *o* of the stem changes into *u*, in the 3rd person singular and plural, for example, **morir** *(to die)*, **dormir**.

	incluir *(to include)*
(**yo**)	incluí *(I included)*
(**tú**)	incluiste *(you included)*
(**él/ella/usted**)	inclu**y**ó *(he/she included/you included—formal, singular)* **Look out**! Here the *i* changes to *y*.
(**nosotros/-as**)	incluimos *(we included)*
(**vosotros/-as**)	incluisteis *(you included) [informal, plural]*
(**ellos/ellas/ustedes**)	inclu**y**eron *(they included/you included—formal, plural)* **Look out**! Here the *i* changes to *y*.

	pedir *(to ask for)*	**dormir** *(to sleep)*	**sentir** *(to feel)*
(**yo**)	pedí *(I asked for)*	dormí *(I slept)*	sentí *(I felt)*
(**tú**)	pediste *(you asked for)*	dormiste *(you slept)*	sentiste *(you felt)*
(**él/ella/usted**)	p**i**dió *(he/she asked for/ you asked for—formal, singular)*	d**u**rmió *(he/she slept/ you slept—formal, singular)*	s**i**ntió *(he/she felt/ you felt—formal, singular)*
(**nosotros/-as**)	pedimos *(we asked for)*	dormimos *(we slept)*	sentimos *(we felt)*
(**vosotros/-as**)	pedisteis *(you asked for) [informal, plural]*	dormisteis *(you slept) [informal, plural]*	sentisteis *(you felt) [informal, plural]*
(**ellos/ellas/ustedes**)	p**i**dieron *(they asked for/ you asked for—formal, plural)*	d**u**rmieron *(they slept/ you slept—formal, plural)*	s**i**ntieron *(they felt/ you felt—formal, plural)*

There are also **irregular verbs** that have the endings *-ar*. Here in the 1st person singular, the last letter in the stem changes. The final verb endings are the same as those of regular -ar verbs.

	z to **c** organizar *(to organise)*	**g** to **gu** llegar *(to arrive)*	**c** to **qu** atacar *(to attack)*
(**yo**)	organi**cé** *(I organised)*	lle**gué** *(I arrived)*	ata**qué** *(I attacked)*
(**tú**)	organizaste *(you organised)*	llegaste *(you arrived)*	atacaste *(you attacked)*
(**él/ella/usted**)	organizó *(he/she organised/you organised—formal, singular)*	llegó *(he/she arrived/you arrived—formal, singular)*	atacó *(he/she attacked/you attacked—formal, singular)*
(**nosotros/-as**)	organizamos *(we organised)*	llegamos *(we arrived)*	atacamos *(we attacked)*
(**vosotros/-as**)	organizasteis *(you organised) [informal, plural]*	llegasteis *(you arrived) [informal, plural]*	atacasteis *(you attacked) [informal, plural]*
(**ellos/ellas/ustedes**)	organizaron *(they organised/ you organised—formal, plural)*	llegaron *(they arrived/you arrived—formal, plural)*	atacaron *(they attacked/you attacked—formal, plural)*

COMPLETELY IRREGULAR VERBS

	ser *(to be)* + **ir** *(to go)*	**dar** *(to give)*	**ver** *(to see)*
(**yo**)	fui	di *(I gave)*	vi *(I saw)*
(**tú**)	fuiste	diste *(you gave)*	viste *(you saw)*
(**él/ella/usted**)	fue	dio *(he/she gave/you gave—formal, singular)*	vio *(he/she saw/you saw—formal, singular)*
(**nosotros/-as**)	fuimos	dimos *(we gave)*	vimos *(we saw)*
(**vosotros/-as**)	fuisteis	disteis *(you gave) [informal, plural]*	visteis *(you saw) [informal, plural]*
(**ellos/ellas/ustedes**)	fueron	dieron *(they gave/you gave—formal, plural)*	vieron *(they saw/you saw—formal, plural)*

Ir and *ser* have the same forms. They can only be distinguished by the context.

Example: Yo fui alumna de la universidad.   *(I was a student at the university.)*
                  Yo fui a la universidad en coche.   *(I went to the university by car.)*

The *pretérito indefinido* of *hay (there is)* is **hubo**.

Example: Ayer hubo una fiesta.   *(Yesterday there was a party.)*

EXERCISE 70

Completa el siguiente texto con los verbos conjugados en pretérito indefinido.
Complete the following text with conjugated verbs in *el pretérito indefinido*.

¿Cómo estás? La semana pasada (1) ………… (recibir, yo) tu noticia. Todo ha ido bien, estoy contentísima. La escuela de idiomas en Berlin es fantástica.

En abril 2015 (2), ………. (ir, yo) por unos meses allí. En principio, aprender alemán (3) ……… (ser, él) muy difícil para mí. No soy un talento en idiomas, pero (4) ………… (continuar, yo) con el curso. La escuela es muy buena y los profesores me (5) ………. (ayudar, ellos) con la gramática.

(6) ……….. (Vivir, yo) con una familia en un piso y (7) ………. (habitar, yo) solo una pequeña habitación sin mesa, pero me (8) …………… (acostumbrar, yo) a las circunstancias. Las comidas (9) ……………. (estar, ellas) muy ricas.

Además (10) ………… (tener, yo) un buen tiempo con mis compañeros de clase en Berlín. Muchas veces (11) …………… (salir, nosotros) por la noche a bares y restaurantes. En Berlín hay varios barrios de marcha. Una vez (12) ………….. (visitar, nosotros) una función con el titulo *Fausto*. La obra *Fausto* de Goethe es una tragedia. El argumento de la tragedia es muy emocionante y (13) ………… (estar, nosotros) emocionados. En la obra habían escenas que mostraban la desesperación de los protagonistas. Al final de la representación todos los actores (14) ………… (salir, ellos) al escenario. Los espectadores (15) ………… (aplaudir, ellos) entusiasmados. Te recomiendo esta obra. ¡Qué ciudad más bonita! (16) ……………… (gustar, a mí) todos los museos y (17) ……………… (ver, nosotros) algunos palacios y el centro de la ciudad (18) que …………… (encantar, a mí). Berlín es increíble. ¡Disfrútalo! Hasta luego,   Sofía

¡SPANISH FOR YOU!

EXERCISE 71

Completa conjugando en pretérito indefinido con los verbos que se presentan.
Complete by conjugating the given verbs in *the pretérito indefinido*.

Nacer	empezar	aprender
(to be born)	*(to begin)*	*(to learn)*

irse	sentirse
(to leave)	*(to feel)*

………… en Inglaterra en 1921, pero poco después …………. a vivir a España con su tía. Desde muy pronto ……………. atraída por la cultura española ……………. sus comidas y el flamenco, su lenguaje, y ……………. a parecerse a los españoles.

empezar	hacerse	apartarse
(to begin)	*(to become)*	*(to withdraw)*

mantener	tener
(to keep)	*(to have)*

………… a hacer comedia en los años 30, pero ………… célebre sólo entre los años 40 y 60. En estos años ……………. una relación amistosa con el actor José López. En los años 65, la actriz …………. dificultades de salud y por ese motivo ……………. de mundo del espectáculo.

colaborar	hacer	publicarse	morir	regresar
(to collaborate)	*(to do, to make)*	*(to be published)*	*(to die)*	*(to come back)*

Carmen …………. en un espectáculo mediático gracias a su amistad con Bigas Luna, director de cine español. ……………. en las direcciones de las películas *Bilbao* y *Lola* trémula e ……………. una breve actuación en *Bambola*. En 2012, ……………. su biografía y ……………. en abril de 2013.

EXERCISE 72

Completa las frases conjugando en pretérito indefinido con los verbos que se presentan.
Complete the phrases by conjugating the given verbs in *the pretérito indefinido*.

1. (1)(Nacer) ………… en Sevilla, España, en 1876 y (2)(viajar) ………… a Francia, donde (3)(aprender) ……………. la técnica vocal. A los 21 años (4)(casarse) ……………. con Paula Blanca. (5)(Ingresar) ……………. en la banda "Mosquito," con la que (6)(producir) ……………. muchas canciones. A partir de 1920 (7)(sufrir) ……………. varias dificultades que (8)(influir) ……………. en su música. Entonces (9)(comenzar) ……………. a hacer deporte. (10)(Morir) ……………. en 1940, en Málaga.

2. (1)(Nacer) ………… en Argentina, en 1917. Su madre (2)(ser) ………… escritora y su tía (3)(ser)………… escritora y también (4)(tocar) ……………. el violín. En 1940 (5)(casarse) ……………. y, después, (6)(tener) ……………. tres niños. En 1995 (7)(abandonar) ……………. Argentina a causa del golpe militar y (8)(exiliarse) …………. en

España. En 1992 (9)(morir) .... su tía Carmen, lo que le (10)(llevar) .... a escribir un guión sobre ella. En 1984 (11)(recibir) .... el premio Nobel y en 1985 ya era la autora de muchos súper ventas. En 1981 (12)(publicarse) .... su libro más famoso: Mis gatos.

3. (1)(Nacer) .... en Cádiz en 1900. En 1918 (2)(trasladarse) .... a Sevilla, donde (3)(ingresar) .... en una universidad. En 1922 (4)(ir) .... a Montpellier, donde (5)(organizar) .... un espectáculo. Tres años después (6)(volver) .... a vivir en Montpellier, donde (7)(conocer) .... a Paulina. Después, (8)(pintar) .... su primer cuadro. En 1956 (9)(empezar) .... a viajar, pero (10)(volver) .... de nuevo a Montpellier, donde (11)(pintar) .... otro cuadro famoso. (12)(Casarse) .... tres veces y (13)(tener) .... dos hijas. En 1965 (14)(instalarse) .... en París y, poco después, (15)(pintar) .... el tercer cuadro. (16)(Morir) .... en 1983 en París.

4. (1)(Nacer) .... en Málaga en 1930. (2)(Estudiar) .... el oficio de actor y (3)(licenciarse) .... en una escuela de arte dramático. En 1950 (4)(comenzar) .... a trabajar en un teatro. Su éxito como actriz (5)(llegar) .... en 1976 con la película *El cuadro de mis amigos*, que (6)(obtener) .... el Premio Cinematográfico y (7)(convertirse) .... en un éxito mundial. En 1986 ya (8)(ser) .... una actriz famosa. En 1982 (9)(conseguir) .... un premio por la película *La Cetrería*. En 1996 *Las Armas* (10)(obtener) .... un premio también. (11)(Morir) .... en 1987 en Barcelona.

EXERCISE 73

Completa las frases con la forma del pretérito indefinido que corresponda.
Complete the sentences with the correct form of *the pretérito indefinido*.

1. En su época, la emperatriz Sisi (ella, ser) .... famosa por su belleza.
2. Los inmigrantes (ellos, poblar) .... primero las costas.
3. La Segunda Guerra Mundial (ella, empezar) .... en 1939 y (ella, acabar) .... en 1945.
4. España (ella, vivir) .... una guerra civil.
5. En la Guerra Civil de España, muchos (ellos, luchar) .... contra el fascismo.
6. Los colonos blancos (ellos, torturar) .... a muchos indios.
7. Mis abuelos (ellos, meter) .... un montón de dinero en su empresa.
8. Podías montar a caballo muy bien, pero nunca (tú, poder) .... más después del accidente.
9. Me (ella, salvar) .... la vida.
10. En 1980 (yo, encontrar) .... esas muñecas y me acostaba con ellas en la cama temprano, pero (yo, dormir) .... siempre profundamente.
11. El sábado pasado, después del veterinario, mi gato (él, vomitar) ....
12. En 2002 (vosotros, interpretar) .... la obra de teatro *Hamlet*.
13. Hace seis meses, (vosotros, superar) .... una crisis.
14. Carmen (ella, saber) .... de todo, incluido la gramática.
15. Después de la reunión no (ellos, decir) .... nada más.
16. Después de haber hecho una cura, no (ellos, poder) .... trabajar nunca más.
17. Mi marido me (él, mentir) .... y (yo, sentirse) .... fatal.
18. Mis padres (ellos, morir) .... como consecuencia del accidente.
19. Ayer en la fiesta, (tú, mentir) .... en varios momentos.

20. Los maestros (distribuir) .... a los alumnos en grupos.
21. La opinión pública no (ella, influir) .... para nada en la decisión del gobierno.
22. Los griegos (ellos, tener) .... la primera democracia y esa nación (él, construir) .... la Acrópolis.
23. Juan y yo (nosotros, elegir) .... el perro con la piel blanco, porque (nosotros, preferir) .... colores claros.
24. Pedro y yo (nosotros, fantasear) .... sobre un mundo sin guerras.
25. Ayer, (yo, llorar) .... de tanto reírme de tus tonterías.

DIFFERENTIATION BETWEEN *PRETÉRITO PERFECTO* AND *PRETÉRITO INDEFINIDO*

1. The **pretérito perfecto** is used to speak of a general experience in the past—the moment when this action took place is not important.

    Example: Le ha mentido alguna vez a un amigo.
    (He has lied to a friend on occasion.)

    Se ha teñido el pelo de otro color.
    (She has dyed her hair another color.)

    Ha hecho autostop.
    (He has hitch-hiked.)

    There is no exact time or precise information about a point in time.

2. **Pretérito perfecto** is used when the actions are related to the present.

    Example: Ha visto alguna exposición este año.
    (He has seen some exhibitions this year.)

    Ha ido al cine este mes.
    (He has gone to the movies this month.)

3. **Pretérito indefinido** is used for past actions that have no relation to the present.

    Example: Estuvo enfermo/-a el mes pasado.
    (He/She was sick last month.)

    Anteayer vio la televisión.
    (The day before yesterday, he watched television.)

EXERCISE 74

Subraya la opción correcta.
Underline the correct option.

- Lo que ha hecho/hizo este jugador últimamente no ha sido/fue juego limpio.
- Pero hace un año este jugador ha sido/fue la estrella del equipo de fútbol.

- Nunca he jugado/jugué al golf.
- ¿Es verdad? A mi hija le encanta el golf. Le he regalado/regalé palos de golf este mes por su cumpleaños.

- Me han llamado/llamaron para una entrevista de trabajo.
- Para esa posición vacante se han presentado/presentaron 50 personas.

- Hace 15 años Carmen ha estudiado/estudió mucho sobre su especialidad.
- Carmen ha tenido/tuvo diez años de experiencia profesional.

el jugador *(the player)*; **el juego limpio** *(the fair play)*; **la estrella del equipo** *(the star player)*; **los palos de golf** *(the golf clubs)*; **la entrevista de trabajo** *(the job interview)*; **la posición vacante** *(the vacant position)*; **la especialidad** *(the area of expertise, the specialty)*; **la experiencia profesional** *(the professional experience)*

EXERCISE 75

Busca el error.
Find the error.

1.
- Ayer mi madre se ha vuelto loca. Tengo miedo.
- ¿Hasta ahora no has llamado al médico?

2.
- Nunca estuve en el desierto de Arizona.
- Hace un año he viajado al desierto de Arizona. Fue maravilloso.

3.
- ¡Hola José! Monté a caballo. Me encanta.
- ¿Es verdad? Ayer he montado a caballo también.

4.
- En 2008 España envió a 18 competidores y la victoria del nadador español fue una sorpresa.

5.
- Hemos hecho muchas veces excursiones maravillosas por esa montaña.
- Pues nunca he estado ahí.

el desierto de *(the desert of)*; **maravilloso/-a** *(marvelous)*; **los competidores** *(the competitors)*; **la victoria** *(the victory)*; **el nadador** *(the swimmer)*; **una sorpresa** *(a surprise)*; **una excursión** *(an excursion)*

EXERCISE 76

Completa las frases con los verbos en el tiempo del pasado apropiado (pretérito perfecto o pretérito indefinido).
Complete the sentences with the verbs in the appropriate past tense (pretérito perfecto or pretérito indefinido).

1. Ayer (yo, comer) ………… una pera.
2. También (yo, comprar) ………………. un nuevo colchón; tu espalda te lo agradecerá.
3. Últimamente (nosotros, ir) ………….. en avión a Madrid muchas veces.
4. Cristóbal Colón (él, cruzar) ………… el Océano Atlántico con un barco.
5. En 1939 Franco (él, asumir) ………….. el poder en España.
6. El invierno pasado se le (él, congelar) ………… un dedo.
7. Siempre (yo, tomar) …………. la palabra en las reuniones del personal de la empresa.
8. Ayer (yo, descubrir) …………. un secreto de mi marido.
9. La pieza de música la (nosotros, grabar) …………. muchas veces.
10. Nunca (yo, romper) …………. una ventana.
11. La semana pasada (vosotros, cantar) …………. en la calle.
12. Los indios (ellos, luchar) …………. encarnizadamente contra los blancos.
13. Muchos países (ellos, traficar) …………. con armas.
14. Nunca (yo, forzar) …………. un coche.
15. Esta vez (tú, comer) ………… con moderación.
16. En agosto (yo, echar) ………… a mi marido de casa.
17. Ayer el jugador (él, meter) ……….. un gol.
18. A mí nadie me (él, regalar) ……………… nada en esta vida.
19. Aún les (ellos, ayudar) ……………. a los refugiados a atravesar ilegalmente la frontera.
20. Nunca (yo, tocar) ………… la flauta.

también *(also, too, as well)*; **el colchón** *(the mattress)*; **te lo agradecerá** *(will thank you for it)*; **últimamente** *(lately, recently)*; **el avión** *(the airplaine)*; **cruzar** *(to cross)*; **el Océano Atlántico** *(the Atlantic Ocean)*; **un barco** *(a boat, a ship)*; **asumir el poder** *(to assume power)*; **pasado/-a** *(past, last)*; **congelar** *(to freeze)*; **la palabra** *(the word)*; **las reunions** *(the meetings)*; **la empresa** *(the company)*; **descubrir** *(to discover)*; **un secreto** *(a secret)*; **la pieza de música** *(the piece of music)*; **grabar** *(to record, to tape)*; **romper** *(to break)*; **cantar** *(to sing)*; **los indios** *(the Indians)*; **luchar** *(to fight)*; **encarnizadamente** *(fiercely)*; **contra** *(against)*; **traficar** *(to traffic, to deal)*; **las armas** *(the weapons)*; **forzar** *(break into)*; **con moderación** *(with moderation)*; **echar** *(to kick out)*; **meter un gol** *(to score a goal)*; **regalar** *(give someone something)*; **la vida** *(the life)*; **ayudar** *(to help)*; **los refugiados** *(the refugees)*; **atravesar** *(to cross, to go through)*; **ilegalmente** *(illegally)*; **la frontera** *(the border)*; **tocar** *(to play, to perform)*; **la flauta** *(the flute)*

EXERCISE 77

¿De qué están hablando? Subraya la opción más probable.
Who is being talked about? Underline the most likely option.

1. Alguien ha encerrado a María Stuart.
    a) María Stuart es la reina de Escocia.
    b) María Stuart es mi perra.

2. Ese asunto mostró muy poco potencial.
    a) Este mes.
    b) En 2005.

3. Le ha tocado la lotería.
    a) El año pasado.
    b) Esta semana.

4. Fue una boda bonita.
    a) Este año.
    b) Hace dos años.

5. Ha sido terrible para África.
    a) Muchos niños mueren de hambre.
    b) La era de sin fuego.

6. Fue una transformación para todo del mundo.
    a) La invención del avión.
    b) La era de la energía atómica.

EXERCISE 78

Subraya la forma más adecuada en cada contexto.
Underline the most appropriate form, depending on the context.

1. Estos niños cantan como los ángeles. Hace tres años han empezado/empezaron a cantar.
   Pero últimamente uno de ellos ha dejado/dejó de cantar en el coro.
2. Dicen que *la Biblia* y *Don Quijote* son los dos libros más vendidos de la historia. Nunca he leído/leí *la Biblia*.
   Últimamente he pensado/pensé en comprar *Don Quijote*.
3. Cuando estoy en la fiesta de la empresa hay mucha palabrería durante toda la noche.
   Este año no fui/he ido a la fiesta.
   ¿Por qué no? Me encanta. Siempre he bebido/bebí mucho en la fiesta de la empresa.
4. ¿Qué tal si damos un paseo por el pinar? Últimamente has tenido/tuviste mucho estrés.
   Lo siento, no puedo. Ayer me he torcido/torcí el pie.

EXERCISE 79

Completa estas frases conjugando los verbos en pretérito perfecto o en pretérito indefinido. Fíjate en los marcadores temporales.

Complete these sentences by conjugating the verbs in *pretérito perfecto* or *pretérito indefinido*. Look at the temporal expressions.

1. Últimamente nuestro pueblo (cambiar) .... totalmente de aspecto.
   ¿Hace un mes (construirse) .... una nueva iglesia?
   Sí, sí, la semana pasada (abrir) .... también un parque muy grande en el centro del pueblo.

2. *Los Vampiros* es una película de siete horas de duración. Nunca (ver) .... esa película.
   Siempre me (gustar) .... los vampiros, pero esta película es increíblemente espeluznante.

3. Ayer (ver) .... volar un papagayo cerca de mi casa, pero mis hijos no lo (ver) ....
   ¿Es verdad? Me han dicho que todavía hoy por la mañana una bandada de papagayos (hacer) .... un alto en el parque.

4. Ayer, ¿a qué hora (comenzar) .... la comedia?
   Pues creo que (ser) .... muy tarde. No me acuerdo.

5. Mi marido siempre (beber) .... tres cervezas todas las noches. No me gusta mucho.
   Da igual. Nunca me (excitar) .... porque mi novio beba un poco de alcohol.
   Lo peor es que la semana pasada mi marido (empezar) .... a cantar mientras veía la televisión.

6. Ayer (ser) .... despedido.
   ¿Qué (pasar) ....?
   Ayer ellos (afirmar) .... rotundamente que desde hace tiempo (yo, hurtar) .... dinero de la casa.
   Mentiras y engaños.

7. ¿Hace diez años tú (vivir) .... en Sevilla durante algún tiempo? ¿Qué te (parecer) .... la ciudad?
   ¡Me (encantar) ....!

cambiar *(to change)*; **totalmente** *(completely)*; **de aspecto** *(look)*; **construirse** *(be built)*; **el pueblo** *(the village, the town)*; **de duración** *(in length)*; **espeluznante** *(spooky, frightening)*; **el papagayo** *(the parrot)*; **es verdad** *(it's true)*; **una bandada** *(a flock, a bunch)*; **hacer un alto** *(to make a stop)*; **comenzar** *(to start, to begin)*; **la comedia** *(the comedy, the sitcom)*; **no me acuerdo** *(I don't remember)*; **da igual** *(anyway, whatever)*; **excitar** *(to get excited)*; **lo peor** *(worst, what's worse)*; **mientras** *(during, while)*; **despedido** *(fired)*; **afirmar** *(to claim)*; **rotundamente** *(strongly, roundly)*; **hurtar** *(to steal)*; **las mentiras** *(the lies)*; **los engaños** *(the tricks, the deceptions)*; **algún tiempo** *(some time)*

LECCIÓN 19
STRONG LANGUAGE AND IDIOMATIC EXPRESSIONS IN SPANISH

This lección includes typical Spanish expressions and idiomatic phrases that are very common in colloquial language.

qué + adjective	¡Qué guapo/-a/horrible/bonito/-a! *(How handsome/horrible/beautiful!)*
qué + substantive	¡Qué maravilla/horror/gracia! *(What a wonder!/what a horror!/what a grace!)*
qué + substantive + **tan/más** + adjective	¡Qué día **tan/más** estupendo! *(What a great day!)*

Spanish colloquial language	Persons	Things	Situations
¡Qué vergüenza! *(What a shame!)*			¡Qué vergüenza! = negative
¡Qué chulo/-a! *(How arrogant or mouthy - AE, cocky - BE) (+ How cool!; How neat!)*	¡Qué chulo/-a! – If it is applied to people, it has a negative meaning.	¡Qué chulo/-a! – If it is applied to things, it has a positive meaning (e.g., someone talking about his mobile phone [AE cellular phone]).	
¡Qué mono/-a! *(How cute!)*	¡Qué mono/-a! For a person or an animal that is cute, lovely or pretty.	¡Qué mono/-a! For things - chic or lovely (e.g., a friend's jacket).	
¡Qué majo/-a! *(How nice!)*	¡Qué majo/-a! Applied to a person who seems to be very personable in character = talking about a personality in a good way.		
¡Qué rollo! *(What a pain!; What a drag!; How boring!)*			¡Qué rollo! = negative
¡Qué palo! *(How embarrassing!)*			¡Qué palo! For someone in an unpleasant situation.
¡Qué aburrimiento! *(What a drag!; What a bore!)*			¡Qué aburrimiento! = negative
¡Qué faena! *(What a drag or pain!)*			¡Qué faena! Someone is in a situation where he has a problem. In **Mexico**, it's almost exclusively a bullfighting term.
¡Qué suerte! *(How lucky!)*			¡Qué suerte! = positive
¡Qué guapo/-a! *(How handsome!)*	¡Qué guapo/-a! If you think a person is good-looking.		

¡Qué encanto! (How delightful!)			¡Qué encanto! = positive
¡Qué divertido/-a! (How fun!; It's so much fun!)	A funny person.		¡Qué divertido/-a! = positive
¡Qué gracioso/-a! (That funny!)	A funny person.		¡Qué gracioso/-a! = positive
De puta madre Here *de* is important, *tu puta madre* is a very bad expression for someone else.	*De puta madre*. This is said in Spain only among friends, it is a positive expression - terrific, great, awesome, super cool, brillant.		
Poner verde (Back-stabbing)	To badmouth someone.		
No tengo que pasta			"I have no money"; only among friends.
El principe azul	Expression for the perfect man.		
Dar a luz a un niño			Give birth to a child; literally: give to the light.
Estar a dos velas			Have no money, be broke; only among friends.
Hablar por los codos	Be a chatterbox, talk too much, talk one's head off.		
El ombligo del mundo	Someone thinks he is the center of the world; - he is so important.		
Estar de mala leche	Be in a foul mood, be in a stinking mood.		
Estar hecho polvo	Be exhausted, be worn out, be dead beat.		
La resaca	Hangover after too much alcohol.		
El botellón (Drinking in public)	(Young people's) bottle party (held in the street).		
Pues nada			Slang expression used to end a conversation.
Tener un don	To have a talent or gift.		
Me importa un pimiento			You don't give a jot, you don't care, you couldn't care less.
Me importa un bledo			You don't care a tinker's damn.
Está muerto/-a de hambre			Starving to death (to exaggerate it vividly).
No tengo cuerpo			If you don't want to do something.

Tiene un lío			When something is completely confusing.
Operación bikini	Do everything to get slim.		
Ser un desastre	A person who is a disaster.		
Una persona sosa	A boring person.		
La comida salada		Well-spiced food.	
Un comilón/ una comilona	Someone who loves to eat.		
Una persona manita	Someone who is good with their hands; - craftsmanship.		
Me quedo en blanco			Because of this, your mind went blank.
Me quedo hecha polvo			To be devastated, gutted or get pretty messed up because of bad news.
Ir al grano			To get (straight) to the point.
Endarse por las ramas			To go off the point.
A ver			To attract attention while also meaning: *stay calm and cool*.
¡Qué alegria!			How nice, how wonderful, how lovely, it's so nice, I'm so glad.

LECCIÓN 20
PRETÉRITO IMPERFECTO
THE IMPERFECT TENSE

In this lección, you will learn all about the often-used third past tense, the *pretérito imperfecto*.

Through texts and exercises, you will learn how to form it (by changing the endings), when it is used, and how this imperfect tense is differentiated from the *pretérito perfecto* and *pretérito indefinido*.

Grammar
* Pretérito imperfecto
* To distinguish between *pretérito perfecto, pretérito indefinido,* and *pretérito imperfecto*
* The difference between *pretérito indefinido* and *pretérito imperfecto* in a past event

¡SPANISH FOR YOU!

The *pretérito imperfecto* is used to describe habits and circumstances in the past whose beginning or end is not specified. Past habitual actions are also expressed with the *pretérito imperfecto*. Thus, the imperfect tense is similar to the present but it talks about the past. No fixed date in the past is referred to. It can be used to compare the past and the present. English normally uses the simple past or, depending on the meaning, a construction with <u>used to</u>. The *pretérito imperfecto* of **hay** (there is) is **había**.

REGULAR VERBS

	-AR **ESTAR** *(to be)*	-ER **TENER** *(to have)*	-IR **VIVIR** *(to live)*
(**yo**)	est-**aba** *(I was)*	ten-**ía** *(I had)*	viv-**ía** *(I lived)*
(**tú**)	est-**abas** *(you were)*	ten-**ías** *(you had)*	viv-**ías** *(you lived)*
(**él/ella/usted**)	est-**aba** *(he/she was/ you were—formal, singular)*	ten-**ía** *(he/she had/ you had—formal, singular)*	viv-**ía** *(he/she lived/ you lived—formal, singular)*
(**nosotros/-as**)	est-**ábamos** *(we were)*	ten-**íamos** *(we had)*	viv-**íamos** *(we lived)*
(**vosotros/-as**)	est-**abais** *(you were)* [informal, plural]	ten-**íais** *(you had)* [informal, plural]	viv-**íais** *(you lived)* [informal, plural]
(**ellos/ellas/ustedes**)	est-**aban** *(they were/ you were—formal, plural)*	ten-**ían** *(they had/ you had—formal, plural)*	viv-**ían** *(they lived/ you lived—formal, plural)*

IRREGULAR VERBS

These are the only irregular verbs in the imperfect.

	SER *(to be)*	**IR** *(to go)*	**VER** *(to see)*
(**yo**)	era *(I was)*	iba *(I went)*	veía *(I saw)*
(**tú**)	eras *(you were)*	ibas *(you went)*	veías *(you saw)*
(**él/ella/usted**)	era *(he/she was/ you were—formal, singular)*	iba *(he/she went/ you went—formal, singular)*	veía *(he/she saw/ you saw—formal, singular)*
(**nosotros/-as**)	éramos *(we were)*	íbamos *(we went)*	veíamos *(we saw)*
(**vosotros/-as**)	erais *(you were)* [informal, plural]	ibais *(you went)* [informal, plural]	veíais *(you saw)* [informal, plural]
(**ellos/ellas/ustedes**)	eran *(they were/ you were—formal, plural)*	iban *(they went/ you went—formal, plural)*	veían *(they saw/ you saw—formal, plural)*

Example (text): Mallorca

	1950	ACTUAL
<u>En aquellos tiempos</u>, la administración funcionaba bastante mal. **En aquellos tiempos** *(in those days)* is the time indicator for the *pretérito imperfecto*.	X	
<u>En estos momentos</u>, los Mallorquines están acostumbrados a los extranjeros. **En estos momentos** *(right now)* is the time indicator for <u>actualidad</u>.		X
<u>Actualmente</u>, muchos turistas pasan sus vacaciones en Mallorca. **Actualmente** *(currently)* is the time indicator for <u>actualidad</u>.		X
<u>En aquella época</u>, en la isla había pocas calles en buen estado. **En aquella época** *(at that time)* is a time indicator for the *pretérito imperfecto*.	X	
<u>Hoy en día</u>, Mallorca es uno punto de reunión de muchos cantantes de Alemania. **Hoy en día** *(today, nowadays)* is the time indicator for <u>actualidad</u>.		X
<u>Entonces</u> era una isla con playas desiertas. **Entonces** *(then)* is the time indicator for the *pretérito imperfecto*.	X	

The biggest difference between the *pretérito imperfecto* and the other tenses is that here someone is **always** giving a <u>description</u> of what happened, what one saw or how something was.

Example: <u>El hotel</u> **estaba muy lejos del centro. Era muy viejo y no había calefacción.**
(<u>The hotel</u> was very far from the center. It was very old and there was no heating.)
This is a <u>description</u> of the circumstances of the hotel = *pretérito imperfecto*.

But if you say: ayer fue martes *(yesterday was Tuesday),* this is a temporally completed fact; therefore *pretérito indefinido*.

These two tenses can be used to speak of events that happened in the past. The *pretérito indefinido* gives the information about the the act that occurred in the past. With the *pretérito imperfecto*, on the other hand, you see what happened around the event (act). It is the background of the narrative.

Therefore the *pretérito imperfecto* is used to describe the circumstances of a main action for which the *pretérito indefinido* or *pretérito perfecto* are used. As has been mentioned, the *pretérito imperfecto* is also used to describe habitual actions in the past.

Example: **Aprendí** a jugar al ajedrez en casa. Mi padre **era** un jugador de ajedrez excelente.
(I learned to play chess at home. My father was an excellent chess player.)

Visitó Barcelona por prima vez en 1990. **Era** primavera y **hacia** mucho frío.
(He/She visited Barcelona for the first time in 1990. It was spring, and it was very cold.)

Now an example of how the tense can change in the middle of a sentence.

Yo estaba preocupado en casa esperando a Kathy, **y cuando llegó, nos fuimos** ...

Yo estaba preocupado en casa esperando a Kathy,
(I was worried, waiting at home for Kathy,

Here I describe in what emotional state I was - with the *pretérito imperfecto*.

y cuando llegó, nos fuimos ...
and when she arrived, we left ...)

Here the tense changes to *pretérito indefinido* because at the moment of her arrival, the continuous period of waiting ends and instead an interrupting action occurs: the going. Therefore, the *pretérito indefinido* is also applied when an event occurs that suddenly interrupts another action.

Example: Mientras descansaba en un parque, conocí a un escritor.
(While I rested in a park, I met an author.)

The most important thing in Spanish grammar (concerning the past) is the difference between these three past tenses: **pretérito perfecto, pretérito indefinido, pretérito imperfecto**. Understanding them properly removes a major obstacle to learning this language. The following table therefore shows these three past tenses once more.

Pretérito perfecto	Pretérito indefinido	Pretérito imperfecto
Refers to just finished actions that occurred in an uncompleted time period, including the present. - **Esta semana** no he ido al bar. *(I have not been to the bar **this week**.)*	Refers to finished actions that occurred in a completed time period and thus delimit the past from the present. - **Ayer** fui al bar. *(**Yesterday** I went to the bar.)*	Describes habitual actions in the past. - María **siempre** iba al pueblo de sus padres con su familia. *(Mary **always** went to her parents' village with her family.)*
Talks about the number of times an action has taken place (to the present). - Carmen se ha casado **dos veces**. *(Carmen has been married **twice**.)* - Mi abuelo **siempre** ha vivido en su casa. *(My grandfather has **always** lived in his house.)* Here, the *pretérito perfecto* indicates that the people discussed are still alive. If they were no longer alive, then the *pretérito indefinido* would have to be used. For the simple reason that then the lives of these people are completed and thus also the period in which the events took place.	Talks about the number of times/how often something happened in a completed time (**with no relation to the present**). - Juan se casó **seis veces**. *(Juan got married **six times**.)* - Mi abuelo **siempre** vivió en su casa. *(My grandfather **always** lived in his house.)* The use of the *pretérito indefinido* indicates that these lives of the people are already ended. This time unit is complete because they have passed away. In the past when new events occurred that disrupted an action already in progress. - Mientras descansábamos en una posada **conocimos** a un actor famoso. *(While we rested in an inn, we **met** a famous actor.)*	Describes how people were in the past. * Physically - El abuelo **era** bajo y muy delgado. **Tenía** el pelo canoso ... *(Grandfather **was** short and very thin. **He had** gray [BE grey] hair ...)* * In character - **Era** un hombre muy feliz. *(**He was** a very happy man.)* * Regarding their physical and emotional state - **Estaba** bastante preocupado y se **sentía** mal. *(**He was** quite worried and **felt** bad.)* * In terms of faith - **Era** un hombre muy religioso. *(**He was** a very religious man.)* * Regarding ideas and preferences - Sofía **pensaba** que la vida en la ciudad **era** tristísima. *(Sofia **thought** that life in the city **was** very sad.)* * With regard to projects and wishes - Esa mañana Carmen **quería pasear** por la ciudad ... *(That morning, Carmen **wanted to walk** around the city ...)*

Refers to a series of completed actions that occurred in an unfinished time period, including the present.	Refers to a series of completed actions that occurred in the past in a limited time frame.	Describes the background of a main action in the past.
- <u>Hoy</u> me he levantado <u>a las seis</u> y poco después me he duchado. Después me he vestido y he desayunado. Yo siempre tomo un cafe. He puesto la radio y he escuchado las noticias. <u>Mientras tanto</u> he preparado mi maletín. Cuando he terminado, me he sonado la nariz y he salido de casa ... (<u>Today</u> I woke up at six and shortly afterward I showered. Then I got dressed and I had breakfast. I always have a coffee. I put on the radio and I listened to the news. Meanwhile, I prepared my portfolio. When I finished, I blew my nose and left the house ...)	- <u>A los 18 años</u> entré en la universidad. <u>El primer año</u> estudié mucho, por eso saqué muy buenas notas. <u>Durante ese año</u> conocí a mi pareja. <u>Al año siguiente</u>, en 1990, empecé a trabajar en un restaurante y como me dediqué mucho menos a estudiar, saqué peores notas. (<u>When I was 18</u>, I went to college. The first year I studied a lot, that's why I got good grades. During that year I met my partner. In the following year, <u>in 1990</u>, I started working in a restaurant and as I dedicated myself far less to study, I got worse grades.)	* **The main action** - Un día Julia se levantó tarde. Se lavó los dientes y se duchó. (One day Julia woke up late. She brushed her teeth and took a shower.) <u>This main action is in the pretérito indefinido</u>. * **The description of the background in relation to the above-mentioned main action follows in *pretérito imperfecto* regarding the following:** * **Contexto: Tiempo** *(Time)* - Eran las diez. (*It was* ten o' clock.) * **Contexto: Clima** *(Climate)* - Hacía mucho calor. El día estaba soleado y no llovía ... (*It was* very hot. The day *was* sunny, and it was not *raining* ...) * **Contexto: Situación** *(Situation)* - En la cocina no había un café. Los invitados estaban decepcionados. (*There was* no coffee in the kitchen. The guests *were* disappointed.)
Assessments of situations. - ¿Qué te ha parecido la exposición? (How did you like the exhibition?) - No ha sido fácil. He tenido mucho miedo. (*It has not been* easy. *I was* so scared.)	**Assessments of situations.** - ¿Qué tal la exposición de <u>anoche</u>? (How was the exhibition <u>last night</u>?) - Estuvo muy mal. Vino poca gente conocida ... Me lo pasé fatal. (*It was* very bad. Only a few well-known people *came* ... *I had* a terrible time.)	**Describes things in the past.** - Era un camión muy grande... (*It was* a very big truck ...)

Translation no. 20

Érase una vez una princesa llamada María que vivía en un castillo que era muy grande y hermoso. Ella era muy guapa y siempre estaba satisfecha. Lo que más le gustaba hacer era cantar, pero también le gustaba mucho bailar. Todas las mañanas iba a clase de español, pero se sentía triste porque su profesora era malvada. Se llamaba Lady Baba. María quería huir y encontrar otro professor de español pero, un día, la malvada Lady …

1. Érase una vez una princesa llamada María que **vivía** en un castillo que **era** muy grande y hermoso.

   vivía en un castillo describes a past habitual action. She lived in a castle.
   era muy grande y … describes a thing in the past – here it is the castle.

2. Ella **era** muy guapa y siempre **estaba** satisfecha.

   era muy guapa describes a person physically in the past.
   estaba satisfecha describes the emotional state of a person in the past.

3. Lo que más le **gustaba** hacer **era** cantar, pero también le **gustaba** mucho bailar.

   gustaba hacer describes her preference for something.
   era cantar describes a past habitual action.
   gustaba mucho bailar describes her preferences, wishes.

4. Todas las mañanas **iba** a clase de español, pero **se sentía** triste porque su profesora **era** malvada. **Se llamaba** Lady Baba.

   Todas las mañanas = every morning, the action is always repeated.
   iba a clase describes a past habitual action.
   se sentía triste describes the emotional state of a person in the past.
   era malvada gives a more detailed description of the character of a person.
   se llamaba … states what a person was called.

5. María **quería** huir y encontrar otro professor de español, pero un día, la malvada Lady …

   quería huir describes the persistent desire of a person in the past.

THE DIFFERENCE BETWEEN *PRETÉRITO INDEFINIDO* AND *PRETÉRITO IMPERFECTO* IN A PAST EVENT

This is about the difference between *pretérito indefinido* and *pretérito imperfecto*, when, for example, someone speaks of a past historical event and therefore gives the exact date. In this case, you have to switch between the tenses as follows.

1. Any information that is necessary, important, and directly related to the event, so that without it, the narrative makes no sense, is in the ***pretérito indefinido***. **This is objective data** about what happened at that time.

2. Any other information that is not directly related to the event, such as emotions, is expressed in the ***pretérito imperfecto***. For example, the narrator, who was present at the event, reports on where he was and how he felt when the incident occurred. **All of that is subjective** and has nothing to do with the actual event.

If any of the subjective experiences were omitted from the narrative, everything would still be known about the actual event, since the subjective experiences are completely irrelevant for the main event. Therefore, these subjective impressions, which the narrator had at the time, are expressed in the ***pretérito imperfecto***.

If, however, the narrator begins with his story, tells you how he remembers it, and also the exact date of the event, then the ***pretérito indefinido*** is used. This also applies if the exact date is not given, as the narrator refers to the specific date indirectly at the beginning of the narration. In narratives, the ***pretérito imperfecto*** provides the background description for the actions expressed by the ***pretérito indefinido***. Both correspond to the simple past in English.

Example (text): The end of Franco's dictatorship in Spain.
Here someone is telling his story. He was present in Spain when this important historical incident happened. He tells his friend about this event.

- Me acuerdo exactamente … fue el 20 de noviembre de 1975.
- El 20 de noviembre del 75 … ¿Y el motivo?
- Entonces recobramos la libertad en España/Para recobrar la libertad…/Queríamos recobrar la libertad …
- Sí, es que terminasteis los malos tiempos de Franco.
- Pusimos fin a 36 años de pena de muerte, de ausencia de partidos políticos, de muchos métodos de opresión …
- ¿Exiliados?
- Sí, 35.000.
- Y en ese momento – ¿tú dónde estabas?
- Estaba en el barrio de Lavapiés.
- ¿En Madrid?
- Sí.
- Era otoño.
- Era otoño, tenía 15 años, y estaba con mis amigos.
- Qué suerte, ¿no? ¿Y al final murió Franco en Madrid?
- ¡Qué día más estupendo!
- Y fue el día más importante de España.
- ¡Qué felicidad!

Explanation:
- Me acuerdo exactamente ... fue el 20 de noviembre de 1975.
  Here fue is in pretérito indefinido because an exact date is given.

- Entonces recobramos la libertad en España.
  Here everything is in pretérito indefinido because it is directly related to the event at that time.

- Sí, es que terminasteis los malos tiempos de Franco.
  Pretérito indefinido is used because it is an objective statement of facts that, at that moment, the bad times under Franco ended.

- Pusimos fin a 36 años de pena de muerte, de ausencia de partidos políticos, de muchos métodos de opresión ...
  Pretérito indefinido is used because it is a completed action in a finished time.

- Estaba en el barrio de Lavapiés.
  When the event occurred, the narrator was in the Lavapiés district.
  This is irrelevant to the event, and therefore it is described in the pretérito imperfecto.

- Era otoño ...
  Era otoño is in the pretérito imperfecto since "it was autumn at that time" describes a fact.

- Tenía 15 años y estaba con mis amigos. (He was 15 years old and was with his friends.)
  This is in the pretérito imperfecto since this is the framework in which the main event happens.

- Y fue el día más importante de España.
  "It was the most important day for Spain." Here the pretérito indefinido is used since this general fact is directly related to the event; it is not subjective.

As mentioned before, everything that is expressed with the **pretérito imperfecto** can easily be omitted from the story because even without it, you still understand what was actually going on in the event.

3. If, however, someone who was not present at the event, starts to talk about how he felt at that moment when he heard about it, then this information is in the **pretérito indefinido** (for example, when he heard about the plane crash on the radio **he felt so sad at first** = **pretérito indefinido**). That he felt very sad at that moment is a fact, therefore the **pretérito indefinido** is used.

The following description of why he felt sad is in the *pretérito imperfecto*.

This can be seen in the following narrative.
Example (text):
Someone is talking about when he heard about the tsunami disaster in Japan in 2010.
Recuerdo que oí en la televisión algo sobre la tragedia. Las informaciones eran horribles. Los japoneses también **vivieron** una trágica historia con la bomba atómica en la Segunda Guerra Mundial. Los pobres tenían una muy mala racha. **Me sentí muy triste**; pensaba que todo el país estaba contaminado y la gente enferma.

In the remaining narrative about the incident, it depends on which information is related to the event and what the facts are (= ***pretérito indefinido***; objective reporting). The other subjective information from the narrator (when he explains why he felt that way) is a description, and that is therefore presented in the ***pretérito imperfecto***.

The **description** of what happened in a past period is thus always presented in the ***pretérito imperfecto***.

4. For **descriptions, reasons, embellishments of an event**, permanent **habits** or **states** (it is to be noted that these permanent habits or states, must be described without a fixed end time in the past)—the ***pretérito imperfecto*** is used.
Even though the reason is given for why something was as it was, the ***pretérito imperfecto*** is used.

Example: Ayer no fui a la escuela porque estaba enferma.
   (Yesterday, I did not go to school because I was sick.)

   Porque estaba *enferma* is the **reason** and therefore the ***pretérito imperfecto*** *is used; as well.*

   Como estaba **enferma**, ayer no fui a la escuela.
   In this sentence form, the reason is placed at the beginning, it should be noted that this is however separated by a pause (comma).

5. If habitual actions *(= **pretérito imperfecto**)* are interrupted by a sudden event, then this following event is expressed in the ***pretérito indefinido***.

Lee los comentarios de varias personas sobre su infancia y su adolescencia.
Aquí van a explicar los diferentes pasados.
Read several people's commentaries about their childhood and adolescence.
Here, the different pasts will be explained.

1. Cuando **tenía** 14 años, mis padres **no me permitían** beber alcohol.
   tenía and *permitían* = *pretérito imperfecto* since "Cuando ... 14 años" **describes** *a period of time for the permanent condition—she was not allowed to drink alcohol until that time.*
2. Mis padres me **permitieron** salir por la noche con un chico por primera vez a los 17 años.
   permitieron = *pretérito indefinido* because "por primera vez" **defines** *an exact moment at which something new begins and therefore the old ends.*
3. Hasta que no **cumplí** 6 años, no **pude** decidir qué corte de pelo me **hacían**.
   "Hasta que" **defines** *an exact moment at which something new begins.*
   Cumplí and *pude* refer to this moment and thus = *pretérito indefinido.*
   The verb *hacían* is in the *pretérito imperfecto* since it describes **habitual actions** at that time.
4. Cuando **iba** al jardín de infancia (hasta los 6 años), no **podía** llevar faldas.
   iba and *podía* = *pretérito imperfecto.* "Cuando *iba* al jardín de infancia" **describes** *a period of time in which a habitual action took place.*
   Podía = *pretérito imperfecto, as it is used here for a **description** in the past.*

5. Siempre **venía** con mi padre, hasta el año pasado.

   Venía = *pretérito imperfecto*, because a habitual action took place – until last year (hasta el año pasado).

But it is also possible to use ***cuando*** with the ***pretérito indefinido*** if it is together with another time phrase, which triggers the use of the *pretérito indefinido*.

Example: Ayer, cuando fui al cine, ...   *(Yesterday, when I went to the movies, ...)*
          Here, Ayer (Yesterday) triggers the pretérito indefinido
          *since this statement is an exact **fixed** time.*

But   Cuando pequeña era bien gordita.   *(When I was little, I was chubby.)*
          *Here is a **description** of something in the past.*

EXERCISE 80

Subraya la mejor opción en cada caso.
Underline the best option in each case.

1. Cada vez que veía a Pedro era/estaba muy gordo.
2. Cuando conocí a Carlos, llevaba/llevó bigote.
3. En el entierro de mi abuela me sentí/sentía fatal.
4. Recibí una botella de champaña y el día de mi boda la abrí/abría para tomarla con mi marido.
5. María tenía un chalet grande, pero estaba/era un poco deteriorado, así que lo renovaba/renovó.
6. De vez en cuando iba/fui al restaurante "Dos Caballos". Me encanta la paella.
7. José cantaba muchos cánticos, pero un día tenía/tuvo un accidente y tenía/tuvo que dejar de cantar.

el entierro *(the burial, the funeral)*; **la boda** *(the wedding)*; **abrir** *(to open)*; **un chalet** *(a chalet, a villa)*; **deteriorado/-a** *(deteriorated)*; **renovar** *(to renovate)*; **los cánticos** *(the songs)*; **un accidente** *(an accident)*

EXERCISE 81

Corrige los errores en los tiempos verbales del pasado si es necesario.
Correct errors in the past tenses, if necessary.

1. El día anterior no cantamos porque no teníamos ganas de cantar.
2. Este día no he comido porque no tuve tiempo.
3. Mi tía conoció un nuevo compañero de trabajo que fue de Chile, y tres meses después, se casaron.
4. Hace tres años los extremistas cometieron un atentado con bombas en Barcelona. Los reportajes de televisión eran horribles.
5. Nunca lo he visto.
6. Mi padre tenía un ataque cardíaco mientras montaba a caballo.
7. Fui en coche con mi marido; tenía una forma de conducir agresiva.
8. Como estuve enfermo, no canté en el coro.
9. La semana pasada visité una exposición y la sala estaba pintada con frescos.
10. Solo escribí un libro en mi vida.

EXERCISE 82

Completa las oraciones con *pretérito indefinido*, *pretérito imperfecto*, o *pretérito perfecto*.
Complete the sentences with *pretérito indefinido*, *pretérito imperfect*, or *pretérito perfecto*.

1. La semana pasada mi nieto (comprar, él) ………….. un perro que (ser) ……….. muy grande y (tener) ……….. manchas.

2. Últimamente (dormir, yo) ………….. muy poco. Ayer (ir, yo) ………. al médico y (darme, él) ………. unas pastillas para dormir.

3. ¡Qué día más terrible! Esta mañana me (ducharse, yo) ………….. con agua fría y (tener, yo) ……….. los pies fríos. (Irse, yo) ………….. de compras y al salir del supermercado llovía tanto que (mojarme, yo) ………….. los pies.

4. El domingo (irse, nosotros) ………….. de excursión a un bosque. El terreno allí (ser) ………….. irregular, los senderos (ser) ………. muy difíciles para caminar, y (hacer) ………….. mucho calor. Al final (alegrarse, nosotros) ………….. muy contentos de ir a casa.

5. El viernes (yo, estar) …….. tan enfermo que no (ir, yo) ………. al trabajo, aunque (querer, yo) ……….. hacer el balance final y (estar, yo) ……….. muy preocupado. Sin embargo, (quedarse, yo) ……….. en casa el viernes y (tomar, yo) ………….. un poco de té.

6. Cuando (ser, él) …… un niño pequeño (estar, él) …….. muy loco, pero cuando (empezar, él) ………….. el colegio (transformarse, él) ………….. en un niño muy amable.

7. Hace un año, Carmen (trasladarse, ella) ………….. a una casa porque el piso anterior (ser) ………….. muy pequeño.

8. Hace seis meses (encontrarse, yo) ………….. con muchas dificultades porque no (querer, yo) ……….. ir a trabajar, (beber, yo) ……….. mucha cerveza, (recibir, yo) ……….. una paliza, y (robar, yo) ……….. en muchas casas.

9. ¿(Vosotros, saber) ………….. que Pedro quiere vender su bicicleta?
   Sí, hoy (enterarse, nosotros) ………….. por Juan, pero Pedro (vender, él) ……….. la bicicleta ayer y (estar) ……….. casi nueva.

las manchas *(the spots, the stains)*; **el médico** *(the doctor)*; **una pastilla para dormir** *(a sleeping pill)*; **terrible** *(terrible)*; **agua fría** *(cold water)*; **los pies** *(the feet)*; **mojarme** *(get wet, wet myself)*; **el terreno** *(the ground, the terrain)*; **irregular** *(irregular)*; **difícil para caminar** *(difficult to walk)*; **alegrarse** *(to rejoice, to be pleased)*; **contento/-a** *(pleased, content)*; **tan enfermo/-a** *(so sick)*; **aunque** *(although)*; **el balance final** *(the final balance)*; **preocupado/-a** *(worried)*; **loco/-a** *(crazy)*; **el colegio** *(the school, the college)*; **amable** *(kind, nice)*; **trasladarse** *(to relocate)*; **anterior** *(previous, former)*; **encontrarse** *(to encounter)*; **la dificultad** *(the difficulty)*; **ir a trabajar** *(to go to work)*; **recibir una paliza** *(get beaten up)*; **robar** *(to steal, to rob)*; **vender** *(to sell)*; **casi nuevo/-a** *(nearly new)*

EXERCISE 83

Subraya la opción correcta en cada una de las siguientes oraciones.
Underline the correct option in each of the following sentences.

1. Soy un traductor muy competente. Hasta ahora no he cambiado/cambiaba de profesión.

2. ¿Has hablado con María últimamente?
   Sí, nos reunimos/reuníamos la semana pasada.

3. Esta semana hemos tenido/teníamos tres reuniones.

4. La semana pasada tomé/tomaba la iniciativa. Invité/Invitaba a Pedro a un café y nos divertimos/divertíamos mucho.
   ¿Sí? Es un buen amigo mío.

5. Siempre he tenido/tenía la impresión de que me engaña.

6. Jugué tenis, pero estaba/estuve muy cansado.

7. Fui a la cantina y comí. La comida tenía/tuvo un sabor amargo.

8. Llegas antes de tiempo, Carmen.
   Es que hoy he ido/iba en taxi.

9. Antes vivíamos/vivimos en un pueblo muy hermoso.
   Pues a mí nunca me ha gustado/gustó vivir en el campo.

10. Muchas de las personas que tuvieron un accidente de motocicleta estaban/estuvieron en la flor de la vida.

un traductor *(a translator)*; **competente** *(competent)*; **cambiar** *(to change, to switch, to shift, to move, to trade, to exchange)*; **últimamente** *(lately, recently)*; **reunir** *(to gather, to bring together, to meet)*; **las reuniones** *(the meetings, the gatherings)*; **la iniciativa** *(the initiative)*; **divertirse** *(have fun, have a good time, enjoying themselves)*; **la impresión** *(the impression)*; **engañarme** *(trick me, fool me, deceive me, cheat me)*; **cansado** *(tired, exhausted)*; **la cantina** *(the canteen, the cantina)*; **antes** *(before, earlier)*; **pues** *(well, since, indeed)*; **vivir** *(to live)*; **el campo** *(the countryside, the field, the camp)*

LECCIÓN 21
MAÑANA SERÁ OTRO DÍA
TOMORROW IS ANOTHER DAY

In this lección, you will learn everything about the future tenses, *futuro próximo* and *futuro simple*. They are grammatically quite simple in comparison to the past tenses. Therefore, they will be considered together in this lección.

Grammar
* Futuro próximo
* Futuro simple
* Indicators of the *futuro simple*
* Expressing a condition in the future with
  si + presente indicativo + futuro simple, depende de ...

Futuro próximo (The near future)

It is used for a future action that is certain to take place. Or you use the **futuro próximo** *[informal, future]* if you have the firm intention of doing something, along with plans for the future.

Ir en presente + a + Infinitivo (-ar, -er, -ir)
Voy, vas, va, vamos, vais, van

Forming the *futuro próximo*

	IR	A + INFINITIVO	
(yo)	voy		
(tú)	vas	a	almorzar
(él/ella/usted)	va	a	ir a Barcelona
(nosotros/nosotras)	vamos	a	estudiar
(vosotros/vosotras)	vais		
(ellos/ellas/ustedes)	van		

Here you use the conjugated verb form of *ir* followed by *a* and the ***infinitive*** of the verb, which expresses what you want to do in the future. In English, this future is equivalent to: … going to …

Example: **Vamos a ir** a Mexico en una semana.   *(We are going to Mexico in a week.)*

In reflexive verbs *(e.g., levantarse)*, there are two possible structures.

    Mañana voy a levantar<u>me</u>.   *(Tomorrow, I'm going to get up.)*
Or   Mañana <u>me</u> <u>voy</u> a levantar.   *(Tomorrow, I'm going to get up.)*

The same applies to all following reflexive verb forms, here is an example.

    Mañana vas a levantar<u>te</u>./Mañana <u>te</u> <u>vas</u> a levantar.   *(Tomorrow, you are going to get up.)*

Futuro simple (The simple future)

1) **This future tense is often used if the future is uncertain. For example, someone who talks about the future but does not know whether it will really happen.**

    Dentro de 20 años, Carmen **será** muy famosa porque **será** escritora. **Vivirá** con su marido en una casa grande en Madrid …
    (In 20 years, Carmen will be very famous because she will be a writer. She will live with her husband in a big house in Madrid …)

2) **It is also used to express the possibility of what someone _might_ or _may_ be doing in the present.**

    Ella **comerá** una paella esta noche.   *(She will eat a paella tonight.)*
    Él **actuará** como mediador por la tarde.   *(He will act as a mediator in the afternoon.)*

3) **The simple future is often used to talk about things that _may be_ or _probably_ are true. It is about probabilities, possibilities, and conjectures that relate to the present.**

    Pablo no **encontrará** el camino a tu casa.   *(Pablo will probably not find the way to your house.)*
    Los perros **tendrán** sed.   *(The dogs might be thirsty.)*

4) **It is also used to give commands, but this is not very common.**

    Probarás mi pizza.   *(You shall/will try my pizza.)*
    No **mentirás**.   *(You shall/will not lie.)*

The simple future is formed by adding the correct ending to the infinitive of the verb. The endings added to the verbs are always the same regardless of whether the verb ends with *-ar*, *-er* or *-ir*.

    Example: *comer*

(yo)	**-é**	com**eré**	*(I will eat)*
(tú)	**-ás**	com**erás**	*(you will eat)*
(él/ella/	**-á**	com**erá**	*(he/she will eat/*
usted)	**-á**	com**erá**	*you will eat—formal, singular)*
(nosotros/-as)	**-emos**	com**eremos**	*(we will eat)*
(vosotros/-as)	**-éis**	com**eréis**	*(you will eat—informal, plural)*
(ellos/ellas/	**-án**	com**erán**	*(they will eat/*
ustedes)	**-án**	com**erán**	*you will eat—formal, plural)*

There are also irregular verbs in the *futuro simple*

Infinitive	Verb irregular	Yo	Tú	Él	Nosotros	Vosotros	Ellos
Decir *(to say, to tell)*	**Dir-**	-é	-ás	-á	-emos	-éis	-án
Tener *(to have)*	**Tendr-**	-é	-ás	-á	-emos	-éis	-án
Haber *(to have)*	**Habr-**	-é	-ás	-á	-emos	-éis	-án
Poder *(to be able, can)*	**Podr-**	-é	-ás	-á	-emos	-éis	-án
Poner *(to put, to place)*	**Pondr-**	-é	-ás	-á	-emos	-éis	-án
Saber *(to know)*	**Sabr-**	-é	-ás	-á	-emos	-éis	-án
Caber *(to be contained)*	**Cabr-**	-é	-ás	-á	-emos	-éis	-án
Venir *(to come)*	**Vendr-**	-é	-ás	-á	-emos	-éis	-án
Querer *(to want, to wish)*	**Querr-**	-é	-ás	-á	-emos	-éis	-án
Hacer *(to do, to make)*	**Har-**	-é	-ás	-á	-emos	-éis	-án
Salir *(to go out, to leave)*	**Saldr-**	-é	-ás	-á	-emos	-éis	-án
Valer *(to be worth, to cost)*	**Valdr-**	-é	-ás	-á	-emos	-éis	-án

<u>Further</u> <u>examples</u> <u>of</u> <u>the</u> <u>*futuro*</u> <u>*simple*</u>.

* <u>Seguramente</u> no podré salir mucho porque no tendré tiempo.
  (I probably cannot go out much because I will not have time.)
* <u>Supongo</u> <u>que</u> no sabrás dónde Pedro está.
  (I guess you will not know where Pedro is.)
* <u>Creo</u> <u>que</u> querrás aprender español.
  (I think you will want to learn Spanish.)
* <u>Probablemente</u> dirás muchas mentiras.
  (You will probably tell a lot of lies.)
* <u>Estoy</u> <u>segura</u> de que comeré una paella.
  (I am sure I will eat a paella.)
* <u>Seguro</u> <u>que</u> vendremos en coche.
  (Sure, we will come by car.)
* <u>Posiblemente</u> harás horas extras.
  (Possibly you will do overtime.)

The following words are an indication for the *futuro simple*

Seguramente *(Surely, probably)*   Probablemente *(Probably)*
Posiblemente *(Possibly)*   Seguro que *(Sure, for sure)*
Supongo que *(Suppose that, I assume that)*

There are also some aids to forming a hypothesis

Creo que en 100 años ...   *(I think/believe in 100 years ...)*
Dentro de 100 años ...   *(Within 100 years ...)*
Dentro de 2 años viviré en España.   *(In 2 years, I will live in Spain.)*
Después   *(Later, then)*

While <u>esta</u> <u>tarde</u> *(this afternoon/this evening)* and <u>este</u> <u>fin</u> <u>de</u> <u>semana</u>, *(this weekend)* can be temporal expressions for the past *(pretérito perfecto),* they also can be temporal expressions for the future. It depends on what time this statement is made.

If someone says <u>esta</u> <u>tarde</u> *(this afternoon/this evening)* in the morning, then they are using a future tense *(futuro simple)*.

The same applies to formulations like <u>este</u> <u>verano</u> *(this summer)*. If you're talking in the spring about the future summer, then *futuro simple* has to be used. If you're talking in the autumn (AE fall) about the summer just past, then the *pretérito perfecto* is used. It always depends on the period of time that the speaker himself is in and the time period he is speaking of.

The same rules apply to **hoy**. When you're talking in the morning about what you would like to do during the day, you can use <u>hoy</u> with the future tense.

Example: Hoy iré a la playa   *(Today I will go to the beach.)*

But in the evening of the same day, you can also say:

Hoy no he ido a la playa. (I haven't been to the beach today.)

La <u>semana</u> <u>pasada</u> *(Last week)* triggers a past tense.
La <u>próxima</u> <u>semana</u> *(Next week)* initiates the future tense.

EXERCISE 84

¿Puedes completar la tabla con palabras de la misma familia de palabras?
Éste es un ejercicio muy importante para ampliar el vocabulario.
Can you complete the chart with words from the same word family?
This is a very important exercise for expanding your vocabulary.

Sustantivo	Verbo	Adjetivo
la motivación *(the motivation)*		
		entusiasmado/-a *(excited)*
	dañar *(to damage)*	
la ocupación *(the occupation)*		
		movido/-a *(moved)*
la demostración *(the proof)*		
	caracterizar *(to characterize)*	
el vuelo *(the flight)*		
		educativo/-a *(educational)*
la fantasía *(the fantasy)*		

EXERCISE 85

Completa las frases con la forma del futuro correcto.
Complete the sentences using the correct future form.

recibir   poder   haber   llegar   hacer   ir
tener   ser   subir   acostarse   terminar

1. Si nos toca la lotería este mes, …………. vivir en México.
2. Se dice que en nuestro pueblo ……….. una nueva iglesia.
3. He suspendido el examen. Quizás …………… que hablar con mi profesor.
4. Pues … Pedro sólo …………… la carrera si trabaja mucho.
5. Esta noche supongo que ………………. temprano. Estoy muerto.
6. Muy probablemente, la oposición …………… al poder.
7. ¿Supongo que tú …………. tus estudios? ¿Posiblemente ………….. un montón de dinero de regalo?
8. Estoy seguro que no ……….. al autobús. No me encuentro bien.
9. Posiblemente ………… a Hungría. Me encanta el estofado a la húngara.
10. Si el equipo juega muy mal, ………….. vencido.

tocar la lotería *(to win the lottery)*; **he suspendido el examen** *(I failed the test)*; **quizás** *(maybe)*; **temprano/-a** *(early)*; **estoy muerto** *(I'm dead)*; **probablemente** *(probably)*; **la oposición** *(the opposition)*; **los estudios** *(the education)*; **posiblemente** *(possibly)*; **un montón de dinero** *(a bunch of money)*; **el autobús** *(the bus)*; **el estofado a la húngara** *(Hungarian goulash)*; **vencido/-a** *(defeated)*

Expressing a possible situation in the future

The following sentence structure is used to express a possible situation in the future.

Si + presente indicativo + futuro simple.

Si voy a Suiza, te llamaré. *(If I go to Switzerland, I will call you.)*
Here, as you can see, is a comma.

Te llamaré si voy a Suiza. *(I will call you, if I go to Switzerland.)*
The difference here is that in this sentence structure, there is no comma in Spanish, in contrast to the sentence above.

Si estudias todos los días, pasarás el examen. *(If you study every day, you will pass the exam.)*

Si dejo este trabajo, seguro que encontraré un trabajo nuevo. *(If I quit this job, I am sure I will find a new job.)*

Si me toca la lotería, seguramente tendré una vida maravillosa.
(If I win the lottery, I am sure to have a wonderful life.)

There are two forms of expressing a condition in the future

1. ... depende de + sustantivo *(... depends on [substantive].)*
   ... depende de mi dinero *(... depends on my money.)*

2. Depende de si + presente de indicativo
   Depende de si tengo dinero. *(Depends on whether I have money.)*
   Or *(It depends [on] if I have money.)*

Example:
¿Vas a hacer alguna excursión a las montañas este mes? *(Are you going to visit the mountains this month?)*
No sé, **depende del** dinero. *(I don't know, **depends on** the money.)*

¿Quedarás con Pedro este mes? *(Will you meet Pedro this month?)*
No sé, **depende de si** tengo tiempo. *(I don't know, **depends on** whether I have time.)*

¿Vas a ir a caballo este fin de semana? *(Are you going to go horse riding this weekend?)*
No sé, **depende de si** tengo ganas. *(I don't know, it **depends on** if I want to.)*

LECCIÓN 22
CONDICIONAL SIMPLE
THE SIMPLE CONDITIONAL

This lección is, again, all about grammar. This time, the *condicional simple* will be explained in detail and practiced in exercises.

You will learn how this tense is formed and in which situations it is used.

Grammar
Condicional simple

¡SPANISH FOR YOU!

CONDICIONAL SIMPLE

Translation no. 21

- ¡Qué bosque más pequeño! <u>Podrías</u> plantar un árbol.
- Sí, Pablo <u>debería</u> dejar de trabajar.
- Montaría a caballo más a menudo si fuera posible. Me <u>gustaría</u> mucho, pero no tengo tiempo.
- Sí, me <u>encantaría</u> vivir en Fuerteventura. Es una isla muy tranquila con playas maravillosas.
- Yo nunca <u>iría</u> a vivir a Canadá. Me <u>aburriría</u> un montón.
- <u>Deberías</u> respetar las leyes.
- Me <u>gustaría</u> mucho nadar en un lago muy grande, pero <u>preferiría</u> el Océano Atlántico.

The *condicional simple* is used to:

* express desires
* give advice
* express opinions about actions and behavior
* describe hypothetical situations.

When the Spanish conditional is used for expressing conditions, then it is like the English *would*, as in

I would do it, but I can't.

	hablar	**comer**	**vivir**
(**yo**)	hablar-ía *(I would speak)*	comer-ía *(I would eat)*	vivir-ía *(I would live)*
(**tú**)	hablar-ías *(you would speak)*	comer-ías *(you would eat)*	vivir-ías *(you would live)*
(**él/ella/ usted**)	hablar-ía *(he/she would speak/ you would speak— formal, singular)*	comer-ía *(he/she would eat/ you would eat— formal, singular)*	vivir-ía *(he/she would live/ you would live— formal, singular)*
(**nosotros/ nosotras**)	hablar-íamos *(we would speak)*	comer-íamos *(we would eat)*	vivir-íamos *(we would live)*
(**vosotros/ vosotras**)	hablar-íais *(you would speak)* *[informal, plural]*	comer-íais *(you would eat)* *[informal, plural]*	vivir-íais *(you would live)* *[informal, plural]*
(**ellos/ellas/ ustedes**)	hablar-ían *(they would speak/ you would speak— formal, plural)*	comer-ían *(they would eat/ you would eat— formal, plural)*	vivir-ían *(they would live/ you would live— formal, plural)*

The *condicional simple* is formed by adding the correct ending to the infinitive of the verb. The endings added to the verbs are always the same, regardless of whether the verb ends with *-ar*, *-er* or *-ir*.

These are the *pretérito imperfecto* ending for verbs that end in *-er/-ir*.

(yo)	Infinitive + **-ía**	e.g., iría	*(I would go)*
(tú)	Infinitive + **-ías**	e.g., beberías	*(you would drink)*
(él/ella/	Infinitive + **-ía**	e.g., hablaría	*(he/she would speak/*
usted)	Infinitive + **-ía**	e.g., hablaría	*you would speak—formal, singular)*
(nosotros/-as)	Infinitive + **-íamos**	e.g., comeríamos	*(we would eat)*
(vosotros/-as)	Infinitive + **-íais**	e.g., limpiaríais	*(you would clean—informal, plural)*
(ellos/ellas/	Infinitive + **-ían**	e.g., traerían	*(they would bring/*
ustedes)	Infinitive + **-ían**	e.g., traerían	*you would bring—formal, plural)*

The *condicional simple* has the same irregular verb forms as the *futuro simple*.

Infinitive	Verb irregular	Yo	Tú	Él	Nosotros	Vosotros	Ellos
Decir *(to say, to tell)*	**Dir-**	-ía	-ías	-ía	-íamos	-íais	-ían
Tener *(to have)*	**Tendr-**	-ía	-ías	-ía	-íamos	-íais	-ían
Haber *(to have)*	**Habr-**	-ía	-ías	-ía	-íamos	-íais	-ían
Poder *(to be able to)*	**Podr-**	-ía	-ías	-ía	-íamos	-íais	-ían
Poner *(to put)*	**Pondr-**	-ía	-ías	-ía	-íamos	-íais	-ían
Saber *(to know)*	**Sabr-**	-ía	-ías	-ía	-íamos	-íais	-ían
Caber *(to fit in)*	**Cabr-**	-ía	-ías	-ía	-íamos	-íais	-ían
Venir *(to come)*	**Vendr-**	-ía	-ías	-ía	-íamos	-íais	-ían
Querer *(to want)*	**Querr-**	-ía	-ías	-ía	-íamos	-íais	-ían
Hacer *(to do, to make)*	**Har-**	-ía	-ías	-ía	-íamos	-íais	-ían
Salir *(to go out)*	**Saldr-**	-ía	-ías	-ía	-íamos	-íais	-ían
Valer *(to be worth, to cost)*	**Valdr-**	-ía	-ías	-ía	-íamos	-íais	-ían

Wishes and advice can be expressed in the *condicional simple* by using the following verbs.

For <u>wishes</u>, the following verbs are used:

gustar, encantar, querer, desear.

Verbs for <u>advice</u> and <u>suggestions</u>:

poder *(to be able to)*, **deber** *(to owe, must, ought)*, and **tener que** *(to have to, must)*.

The conditional form is followed by the verb in infinitive.

¡SPANISH FOR YOU!

EXERCISE 86

Cada uno tiene su deseo. ¿Quién está deseando qué?
Everyone has their wish. Who is wishing for what?

un gato *(a cat)*   **un mendigo** *(a beggar)*   **un rabino** *(a rabbi)*
un hippie *(a hippie)*   **un Don Juan** *(a Don Juan)*   **una flor** *(a flower)*
una feminista *(a feminist)* **una bruja** *(a witch)*   **un médico** *(a doctor)*

1. <u>Me</u> <u>gustaría</u> comer un ratón muy grande. ……………
2. <u>Desearía</u> tener más fieles en mi sinagoga. ……………
3. <u>Me</u> <u>encantaría</u> vivir en una pradera. ……………
4. <u>Me</u> <u>gustaría</u> descubrir un remedio contra el SIDA. ……………
5. <u>Me</u> <u>gustaría</u> hacer el amor con muchas mujeres. ……………
6. <u>Desearía</u> comer pequeños niños. ……………
7. <u>Me</u> <u>encantaría</u> tener una comida rica y poder dormir en una cama. ……………
8. <u>Desearía</u> acabar con la brecha salarial de género. ……………
9. <u>Desearía</u> fumar hachís todo el santo día. ……………

un ratón *(a mouse)*; **los fieles** *(the worshippers)*; **una pradera** *(a meadow)*; **descubrir** *(to discover)*; **un remedio** *(a cure)*; **pequeño/-a** *(little)*; **una cama** *(a bed)*; **acabar** *(to end, to finish)*; **la brecha salarial de género** *(the gender wage gap)*; **fumar** *(to smoke)*; **el hachís** *(the hashish)*; **todo el santo día** *(all day long)*

The following form of the *condicional simple* is used for giving advice

a)   <u>Yo</u> en tu lugar + condicional   *(In your place, I would + conditional)*
Here the conditional that follows refers to the 1st person singular (<u>yo</u>) -ía

b)   <u>Yo</u> que tú + condicional   *(If I were you, I would + conditional)*
Here the conditional that follows refers to the 1st person singular (<u>yo</u>) -ía

       <u>Nosotros</u> que tú + condicional   *(If we were you, we would + conditional)*
Here the conditional that follows refers to the 1st person plural (nosotros): -íamos

c)   <u>Yo</u> + condicional   *(I would + condicional)*
Here the conditional that follows refers to the 1st person singular (<u>yo</u>) -ía

EXERCISE 87

Completa los espacios con los verbos conjugados en condicional.
Después, clasifica cada consejo con el problema correspondiente.
Complete the spaces using conjugated verbs in the conditional form.
Then, match each piece of advice to the corresponding problem.

A. (Deber) …………… ir al médico.
B. Yo que tú lo (dejar) …………… en seguida.
C. Yo en tu lugar me (confesar) …………… pronto.
D. Yo (golpear) ………… el techo o (tocar) ………… música ruidosa toda la noche.
E. Yo que tú (divorciarse) …………… inmediatamente.
F. Yo que tú (afeitarse) ……………… la barba.
G. Yo me (cambiar) …………… de sección.
H. (Tener) ……………… que hablar sobre vuestras opiniones diferentes.
I. Yo que tú (reunir) …………… a tus padres y les (decir) …………… la verdad.

1. Me estoy muriendo del dolor de cabeza que tengo.
2. Mi marido bebe con frecuencia mucho alcohol.
3. He cometido muchos pecados en mi vida.
4. Mi compañera de trabajo me hace la vida imposible. Estoy muy triste.
5. Mi marido me ha sido infiel con otra mujer.
6. Mi novio quiere vivir en Francia, pero no me gusta el país.
7. Mis compañeros de piso no duermen en toda la noche. Ponen el televisor altísimo día y noche y están locos.
8. Desde que llevo barba, mi esposa no me besa más.
9. Desde hace mucho tiempo estoy en paro, pero mis padres no lo saben porque me avergüenzo de decírselo.

There are also other forms of the *condicional simple* for giving advice. Advice that has been formulated with other verb times can also be expressed in the conditional.

- Debes   *(you must, you should)*
  (is more commanding in the Spanish language than *tienes que*)
- Debería/Deberías + infinitive   *(you [formal, singular] should/you should …)*

- Tiene/s que   *(you [formal, singular] have to/you have to)*
- Tendría/Tendrías que + infinitive   *(you [formal, singular] would have to/you would have to …)*

- Hay que   *(one must)*
- Habría que + infinitive   *(would need to be, must be …)*

- Podría/Podrías que + infinitive   *(you [formal, singular] might, could/you might, you could …)*

- Te recomiendo *(I recommend, I suggest)*
- (Yo) te recomendaría *(I would recommend)*

- Te aconsejo *(I advice you)*
- <u>Yo</u> te aconsejar<u>ía</u> + infinitive *(I would advice ...)*

The *condicional simple* can be used for polite questions (for example, in the restaurant).

- ¿Podrías cerrar la ventana? *(Would you mind closing the window?/Could you close the window?)*
  Is more polite in the conditional, as you can see below.
- ¿Cierra la ventana? *(Close the window?)*

It is possible to use the *condicional simple* to express a conjecture about something in the past. Here the following distinction and explanation is needed.

To make assumptions about things **in the present** that you are <u>not sure about</u>, use *futuro simple*.

- ¿Qué será eso que se mueve ahí? *(What is it that's moving there?)*
  No sé, ¿será un perro? *(I don't know, it could be a dog?)*

Accordingly, you use the *condicional simple* to express an assumption about a past reality. Because you didn't know exactly what it was at that time, there is an uncertainty about something in the past.

- ¿Qué <u>sería</u> aquello que se movía allí? *(What was that, that moved there?)*
  No sé, ¿<u>sería</u> un perro? *(I don't know, was it a dog?)*
  Here, assumptions about what might have happened beforehand are expressed in the *condicional simple*.

Example: - Perdió un dedo. *(He lost a finger.)*
This is a fact that actually happened = *pretérito indefinido*.

- ¿Tal vez se <u>congelaría</u>? *(Did he have a frostbite?)*
This is a question about something that would have been possible in the past, but is not known precisely. Therefore, the conditional is used.

If you know exactly what happened in the past, you always use the *pretérito indefinido* because these are actual past facts. If it is a description, the *pretérito imperfecto* is used.

Llegamos tarde porque **perdimos** el autobús. *(We arrived late because we missed the bus.)*
These are all facts and therefore everything is in the ***pretérito indefinido***.

¿Dónde **estará** Dani? *(Where will Dani be?)*
Here you ask specifically where Dani could be, therefore ***futuro simple*** is used.

But when you ask later where Dani was in the morning, you use the ***condicional simple*** because you're asking a question about a past of which you know nothing specific.

¿Dónde **estaría** Dani? *(I wonder where Dani was?)*

Ayer is usually the time phrase for the *pretérito indefinido*. However, if you make an assumption about what may have been yesterday, it means that you do not know whether what you assume is true; you have to use the **conditional**.

Example: ¿Ayer **haría** 30 grados en Madrid? *(Could it have been 30 °C in Madrid yesterday?)*

EXERCISE 88

Completa las frases con la forma correcta del condicional simple e identifica la función que tiene el condicional en cada frase (cortesía, consejo, deseo, o probabilidad).
Complete the sentences with the correct form of the *condicional simple* and identify the function that the conditional has in each sentence (courtesy, advice, desire, assumption, or probability).

1. Yo que tú (irse) …………… a una isla desierta y (desconectar) …………….. de todo durante algún tiempo.
   ………………………

2. ¿A qué hora llegasteis a Madrid?
   No sé, (ser) …………….. las ocho menos cuarto o nueve, no estoy seguro.
   ………………………

3. ¿Me (acercar, tú) …………… las galletas? Es que no llego.
   ………………………

4. Yo (venir) ……………. todas las semanas a practicar vela, pero es terriblemente caro.
   ………………………

5. No sé cuantos éramos en la huelga, pero (ser) …………… unas trescientas personas, no me acuerdo bien.
   ………………………

6. ¿(Poder, usted) …………… traernos la carta de vinos?
   ………………………

7. ¡Qué guapa estaba en ese cuadro! Pero … ¿quién era ése?
   (Ser) …………… su pareja, pero quizás se separaron ya.
   ………………………

8. (Deber, tú) ………. calmarte y no darle la menor importancia. Ten en cuenta que José es así.
   ………………………

9. Yo que tú (hablar) ……………. con él y (arreglar) …………… los asuntos para siempre.
   ………………………

10. ¿Cuánto te costó ese abrigo? Es muy bonito.
    No sé, (valer) …………… unos 120 dólares; era muy caro.
    ………………………

una isla desierta *(a deserted island)*; **desconectar** *(disconnect)*; **acercar** *(to bring … closer)*; **es que no llego** *(I can't reach)*; **practicar vela** *(to go sailing)*; **terriblemente caro/-a** *(terribly expensive)*; **la huelga** *(the strike)*; **traernos** *(bring us, get us)*; **la carta de vinos** *(the wine list)*; **¿quién era ése?** *(who was that?)*; **se separaron** *(they split up)*; **ya** *(already)*; **calmarte** *(calm down)*; **darle** *(give him/her)*; **la menor importancia** *(the lesser importance)*; **ten** *(keep, bear)*; **así** *(like that)*; **arreglar** *(to fix)*; **el asunto** *(the matter)*

¡SPANISH FOR YOU!

The *condicional simple* can also be used to express the likelihood of a future event

1) When someone describes how probable a future event is for themselves.
   (To comment on behavior and actions.)
   Example: Para mí, sería demasiado difícil.   *(For me, it would be too difficult.)*

2) To formulate a condition, an expression of a situation, or a hypothesis.
   Example: Solo nunca lo haría.   *(Alone, I never would do it.)*

3) To propose solutions and ideas for the future, even if these are completely unreal.
   Example:
   Deberíamos prohibir los coches.   *(We should ban cars.)*
   En una situación extrema, comería gusanos.   *(In an extreme situation, I would eat worms.)*
   Tendríamos que acabar con la desnuclearización.   *(We would have to complete denuclearization.)*
   En el caso de una nueva guerra, comería sólo pan.   *(If there was a new war, I would only eat bread.)*

Example:
1) ¿Tú **irías de** autostop?
   *(**Would you** go hitchhiking?)*
   This is a future hypothetical question that may never happen.

   No sé, es un poco peligroso, pero creo que no lo **haría**.
   *(I don't know, it's a bit dangerous, but I don't think **I would**.)*
   The person questioned comments on a future way of acting that is unlikely to ever happen.

2) Pienso en comprar un caballo.
   (I think about buying a horse.)

   Pues, yo en tu lugar no **compraría** un caballo. Es demasiado caro y da mucho trabajo.
   *(Well, in your place, **I would** not **buy** a horse. It is too expensive and it's a lot of work.)*
   In your place, I would ... is a future course of action that does not have to occur.

3) Me gusta mucho París. Por mi parte, **visitaría** esa ciudad algún día; me **encantaría**.
   *(I like Paris a lot. As for me, **I would visit** that city someday; **I would love** to.)*
   A future way of action and a future condition that may not occur.

It is also possible to express the future in the past by using the conditional simple.

Example: Decía en el periódico esta mañana que hoy habría un eclipse lunar.
   (It was in the newspaper this morning that there would be a lunar eclipse today.)

   ¡Quién hubiera pensado hace doscientos años que hoy habría satélites en la órbita de la tierra!
   (Who would have thought 200 years ago that there would now be satellites in the earth's orbit!)

LECCIÓN 23
DAR A CONOCER
COMMUNICATE

In this lección, you will learn how to:

* talk in Spanish about habits in the present
* describe past experiences
* say that you want to end a present action
* express that you have picked up an old habit again.

By the end of the lección, you will be able to talk about:

* the beginning and duration of an action, and
* locate an event in a timespan.

Grammar
* **volver a** + infinitive, **dejar de** + infinitive, **empezar a** + infinitive, **seguir** + gerund, **llevar** + gerund, **acabar de** + infinitive, **terminar de** + infinitive, **hacerse** + adjective
* **desde, desde que, hace, hace que, desde hace**

¡SPANISH FOR YOU!

LAS PERÍFRASIS VERBALES *(THE VERBAL PERIPHRASES)*

Translation no. 22

Carmen
Acaba de comenzar con la jardinería. Desde entonces ha perdido muchos kilos y **ha vuelto a hacer** deporte. De gran importancia fue **dejar de comer** tres comidas todos los días.

*"Ser jardinera es un oficio extraordinario. Realmente me da algo en mi vida. Yo **llevo** trabajando en una empresa 30 años, desde 1989. Yo empecé a fumar en 2001 y ahora **sigo fumando**."*

María
*"Solía montar a caballo mucho. Cuando **dejé de montar** a caballo hace tres años, entré en una crisis. En 2018 tuve un accidente y perdí una pierna. Empecé a escribir libros en 2010 y ahora **sigo escribiendo** en mi casa."*

Ahora tiene muchos amigos entre los escritores franceses y **ha empezado a estudiar** francés. Ademas, **ha dejado de fumar**.

Italics: they are discussing themselves; normal letters: they are being discussed.

To express that you want to do something again that you have done once before.

Volver a + infinitive

Example: Volver a fumar.   *(To start smoking again.)*
Terminé mis estudios en 2004, pero al año siguiente **volví a** estudiar.
(I finished my studies in 2004, but the following year I started studying again.)

To express that you want to stop doing something.

Dejar de + infinitive

Example: Yo dejo de fumar.   *(I quit smoking.)*
En 2070 la gente **dejaría de conducir** coches.
(In the year 2070, people would probably stop driving cars.)

To express that you want to begin something.

Empezar a + infinitive

Example: He empezado a estudiar español.   *(I have started to study Spanish.)*
En 2080 la gente **empezaría a vivir** en Marte.
(In the year 2080, people would probably start living on Mars.)

To express that you have been doing something uninterruptedly and will also carry on doing it in the near future. Here a precise time is not needed.

Seguir + gerund

Example: Yo empecé a enseñar español en 2004 y, en 2019, todavía **sigo enseñando** español.
(I started to teach Spanish in 2004 and, in 2019, I still teach Spanish.)

Sigo viviendo en una isla griega.
(I'm still living on a Greek island.)

Another expression for saying that you're still doing something that you have done before, is formed with ***llevar***. Here **a specific time is needed** that states exactly when you started doing the thing that you want to continue. This is different from *seguir + gerund*.

Llevar + gerund

Example: Yo **llevo enseñando** español 15 años, es decir, desde el año 2004.
(I have been teaching Spanish for 15 years, that is, since 2004.)

Llevo viviendo 3 años en una isla griega.
(I have been living on a Greek island for 3 years.)

When you want to say that you have recently started something.

Acabar de + infinitive

Example: Yo **acabo de llegar** a esta escuela.   *(I just came to this school.)*

When something is over.

Terminar de + infinitive

Example: Yo **termino de trabajar** a las 4 de la tarde.
(I finish working at 4:00 p.m.)

*Llegué a España en abril 2018. Entonces **empecé a estudiar** español y **sigo estudiando** todavía. **Terminaré de estudiar** en 3 semanas, pero la lengua española me va a acompañar toda la vida.*

To express a change in life.

Hacerse + adjective

Example: **Hacerse famoso/-a** *(to become famous)*; **hacerse rico/-a** *(to get rich)*; **hacerse vegetariano/-a** *(to become a vegetarian).*

EXERCISE 89

Completa los diálogos con las siguientes perífrasis.
Complete the dialogues with the following phrases.

> **acabo de recibir**　　**sigues trabajando**　　**ha vuelto a estudiar**
> **sigo leyendo**　　**sigues viviendo**　　**dejó de fumar**
> **acabo de montar**　　**dejó de estudiar**

1. Carmen: ¿……………….. en la empresa?
   Pepe: Sí, y tengo un buen sueldo.
2. José: ………………… un regalo de Navidad; es un bonos de viaje.
   Pablo: Yo he estado en Chile. Te aconsejo ir a Chile.
3. María: Dicen que Pablo es un fuerte fumador. ¿Es verdad?
   Carmen: Ya no. En 2008, Pablo …………………..
   María: ¡Increíble!
4. Diana: ¿Sabes? Pablo ……………… francés otra vez.
   ¿Es verdad? ¿Por qué Pablo ……………… este idioma en 2009?
   No sé, creo que Pablo está un poco loco.
5. Carmen: ¿Haces deporte aún?
   María: Sí, figúrate que ……………… a caballo.
   Carmen: ¡Estupendo!
6. Philippe: ¿Me dejas tu libro *Don Quijote*?
   Pedro: Lo siento, pero todavía ……………… este libro yo.
7. Carmen: ¿……………… en Granada?
   Pepe: Sí, me fui a vivir a Granada.

un buen sueldo *(a good salary)*; **un bonos de viaje** *(a travel gift voucher)*; **un fuerte fumador** *(a heavy smoker)*; **¡Increíble!** *(Incredible!)*; **el idioma** *(the language)*; **un poco loco/-a** *(a little crazy)*; **figúrate** *(can you imagine?)*; **estupendo** *(fantastic, wonderful)*; **lo siento** *(I'm sorry)*; **todavía** *(even, still)*; **me fui a vivir** *(I went to live)*

EXERCISE 90

Completa con las perífrasis adecuadas: **acabar de/empezar a** + infinitivo, **llevar/seguir** + gerundio.
Complete with the appropriate periphrasis: **acabar de/empezar a** + infinitive, **llevar/seguir** + gerund.

En Francia Pepe ha estudiado derecho y ha trabajado de escritor. Su francés es muy bueno. Tiene compañeros franceses y está prometido.

"Fui en avión a Francia en 1998. Vine solo a visitar mi tía que lleva ya más o menos 20 años aquí. No me gusta el idioma francés porque la pronunciación es muy difícil. Por supuesto ……………… estudiándolo para mi carrera y hablo solo francés. En noviembre ……………… a abrir un bufete porque no quiero vivir en otro país. También ……………… cocinar muchos platos típico de Francia".

Pepe talks about himself = italics; Pepe is being talked about = normal letters.

EXERCISE 91

¿Con qué verbos puedes relacionar los sustantivos? En algunos casos necesita una preposición.
Which verbs can you relate to which noun? In some cases, you need a preposition.

casarse		el paro
acabar		alguien
mudarse	con	las afueras
competir	de	la carrera
cambiar	a	casa
divorciarse	en	piso
conseguir		un trabajo
terminar		
quedarse		

The following shows how a certain period of time can occur in both the present tense and the past (pretérito indefinido).

The distinction between *desde*, *desde que*, *hace*, *hace que*, and *desde hace*.

Desde

Desde means both **since** and **from**.

When *desde* is used in a sentence, then there has to be a **precise time** stated with it.

Desde describes the precise time when someone started doing **something continuously** (into the present).

Example: **Desde** 2010 (2010 = precise time) trabajo en Sevilla. (***Since** 2010, I work in Seville.*)

Desde **enero** vive en España.	(Since **January**, he lives in Spain.)
Desde **el día 8** de enero vive en España.	(Since **the 8th** of January, he lives in Spain.)
Desde **el lunes** vive en Brasil.	(Since **Monday**, he lives in Brazil.)
Desde **2008** vive en México.	(Since **2008**, he lives in Mexico.)

Desde is also used in the past, for example, with the *pretérito indefinido*.

Here, however, is usually not only *desde*, but the often-used form **desde ... a ...**

Desde 2006 <u>a</u> 2008 viví en Madrid.   (*From 2006 to 2008 I lived in Madrid.*)
Now I do not live there anymore!

¡SPANISH FOR YOU!

Desde que

Desde que has the meaning of **since**, **ever since**, **from the moment**.

After *desde que* follows a verb, for example, a complete subordinate clause.

Example: Desde que soy profesora de inglés, lo hablo perfectamente.
           (Since I'm an English teacher, I speak it perfectly.)

Here   *Soy* is the verb that follows on *Desde que* and initiates the rest of the sentence.

Desde que can also be used in the past tense.

Example: Desde que viajé a Argentina quiero volver.   *(Since I traveled to Argentina, I want to go back.)*

Hace

Hace is used when talking about an action that has taken place in the past and is already completed. Here, it is not about the exact time, but about the time span that lies in between.

Hace has the meaning of **ago**.

Example: Hace dos años viajé a Venezuela.   *(I traveled to Venezuela two years ago.)*

Here the *pretérito indefinido* is used, because it is said that someone had traveled to Venezuela 2 years ago (but currently is not in Venezuela).

Hace stands by itself in this past tense.

Hace que

Hace que means **since**, **for**.

Hace dos años **que** vivo en Barcelona.   *(I have been living in Barcelona **for** 2 years.)*

Here the present tense is used because I still live in Barcelona. This process continues into the present. In this form of a sentence, **Hace ... que** is always used.

Hace dos años **que** vive en España.   *(He has been living in Spain **for** 2 years.)*
Hace más de 20 años **que** vive en Portugal.   *(**For** more than 20 years, he has been living in Portugal.)*
Hace más de dos semanas **que** vive en Italia. *(**For** more than 2 weeks, he has been living in Italy.)*
Hace dos horas **que** no dice nada.   *(He has said nothing **for** 2 hours.)*

Desde hace

Desde hace means **for**, **since**.

If the combination *desde hace* is used, then the *que* is omitted from the sentence.

This combination is used when there is a **general time indication** of a period of time – there is no exact data, such as: the date, exact days, or precise time. It is used for actions that have begun in the past, have already occurred over a period of time, and are still ongoing in the present

Example:

Desde hace 2 años vive en España. *(I have been living in Spain **for** 2 years.)*

Alejandro está en China **desde hace** *6 semanas*. *(Alexander has been in China **for the past** 6 weeks.)*

Vivo en Bilbao (desde) **hace** dos años. *(I have been living in Bilbao **for** 2 years.)*

Here the present tense is used because I still live in Bilbao.

Translation no. 23

Carmen:
- **Hace** 4 años **que** enseña español y francés.
- **Hace** poco ha terminado un estudio a distancia.
- **Desde que** es la directora de la escuela, ha trabajado muchas horas más.
- Trabaja mucho **desde que** se hizo directora.
- Hace deporte y viaja mucho **desde hace** dos años.
- Vive en Sevilla **desde** 2010.

Pablo:
- **Hace** 3 años **que** trabaja en un departamento jurídico.
- Terminó la carrera de Derecho **hace** 4 años.
- **Desde que** él negoció con la contraparte, los resultados han mejorado.
- Hace deporte **desde hace** 8 años.
- Ha sido abogado **desde que** terminó su carrera de Derecho.
- **Desde** 2009 vive en Madrid.

EXERCISE 92

Completa las frases con estas expresiones.
Complete the sentences with these expressions.

desde   desde hace   desde que   hace

1. .... he comprado un abrigo nuevo, no tengo frío.
2. ¿Trabajas en la escuela .... 2007?
3. Mi tío suele ir a ver un partido de fútbol todos los sábados .... dos años.
4. Estudio español .... 2010.
5. .... poco ha empezado a montar a caballo. *(Poco is not a precise time)*
6. Le puso la mano en el hombro .... están enamorados.
7. Mi hermana Carmen terminó la carrera .... tres años.

EXERCISE 93

Completa las frases con *hace, desde, hasta, de, a, después* y *durante*.
Complete the sentences with:

hace *(ago)*   **desde** *(since)*   **hasta** *(until)*   **de** *(from)*
a *(to)*   **después** *(later)*   **durante** *(during)*

1. La casa está en mal estado .... abril.
2. Rompí la foto de mi marido .... dos años.
3. Tengo que trabajar .... las ocho.
4. Visité a mis abuelos en Francia ...... abril ...... junio del 2015.
5. Me has estado engañando .... todo este tiempo.
6. ¿No puedes hacer esto ....? Ahora no tengo tiempo.
7. 30 trabajadores de la empresa han sido despedidos .... el mes pasado.
8. Pablo trabaja por libre de homeópata .... 2012.
9. Comenzaron a eliminar muchos puestos de trabajo .... dos meses.

mal estado *(poor condition)*; **me has estado engañando** *(you've been deceiving me)*; **los trabajadores** *(the workers)*; **han sido despedidos** *(have been fired)*; **trabajar por libre** *(to freelance)*; **un homeópata** *(a homeopath)*; **eliminar** *(to eliminate)*; **un puesto de trabajao** *(a workplace, a job)*

LECCIÓN 24
¡DESPIERTA Y DESAYUNA!
WAKE UP AND HAVE BREAKFAST!

In this lección, you will learn:

* how to give instructions or commands
* how to express prohibitions
* how to give advice.

It is also time for two more big exams.

Grammar
* The positive and negative imperative
* The pronouns with the imperative
* Prohibition: **no se admite/n; no se permite/n; no están permitidos/-as, estar prohibido; prohibido**
* Obligation: **se ruega; se debe; es obligatorio/-a; no es aconsejable**

¡SPANISH FOR YOU!

EL IMPERATIVO *(THE IMPERATIVE)*

The imperative is used

1. To attract an audience.
2. To attract someone's attention, for example, with slogans.
3. For giving instructions, for example, in a recipe or on the operating instructions for a washing machine (AE laundry machine).
4. To invite someone or offer something.
5. To give orders or instructions.
6. To give advice or recommendations, for example, if someone is sick.

Advice or recommendations are also given in the conditional, but in comparison to the imperative, they are rather hypothetical. The imperative is more direct; it is more of a command form. Also, the advice in the present tense is rhetorical or general.

For example: ¿Por qué no leer? *(Why not read?)* is a rhetorical question.
Lo mejor es usar el tónico. *(It is best to use the tonic.)* is general.

None of these are imperative. The imperative is more widely used in Spanish than in English.

With the formal imperative (using the formal term for addressing somebody), the vowel at the end changes compared to the infinitive of the verb, as you can see below. This change does not take place for the familiar [informal] imperative. The regular verbs have the following endings in the imperative.

Familiar imperative	mir - ar	com - er	abr - ir
tú	- a	- e	- e
vosotros	- ad	- ed	- id

Formal imperative	mir - ar	com - er	abr - ir
usted	- e	- a	- a
ustedes	- en	- an	- an

The formation of the affirmative familiar imperative
Only the 2nd person singular *(tú)* and plural *(vosotros)* have their own imperative form and only in the positive imperative. The affirmative imperative of the 2nd person singular *(tú)* corresponds in form to the 3rd person singular present tense, for example, él **come** - (tú) ¡**come**!

tú

Verbs with the infinitive ending -**ar**	-**a**	hab**la**	*(speak!)*
Verbs with the infinitive ending -**er**	-**e**	com**e**	*(eat!)*
Verbs with the infinitive ending -**ir**	-**e**	escrib**e**	*(write!)*

The affirmative imperative of *vosotros/-as* is derived from the infinitive; the *-r* is replaced by *-d*. For all other persons as well as the negative imperative, the corresponding forms of the *subjuntivo de presente* (Lección 26) are used.

vosotros

Verbs with the infinitive ending **-ar**	**-ad**	habl**ad**	*(speak!)*
Verbs with the infinitive ending **-er**	**-ed**	com**ed**	*(eat!)*
Verbs with the infinitive ending **-ir**	**-id**	escrib**id**	*(write!)*

LATIN AMERICAN USAGE

Latin Americans do not use the **vosotros/-as** form, which is replaced by the ustedes form for both formal and familiar address.

The formation of the formal imperative
Positive and negative commands with **usted** and **ustedes** are derived from the 3rd person of the present subjunctive (Lección 26). Therefore, the 1st person singular of the present tense is taken, the *-o* is removed and replaced with the present subjunctive endings. This applies to all regular verbs and, with some exceptions, to stem-changing and irregular verbs.

Present indicative (1st person)	**Formal Imperative** (usted, ustedes)
habl**o** *(I speak)*	habl**e**, habl**en** *(speak)*
teng**o** *(I have)*	teng**a**, teng**an** *(have)*
dig**o** *(I say)*	dig**a**, dig**an** *(say)*

In Spanish, the imperative exclamation mark is only normally used to express a special intensification.

Example:	¡Corre!	But	Pablo, mira lo que tengo.
	(Run!)		*(Pablo, look what I have.)*

Cookbooks for cooking instructions, use the familiar imperative (tú).
Example: Lava el pavo.   *(Wash the turkey.)*   Verb = lavar *(to wash)*

The familiar imperative is mostly spoken in Spain.
- La vajilla está sucia. Frégala, por favor.
  (The dishes [BE crockery] are dirty. Wash them up, please.)

- Ya no tengo alimentos. Haz la compra, por favor.
  (I don't have food anymore. Buy some, please.)

- Hoy es viernes. Baja los residuos orgánicos, por favor.
  (Today is Friday. Please bring the organic waste down.)

- Apaga la televisión, por favor.
  (Turn off the television, please.)

- Haz una copia, por favor.
  (Make a copy, please.)

The *formal imperative (usted form)* is used for instructions.

Example: *For a washing instruction.*
Lave esta camiseta a menos de 40°.

For instructions for using the microwave.
Llene una taza de leche. Póngala en el microondas 3 minutos.
Añada dos cucharitas de cacao y remueva.

An instruction on a ticket.
Guarde el billete y preséntelo al revisor.

IRREGULAR IMPERATIVE VERBS

Verbs that have a *-g-* in the 1st person present tense singular create the 2nd person singular imperative in a shortened, irregular way.

tener	*(to have)*	- tengo	*(I have)*	- **ten**	*(have!)*
poner	*(to put)*	- pongo	*(I put)*	- **pon**	*(put!)*
salir	*(to go out)*	- salgo	*(I go out)*	- **sal**	*(go out!)*
hacer	*(to do)*	- hago	*(I do)*	- **haz**	*(do!)*
traer	*(to bring)*	- traigo	*(I bring)*	- **trae**	*(bring!)*
decir	*(to say)*	- digo	*(I say)*	- **di**	*(say!)*
venir	*(to come)*	- vengo	*(I come)*	- **ven**	*(come!)*

Also, the verbs **ser** *(to be)* - **sé** *(be!)*, **estar** *(to be)* - **está** *(be!)* are completely irregular.

For verbs that have a stem change in the 1st person singular of the present tense, the formal imperative is formed using the changed stem, as shown in the following list.

Verb infinitive	1st person singular irregular in present tense	usted (imperative)	ustedes (imperative)
hacer	hago	haga	hagan
salir	salgo	salga	salgan
poner	pongo	ponga	pongan
ir	voy	vaya	vayan
venir	vengo	venga	vengan
decir	digo	diga	digan
oír	oigo	oiga	oigan
tener	tengo	tenga	tengan

The irregular verbs in the imperative are as follows:

	hacer	salir	poner	ir	venir	decir	oír	tener
(tú)	haz *(do, make!)*	sal *(leave, go out!)*	pon *(put!)*	ve *(go!)*	ven *(come!)*	di *(say!)*	oye *(listen!)*	ten *(have!)*
(vosotros/ vosotras)	haced *(do, make!)*	salid *(get out!)*	poned *(put!)*	id *(go!)*	venid *(come!)*	decid *(say!)*	oíd *(listen!)*	tened *(have!)*
(usted)	haga *(do, make!)*	salga *(get out!)*	ponga *(put!)*	vaya *(go!)*	venga *(come!)*	diga *(say!)*	oiga *(listen!)*	tenga *(have!)*
(ustedes)	hagan *(do, make!)*	salgan *(get out, leave!)*	pongan *(put!)*	vayan *(go!)*	vengan *(come!)*	digan *(say!)*	oigan *(listen!)*	tengan *(have!)*

The following verbs have **several irregularities** in the imperative because a spelling change occurs in the present tense in the 1st, 2nd, 3rd person singular and in the 3rd person plural. **Conocer** and **traducir** are only irregular in the 1st person singular in the present tense, but they have their own irregularity in the imperative, as seen in the chart below.

These imperatives are as follows:

	empezar	volver	pedir	conocer	traducir	construir
(tú)	empieza *(start!)*	vuelve *(go back!)*	pide *(ask for!)*	conoce *(recognize!)*	traduce *(translate!)*	construye *(build!)*
(vosotros/ vosotras)	empezad *(start!)*	volved *(go back!)*	pedid *(ask for!)*	conoced *(recognize!)*	traducid *(translate!)*	construid *(build!)*
(usted)	empiece *(start!)*	vuelva *(go back!)*	pida *(ask for!)*	conozca *(recognize!)*	traduzca *(translate!)*	construya *(build!)*
(ustedes)	empiecen *(start!)*	vuelvan *(go back!)*	pidan *(ask for!)*	conozcan *(recognize)*	traduzcan *(translate!)*	construyan *(build!)*

THE POSITION OF THE PRONOUNS

In **conjugated verbs** (even in reflexive verbs) the pronouns are placed directly **before the verb** (without the preposition *a*). (Lección 15)
- **Lo** como/**Lo** he comido/**Lo** comí/**Lo** comeré

- Esta mañana no **me** he peinado.   *(I did not comb my hair this morning.)*

- ¿Conoces este museo?   *(Do you know this museum?)*
  No, no **lo** conozco.   *(No, I do not know it.)*

In a construction with a finite verb followed by an infinitive or a gerund, the object pronoun may be placed before the finite verb or it may be added to the infinitive or gerund.

- Estoy comiéndo**lo**.   **Lo** estoy comiendo.   *(I am eating it.)*
- ¿Podría dar**me** ...?   ¿**Me** podría dar ...?   *(Could you give me ...?)*

PRONOUNS WITH THE IMPERATIVE

The **imperative** has its own rules apply for pronouns.
Object and reflexive pronouns are **attached** to the **positive imperative** but they **precede** **negative imperatives**.
If one or two pronouns are attached, the verb forms emphasized on the second-to-last syllable recieve an accent.

- Déja***me*** el coche, por favor.
  *This is a **positive** imperative. Therefore, the pronoun **is attached** to the imperative.*

- Vale, pero no me ***lo*** pidas más esta semana.
  *This is a **negative** imperative. The pronoun **is placed before** the imperative.*

Monosyllabic verbs do not receive an accent unless two pronouns are attached.
Example: ¡Di**me**! *(Tell me!)*   aber   ¡Dá**melas**! *(Give them to me!)*

Further examples:

* ¿Te has cansado de un mueble? No **lo** tires.
  *(You're tired of a piece of furniture? Don't throw **it** away.)*
  Here, the pronoun refers to the **piece of furniture** and is thus a **direct object pronoun** (*lo, la, los, las*). (Lección 15) Negative imperative—the pronoun is placed before.

* ¿Tu ropa está pasada de moda? Regála**la** o intercámbia**la**.
  *(Your clothing is out of style? Give **it** away or exchange **it**.)*
  The pronoun refers to the clothing (direct object pronoun). Positive imperative—the pronoun is behind.

* ¿Tus hijos han acabado un curso? Da**les** algo de dinero y están felices.
  *(Your children have finished a course? Give **them** some money and they are happy.)*
  Here the pronoun is replacing persons and therefore is an **indirect** object pronoun.
  You can find them in a sentence by asking yourself **to whom** or **for whom** an action was done.
  Here it refers to the children (indirect object pronoun). Positive imperative—the pronoun is behind.

  Me *(to/for me)*;
  te *(to/for informal you)*;
  le *(to for it, him, her, formal you)*;
  nos *(to/for us)*;
  os *(to/for formal you)*;
  les *(to/for them, formal you)*. (Lección 9)

It should be noted that if the indirect object pronoun *le/les*, and the direct object pronoun *lo/la/los/las* occur in a sentence, then *le/les* should be replaced with *<u>se</u>*.
Example:
¿Unas gafas que ya no usas? ¿Por qué tirar**las**? ¿Tu padre necesita gafas? ¡Regála**se**las!
*(You no longer use some glasses? Why throw **them** away? Your dad needs glasses? Give <u>them</u> to **him**!)*

Negative imperative

The positive and negative imperative are presented briefly below.

Verbs with the infinitive ending -ar

	positive		negative	
tú	and**a**	*(go!)*	no and**es**	*(don't go!)*
vosotros/-as	and**ad**	*(go!)*	no and**éis**	*(don't go!)*
usted	and**e**	*(go!)*	no and**e**	*(don't go!)*
ustedes	and**en**	*(go!)*	no and**en**	*(don't go!)*

Verbs with the infinitive ending -er

	positive		negative	
tú	beb**e**	*(drink!)*	no beb**as**	*(don't drink!)*
vosotros/-as	beb**ed**	*(drink!)*	no beb**áis**	*(don't drink!)*
usted	beb**a**	*(drink!)*	no beb**a**	*(don't drink!)*
ustedes	beb**an**	*(drink!)*	no beb**an**	*(don't drink!)*

Verbs with the ending of the infinitive -ir

	positive		negative	
tú	viv**e**	*(live!)*	no viv**as**	*(don't live!)*
vosotros/-as	viv**id**	*(live!)*	no viv**áis**	*(don't live!)*
usted	viv**a**	*(live!)*	no viv**a**	*(don't live!)*
ustedes	viv**an**	*(live!)*	no viv**an**	*(don't live!)*

In regular verbs, the negative imperative is as follows.

	Habl - ar	**Com - er**	**Escrib - ir**
(tú)	No habl-**es** *(don't speak, don't talk!)*	No com-**as** *(don't eat, no eating!)*	No escrib-**as** *(don't write, don't text, no writing!)*
(vosotros/ vosotras)	No habl-**éis** *(don't talk, don't speak!)*	No com-**áis** *(don't eat!)*	No escrib-**áis** *(do not write!)*
(usted)	No habl-**e** *(don't talk, don't speak!)*	No com-**a** *(don't eat!)*	No escrib-**a** *(don't write, no writing!)*
(ustedes)	No habl-**en** *(don't talk, no talking!)*	No com-**an** *(don't eat, no eating!)*	No escrib-**an** *(don't write!)*

Irregular verbs including the negative imperative.

	Pedir +	**Pedir -**	**Dormir +**	**Dormir -**
(tú)	Pide *(request!)*	No pidas *(don't request!)*	Duerme *(sleep!)*	No duermas *(don't sleep!)*
(usted)	Pida *(ask, request!)*	No pida *(don't ask (for), don't order!)*	Duerma *(sleep!)*	No duerma *(don't sleep!)*
(vosotros/ vosotras)	Pedid *(ask!)*	No pidáis *(don't ask for!)*	Dormid *(sleep!)*	No durmáis *(don't sleep!)*
(ustedes)	Pidan *(ask, request!)*	No pidan *(don't ask for, don't request!)*	Duerman *(sleep!)*	No duerman *(don't sleep!)*

	Venir +	**Venir -**	**Poner +**	**Poner -**
(tú)	Ven *(come!)*	No vengas *(don't come!)*	Pon *(put!)*	No pongas *(don't put!)*
(usted)	Venga *(come on, go on, hurry up!)*	No venga *(don't come)*	Ponga *(put!)*	No ponga *(don't put!)*
(vosotros/ vosotras)	Venid *(come, get over!)*	No vengáis *(don't come!)*	Poned *(put!)*	No pongáis *(don't put!)*
(ustedes)	Vengan *(come!)*	No vengan *(don't come!)*	Pongan *(put!)*	No pongan *(don't put!)*

	Hacer +	**Hacer -**	**Salir +**	**Salir -**
(tú)	Haz *(do, make!)*	No hagas *(don't do, don't make!)*	Sal *(go out, leave!)*	No salgas *(don't go out, don't leave!)*
(usted)	Haga *(do, make!)*	No haga *(don't do, don't make!)*	Salga *(get out!)*	No salga *(don't go out, don't leave!)*
(vosotros/ vosotras)	Haced *(do, make!)*	No hagáis *(don't do, don't make!)*	Salid *(get out!)*	No salgáis *(don't go out, don't come out!)*
(ustedes)	Hagan *(do, make!)*	No hagan *(don't do, don't make!)*	Salgan *(get out, leave!)*	No salgan *(don't leave, don't come out!)*

	Conocer +	**Conocer -**	**Ir +**	**Ir -**
(tú)	Conoce *(get to know!)*	No conozcas *(don't get to know!)*	Ve *(go!)*	No vayas *(don't go!)*
(usted)	Conozca *(get to know!)*	No conozca *(don't get to know!)*	Vaya *(go!)*	No vaya *(don't go!)*
(vosotros/ vosotras)	Conoced *(get to know!)*	No conozcáis *(don't get to know!)*	Id *(go!)*	No vayáis *(don't go, don't wander!)*
(ustedes)	Conozcan *(get to know!)*	No conozcan *(don't get to know!)*	Vayan *(go!)*	No vayan *(don't go!)*

The verbs *ser* and *estar* have the same meaning as the English verb *to be*. The different usage of these verbs was explained in Lección 10.

	Ser +	**Ser -**	**Estar +**	**Estar -**
(**tú**)	Sé *(be!)*	No seas *(don't be!)*	Está *(be!)*	No estés *(don't be!)*
(**usted**)	Sea *(be!)*	No sea *(don't be!)*	Esté *(be!)*	No esté *(don't be!)*
(**vosotros/ vosotras**)	Sed *(be!)*	No seáis *(don't be!)*	Estad *(be!)*	No estéis *(don't be!)*
(**ustedes**)	Sean *(be!)*	No sean *(don't be!)*	Estén *(be!)*	No estén *(don't be!)*

Example:
- No pongas la lámpara en el suelo. *(Don't put the lamp on the floor.)*
- No seas tonto. *(Don't be silly.)*
- No vayas a la derecha. *(Don't go to the right.)*
- No hagas muchas fiestas. *(Don't have a lot of parties.)*
- No vengas más tarde. *(Don't be late.)*
- No lo toques. *(Don't touch it.)*

EXERCISE 94

Completa estos eslóganes con la forma adecuada del imperativo de los verbos que aparecen entre paréntesis. Complete these slogans with the appropriate form of the imperative of the verbs in parentheses (BE brackets).

1. Esta tarde (hacer, tú) …………. física.
2. (Descubrir, usted) …………. la naturaleza. *La Laguna*, una cerveza para descubrir.
3. (Renovarse, tú) ………… con Telepunto y (conseguir, tú) ………… un celular increíble.
4. No (perder, tú) ………. lo ………….: París desde 57 dólares.
5. (Creérselo, tú) …………: París desde 57 dólares.
6. No (dudarlo, usted) …………. – (volar, usted) …………. con Airwings.

hacer física *(do physics)*; **descubrir** *(to discover, to find out)*; **la naturaleza** *(the great outdoors)*; **renovarse** *(be renewed, renewal)*; **conseguir** *(to get, to achieve, to obtain)*; **un celular** *(a cell phone)*; **increíble** *(incredible)*; **perder** *(to lose, to waste, to miss)*; **creerse** *(to believe)*; **dudar** *(to doubt, to hesitate)*; **volar** *(to fly)*

¡SPANISH FOR YOU!

EXERCISE 95

Completa la siguiente receta con los pronombres que faltan.
¿Van delante o detrás del verbo?
Complete the next recipe with the missing pronouns.
Are they placed before or behind the verb?

Requesón con patatas (para cuatro personas)

1. Compra 1 kg de patatas, ….. pela ….. y ….. corta …… en trozos medianos.
2. Calienta tres cucharadas de aceite en una sartén y poco después añade las patatas.
3. Acto seguido, añade una cebolla grande cortada en trozos pequeños.
4. ….. deja ….. hasta que estén bien crujientes, quizás unos 10 minutos.
5. Añade una pizca de sal, pimienta negra, y un poco de perejil.
6. Separa seis huevos.
7. Haz una masa con las yemas con 500 g de requesón y … remueve …
8. Bate las claras de huevo y ….. mezcla ….. con el resto.
9. Añade las patatas y ….. mezcla ….. con el requesón, las claras y las yemas.
10. Rellena dos moldes con todo y deja el guisado a fuego medio durante 20 minutos.

una cucharada *(a spoonful, a tablespoon, a scoop)*; **acto seguido** *(then, thereafter)*; **un trozo** *(a slice, a piece, a chunk)*; **está crujiente** *(is crunchy, is crispy)*; **una pizca de sal** *(a pinch of salt, a dash of salt)*; **el perejil** *(the parsley)*; **una masa** *(the dough)*; **las yemas** *(the yolks)*; **las claras de huevo** *(the egg whites)*; **rellenar** *(to fill out, to fill in, to stuff)*; **los moldes** *(the molds)*; **el guisado** *(the stew, the casserole)*; **a fuego medio** *(medium heat)*

PROHIBICIÓN *(PROHIBITION)* Y OBLIGACIÓN *(OBLIGATION)*

The form of a *prohibición (prohibition)*

<u>Form</u>: <u>**no se**</u> + <u>**3rd person**</u> *(singular or plural)* <u>**of the verb admitir**</u> = <u>admite/n</u> + <u>substantive</u> <u>or</u> <u>verb in infinitive</u>.
No se admite/n + **substantive** (also in plural) or **verb in infinitive** (e.g., fumar).
        Meaning: *is not supported, is not admitted, is not allowed.*
Example: No se admiten cheques.   *(We don't accept or take checks!)*
               No se admiten perros.   *(No dogs allowed!)*
               No se admite beber alcohol.   *(Drinking alcohol is not allowed!)*

<u>Form</u>: <u>**no se**</u> + <u>**3rd person**</u> *(singular or plural)* <u>**of the verb permitir**</u> = <u>permite/n</u> + <u>substantive</u> <u>or</u> <u>verb in infinitive</u>.
No se permite/n + **substantive** (also in plural) or **verb in infinitive**.
        Meaning: *it is not allowed, are not allowed, is not allowed.*
Example: No se permiten las bebidas alcohólicas.   *(Alcoholic beverages are not allowed!)*
               No se permite molestar los monos.   *(Annoying the monkeys is not allowed!)*

Form: *no está/n* + *adjective of permitir* (permitido/-a)
No está/n permitido/-a/-os/-as + **substantive** (also in plural) or **verb in infinitive**.
                               Meaning: *is not allowed, is not permitted, you're not allowed to ...*
     Example: No está permitido el uso para otras fines.   *(Use for other purposes is not allowed!)*
               No está permitido fumar.   *(Smoking is not permitted!)*

Form: *está/n* + *adjective of prohibir* (prohibido/-a) .
Está/n prohibido/-a/-os/-as + **substantive** (also in plural) or **verb in infinitive**.
                               Meaning: *be prohibited, be forbidden.*
    Example: Está prohibido el uso de celulares.   *(The use of cell phones is prohibited!)*
                Está prohibido hacer fotografías.   *(It is forbidden to take photos!)*

Form: *prohibido* + *verb in infinitive*.
¡Prohibido fumar!   *(No smoking! Smoking prohibited!)*
Important! The form of a sentence ***Es*** *prohibido* does not exist in Spanish.

Especially in spoken language usually constructions with the infinitive are prefered to express prohibition. It is common to use the form: **no dejan** + infinitive.

Example: En mi trabajo **no dejan** llevar pantalones cortes.   *(In my work they do not let me wear shorts.)*

The form of an *Obligación (obligation)*

Form: *se* + *3rd form* [singular] *of the verb rogar* (to ask for) = **ruega** + **substantive or verb in infinitive**.
Se ruega + **substantive**.
Se ruega + **verb in infinitive**.
    Example: Se ruega silencio.   *(Silence is requested, or please be quiet.)*
                Se ruega escuchar.   *(You are asked to listen, or please listen.)*

Form: *se* + *3rd form* [singular] *of the verb deber* (to owe) = **debe** + **verb in infinitive**.
Se debe + **verb in infinitive**.
    Example: Se debe trabajar mucho.   *(It is necessary to work a lot.)*

Form: *es* + *adjective of* **obligatorio/-a** + **substantive or verb in infinitive**.
Es/Son obligatorio/-a/-os/-as + **substantive**.
Es obligatorio + **verb in infinitive**.
    Example: Es obligatorio el cumplimiento de la ley.   *(Compliance with the law is mandatory.)*
                Es obligatorio hablar español.   *(It is mandatory to speak Spanish.)*

Form: *(no) es* + *aconsejable* + *infinitive*.
    Example: No es aconsejable fumar.   *(Smoking is not advisable.)*
                Es aconsejable hacer deporte.   *(It is advisable to do sports.)*

¡SPANISH FOR YOU!

EXERCISE 96

¿A qué categoría corresponde cada oración? Decide si es obligación o prohibición.
Which phrases belong to what category? Are they *obligación* or *prohibición*?

1. **Es obligatorio** el uso de las botas de montar en la clase de equitación.

2. **No está permitido** alimentar a las ovejas.

3. **Prohibido** fumar.

4. **Se ruega** escuchar.

5. **Está prohibido** beber alcohol.

6. **Está prohibido** hacer fotografías.

7. **No se permiten** las bebidas alcohólicas.

8. **Está prohibida** la entrada a los jóvenes.

9. Recordamos a todos los estudiantes del curso de idiomas que **es obligatorio** hablar alemán.

10. **Se debe** trabajar mucho.

11. **No se admiten** gatos.

12. **Prohibida** la venta de cigarrillos a niños.

13. **No se permite** molestar a los perros.

las botas de montar *(the riding boots)*; **la clase de equitación** *(the riding lesson)*; **las ovejas** *(the sheep)*

se + 3rd person	Es/son + adjetivo	Está/están + adjetivo	Prohibido

Test 2 and test 3

LECCIÓN 25
¿SE TE DAN BIEN LOS IDIOMAS?
DO YOU HAVE ANY LANGUAGE SKILLS?

In this lección, you will learn when to use which conjunctions for:

* continuing a story
* the cause of events
* to express opposing ideas in one sentence.

You will also learn:

* how to express yourself when speaking about abilities and difficulties
* how to communicate that you have done something by mistake.

Finally, another past tense is explained, the

pretérito pluscuamperfecto,

which is equivalent to the past perfect in English.

Grammar
* Conjunctions
  - **De repente** o **(y) Entonces** o **Al final** o **De pronto** o **En aquel momento**
  - **Porque** o **Como** o **Es que**
  - **Sin embargo** o **Aunque** o **Pero**

* Ability
  Verbs *darse*, *resultar*
  - **Tener capacidad; tener facilidad; tener dificultad; tener habilidad; tener un gran habilidad; tener un don**
  - **Ser bueno + gerundio; ser malo + gerundio; ser (in)capaz de**

* Verbs that are used when something has been done unintentionally:
  - **Perder(se); olvidar(se); romper(se); caer(se); estropear(se); quemar(se)**

* Pretérito pluscuamperfecto (past perfect)

¡SPANISH FOR YOU!

CONJUNCTIONS FOR CONTINUING A STORY

Translation no. 24

Resulta que está teniendo lugar una regata a vela entre el equipo de Granada y el equipo de Cádiz. Después de un tiempo, el equipo de Granada parece estar ganando con un buque de vela. **De repente**, este buque de vela zozobra en una curva cerrada. **Al final** el equipo de Cádiz gana. ¿Qué ha pasado con el capitán del buque de vela? La verdad es que ... ¡lo que ha hecho ha sido imprudente!

There are different types of conjunctions in Spanish.
Conjunctions that express that the action described in a previous part of the sentence continues without interruption.

de repente	*(suddenly, all of a sudden)*
(y) entonces	*(then)*
al final	*(in the end, at the end, finally)*
de pronto	*(suddenly, all of a sudden)*
en aquel momento	*(at the time, at that time, at that moment)*

CONJUNCTIONS USED TO EXPLAIN THE CAUSE OF EVENTS

1) **Como** tiene un perro, Pedro está muy feliz. Pero no saca al perro **porque** no le gustan mucho las peleas con otros perros.
2) Lo siento, pero no voy a comer con Pablo; **es que** tengo sueño.

Porque *(because)*

Porque is used to explain a <u>motive</u> in the following part of the sentence.

Example: Voy a la playa <u>porque</u> <u>hace</u> <u>sol</u>.   *(I go to the beach <u>because</u> <u>it's</u> <u>sunny</u>.)*
         Él compra una pizza <u>porque</u> <u>tiene</u> <u>hambre</u>.   *(He buys a pizza <u>because</u> <u>he</u> <u>is</u> <u>hungry</u>.)*

Él compra una pizza—this part of the sentence is the consequence;
porque tiene hambre is the reason/the motive, initiated with **porque**.

Como *(as, since, if, that)*

Como is used to make a statement.

Example: <u>Como</u> <u>hace</u> <u>sol</u>, voy a la playa.   *(<u>As</u> <u>it</u> <u>is</u> <u>sunny</u>, I go to the beach.)*
         <u>Como</u> <u>tiene</u> <u>hambre</u>, compra una pizza.   *(<u>As</u> <u>he</u> <u>is</u> <u>hungry</u>, he buys a pizza.)*

Como tiene hambre is the statement and *compra una pizza* is the consequence of it.

Es que *(it's just that, the fact is)*

Es que is used in order to give an explanation. *Es que* is only used in spoken language, it is not written.

Example: ¿Él hace deporte?   *(Does he do sports?)*
         No, **es que** es vago.   *(No, **the fact is** he is lazy.)*

Conjunctions used to express opposing ideas in one sentence

1) Soy jefe de estudios; **sin embargo**, quiero trabajar en una fábrica como obrero.
2) **Aunque** tiene dos hijos pequeños, quiere viajar por todo el mundo.
3) Mi marido no viaja conmigo a Francia, **pero** viene en un mes.

Sin embargo *(however, nevertheless)*

- *Sin embargo* is used when something is introduced in a sentence that contradicts what has already been said.
  Example: El equipo de fútbol español ganó el campeonato de Europa; sin embargo, no creo que lo gane otra vez.
  (The Spanish soccer team won the European Championship; however, I don't believe they will win again.)

- *Sin embargo* is used when two completely different ideas are combined in one sentence (although they must have something in common).
  Example: Hoy hace mucho calor y, sin embargo, el agua está fría.
  (Today it is very hot, however, the water is cold.)

  Yo quiero aprender español; sin embargo, me voy a Finlandia.
  (I want to learn Spanish; however, I'm going to Finland.)

Aunque *(although, though, even though)*

Aunque is used similar to *sin embargo*, but the difference between the contrasting statements in the sentence is not as large as in *sin embargo*.
It stands for a slightly smaller contradiction in which the difference between the expected and the actual is less surprising. *Aunque* can be at the beginning of a sentence.

Example: Aunque hace mucho calor, tengo frío.   *(Although it's very hot, I'm cold.)*

Este verano voy a viajar a Argentina aunque no tengo mucho dinero.
(This summer, I will travel to Argentina although I do not have much money.)

Pero *(but)*

Pero is also used when different statements (2 different ideas) in a sentence occur. However, the difference is smallest here.
Example: Tú buscas un trabajo, pero ya tienes un buen trabajo en el banco. No te entiendo.
(You are looking for a job, but you already have a good job at the bank. I don't understand you.)

EXERCISE 97

Encuentra la conexión correcta.
Find the right conjunction.

1. Pablo llega a Sevilla, donde toda la familia se ha reunido **porque/sin embargo/como** la tía se ha puesto gravemente enferma. Un día Pablo pierde los nervios con su tía porque ella quiere escapar del hospital. **Aunque/Sin embargo/Pero** la tía tiene previsto ocultar lo que está sintiendo, Pablo descubre su misterio.

2. María, una joven de 17 años, tiene que vivir con su nuevo novio. **Aunque/Como/Porque** se siente muy triste, se refugia en su mundo imaginario. Un buen día, va de paseo por un bosque y se encuentra con un enano que le dice que ella es la reina de todos los enanos y que debe volver a su pueblo. **Sin embargo/Como/Pero** la tarea no será fácil. Así es la vida, un poco extraordinaria.

EXPRESSING PEOPLES' ABILITIES (HABILIDADES)

Translation no. 25

La gente con habilidades ... *People with skills* ...

1. <u>Lingüístico-Verbales</u>
Tiene capacidad para comunicar, informar, persuadir ... A esa gente **se le da bien** aprender idiomas y escribir, y **tiene facilidad para** memorizar cosas. **Son buenos** conversadores.

2. <u>Lógico-Matematicas</u>
Tiene capacidad para pensar de forma lógica, estableciendo relaciones de causa-efecto. **Son buenos** resolviendo problemas de lógica.

3. <u>Espaciales</u>
A esa gente le resulta fácil entender la relación entre las formas y los tamaños de los objetos. Por eso, **se le da bien** hacer maquetas, leer mapas, y hacer disciplinas como la escultura o el dibujo. Además, **tiene facilidad para** usar la tecnología.

4. <u>Musicales</u>
Es capaz de percibir distintos tonos y de componer melodías. A esa gente **se le da bien** cantar o tocar un instrumento; también **tiene facilidad para** imitar acentos.

5. <u>Sinestésicas</u>
A esa gente se mueve **con facilidad** y suele ser buena creando objetos manualmente. **Tiene una gran habilidad para** expresar ideas y sentimientos con el cuerpo. Por eso, **se le da bien** hacer deporte, baile, o artesanía.

6. <u>Interpersonales</u>
Tiene una gran capacidad para analizarse y conocer sus defectos y virtudes. A esa gente **no le resulta difícil** concentrarse; puede ser muy disciplinada, y **es buena** escribiendo diarios personales o autobiografías.

Tiene la habilidad de ...   *(Has the ability to ...)*
Habilidades pueden ser buenas o malas.   *(Skills can be good or bad.)*

The following expressions are used when talking about abilities and difficulties

Se me da/n

¿Se os dan bien los idiomas?   *(Do you have any language skills?)*
Sí, se me dan bien los idiomas.   *(Yes, I am good with languages.)*
Here the verb <u>dar</u> is in the plural (se dan), since it refers to <u>las lenguas</u>, a noun in the plural.

Se me da/n is an impersonal expression, just like the term *me gusta*.

<u>Therefore, a pronoun always has to be added to refer to the one to whom the statement relates.</u>

Pronouns used in this context are indirect pronouns: *me, te, le, nos, os, les*. Here, the verb is used reflexively *(darse)* and therefore in this kind of sentence, *se* is always placed before the personal pronoun. The following table illustrates this in more detail.

(A mí)	se me		bien	.
(A ti)	se te	da	mal	leer. *(to read.)* = Verb infinitive
(A él/ella/usted)	se le	[Singular]		la carrera. *(the studies.)* = Substantive singular
(A nosotros/-as)	se nos	dan	bien	las asignaturas obligatorias. *(the compulsory subjects.)*
(A vosotros/-as)	se os	[Plural]	mal	= Substantive plural
(A ellos/ellas/ ustedes)	se les			

Example: Al novio perfecto se **le** da mal la pereza.
              (The perfect groom is not dedicated to laziness.)
              Se **le** da bien aprender idiomas.
              (She's pretty good at learning languages.)

To be ashamed/to be embarrassed of something: ***me da vergüenza***.
(A mí)   (no)   me   da(n)   vergüenza   + verb in infinitive/+ substantive singular and plural.

Example: **Le** da vergüenza hablar en público.
              (He feels ashamed of speaking in public.)
              ¿**Le** da vergüenza el regalo?
              (Is he embarrassed by the gift?)
              Le dan vergüenza las lagrimas.
              (He is ashamed of the tears.)

The verb *resultar*

The verb **resultar** *(turn out to be)* is also used to express abilities. Since the corresponding phrase is impersonal, it is formed like <u>gustar</u>, <u>dar</u> and <u>costar</u>. Here an adjective of grading such as <u>fácil</u> *(easy)* or <u>difícil</u> *(difficult)* is appended to the verb **resultar**.

(A mí)	me		
(A ti)	te	**resulta** (fácil) **o** (difícil) *(find is easy or difficult)*	escribir. *(to write.)* = Infinitive
(A él/ella/usted)	le	Singular	la carrera. *(the career.)* = Substantive singular
(A nosotros/-as)	nos	**resultan** (fáciles) **o** (difíciles)	los ejercicios. *(the exercises.)* = Substantive plural
(A vosotros/-as)	os	Plural	
(A ellos/ellas/ ustedes)	les		

Example: Al padre perfecto le resulta fácil hablar con los niños.
(It is easy for the perfect father to talk to the children.)

Also A mi hermana no le resulta difícil concentrarse.
(It isn't difficult for my sister to concentrate.)

The expression: *tener capacidad*, *tener facilidad*, etc.

Tener capacidad means to have the capacity, the ability—to be capable of doing something.
This is used as follows:
Tener capacidad   + gerundio
Tener capacidad para + verb in infinitive
Tener capacidad para + substantive (singular and plural)
Example: La madre perfecta tiene capacidad para cocinar.   *(The perfect mother is capable of cooking.)*

Tener facilidad means to do something with ease, effortlessly—to have a gift for something.
Use like <u>tener capacidad</u>.
Tener facilidad   + gerundio
Tener facilidad para + verb in infinitive
Tener facilidad para + substantive (singular and plural)
Example: Él tiene facilidad para usar la tecnología.   *(He has a knack for using technology.)*

Tener dificultad means to have difficulty, have trouble, find difficult.
Use like <u>tener capacidad</u> and <u>tener facilidad</u>.
Tener dificultad   + gerundio
Tener dificultad para + verb in infinitive
Tener dificultad para + substantive (singular and plural)
Example: Mi hermana tiene dificultad hablando en público.   *(My sister has difficulty speaking in public.)*

Tener habilidad means to have the ability, to have the skill.
Use like <u>tener</u> <u>capacidad</u>.
Tener habilidad + gerundio
Tener habilidad para + verb in infinitive
Tener habilidad para + substantive (singular and plural)
Example: Tengo habilidad para cantar. *(I have the ability to sing.)*

However, one can also say **tener una gran habilidad**
    (to be very skillful or clever, to have a great skill)
Tener una gran habilidad + gerundio
Tener una gran habilidad para + verb in infinitive
Tener una gran habilidad para + substantive (singular and plural)
Example: Ella tiene una gran habilidad para expresar ideas. *(She is very skillful at expressing ideas.)*

The phrases: *ser bueno* + *gerundio*, *ser capaz de* + *infinitivo*, etc.

Ser bueno/-a + gerundio
Ser malo/-a + gerundio

Example: La estudiante perfecta es buena estudiando. *(The perfect student is good at studying.)*
    Un holgazán es malo escribiendo cartas. *(A loafer is bad at writing letters.)*

Capaz *(capable, able)*

Ser capaz de *(having the ability to, to be capable of, to be able to)* **+ infinitivo**
Ser incapaz de *(to be incapable of, be unable to)* **+ infinitivo**
Example: Mi hermano es capaz de dibujar como un verdadero artista.
    (My brother is capable of drawing like a real artist.)   **<u>Look out</u>**! The plural of *capaz* is *cap<u>aces</u>*.

<u>**Tener un don**</u> *(<u>to have a gift</u>, <u>to have a knack</u>)* <u>is used as follows</u>:

Tener un don para las matemáticas. *(To have an aptitude for mathematics.)*
Tener un don con las chicas. *(To have a way with the girls.)*
Tener el don de lenguas. *(To have a gift for languages.)*

Important when expressing abilities

Since abilities are something immaterial, the ability must be conceived as an abstract unity and be grammatically taken up again.

Instead of asking   **¿Cuál es <u>el</u> contrario de habilidades?**
That's why it is correct   **¿Qué es <u>lo</u> contrario de habilidades?**   *(What is the opposite of abilities?)*

Whenever something immaterial is discussed, it must be expressed with the neutral pronoun <u>*lo*</u>.

¡SPANISH FOR YOU!

Verbs expressing unintentional actions.

The following verbs are conjugated like impersonal verbs (e.g., me gusta) to express that the action was **done unintentionally** (involuntary) by the person. For example, if somebody loses their earrings accidentally, then the verb _perder(se)_ is conjugated like the verb _gustar_.

<u>Verbs that express involuntary actions</u>

perder(se)	_(to lose, to get lost)_
olvidar(se)	_(to forget)_
romper(se)	_(to break)_
caer(se)	_(to fall [down])_
estropear(se)	_(to damage, to break)_
quemar(se)	_(to burn, to burn off)_

With these verbs, the indirect personal pronoun is placed at the beginning of a sentence, just as with the verb _gustar_.

Example: <u>A mi amiga</u> se le ha olvidado llamarme por mi cumpleaños.
   (My friend has forgotten to call me on my birthday.)

<u>Se</u> is used with

<u>Verbs for involuntary actions</u> _(perderse)_	_impersonal_ verbs	<u>reflexive verbs</u>
Example: se me pierde	me gusta	ducharse _(to take a shower)_
se te pierde	me cuesta	despertarse _(to wake up)_
se le pierde	se me da	lavarse _(to wash)_
se nos pierde	me encanta	ponerse _(to get, to put on)_
se os pierde	me molesta _(bother me)_	
se les pierde	me apasiona _(I'm passionate about)_	

* **A mí se me <u>olvidan</u> este tipo de cosas.**   *(I keep forgetting this kind of thing.)*
  Here <u>olvidan</u> is in plural, because it refers to <u>las cosas</u> (the things) = plural.
* **A mí se me <u>olvidó</u> el coche.**   *(I forgot the car.)*
  Here <u>olvidó</u> is singular, because it refers to <u>el coche</u> (the car) = singular.

The impersonal verbs, and the verbs used for involuntary actions, always refer to the following noun in their number (singular and plural)

If the **object pronoun is in the plural** for the person experiencing the involuntary action, only the pronoun (me ->**nos**) changes. The singular or plural form of the verb, however, depends on the object to which the action relates (la cena/**las arepas**).

| Se me, se te, se le | = | Person in singular |
| Se nos, se os, se les | = | Persons in plural |

Example: **A <u>vosotros</u> se <u>os</u> quemó la cena.**   *(You burned the dinner.)*
   vosotros = plural will be taken up again through _os_.
   quemó is the **3rd** person singular _pretérito indefinido_ of _quemar_; this is singular since _la cena_.
   (the dinner) is also singular and the verb refers to it: **se quemó la cena**.

Therefore, the verbs used for involuntary actions also can occur in all the conjugated forms of the past tenses, for example, in *pretérito indefinido*, in *pretérito perfecto*, etc.

Example: **Ayer a Carmen se le quemó la cena**. *(Yesterday, Carmen burned the dinner.)*
  quemó (pretérito indefinido) is singular, because *la cena* is also singular and the verb refers to this noun.

But

Ayer a Pedro se le quemaron los bistecs. *(Yesterday, Pedro burned the steaks.)*
  quemaron (pretérito indefinido) is in plural because *los bistecs* is also plural.

All impersonal verbs, and the verbs used for involuntary actions, can occur in any tense. This will be shown again in the examples below using the phrase *me gusta*.

- (A mí) me gusta el tiempo en Madrid.   =   presente
- (A mí) me gustó el tiempo en Madrid.   =   pretérito indefinido
- (A mí) me ha gustado el tiempo en Madrid.   =   pretérito perfecto
- (A mí) me gustaba el tiempo en Madrid.   =   pretérito imperfecto
- (A mí) me gustará el tiempo en Madrid.   =   futuro simple
- (A mí) me va a gustar el tiempo en Madrid.   =   futuro próximo
- (A mí) me gustaría el tiempo en Madrid.   =   condicional simple
- (A mí) me gustan las playas.   =   presente
- (A mí) me gustaron las playas.   =   pretérito indefinido
- (A mí) me han gustado las playas.   =   pretérito perfecto
- (A mí) me gustaban las playas.   =   pretérito imperfecto
- (A mí) me gustarán las playas.   =   futuro simple
- (A mí) me van a gustar las playas.   =   futuro próximo
- (A mí) me gustarían las playas.   =   condicional simple

EXERCISE 98

Formula la segunda frase empleando una acción involuntaria. La primera frase describe la acción intencional. Formulate the second sentence using an *involuntary* action. The first sentence describes the intentional action.

1. Pablo ha perdido los libros.
   A Pablo se le han perdido los libros.
2. He roto la ventana.
   ……………………………………………..
3. José ha olvidado los dibujos.
   ……………………………………………..
4. He perdido los papeles.
   ……………………………………………..
5. Hemos olvidado tu documento.
   ……………………………………………..

¡SPANISH FOR YOU!

EL PRETÉRITO PLUSCUAMPERFECTO *(THE PAST PERFECT)*

The ***pretérito pluscuamperfecto*** is used to talk about a past, finished action earlier than the main theme of the past. For example, when telling a story (simple past) and then looking back at something that happened even earlier (= past perfect). The ***pretérito pluscuamperfecto*** is formed as follows.

Pretérito imperfecto of the auxiliary verb *haber*		Perfect participle of verbs with ending - *ar*		Perfect participle of verbs with ending - *er*/- *ir*
había				
habías				
había	+	- ado	or	- ido
habíamos				
habíais				
habían				

- El año pasado fui a Italia. **Había encontrado** el hotel en un buscador.
  (Last year, I went to Italy. I had found the hotel in a search engine.)

  He searched for the hotel with the search engine before going to Italy = past perfect.

- Cuando llegamos al hotel, no pudimos cenar porque habían cerrado la cocina.
         23:35 h   **22:15 h**
  (When we arrived at the hotel—11:35 p.m.— we could not have dinner because they had closed the kitchen.—10:15 p.m.)

- Antes de empezar este semestre, había viajado a Fuerteventura.
  (Before starting this semester, I had traveled to Fuerteventura.)

- Antes de que se doctorara en historia, había vivido en México.
  (Before he had a doctorate in history, he had lived in Mexico.)

The *pretérito pluscuamperfecto* has the same irregular verbs as *pretérito perfecto*.

Example: A los 14 años ya había visto las pirámides.
               (At 14, I had already seen the pyramids.)

LECCIÓN 26
¡DESEO QUE TENGAS MUCHA SUERTE!
I WISH YOU A LOT OF LUCK!

This lección is all about the *subjuntivo (subjunctive)*. The *subjuntivo* is not used as often in English as in Spanish, but in Spain it is very common and therefore a relatively large lección.

Unfortunately, this book does not include all forms of the *subjuntivo*, as this would go far beyond level B1. You will, however, learn how to express the following with the presente de subjuntivo:

* wishes and hopes
* opinions
* value judgments
* purposes
* requests
* needs
* ideas of the future
* hypotheses
* propabilities
* assessments of facts and situations
* the degree of certainty or an opinion
* rejections of a hypothesis or a prior confirmation
* unreal situations

As it can bee seen, the *subjuntivo* expresses a subjective attitude. Therefore the *subjuntivo* is the mood of the non-reality.

The indicative mood, on the other hand, is used for real things and facts.

The *futuro perfecto,* the *pretérito perfecto de subjuntivo (present perfect subjunctive)* and the *pretérito imperfecto de subjuntivo (imperfect subjunctive)* are also explained briefly.

Exercises will help you to practice and understand what you have learned.

<u>Grammar</u>
* Presente de subjuntivo
* Futuro perfecto
* Verbs **creer/creerse**
* Pretérito perfecto de subjuntivo
* Pretérito imperfecto de subjuntivo

¡SPANISH FOR YOU!

EL PRESENTE DE SUBJUNTIVO *(THE PRESENT SUBJUNCTIVE)*

The present subjunctive is usually in a subordinate clause and dependent on a main clause verb.

I.   The following verbs are used to formulate wishes:

querer, desear, esperar.

If you wish for something for yourself, then the verbs are conjugated and followed by what was wished for in the infinitive form.

Example: Quiero <u>ser</u> muy rico. *(I want to be very rich.)*
There is only **one** subject here—**I**. The whole sentence is all about me.

The basic principle of the subjunctive is, to wish something for someone else.

Example: Yo deseo que tú <u>tengas</u> mucho dinero. *(<u>I</u> wish <u>you</u> a lot of money.)*
Here are two subjects—**I and you**. This sentence is about me and somebody else.

Or   **Lola** quiere que **yo** <u>tenga</u> mucho dinero. *(<u>Lola</u> wants <u>me</u> to have a lot of money.)*

(yo)	quiero, deseo, espero	que	presente de subjuntivo
(tú)	quieres, deseas, esperas	que	presente de subjuntivo
(él/ella/usted)	quiere, desea, espera	que	presente de subjuntivo
(nosotros/-as)	queremos, deseamos, esperamos	que	presente de subjuntivo
(vosotros/-as)	queréis, deseáis, esperáis	que	presente de subjuntivo
(ellos/ellas/ustedes)	quieren, desean, esperan	que	presente de subjuntivo

The only possible use of the **subjunctive** in Spanish **without *que*** is in combination with ***Ojalá***. This word is of Arabic origin and has the meaning

<u>as God wishes</u> or <u>what God wants</u>.

Therefore, ***Ojalá*** is always followed by the subjunctive.

Ojalá + presente de subjuntivo

Example: ¡Ojalá se cumplan tus sueños! *(I hope your dreams come true!)*

Ojalá + que + presente de subjuntivo

Example: Ojalá que se cumplan tus sueños ... *(I hope your dreams come true ...)*

There is also an expression that one hopes God wants something to happen.

Example: Dios quiere que tu hermana sea feliz.   (Hopefully your sister is happy, god willing.)

Verbs in the present subjunctive.

	Verbs with ending -ar habl - ar	Verbs with ending -er/-ir viv - ir
(yo)	habl - **e**	viv - **a**
(tú)	habl - **es**	viv - **as**
(él/ella/usted)	habl - **e**	viv - **a**
(nosotros/-as)	habl - **emos**	viv - **amos**
(vosotros/-as)	habl - **éis**	viv - **áis**
(ellos/ellas/ustedes)	habl - **en**	viv - **an**

There are a few examples shown below to which the *present subjunctive stem formula* applies.

Present subjunctive stem = yo form of present indicative minos *o* ending

Once you have the **stem**, the present subjunctive endings that match your subject are added.

Verbs such as **traducir**, **conocer**, and **conducir** are conjugated in the present subjunctive as shown below.

Traducir is irregular and becomes <u>yo traduzco</u> in 1st person singular present tense and is accordingly *que yo traduzca* in 1st person singular in present subjunctive.

The same applies to **conocer**. This verb becomes <u>yo conozco</u> in 1st person singular present tense and is accordingly *que yo conozca* in 1st person singular in present subjunctive.

Another example is **conducir**. The form of the present subjunctive *que yo conduzca* is derived from 1st person singular present tense *(yo conduzco)*.

	Conocer *(to know, to be acquainted with)*	**Traducir** *(to translate)*	**Conducir** *(to drive, to lead)*
que (yo)	conozca	traduzca	conduzca
que (tú)	conozcas	traduzcas	conduzcas
que (él/ella/usted)	conozca	traduzca	conduzca
que (nosotros/-as)	conozcamos	traduzcamos	conduzcamos
que (vosotros/-as)	conozcáis	traduzcáis	conduzcáis
que (ellos/ellas/ustedes)	conozcan	traduzcan	conduzcan

This principle also applies to the other verbs that are irregular in the **1ˢᵗ person singular present tense**. The respective change is retained in the present subjunctive for all forms.

	Tener – Tengo *(to have)*	**Decir – Digo** *(to say)*	**Hacer – Hago** *(to do, to make)*	**Huir – Huyo** *(to escape)*	**Construir - Construyo** *(to construct)*
que (yo)	tenga	diga	haga	huya	construya
que (tú)	tengas	digas	hagas	huyas	construyas
que (él/ella/usted)	tenga	diga	haga	huya	construya
que (nosotros/-as)	tengamos	digamos	hagamos	huyamos	construyamos
que (vosotros/-as)	tengáis	digáis	hagáis	huyáis	construyáis
que (ellos/ellas/ustedes)	tengan	digan	hagan	huyan	construyan

	Oír - oigo *(to hear)*	**Poner - pongo** *(to put)*	**exigir – exijo** *(to demand)*	**salir - salgo** *(to go out)*	**venir - vengo** *(to come)*
que (yo)	oiga	ponga	exija	salga	venga
que (tú)	oigas	pongas	exijas	salgas	vengas
que (él/ella/usted)	oiga	ponga	exija	salga	venga
que (nosotros/-as)	oigamos	pongamos	exijamos	salgamos	vengamos
que (vosotros/-as)	oigáis	pongáis	exijáis	salgáis	vengáis
que (ellos/ellas/ustedes)	oigan	pongan	exijan	salgan	vengan

Verbs that are irregular in terms of **vowel change**, such as *e* to *ie* or *o* to *ue*, are irregular in the subjunctive 1ˢᵗ, 2ⁿᵈ, 3ʳᵈ person singular and in 3ʳᵈ person plural.

Example:

	Poder – Puedo *(to be able)*	**Dormir – Duermo** *(to sleep)*	**Acostarse - se acuesto** *(to go to bed)*
que (yo)	pueda	duerma	me acueste
que (tú)	puedas	duermas	te acuestes
que (él/ella/usted)	pueda	duerma	se acueste
que (nosotros/-as)	podamos	durmamos	nos acostemos
que (vosotros/-as)	podáis	durmáis	os acostéis
que (ellos/ellas/ustedes)	puedan	duerman	se acuesten

	despertarse – se despierto (to wake up (oneself))	sentarse – me siento (to sit down)	sentir – siento (to feel)
que (yo)	me despierte	me siente	sienta
que (tú)	te despiertes	te sientes	sientas
que (él/ella/usted)	se despierte	se siente	sienta
que (nosotros/-as)	nos despertemos	nos sentemos	sintamos
que (vosotros/-as)	os despertéis	os sentéis	sintáis
que (ellos/ellas/ustedes)	se despierten	se sienten	sientan

	seguir – sigo (to follow)	reír – río (to laugh)	pedir – pido (to ask for)	vestirse – me visto (to get dressed)
que (yo)	siga	ría	pida	me vista
que (tú)	sigas	rías	pidas	te vistas
que (él/ella/usted)	siga	ría	pida	se vista
que (nosotros/-as)	sigamos	riamos	pidamos	nos vistamos
que (vosotros/-as)	sigáis	riáis	pidáis	os vistáis
que (ellos/ellas/ustedes)	sigan	rían	pidan	se vistan

The following verbs are **completely irregular** in the present subjunctive.

	ser (to be)	estar (to be)	ir (to go)	haber (to have)
que (yo)	sea	esté	vaya	haya
que (tú)	seas	estés	vayas	hayas
que (él/ella/usted)	sea	esté	vaya	haya
que (nosotros/-as)	seamos	estemos	vayamos	hayamos
que (vosotros/-as)	seáis	estéis	vayáis	hayáis
que (ellos/ellas/ustedes)	sean	estén	vayan	hayan

	saber (to know)	dar (to give)	caber (to fit)
que (yo)	sepa	dé	quepa
que (tú)	sepas	des	quepas
que (él/ella/usted)	sepa	dé	quepa
que (nosotros/-as)	sepamos	demos	quepamos
que (vosotros/-as)	sepáis	deis	quepáis
que (ellos/ellas/ustedes)	sepan	den	quepan

EXERCISE 99

Escribe las oraciones con *ojalá* para que concuerden con los siguientes deseos.
Write the following sentences using *subjuntivo presente* and *ojalá*.

1. Haber una buena noticia en cuanto a la convalecencia de Pedro.
   Ojalá haya una buena noticia en cuanto a la convalecencia de Pedro.
2. Tener (nosotros) una excursión bonita.
   ....
3. (Pablo) pasar el examen.
   ....
4. No haber un accidente en la vía.
   ....
5. No terminar el desarme en todos los países.
   ....
6. (Carmen) enamorarse de mí.
   ....
7. (Paul) proteger al gato.
   ....
8. Haber una buena ópera en el teatro.
   ....
9. Conseguir (ustedes) entradas para el cine.
   ....
10. No ladrar (el perro) muchas veces hoy.
    ....
11. Acordarse un salario mínimo en ese país.
    ....
12. Cocinar (yo) una buena paella esta tarde.
    ....
13. Vender (vosotros) muchos cuadros.
    ....

II. The subjunctive is also used for **verbs that express an opinion**.

For the following verbs, the **subjunctive is only used in negative sentences** (**No** creo que tengas razón). **IMPORTANT!** The negation is at the beginning of the sentence and refers to *creer que, pensar que*, etc. If it is not, then there is no subjunctive, as in the example:

<u>creo que **no tienes razón**</u>; which is indicative.

If the **sentence with *creer que, pensar que*,** etc. **is affirmative**, then <u>que</u> is always followed by the indicative.

Examples of verbs that express an opinion

Verbs of the mind	Verbs of perception	Verbs of the speech
creer que (= *personal verb*) (*to believe, to believe that*)	notar que (= *personal verb*) (*to notice that*)	decir (*to say, to tell*)
pensar que (*to think, to think that*)	parecer que (*to seem that*) (= *impersonal verb* like gustar: me parece – *seem to me*)	asegurar (*to assure, to secure, to guarantee, to ensure*)
comprender que (= *an opinion*) (*understand that*)	oír que (*to hear that*)	explicar (*to explain*)
opinar que (*to be the opinion that*)	lucir que (*it looks like*)	mencionar (*to mention*)
	ver que (*to see that*)	repetir (*to repeat, to do again*)

When a **certainty** *(certeza)* **is expressed**, the same rule applies as for verbs that express an opinion. In this case, the **subjunctive** occurs **only in the negative** sentence, while the indicative is used in the affirmative sentence.

Examples with the verb *es*

Es un hecho que …   (*It's a fact that …*)
Es verdad que …   (*It's true that …*)
Es evidente que …   (*It's evident that …*)
Es cierto que …   (*It's true that …*)
Es obvio que …   (*It's obvious that …*)

Examples with the verb *estar*

Está claro que …   (*It's clear that …*)
Está demostrado que …   (*It's proven that …*)
Está comprobado que …   (*It's verified that …, it's proven that …*)

If a **value judgment** is expressed *(when a subjective **significance** is expressed in the sentence)*, then it is **always followed by the subjunctive**.

The following phrases can express such a value judgment.

Es *(It is)* Parece *(It seems)*	necesario *(necessary)*	que	+ subjuntivo
	importante *(important)*		
	conveniente *(convenient)*		
	urgente *(urgent)*		
	increíble *(incredible, unbelievable)*		
	horrible *(terrible)*		

These value judgments are also inevitably followed by the **subjunctive**.

Está mal que + subjuntivo.   and   *Está bien* que + subjuntivo.

Another phrase that is <u>always</u> followed by the **subjunctive** and used to express the purpose *(finalidad)* is
para que + subjuntivo.

The following examples should help make the distinction clear

a) Creemos que <u>es</u> necesario ... (Creer que + indicativo)   *(We believe that it is necessary ...)*
Due to **es**, this sentence states a **certainty** and is followed by the **indicativo** because it is an affirmative statement. But if the sentence were

No creemos que sea necesario ... (No creer que + subjuntivo)   *(We don't believe that it is necessary ...)*

It would be a negative sentence and followed by the **subjuntivo**.

b) Me parece que + indicativo.   *(It seems to me that ...)*
Here an **opinion** is expressed (= Percepción) and the **indicativo** follows because it is an affirmative sentence. On the other hand, if the sentence were

No me parece que + subjuntivo.   *(It doesn't seem to me that ...)*

Then it would be a negative sentence and the **subjuntivo** would be obligatory.

Example text:
En todo caso, <u>creemos que es necesario que</u>, entre todos, **reactivemos** la rentabilidad de las sociedades del bienestar del norte. De todas formas, <u>nos parece urgente que</u> se **disminuya** el excesivo uso del cultivo de cereales genéticamente manipulado. Además, <u>es importante que</u> se **reduzca** el consumo de energía; <u>creemos que</u> **hay** que tomar las respectivas medidas ecológicas.

En cuanto a la caza de ballenas ilegal, <u>es conveniente que</u> se **hagan** muchos controles. Aparte de eso, <u>nos parece muy negativo que</u> **existan** estados que todavía **estén** inmersos en guerras.

<u>Which expressions are followed by the indicative, and which by the subjunctive</u>?

Con indicativo		Con subjuntivo
creemos que	*(an opinion is expressed and it is an affirmative sentence)*	creemos que es necesario *(a value judgment)*
es verdad *(it is a certainty + affirmative sentence)*		para que *(to express the purpose/finalidad, always <u>subjuntivo</u>)*
es evidente *(it is a certainty + affirmative sentence)*		parece urgente *(a value judgment)*
está claro *(it is a certainty + affirmative sentence)*		es importante *(a value judgment)*
pensamos *(an opinion + affirmative sentence)*		es conveniente *(a value judgment)*
		parece muy negativo *(a value judgment)*
		es urgente *(a value judgment)*

EXERCISE 100

Completa las oraciones con indicativo o subjuntivo, eligiendo el verbo adecuado.
Complete the sentences with *indicative* or *subjunctive*, choosing the appropriate verb.

haber   ser   ponerse   seguir   tirar   ir(se)   empezar

1. Es increíble que (nosotros) .... pálidos. Nadie más sale de casa. El internet tiene la culpa.
2. Me parece mal que .... manipulación genética. Es muy grave para la salud.
3. ¿Es cierto que Angela Merkel .... la canciller de Alemania?
4. Nos parece increíble que .... produciendo bombas atómicas. Son muy peligrosas.
5. Es urgente que .... a repartir ayuda humanitaria para las últimas víctimas del terremoto.
6. Es mejor que no .... a matar en una fiesta popular.
7. Es verdad que el arte .... muy importante en una sociedad.
8. Está claro que con una fuerte irrupción del invierno .... a haber muchas más heladas este año.
9. Es necesario que el gobierno .... a proteger el medio ambiente.
10. No es lógico que .... destruyendo el medio ambiente.

pálido/-a *(pale)*; **nadie** *(nobody)*; **la manipulación genética** *(the genetic manipulation)*; **grave** *(severe)*; **es cierto** *(it's true)*; **la canciller** *(the chancellor)*; **las bombas atómicas** *(the atomic bombs)*; **peligroso/-a** *(dangerous)*; **a repartir** *(to distribute)*; **el terremoto** *(the earthquake)*

EXERCISE 101

Enlaza las partes de una forma lógica.
Combine the parts to form logical sentences.

a) Les parece fantástico	1) que haya una polución increíble en Hong Kong y que no se haga nada para reducirla.
b) Es horrible	2) que hagan caza de ballenas ilegal.
c) Es verdad	3) que haya sitios antiguos famosos como, por ejemplo, la Acrópolis.
d) Me parece interesante	4) que una sexualidad oprimida es el fondo de muchos síndromes psíquicos.
e) Creo que es urgente	5) que el hecho de que los gastos de alquileres están demasiado caros en las ciudades comienza a ser un asunto importante.
f) Está claro	6) que en muchas empresas se usen sobres reciclados.
g) Me parece increíble	7) que se tomen en serio en numerosos congresos muy importantes el asunto de la protección de los animales.
h) Nos parece fatal	8) que todavía haya muchos estados en guerra.

una polución *(a pollution)*; **reducirla** *(to reduce it)*; **una caza** *(the hunt)*; **las ballenas** *(the whales)*; **ilegal** *(illegal)*; **oprimido/-a** *(oppressed)*; **el fondo** *(the background, the bottom)*; **el síndrome** *(the syndrome)*; **psíquicos/-as** *(psychic)*; **el sobre reciclado** *(the recycled envelope)*; **la protección** *(the protection)*; **los animales** *(the animals)*

¡SPANISH FOR YOU!

Presente de subjuntivo with verbs that express a requirement

pedir	*(to ask for, to order)*	que	+ subjuntivo (with two different subjects)
exigir	*(to demand, to call for)*	que	+ subjuntivo (with two different subjects)
reclamar	*(to claim, to demand)*	que	+ subjuntivo (with two different subjects)
reivindicar	*(to claim, to demand)*	que	+ subjuntivo (with two different subjects)

In this sentence construction, the **subjuntivo** always follows, regardless of whether it is an affirmative or negative sentence.

Presente de subjuntivo with the verb *necesitar* (*expression of a need*)

Necesito que mi bebé duerma.   *(It is necessary for me that my baby sleeps.)*

If this sentence construction contains two different subjects in the main/subordinate clause, then **que** is always followed by the **subjuntivo**, regardless of whether it is an affirmative or negative sentence.

Presente de subjuntivo with *cuando* + *Idea of the future*

If a statement about the future is made with **cuando**, then only the following sentence construction with the **subjuntivo** is possible.

<u>Cuando</u> + <u>subjuntivo</u> + <u>futuro</u> <u>simple</u>.

Example: Cuando vaya a Suiza, te visitaré.   *(When I go to Switzerland, I will visit you.)*
          Si voy a Suiza, te visitaré.   *(If I go to Switzerland, I will visit you.)*

"Si voy a Suiza, te visitaré" has the same grammatical correctness as "Cuando vaya a Suiza, te visitaré." **Cuando** + **subjuntivo** always introduces a **future action** into the sentence. Here, in this case the **subjuntivo** always follows, both in affirmative and the negative sentences.

EXPRESS A HYPOTHESIS

<u>It is possible to form a hypothesis by using the **present tense indicative** as follows</u>.

Estoy seguro/-a de que *(I'm sure that)*
Seguro que *(Sure (that))*   <u>está</u> bien.
Seguramente *(Probably, surely, certainly)*   <u>se han casado</u>.
Supongo que *(I assume that)*   <u>fueron</u> de vacaciones a París.
A lo mejor *(Maybe, probably, perhaps)*   <u>estaban</u> muy cansados.
Igual *(Just like)*

A hypothesis about the present can also be expressed using the **futuro simple**.
Example: Seguramente estará en un hospital. (Surely, he will be in a hospital.)

When a hypothesis is expressed using the phrases above in the present indicative, then one is very sure that what has been said will happen. On the other hand, if the **futuro simple** is used, then the speaker assumes that the speculation will probably not become reality.

If you say, for example:
A lo mejor mi marido está con otra mujer.   = presente
A lo mejor mi marido estará con otra mujer.   = futuro simple

Basically, both sentences express the same thing.
(Probably my husband is [will be] with another woman.)

If the lady speaking uses the **futuro simple**, she assumes that this speculation is very unlikely to be true. In contrast, the expression with the **presente** indicates that she thinks this scenario is relatively likely.

The **futuro perfecto (futuro compuesto)** can be used to express a hypothesis about an event in the past. It can also be used to guess whether an action will be finished by a specific time in the future. For this, there must always be a given time, as it is important to know that someone is talking about the future.

Example of an assumption about the past.
Habrá perdido el autobús.   *(He probably missed the bus.)*

Example of a speculation about the future with a completed action.
Para entonces ya habrá comido.   *(By that time, he will have eaten.)*

FORMATION OF THE FUTURO PERFECTO *(FUTURE PERFECT INDICATIVE)*

	Future tense of the auxiliary verb *haber*	+	**Past participle**	
(yo)	habré	+	comido	*(I will have eaten)*
(tú)	habrás	+	ido	*(you will be gone)*
(él/ella/	habrá	+	dicho	*(he/she will have said/*
usted)	habrá	+	dicho	*you will have said—formal, singular)*
(nosotros/-as)	habremos	+	venido	*(we will have come)*
(vosotros/-as)	habréis	+	dado	*(you [informal, plural] will have given)*
(ellos/ellas/	habrán	+	traído	*(they will have brought/*
ustedes)	habrán	+	traído	*you [formal, plural] will have brought)*

The auxiliary verb and the past participle are never separated. To form a negative sentence, the word <u>no</u> has to be placed before the conjugated form of **haber**.

The following sentence construction is used to express a probability with the ***subjuntivo***.

Lo más seguro es que …	+ subjuntivo	*(It's more likely that …)*
Es posible que …	+ subjuntivo	*(It's possible that …)*
Es probable que …	+ subjuntivo	*(It's likely to …)*
Puede que …	+ subjuntivo	*(It may …)*

It is also possible to express a probability with the indicative and subjunctive, as shown below.

Tal vez *(Maybe, perhaps)*	
Quizás *(Maybe, perhaps)*	está/esté enfermo.
Probablemente *(Probably)*	viene/venga más tarde.
Posiblemente *(Possibly)*	

Quizás and ***tal vez*** are dependent on the degree of certainty with which the predicted event will occur, and on the speaker's point of view in this matter.

When the ***subjuntivo*** is used to predict a probability, then the degree of certainty with which the predicted event will occur is very small.

If the **indicative** is used, the likelihood of the event coming true is very high and the speaker assumes that what is postulated will happen.

Example: Quizás venga el próximo año.   *(Maybe he'll come next year.)*

            Quizás vendrá el próximo año.   *(Maybe he'll come next year.)*

Since the **indicative** is used in the sentence *"Quizás vendrá el próximo año,"* the probability that the person will come next year is much greater than if the ***subjuntivo*** had been used. ***Quizás*** can be used with the ***subjuntivo*** in both affirmative and negative sentences.

   Quizás voy a la playa.   *(Maybe I'll go to the beach.)*

   Quizás vaya a la playa.   *(Maybe I'll go to the beach.)*

Both sentences have the same grammatical correctness, but *Quizás voy a la playa* is a more direct statement than *Quizás vaya a la playa*.

Assessment of facts and situations with the *presente de subjuntivo*

Here the following sentence construction is used:

> me parece ... que + subjuntivo presente.
> *(It seems ... to me that ...)*

Obligatory			*Assessment*		
(a mí)	me	parece	horrible	*(horrible)*	que + subjuntivo
(a ti)	te	parece	horroroso	*(horrific)*	que + subjuntivo
(a él/ella/usted)	le	parece	genial	*(genial)*	que + subjuntivo
(a nosotros/-as)	nos	parece	triste	*(sad)*	que + subjuntivo
(a vosotros/-as)	os	parece	maravilloso	*(wonderful)*	que + subjuntivo
(a ellos/ellas/ustedes)	les	parece	grave	*(serious)*	que + subjuntivo

Further judgments that can be formulated in this sentence construction are:
(i)lógico, *((il)logical)*; **necesario** *(necessary)*; **suficiente** *(sufficient)*; **(in)justo** *((un)fair)*; **increíble** *(incredible)*; **normal** *(normal)*; **importante** *(important)*; **estupendo** *(terrific, fantastic)*; **terrible** *(terrible, awful)*.

However, this type of sentence also can be completed with a substantive.

> **A mí me parece un horror/una vergüenza/una tontería ... que ...**

(A mi) me parece un horror que en las playas de Gran Canaria haya medusas grandes.
(It seems to me a horror that there are big jellyfish on the beaches of Gran Canaria.)

LATIN AMERICAN USAGE

In the Río de la Plata area, the forms of the *presente de subjuntivo* for **vos** that are used instead of **tú** are slightly different, with the stress falling on the last syllable: **vos comás, vos llamés, vos vivás**. There are no stem changes here, for example, **vos volvás, vos empecés** for **tú vuelvas, tú empieces**; although irregular verbs with more than one syllable just undergo a shift in stress; for example, **vos vayás, vos vengás**.

Creer/Creerse

You can express your degree of certainty or an opinion using ***creer***.

The construction ***creer que + indicative*** can be used to express an **opinion**.
Yo **creo que** el tiempo está mejorando.   *(**I think** the weather is improving.)*

To reject a hypothesis or a prior confirmation, the following construction can be used:

> ***no creer que*** + *subjuntivo*.

This is a negative sentence with **creer**, which is why the **subjuntivo** has to follow.
No creo que existan los fantasmas. *(I don't believe that ghosts exist.)*

The structure *creer en* + **substantive** can be used to express a belief.
Los cristianos **creen en** el infierno, ¿no? *(Christians **believe in** hell, don't they?)*

To express a **confirmation** or an **opinion** about whether you consider something to be a **lie** or the **truth**, you can use the structure (**no**) **creerse** (**algo**).

The expression *creerse* evaluates the information. It indicates whether you believe it to be true or false.

- Te afirmo que pasado mañana habré acabado la renovación.
  (I assure you that, in two days' time, I will have finished the renovation.)

- Lo siento, pero **no me lo creo**.
  *(I'm sorry, but **I don't believe it**.)*

Usage of the pretérito perfecto de subjuntivo (*The present perfect subjunctive*)

Presente de indicativo
Yo viajo a Córdoba en verano.
(I travel to Cordoba in summer.)

Presente de subjuntivo
Quiero que mi hija viaje a Valencia en verano.
(I want my daughter to travel to Valencia in summer.)

Pretérito perfecto de indicativo
Este año he viajado a Málaga en verano.
(This year, I traveled to Malaga in Summer.)

Pretérito perfecto de subjuntivo
No creo que mi amiga **haya viajado nunca** a Tenerife.
(I don't believe that my friend has never traveled to Tenerife.)

Haya viajado is the *pretérito perfecto de subjuntivo*, in which **nunca** is the time phrase for the *pretérito perfecto*. The same time phrases apply here as for the indicative.

The same conditions and triggers apply to the use of the *pretérito perfecto de subjuntivo* as for the *presente de subjuntivo*. For example, for opinions, the *pretérito perfecto de subjuntivo* only applies to negative sentences (see example above).

1. The **pretérito perfecto de subjuntivo** talks about completed actions that are still connected to the present. However, it is only used in cases where the use of the **subjuntivo** is obligatory.

   Example: ¡Ojalá **haya dado de comer** al gato!
     (Hopefully the cat has been fed.)

2. The **pretérito perfecto de subjuntivo** talks about actions that will be completed at a later date.

Pretérito perfecto de subjuntivo with **cuando** + **idea of the future**

Example: **Cuando hayas hecho** todos los ejercicios, te los corregiré.
(When you have done all of the exercises, I will correct them.)

3. Sentences in which opinions and feelings are expressed, such as ***Es una pena/Qué pena/Es raro/Qué raro***, require a subordinate verb in ***subjuntivo***. When you refer to a past action, the corresponding verb is in ***pretérito perfecto de subjuntivo***.

<u>Qué</u> <u>pena</u> …, <u>Es</u> <u>una</u> <u>pena</u> <u>que</u> …, and <u>Me</u> <u>parece</u> <u>una</u> <u>pena</u> <u>que</u> …   means *(What a pity that …)*
<u>Qué</u> <u>raro</u> …, <u>Es</u> <u>raro</u> <u>que</u> …,   and <u>Me</u> <u>parece</u> <u>raro</u> <u>que</u> …   means *(It's strange that …)*

The narrator (you), who expresses the thoughts, no longer appears as a subject in the subordinate clause. For this reason, the ***subjuntivo*** is mandatory in the subordinate clause.

Example: **Es una pena que no hayáis venido** al concierto. Ha sido estupendo.
(It's a pity you did not come to the concert. It was great.)

No es raro que no haya habido ninguna llamada. El teléfono no funciona.
(It is not strange that there has not been a call. The telephone doesn't work.)

These modes of expression also exist in the present subjunctive.

¡Qué pena que Portugal pierda el partido! (= the present subjunctive)
(What a pity that Portugal is losing the game.) This is happening right now.

¡Qué pena que Portugal **haya perdido** el partido <u>esta</u> <u>tarde</u>!
(What a shame that Portugal has lost the game this afternoon.)

As was shown in Lección 12, <u>esta</u> <u>tarde</u> follows the ***pretérito perfecto*** because of the time indicator. However, here, due to the phrase <u>qué</u> <u>pena</u>, in ***pretérito perfecto de subjuntivo***.

The following rule applies to the formation of the ***subjuntivo*** in the ***pretérito perfecto***.

<u>Presente</u> <u>de</u> <u>subjuntivo</u>	+	<u>Participio</u> (-<u>ado</u>/-<u>ido</u>)
of auxiliary verb <u>haber</u>		cant-ado/beb-ido/ven-ido

(yo)	haya	comido	*(I have eaten)*
(tú)	hayas	dicho	*(you have said)*
(él/ella/ usted)	haya haya	dado dado	*(he/she has given/ you have given—formal, singular)*
(nosotros/-as)	hayamos	traído	*(we have brought)*
(vosotros/-as)	hayáis	escrito	*(you have written—informal, plural)*
(ellos/ellas/ ustedes)	hayan hayan	ido ido	*(they have gone/ you have gone—formal, plural)*

EXERCISE 102

Reescribe las siguientes oraciones con los términos *Qué pena* y *Qué raro*.
Rewrite the following sentences using the terms *Qué pena* and *Qué raro*.

Example: Él viene a visitarme a la empresa continuamente, pero hoy no ha venido.
　　　　Qué raro que no haya venido a verme.

1. Ellos hacen una excursión una vez al mes, pero este mes no la han hecho.
   ....
2. Ellos estaban en armonía siempre, pero se han separado.
   ....
3. Los compañeros de piso eran amables, pero han destrozado las habitaciones.
   ....
4. Las vacaciones se nos han acabado tan rápido.
   ....
5. La dependienta se ha ido sin mirar atrás.
   ....
6. Pablo ha terminado de estudiar física.
   ....
7. Los gastos de alquiler no han subido.
   ....

EXERCISE 103

Conjuga el verbo en presente de subjuntivo o pretérito perfecto de subjuntivo, según convenga.
Conjugate the verb in *presente de subjuntivo* or *pretérito perfecto de subjuntivo*, as appropriate.

1. Es raro que Ana no .... al curso de primeros auxilios. (venir)
2. ¡Qué raro que no .... aún el torneo de tenis! Son las siete y treinta. (empezar)
3. Es una pena que tu nieta no .... ir a la escuela. (querer)
4. Es raro que ellos no .... a Carmen; vive en el mismo barrio. (conocer)
5. Es raro que ellos no .... nada de su amiga. (saber)
6. Es una pena que los adolescentes .... mucho alcohol. (tomar)
7. ¡Es raro que él no .... aún; normalmente es puntual! (llegar)
8. ¡Qué pena que no .... mi cuadro! Es muy hermoso. (ver, vosotros)
9. ¡Qué raro que él .... alcohólico! Tiene carácter. (ser)
10. No es raro que .... el carné de conducir, es una alcohólica. (perder)

el curso de primeros auxilios *(the first aid course)*; **el alcohólico** *(the alcoholic)*

EL PRETÉRITO IMPERFECTO DE SUBJUNTIVO *(THE IMPERFECT SUBJUNCTIVE)*

The ***pretérito imperfecto de subjuntivo*** occurs in the **conditional clause with *si*.**

In the main clause, the verb is in the ***condicional simple*** (simple conditional).

The ***pretérito imperfecto de subjuntivo*** is the only form in the ***subjuntivo*** that does not require two different subjects in the main/subordinate clause to trigger its use. The main clause and subordinate clause can be formulated from the perspective of the same person.

(Example: If I won the lottery, I would ...)

The ***pretérito imperfecto de subjuntivo*** is also used in a completely unreal, hypothetical situation, for example:

<u>What would someone do if something specific happened to him</u>?

This situation is definitely unreal because it has not happened yet, and it will probably never happen. Nevertheless, it can be discussed hypothetically.

Thus, the ***pretérito imperfecto de subjuntivo*** is always used when giving a description of what would be done in this hypothetical situation.

Example: ¿Qué harías si te **robaran** la ropa?
(What would you do if your clothes were stolen?)

<u>Harías</u> is the ***condicional simple*** (simple conditional). <u>Robaran</u> is the ***pretérito imperfecto de subjuntivo***.

> Si me **robaran** la ropa, preguntaría a un policía.
> *(If my clothes were stolen, I would ask a policeman.)*
>
> Si <u>yo</u> **fuera** rico/-a, (<u>yo</u>) me compraría una casa.
> *(If I were rich, I would buy myself a house.)*

Here it can clearly be seen that there is only one subject in the whole sentence, **yo**.

¡SPANISH FOR YOU!

The formation of the *pretérito imperfecto de subjuntivo*

The ***pretérito imperfecto de subjuntivo*** is formed from the stem of the **3rd** person plural of the <u>pretérito indefinido</u>. The ***pretérito imperfecto de subjuntivo*** irregular verbs are the same as the <u>pretérito indefinido</u>. The endings are as follows:

(yo)	-ra/-se	(tú)	-ras/-ses
(él/ella/usted)	-ra/-se	(nosotros/-as)	-ramos/-semos
(vosotros/-as)	-rais/-seis	(ellos/ellas/ustedes)	-ran/-sen

	-ar cantar canta(ron) = 3rd Person Plural indefinido	-er tener tuvie(ron) = 3rd Person Plural indefinido	-ir decir dije(ron) = 3rd Person Plural indefinido
(yo)	cantara	tuviera	dijera
(tú)	cantaras	tuvieras	dijeras
(él/ella/usted)	cantara	tuviera	dijera
(nosotros/nosotras)	cantáramos	tuviéramos	dijéramos
(vosotros/vosotras)	cantarais	tuvierais	dijerais
(ellos/ellas/ustedes)	cantaran	tuvieran	dijeran

If the stem ends with *-j-*, then it cannot be followed by *-i-*. The ending for these verbs is *-era/-ese*, such as seen in the verb **decir** *(to say, to tell)* above: dij**era**/dij**ese**.

The endings *-se/-ses/-se/-semos/-seis/-sen* mean the same as the endings *-ra/-ras/-ra/-ramos/-rais/-ran*.

SI FUERA/SI FUERAS, etc. = if I were .../if you were ...

Si fueras un animal, ¿qué animal serías?   *(If you were an animal, what animal would you be?)*

Si fuera un animal, sería un gato.   *(If I were an animal, I would be a cat.)*

Si fuera una flor, sería un girasol.   *(If I were a flower, I would be a sunflower.)*

SOLUTIONS

EXERCISE 1

Escribe estas cantidades en letras.
Write out these quantities in words.

1. 1/4 kg = un cuarto de kilo
2. 1/2 l = medio litro
3. 28 cl = veintiocho centilitros
4. 420 g = cuatrocientos veinte gramos
5. 5 l = cinco litros
6. 900 g = novecientos gramos
7. 125 ml = ciento veinticinco mililitros
8. 52 kg = cincuenta y dos kilos

EXERCISE 2

Fíjate en estas palabras. ¿Son nacionalidades o profesiones, masculino o femenino?
Clasifícalas como en los ejemplos.
Look closely at the following words. Are they nationalities or professions, masculine or feminine?

mecánic**o**	mecánic**a**	doctor	doctor**a**	italian**o**	italian**a**
rus**o**	rus**a**	estudi**ante**	chin**o**	chin**a**	finland**és**
finlandes**a**	argentin**o**	argentin**a**	grieg**o**	grieg**a**	carter**o**
carter**a**	peluquer**o**	peluquer**a**	period**ista**	panader**o**	panader**a**
belga	japon**és**	japones**a**	estadounid**ense**	futbol**ista**	dependient**e**
dependient**a**	docente	dent**ista**	cantante	israelita	

PROFESIONES (PROFESSIONS)

MASCULINO	FEMENINO	MASCULINO Y FEMENINO
panader**o**	panader**a**	estudi**ante**
mecánico	mecánica	periodista
doctor	doctora	futbolista
cartero	cartera	docente
peluquero	peluquera	dentista
dependiente	dependienta	cantante

NACIONALIDADES (NATIONALITIES)

MASCULINO	FEMENINO	MASCULINO Y FEMENINO
finlandés	finlandesa	estadounid**ense**
italiano	italiana	belga
ruso	rusa	israelita
chino	china	
argentino	argentina	
griego	griega	
japonés	japonesa	

EXERCISE 3

¿De dónde proceden/vienen estas cosas?
Where did these things come from?

**Brasil   Italia   Hungría   Rusia
Argentina   Francia   Suiza
la India   España   Estados Unidos**

1. El bistec: Argentina
2. La Torre Eiffel: Francia
3. La pizza: Italia
4. El curry: la India
5. El vodka: Rusia
6. La hamburguesa: Estados Unidos
7. El carnaval: Brasil
8. El gulasch: Hungría
9. La fondue de queso: Suiza
10. Ir de tapas: España

EXERCISE 4

Completa las frases.
Complete these sentences.

isla *(island)*   **montaña** *(mountain)*   **río** *(river)*   **bebida** *(drink)*
ciudad *(city)*   **capital** *(capital)*   **cordillera** *(mountain range)*

1. El Nilo es el río más largo de África.
2. Menorca es una isla de España.
3. El Teide es la montaña más alta de España.
4. Santander es una ciudad del norte de España.
5. La cordillera de los Andes está en Sudamérica.
6. Madrid es la capital de España.
7. El tinto verano es una bebida típica de Andalucía.

EXERCISE 5

Completa las preguntas.
Complete these questions.

1. ¿A qué te dedicas?
   Soy panadero.
2. ¿Cómo te llamas?
   Jérôme
3. ¿Cuántos años tienes?
   24.
4. ¿De dónde (tú) eres?
   Soy de Madrid.
5. ¿Eres mexicano?
   No, soy español.
6. ¿Qué significa *gracias*?
   Thank you.
7. ¿Cómo se escribe *banco*? ¿Con *b* o con *v*?
   Con *b*.

EXERCISE 6

¿Cuáles son las preguntas? Pregunta primero con *tú* y luego con *usted*.
What are the questions? Ask first using you *[familiar form, singular]* **and then you** *[formal, singular]*.

TÚ	USTED
• **¿Cómo te llamas?**	*¿Cómo se llama?
• Markus, Markus L. Maurer	* Markus, Markus L. Maurer
• ¿De dónde (tú) **eres**?	*¿De donde **es**?
• Soy austríaco, de Viena.	* Soy austríaco, de Viena.
• ¿Cuántos años **tienes**?	*¿Cuántos años **tiene**?
• 32 años.	* 32 años.
• ¿En qué **trabajas**? o ¿Qué **haces**?	*¿En qué **trabaja**? o ¿Qué **es**?
• Soy cartero.	* Soy cartero.
• ¿Cuál es **tu** correo electrónico?	*¿Cuál es **su** correo electrónico?
• Es markus123@yahoo.es.	* Es markus123@yahoo.es.
• ¿Cuál es **tu** número de teléfono?	*¿Cuál es **su** número de teléfono?
• Es el 727442866.	* Es el 727442866.

EXERCISE 7

Clasifica estos verbos según sus terminaciones y ponlas en la columna correspondiente.
Classify these verbs according to their endings and put them in the corresponding column.

tirar *(to throw)*
buscar *(to search)*
preguntar *(to ask)*
leer *(to read)*
mirar *(to observe)*
bailar *(to dance)*
escribir *(to write)*
escuchar *(to listen)*
comprender *(to understand)*

beber *(to drink)*
abrir *(to open)*
ir *(to go)*
vivir *(to live)*
tener *(to have)*
esquiar *(to ski)*
aprender *(to learn)*
ser *(to be)*
meter en *(to put in)*

borrar *(to clean, to delete)*
completar *(to complete)*
responder *(to reply)*
entrar *(to enter)*
salir *(to go out, to leave)*
trabajar *(to work)*
estudiar *(to study)*
preferir *(to prefer)*

-AR	-ER	-IR
preguntar	leer	escribir
mirar	tener	ir
bailar	aprender	vivir
escuchar	ser	salir
esquiar	responder	preferir
entrar	beber	abrir
trabajar	meter en	
estudiar	comprender	
tirar		
borrar		
buscar		
completar		

EXERCISE 8

Clasifica las palabras en la tabla con el artículo.
Write each word in the chart with its correct article.

casa	plátano	página	pizarra	premio
puerta	**hincha**	**cuadro**	**fresco**	**arte**
entrada	**ventana**	**sello**	**saco**	**exposición**

MASCULINO		FEMENINO	
SINGULAR	PLURAL	SINGULAR	PLURAL
el plátano	los plátanos	la casa	las casas
el premio	los premios	la página	las páginas
el hincha	los hinchas	la pizarra	las pizarras
el fresco	los frescos	la puerta	las puertas
el arte	los artes	la exposición	las exposiciones
el sello	los sellos	la entrada	las entradas
el saco	los sacos	la ventana	las ventanas
el cuadro	los cuadros		

EXERCISE 9

¿Qué artículos acompañan a las siguientes palabras?
Which articles accompany the following words?

el   la   los   las

1. la documentación
2. los pasaportes
3. la verdura
10. las bicicletas
11. la tienda
12. la curva

4. el oeste
5. la luna
6. la escala
7. el experimento
8. la tierra
9. la gente
13. la crisis
14. la cifra
15. la mesa
16. los muebles
17. el coche
18. la ópera

EXERCISE 10

Relaciona los elementos de la izquierda con los de la derecha para construir frases lógicas con *para* o *porque*.
Draw a line between the left and right columns to build logical sentences using *para* or *porque*.

Quiero estudiar español **para** comprender español.
Quiero vivir en España **para** trabajar en una empresa española.
Quiero viajar a Fuerteventura **porque** quiero nadar en el Atlántico.
Quiero ir de tapas **para** hablar con mis amigos españoles.
Quiero ir a Sevilla **para** visitar a mi familia.
Quiero ir a una fiesta de paella **porque** creo que esta comida es muy rica.

EXERCISE 11

Completa con las formas que faltan.
Fill in the missing blanks.

	HABLAR	TRABAJAR	ESTUDIAR
(yo)	hablo *(I speak)*	trabajo *(I work)*	estudio *(I study)*
(tú)	hablas *(you speak)*	trabajas *(you work)*	estudias *(you study)*
(él/ella/usted)	habla *(he/she speaks/you speak—formal, singular)*	trabaja *(he/she works/you work—formal, singular)*	estudia *(he/she studies/you study—formal, singular)*
(nosotros/nosotras)	hablamos *(we speak)*	trabajamos *(we work)*	estudiamos *(we study)*
(vosotros/vosotras)	habláis *(you speak)* *[informal, plural]*	trabajáis *(you work)* *[informal, plural]*	estudiáis *(you study)* *[informal, plural]*
(ellos/ellas/ustedes)	hablan *(they speak/you speak—formal, plural)*	trabajan *(they work/you work—formal, plural)*	estudian *(they study/you study—formal, plural)*

EXERCISE 12

Completa con las formas de los verbos *comer* *(to eat)* y *comprender* *(to understand)*.
Fill in the blanks with the correct verb forms of *comer* (to eat) and *comprender* (to understand).

	Beber	Comer	Comprender
(yo)	bebo	como *(I eat)*	comprendo *(I understand)*
(tú)	bebes	comes *(you eat)*	comprendes *(you understand)*
(él/ella/usted)	bebe	come *(he/she eats/ you eat—formal, singular)*	comprende *(he/she understands/ you understand—formal, singular)*
(nosotros/nosotras)	bebemos	comemos *(we eat)*	comprendemos *(we understand)*
(vosotros/vosotras)	bebéis	coméis *(you eat)* [informal, plural])	comprendéis *(you understand)* [informal, plural]
(ellos/ellas/ustedes)	beben	comen *(they eat/ you eat—formal, plural)*	comprenden *(they understand/ you understand—formal, plural)*

EXERCISE 13

Coloca las formas verbales de *vivir* *(to live)* en los huecos correspondientes.
Fill the correct form of the verb *vivir* (to live) in the corresponding gap.

> vivís   vive   vivimos   vive
> viven   vivo   vives   viven

Yo <u>vivo</u>.
Tú <u>vives</u>.
Carmen <u>vive</u>.
Pedro <u>vive</u>.
José y yo <u>vivimos</u>.
Pablo y tú <u>vivís</u>.
Philippe y Xavier <u>viven</u>.
María y Mónica <u>viven</u>.

EXERCISE 14

Reformula las opiniones del maorí y de jefe blanco (= nombre del hombre blanco) transformando el verbo en infinitivo en una forma conjugada del presente.
Reformulate the opinions of the Maori and the Jefe blanco (= name of the white man), by converting the verb form of the infinitive into the conjugated form of the present.

<u>Explanation</u>: The first two lines in every text are always grammatically wrong because the <u>Maori</u> (the Maori are the indigenous Polynesian people of New Zealand which had the first contact with early European explorers = Jefe blanco – white man (who first visited in 1769)) do not conjugate verbs. The correctly conjugated verb forms have to be inserted in the remaining two lines.
Some vocabulary has been given for this exercise to make it a bit easier.

comer *(to eat)*; **tatuar** *(to tattoo)*; **conservar** *(to preserve)*; **andar** *(to walk)*; **hacer** *(to do, to make)*; **llevar** *(to wear)*; **necesitar** *(to need)*; **hacer la vista gorda** *(to ignore something)*; **mirar a alg. por encima del hombro** *(to look down on someone/something)*

Example:
Jefe blanco no **comer** humanos.
Nosotros comer humanos muchas veces.
Je blanco no **come** humanos.
Nosotros **comemos** humanos muchas veces.

1. Jefe blanco no tatuar el cuerpo.
   Nosotros tatuar el cuerpo. Nosotros orgullosos.
   Jefe blanco no **tatúa** el cuerpo.
   Nosotros **tatuamos** el cuerpo.
2. Jefe blanco no conservar las tradiciones.
   Nosotros conservar nuestras costumbres.
   Jefe blanco no **conserva** las tradiciones.
   Nosotros **conservamos** nuestras costumbres.
3. Los jefes blancos no andar mucho.
   Nosotros andar en la naturaleza. Nosotros persistentes y hábiles.
   Los jefes blancos no **andan** mucho.
   Nosotros **andamos** mucho.
4. Jefe blanco nos mirar por encima del hombro.
   Nosotros no mirar a jefe blanco por encima del hombro. Nosotros amables y divertidos.
   Jefe blanco nos **mira** a nos por encima del hombro.
   Nosotros no **miramos** a jefe blanco por encima del hombro.
5. Los jefes blancos no hacer la vista gorda con pequeños errores.
   Nosotros hacer la vista gorda con pequeños errores. Nosotros sensibles y delicados.
   Los jefes blancos no **hacen** la vista gorda con pequeños errores.
   Nosotros **hacemos** la vista gorda con pequeños errores.
6. Jefe blanco llevar mucha ropa.
   Nosotros llevar solo taparrabos. Nosotros desnudos.
   Jefe blanco **lleva** mucha ropa.
   Nosotros **llevamos** taparrabos.
7. Los jefes blancos necesitar muchas cosas superfluas.
   Nosotros necesitar solo unas pocas cosas. Nosotros simples.
   Los jefes blancos **necesitan** muchas cosas superfluas.
   Nosotros **necesitamos** solo unas pocas cosas.

EXERCISE 15

¿Cambia la vocal? Rellena los siguientes huecos.
Does the vowel change or not? Fill in the following blanks.

From -*e* to -*ie*   From -*o* and -*u* to -*ue*

¿Quieres el cuadro?   Me duele la espalda.
Cerramos la ventana.   ¿Podéis reflexionar?
Quiero comer una paella.   No encuentro mi gato.
Mi amigo entiende belga.   Cuesta un montón.
Hoy empezamos a buscar.   Sin alimento, las vacas se mueren.
¿Qué piensas tú?   ¿Volvéis a España?
Sienten la arena.   ¿Recuerdas mi nombre?
Repetimos los verbos irregulares.   Volamos a África.

EXERCISE 16

Escribe el pronombre personal que corresponde a cada forma verbal dada.
Write the personal pronoun that corresponds to each given verb form.

Example: quiero: yo   duelo: yo
ríes: tú   miden: ellos/ellas/ustedes
entienden: ellos/ellas/ustedes   vuelan: ellos/ellas/ustedes
queremos: nosotros/-as   hablamos: nosotros/-as
construyo: yo   pueden: ellos/ellas/ustedes
jugáis: vosotros/-as   vivo: yo
cierras: tú   vives: tú
duermes: tú   queréis: vosotros/-as

EXERCISE 17

Une los verbos con el texto de la derecha. Hay más de una posibilidad.
Connect the verbs to the text on the right. More than one answer is possible.

(hago) hacer	1	A	24 años
(veo) ver	2	B	un libro
(tengo) tener	3	C	español
(vivo) vivir	4	D	todo el mundo
(leo) leer	5	E	una carta
(hablo) hablar	6	F	una película
(escribo) escribir	7	G	estudiar idiomas
(conozco) conocer	8	H	en España
(quiero) querer	9	I	deporte

SOLUTION: 1I, 2F, 3A, 4H, 5B, 6C, 7E, 8D, 9G

EXERCISE 18

Identifica y corrige los errores. Find and correct the errors.

Example: Yo quero/**quiero** hablar español bastante bien.
1. ¿Tú podes/**puedes** ir a casa de Juan?
2. Yo sé mucho, pero no hablas/**hablo** mucho.
3. María traduzco/**traduce** mis cartas.
4. Nosotros **conducimos** a Madrid y tengo/**tenemos** un bueno tiempo.

EXERCISE 19

Completa las oraciones con la forma correcta del verbo.
Complete the sentences with the right verb form.

Example: Tú **te pareces** a Julia Roberts. Yo **me parezco** a mi abuela.

1. ¿Tú **ves** el gato aquel? Yo **veo** muchos gatos en la calle.
2. ¿Tú **das** una conferencia sobre los daños ecológicos? Yo siempre **doy** a entender lo importante que es la protección del medio ambiente.
3. Tú siempre **desapareces** después de la hora de la comida. Yo no **desaparezco**. No me fío de tí.
4. Tú siempre le **agradeces** a la persona que te presta ayuda. Igual que yo. Yo se le **agradezco** también.
5. Tú **conduces** demasiado rápido constantemente. Yo **conduzco** siempre de forma prudente.
6. ¿Tú no **conoces** a mis padres? Pues yo **conozco** a los tuyos.
7. ¿Carmen está muerta? ¿Cómo lo **sabes**? Yo no **sé** nada.

EXERCISE 20

Completa este anuncio de una página web de intercambios con la forma correcta del verbo.
Complete this advertisement, for an exchange website, with the correct form of the verb.

tener	conversar	ver	ser	estudiar
hablar	llamarse	querer		comprender

Hola, **me llamo** Nikos y **soy** de Grecia. En mi país hay muchos problemas y, por ello, **estudio** derecho en España. Yo **hablo** español y **quiero** trabajar en un bufete. **Tengo** 19 años y **comprendo** español muy bien porque **veo** muchas películas en español y **converso** todo el tiempo con los españoles.

EXERCISE 21

Completa las oraciones con los siguientes verbos y ponlos en la forma correcta.
Complete the sentences using the following verbs and put them in the correct form.

viajar *(to travel)* **desayunar** *(to have breakfast)* **tomar** *(to drink, to have)*
poder *(to be able, can)* **ir** *(to go)* **ser** *(to be)* **visitar** *(to visit)*
trabajar *(to work)* **acostar(se)** *(to go to bed)* **salir** *(to go out)* **tener** *(to have, to hold)*

Translation no. 3

Mis amigos españoles **desayunan** ligero. Normalmente se **toman** té negro con limón y un pequeño bocadillo. Mis compañeros de clase **viajan** por todo el mundo y **van** de excursión. Los profesores de la escuela de idiomas **tienen** una buena educación, por eso mismo **trabajan** en la escuela. Todos **son** muy educados, amables, y serviciales. Todas las tardes hay una pregunta en el tablón de anuncios de la escuela: ¿Qué programa tenemos para hoy? Por ejemplo, los estudiantes **pueden** conocer la ciudad, **visitan** un museo o unas catacumbas, y también **salen** por la noche. En Andalucía hace sol hasta muy tarde; en consecuencia, la gente se **acuesta** muy tarde.

ir a pie *(to go on foot, to walk)*

EXERCISE 22

Pregunta le a tu compañero por sus costumbres.
Ask your friend about his habits.

A) ¿A qué hora …?   1) el fin de semana   8) ir a casa
B) ¿Cómo …?   2) deportes que practicas   9) lunes por la tarde
C) ¿Cuándo …?   3) lugar de la cena
D) ¿Con quién …?   4) hora de salida
E) ¿Qué haces …?   5) hora de despertarse
F) ¿Qué …?   6) de máxima audiencia
G) ¿Dónde …?   7) celebrar la Nochevieja

Solution:
A) 4, 5, 6, 8   B) 7, 8   C) 4, 5, 8   D) 2, 7, 8   E) 1, 9   F) 2   G) 3

EXERCISE 23

¿Qué adjetivos se pueden combinar con estas palabras?
Which adjectives can be combined with these words?

hermoso/-a; caluroso/-a; soleado/-a; excepcional; rico/-a; apetitoso/-a; sabroso/-a; ventoso/-a; importante; gigantesco/-a; famoso/-a; desierto/-a; nublado/-a; peligroso/-a; impresionante

Clima	Montaña	País	Comida
caluroso/-a	gigantesco/-a	impresionante	rico/-a
soleado/-a	famoso/-a	excepcional	famoso/-a
nublado/-a	peligroso/-a	hermoso/-a	apetitoso/-a
ventoso/-a	impresionante	importante	sabroso/-a
	hermoso/-a	desierto/-a	

EXERCISE 24

¿Verdadero (V) o falso (F)?
Based on what's written in Translation 4 (above), determine whether or not these five statements are True (T) or false (F).

		(T)	(F)
1.	Los españoles son reservados.		X
2.	Los españoles salen mucho.	X	
3.	Los españoles aman el clima de España.	X	
4.	Las playas y el sol son importantes para los españoles.	X	
5.	Los españoles son simpáticos.	X	

EXERCISE 25

Une estas frases según la información del texto anterior.
Join the following phrases based on the information in the text above.

1.d); 2.c); 3.b); 4.a)

EXERCISE 26

Completa el siguiente texto sobre el clima con *muy, mucho, muchos, muchas*.
Complete the following text about the climate using *muy, mucho, muchos, muchas*.

Los Estados Unidos son un país con **muchos** climas distintos. En Arizona los veranos son **muy** secos; no llueve **mucho** y no hace frío. En el norte llueve **mucho** y casi siempre hace un poco de frío. Las temperaturas son extremas en el interior: los veranos son **muy** calurosos y los inviernos **muy** fríos. En **muchas** zonas del sur llueve **muy** poco y en verano hace **mucho** calor.

EXERCISE 27

Elige la opción correcta. Choose the correct answer.

1. Mónica y Diana tienen el pelo <u>rubio</u>.
    a. rubio   b. rubia   c. rubios   d. rubias

Here it has to be <u>rubio</u> = masculine singular since the adjective refers to <u>el pelo</u> (= the hair) and not to Monika and Diana. (rubio = blonde)

2. Mónica y Diana son <u>rubias</u>.
    a. rubio   b. rubia   c. rubios   d. rubias

<u>rubias</u> = feminine plural because the adjective refers to <u>Monika and Diana</u>.

3. Sabine tiene los ojos muy <u>negros</u>.
    a. negro   b. negra   c. negros   d. negras

<u>negros</u> since the adjective refers to <u>los ojos</u> (the eyes = masculine plural) and not to Sabine.

4. Silvia tiene el pelo <u>negro</u>.
      a. negro   b. negra   c. negros   d. negras

<u>negro</u> because the adjective refers to <u>el pelo</u> (the hair = masculine singular) and not to Silvia.

5. Pablo tiene la piel muy <u>blanca</u>.
      a. blanco   b. blanca   c. blancos   d. blancas

<u>blanca</u> since the adjective refers to <u>la piel</u> (the skin = feminine singular) and not to Pablo.

6. Pablo es muy <u>blanco</u>, ¿no?
      a. blanco   b. blanca   c. blancos   d. blancas

<u>blanco</u> = masculine singular because the adjective refers to <u>Pablo</u>.

EXERCISE 28

Completa las frases con los nombres de las relaciones de parentesco correctos.
Complete the sentences with the correct relatives' names.

1. El hijo de mi hermana es mi **sobrino**.
2. El marido de mi hermana es mi **cuñado**.
3. La madre de mi marido es mi **suegra**.
4. El marido de mi hija es mi **yerno**.
5. El padre de mi abuela es mi **bisabuelo**.
6. El hermano de mi madre es mi **tío**.

EXERCISE 29

Completa las siguientes frases con mi/mis/tu/tus/su/sus.
Complete the following sentences using mi/mis/tu/tus/su/sus.

1. Le presento a Diana, **mi** mujer.
   Hola, ¿cómo estás?
2. ¿Cuándo es **tu** cumpleaños?
   El 9 de abril.
3. ¿Qué planes tienes para esta noche?
   Una fiesta de cumpleaños con **mis** amigos.
4. ¿José no quiere salir esta noche?
   No, es que **su** novia tiene una crisis nerviosa.
5. ¿Cuáles son **tus** tres libros favoritos?
   Uf, *Don Quijote, El Principito, El Chico Que Nunca Existió*.
6. Me tienes que contar lo que pasó el otro día con **tus** padres.

EXERCISE 30

Lee el diálogo y complétalo con los posesivos adecuados.
Read the dialogue and complete it using the correct possessives.

Tea ¡Hola Pablo! Quiero recoger **mis** libros, **mis** cuadros, y **mis** películas.
Pablo ¡Qué bien que hayas venido! Tengo **tus** libros, **tus** cuadros, y **tus** películas. ¿Quieres **tu** paraguas?
Tea Sí, he olvidado **mi** paraguas.
Pablo Pero un cuadro es mío, y una película también.
Tea Exactamente. **Tu** cuadro y **tu** película están aquí.
Pablo Aquí están una película de suspenso de **tu** prima Sofía y un valioso cuadro de **tu** madre.

EXERCISE 31

Corrige el texto siguiente con el adjetivo posesivo correcto en vez de la construcción con *de*.
Correct the following text by replacing the construction *de* + with the correct possessive adjectives.

Example: ¡Qué feliz estoy! He vendido un coche de nosotros **nuestro**.

1. ¿Ése es un caballo de vosotros **vuestro**? Maravilloso.
2. He olvidado una camiseta de ti **tuya** en mi casa.
3. Quiero tomar el perro de ti **tuyo**.
4. El gato de mi **mío** es muy amable.

EXERCISE 32

Completa las siguientes oraciones con la forma correcta de uno de los verbos mencionados abajo.
Complete the following sentences in the correct form with the verbs listed below.

traer   tener   venir   salir   tener   llevar

1. ¡Qué día más bonito tenemos hoy! **Tenemos** un queso, una barra de pan, y una botella de vino. Si quieres, nos vamos a hacer un picnic.
2. ¡Hola, Leticia! ¿Estás completamente sola? ¿No está aquí Pablo? Sí, sí, **vengo** sola. Pablo jamás es puntual.
3. ¿Me **trae** el vaso, por favor? Sí, enseguida.
4. ¿Vamos de tapas, Juan?
   Yo hoy no **salgo**; no **tengo** dinero. Estoy en paro.
5. Bueno, ¿te **llevo** una limonada?
   Sí, gracias.

EXERCISE 33

Abajo están las respuestas de clientes y camareros en un restaurante. ¿Cuáles pueden ser las preguntas correspondientes? Formula las preguntas en la forma de *tú* y *usted*.
Below are the answers from customers and waiters in a restaurant. What are the corresponding questions? Formulate the questions using the familiar form of address *(tú)* and the polite form of address *(usted)*.

tú ¿Qué te debo?	**tú** Para beber, ¿qué deseas?	**tú** ¿Qué tienes?
usted ¿Qué le debo?	**usted** Para beber, ¿qué desea?	**usted** ¿Qué tiene?
* Son 25 dólares.	* Una limonada, por favor.	* Flan o tiramisú.

EXERCISE 34

¿Quién habla, el camarero o el cliente? Who is speaking: the waiter or the customer?
1.a), 2.b), 3.b), 4.a), 5.b), 6.a)

EXERCISE 35

Completa el diálogo usando las siguientes palabras y expresiones.
Complete the text using the following words and expressions.

¿Y de segundo?	sin gas	¡La cuenta, por favor!
de primero	lleva	a la plancha
una limonada	les traigo	para beber
un poco de	helado	

- ¿Qué van a tomar?
- Yo, **de primero**, quiero arroz con sepia.
- ¿Qué **lleva** el arroz a la cubana?
- Arroz con salsa de tomate, huevo frito, cebolla, plátano frito, y **un poco de** perejil.
- Para mí, un arroz a la cubana, por favor.
- Muy bien. **¿Y de segundo?**
- Para mí sardinas **a la plancha**, por favor.
- Yo tomaré tortilla de gambas.
- Y, **para beber**, ¿que desean?
- **Una limonada** para mí.
- Yo quiero agua **con gas**.
- Muy bien.
- ¿**Les traigo** postre?
- ¿Tienen flan?
- No, lo siento. Hoy tenemos **helado**, yogur, y fruta.
- Yo quiero un yogur.
- Yo, fruta.
- **¡La cuenta, por favor!**
- Enseguida.

EXERCISE 36

Completa las dos columnas.
Complete the two columns.

Noun	Adjective
la fealdad *(the ugliness)*	feo/-a *(ugly)*
la modernidad *(the modernness)*	moderno/-a *(modern)*
el centro *(the center)*	céntrico/-a *(central)*
la historia *(the history)*	histórico/-a *(historical)*
la tranquilidad *(the tranquility, the quietness)*	tranquilo/-a *(quiet)*
la antigüedad *(the age, the antiquity)*	antiguo/-a *(old)*

EXERCISE 37

El barrio ideal—¿qué número corresponde a qué letra?
The ideal neighborhood—which number corresponds to which letter?
1E, 2D, 3F, 4H, 5I, 6B, 7A, 8G, 9C

EXERCISE 38

Completa esta conversación con la preposición adecuada:
a(l), *hasta*, *de(l)*, *por*, *en*.
Complete this conversation using the proper preposition:
a(l), *hasta*, *de(l)*, *por*, *en*.

1.
¿Perdón, sabes si una iglesia está **por** aquí cerca?
Sí, hay una **a** la derecha, al final **de la** carretera del litoral.
2.
Mañana vamos a ver a mis abuelos.
¿No viven **en** la avenida?
Sí, **a** la derecha de la plaza. Son 10 minutos **a** pie.
3.
¿Dónde hay un cajero automático, por favor?
Creo que **en** la plaza hay uno.
4.
¿Vamos **en** coche?
No, vamos **en** bicicleta, está **a** ocho minutos.
5.
¿Está muy lejos **de** aquí la farmacia?
Sí, hay una **en** la avenida, pero debe seguir **hasta** el final.

Every time there is **movement with a means of transportation**. For example, with the car, the motorcycle, etc., the preposition *en* is used—except for: **ir a pie** *(to walk)*; **ir a caballo** *(to go on horseback)*; **ir andando** *(to walk)*.

EXERCISE 39

Completa las oraciones. Elige la respuesta correcta entre las 3 opciones dadas.
Complete the phrases. Choose the correct answer from the 3 options given.
1.c) 2.a) 3.b) 4.a) 5.a) 6.c) 7.a) 8.a) 9.c) 10.a) 11.b) 12.c)

EXERCISE 40

Completa las frases con las formas correctas de los verbos *ser/estar*.
Complete the sentences with the correct forms of the verbs *ser/estar*.

1. Hola Carmen, ¿ cómo **está** Pablo?
   No **está** curado, **está** hospitalizado.
2. ¿De dónde **son** estas mandarinas? **Son** de Málaga.
3. Aquella chica **es** quien me ayudó con mis deberes.
4. Tu sobrino **está** muy gordo.
   Lógico, **es** súper fuerte, como su madre.
5. ¿Has visto mis bolígrafos? No sé dónde **están**.
6. Markus y Mónica **son** alemanes.
7. ¿No **eres** demasiado mayor para ir en coche? No, tengo 60 años y **estoy** en plena forma.
8. ¿Y Juan? **Está** trabajando en el restaurante, ahora sale.
9. ¿A cuánto **están** hoy las patatas?
10. ¿Dónde trabaja Pedro Sánchez?
    En un bufete; **es** abogado.
11. Tomamos una botella de vino y dos hamburguesas.
    Pues, entonces, **son** nueve dólares.
12. Hoy Teresa **está** muy elegante.
13. ¿Dónde **es** la exposición? En el edificio que **está** a la izquierda de la iglesia.
14. La mesa **es** de plástico.
15. Ahora mismo **estamos** practicando español.
16. La casa **está** en mal estado.
17. **Soy** una persona con un buen carácter.
18. Mi jefe **está** dispuesto a subirme el sueldo

EXERCISE 41

Completa las frases con las formas correctas de los verbos *ser/estar*.
Complete the sentences with the correct forms of the verbs *ser/estar*.

1. ¿Tú ya **estás** listo para ir a caballo?
   No. Me he peleado con mi mujer. **Estoy** negro con esta.
2. Roberto **es** muy orgulloso. Cree que es siempre el centro de atención.
3. Ana **es** muy cerrada. Con frecuencia se queda en casa.
4. Hoy me siento mal. No **estoy** católica.
5. Mi sobrino **es** muy listo, calcula muy rápidamente.

6. Ana **es** muy atenta; **es** muy amable con todos.
7. Pablo **está** muy cerrado; él no comprende nada.
8. ¿Has comido esta paella? **Está** malísima.
   ¿Ah, sí? Yo también la he comido y **está** muy rica.
9. Carmen y Paolo **están** muy orgullosos de las recientes negociaciones del convenio. Han tenido éxito.
10. Ana no **está** muy católica, tiene gripe.
11. Este hombre **es** malo. No tiene respeto a las mujeres.
12. Pablo **es** muy majo, pero desde hace dos semanas **está** muy antipático.
13. Ayer sufrí un accidente y mis padres **estuvieron** muy preocupados.
14. La paella de España **es** buenísima.
15. El niño de María **está** malo, tiene fiebre.
16. José **es** un hombre muy despierto. Tiene un premio Nobel.

EXERCISE 42

Completa las frases siguientes con el presente de los verbos *ser* o *estar*.
Complete the following sentences with the verbs *ser* or *estar* in the present indicative tense.

1. Mi caballo es muy rápido.
2. No quiero estudiar hoy. Estoy vago.
3. Sevilla está en el sur de España.
4. ¿Dónde están mis gatos?
5. Mi padre es abogado.
6. ¿Quién es la mujer que está allí de pie?
7. La habitación está muy sucia; mi nieta es una catástrofe.
8. Pedro es español y hoy está muy guapo.
9. Este es mi piso, pero está a 25 millas de mi trabajo.

EXERCISE 43

¿Qué número corresponde a qué letra?
What number corresponds to which letter?

1d), 2b), 3a), 4c), 5e)

EXERCISE 44

Completa usando *puedes* o *sabes*.
Complete using *puedes* or *sabes*.

1. **Sabes** esquiar?
   Sí, estas Navidades iremos todos a esquiar.

2. ¿**Puedes** esquiar?
   No, me he roto la pierna.

3. ¿No **puedes** cocinar una paella?
   No, lo siento. Estoy enfermo.

4. ¿**Sabes** cocinar una paella?
   Sí, ya he cocinado paella muchas veces.

EXERCISE 45

Comenta con tu compañero: ¿Qué dirías en cada una de estas situaciones?
Discuss with your partner: What would you say in each of these situations?

1. **Hace ocho días, le contaste a un amigo tuyo que quieres comprar una camiseta en una tienda. Hoy tu amigo te llamo por teléfono:**
   ¿Ya has comprado la camiseta?

2. **No te gusta el musical "Cats". Te preguntan: ¿Ya has visto "Cats"? Si tú no tienes pensado ir, ¿qué respondes?**
   No, no lo he visto.

3. **Esta tarde quieres visitar a tus padres y quieres hacer un pastel. Tu marido se ofrece para ayudarte, pero no es necesario. ¿Qué le respondes?**
   No, gracias. Ya lo he hecho.

4. **Te gusta mucho la exposición "Van Gogh". En Amsterdam quieren saber de ti:**
   ¿Ya has visitado la exposición?
   Si quieres ir, ¿qué respondes?
   No, todavía no.

EXERCISE 46

Completa las casillas con lo que Pedro ya ha hecho y con lo que todavía tiene pensado hacer.
Complete the boxes with what Pedro has already done and what he still plans to do.

Experiencias *(What was already done?)*	**Planes** *(What is planned to do?)*
Ha llegado a Fuerteventura.	Va a ir a muchas excursiones.
Ha tomado mucho sol.	Va a ir al sur de la isla con jeeps.
Ha nadado en el Atlántico.	Va a ir a la "villa Winter" y a un faro.
	Va a ir en avión a Granada.

EXERCISE 47

Completa la tabla con lo que Pedro ya ha hecho y con lo que tiene pensado hacer.
Complete the boxes with what Pedro has already done and what he still plans to do.

Experiencias *(What was already done?)*	**Planes** *(What is planned to do?)*
Ha llegado a la Alhambra.	Va a comer en un restaurante.
Ha visto muchos árboles ...	Va a ir a un bar muy famoso.
Ha gustado mucho los ornamentos árabes.	Va a ir en autobús a Sevilla.
Ha tenido una visita guiada.	Va a quedarse dos días más.
Ha bebido un cafe árabe.	Va a ver un espectáculo de flamenco.
Ha ido en coche de caballos por Sevilla.	Va a ir a pie por Sevilla.
Ha visto muchos barrios de Sevilla.	Va a ir de tapas.

EXERCISE 48

Completa estas frases con las terminaciones que faltan.
Complete these sentences with the missing endings.

1. Mi falda es del año pasado. Tengo que comprar una nueva falda. ¿Qué te parece?
   ¿<u>Ésta</u> o <u>ésta</u> ?
   ¿La naranja? ¿En serio?
   Sí, me gusta mucho.
2. Todavía me pongo las sandalias del verano pasado. ¿Cuáles prefieres?
   ¿<u>Éstas</u> o <u>éstas</u>? No sé.
3. Para este invierno me voy a comprar un abrigo nuevo.
   ¿Qué abrigo prefieres? ¿<u>Éste</u> o <u>éste</u>?   Pues, no sé.
4. Los pantalones van bien con botas altas. ¿Cuáles prefieres? ¿<u>Éstos</u> o <u>éstos</u>?
5. ¿Qué es <u>esto</u>?
   Son unas gafas de sol.

EXERCISE 49

Subraya la opción más adecuada.
Underline the most appropriate answer.

1. ¿Qué es **animal**/<u>**aquello**</u>?
   Creo que es un delfín.
2. Carmen dice que no te quiere.
   <u>Esa</u>/**eso** no me interesa para nada.
3. ¿Por qué no compraste **esa** **flor**/**ese**?
   Prefiero el girasol.
4. ¿Quieres naranjas?
   Sí, pero solo una; dame **<u>esa</u>**/**eso**.
5. ¿En su tiempo libre **ese señor**/**eso** se dedica a fotografiar pájaros?
   ¿Es verdad?
6. ¿En qué piensas?
   En **<u>aquella mujer</u>**/**aquello** que me visitó ayer.
7. ¿En qué piensas?
   En **aquella mujer**/**<u>aquello</u>** qué ocurrió ayer.
8. ¿**Ese**/**<u>Eso</u>** de la calva es Pablo?
   Sí, últimamente Pablo tiene un aspecto descuidado.

No. 1: I don't know what it is, therefore it is *aquello*.

No. 4: I know that it is an orange – **la** *naranja* is feminine -, therefore only *esa* is possible.

No. 6 and no. 7: The incident happened yesterday (ayer).

Therefore, it is pretérito indefinido (visitó, occurió) (Lección 18).

EXERCISE 50

Completa las frases con los pronombres o adjetivos demostrativos.
Complete the sentences with the demonstrative pronouns and adjectives.

Están AQUÍ (they are very close)

If you don't know what it is.
1.a. ¿Qué es **esto**?
   Un girasol.
   ¿Y **esto**? ¡Qué raro!
   Una bellota.

If you know what it is.
1.b. ¡Qué rico está **este** salmón y
   qué buenas están **estas** merluzas!
   ¡**Estos** langostinos están deliciosos
   y **este** vino es afrutado!

Están AHÍ (they are further away)

2. a. ¿Qué es **eso** que hay allí?
   Es una alfombra.
   ¿Qué es **eso** sobre la mesa?
   Es un libro.

2.b. Quiero comprar **ese** filete,
   esa chuleta, **esas** salchichas y
   esos salchichones.

Están ALLÍ (they are very far away)

3.a. Pues, ¿y **aquello**? No tengo ni idea
   de qué es lo que se ve al fondo de la calle.
   Es un llavero.
   ¿Y **aquello** al final del calle?
   Es una gallina.

3.b. Al fondo de la tienda me gustan
   aquella ropa, **aquellos** jerseys,
   aquellas faldas, y **aquel** abrigo.

EXERCISE 51

En las siguientes oraciones, subraya la opción correcta de las palabras en negrita.
Choose the correct option from the words in bold type in the following sentences.

1. A nosotros nos **cuesta**/**cuestan** estudiar alemán.
2. Me **cuesta**/**cuestan** comprender las películas en español.
3. Para curar una inflamación de los ojos **va**/**van** muy bien las gotas para los ojos.
4. A Carmen le **cuesta**/**cuestan** las clases.
5. Para tener buena memoria **va**/**van** muy bien los crucigramas.
6. Para descansar **va**/**van** muy bien escuchar música.
7. Me **cuesta**/**cuestan** los tratamientos médicos.

If a verb in the infinitive follows *cuesta* or *va* (sentence 1, 2, 6), then *cuesta* or *va* [singular] is always used, even if the verb is followed by nouns in the plural. This is why it is also *me cuesta* in the second example, because it is followed by *comprender* (= verb in infinitive) and the substantive in plural *(las películas)* is placed after it. In sentence 3, 4, 5, 7, *cuesta* (and *va*) is not followed by a verb, but by the noun in the plural, hence the correct form is *van* and *cuestan*.

EXERCISE 52

Completa la conversación con la forma correcta de los verbos *parecer* y *parecerse*.
Complete the conversation with the correct form of the verbs *parecer* and *parecerse*.

1. ¿Tú **te pareces** más a tu padre o a tu madre?
2. Diana y yo **nos parecemos** mucho.
3. José **parece** un chico muy explosivo.
4. Carmen **parece** muy simpática y amable.

EXERCISE 53

Completa las casillas. ¿Cómo es cada persona descrita en el ejercicio anterior?
Complete the squares. How is each person described in the previous exercise?

Description of the appearance using *soy, tengo, llevo*	Description of the character	What do they like? For example, hobbies?	What do they want to have?
1) tiene 41 años, es rubio, lleva bigote, tiene los ojos marrones	1) comprensivo, sincero	1) hacer viajes	1) conocer a una mujer amable, pelirroja, delgada, entre 30 y 38 años para una relación seria
2) una mujer algo mayor, tiene 55 años, es delgada, es morena, es muy deportista, tiene los ojos verdes, tiene el pelo largo	2) cariñosa, inteligente	2) hacer deporte	2) un hombre abierto, activo, guapo, con los ojos claros.

¡SPANISH FOR YOU!

pesa 84 kilos, es moreno, tiene los ojos verdes		el boxeo	deportista, y guapa.
4) tiene 48 años, es morena, tiene los ojos azules		4) cocinar paella	4) un hombre delgado, activo, divertido, y con un buen carácter para una relación seria
5) tiene 40 años, es calvo, lleva perilla, lleva gafas	5) muy intelligente	5) la jardinería, la naturaleza, los animales	5) una mujer de más de 35 años, simpática, inteligente, guapa

alto/-a *(tall)*; **delgado/-a** *(thin)*; **el bigote** *(the mustache)*; **pelirrojo/-a** *(red-haired)*; **calvo/-a** *(bald)*; **la perilla** *(the goatee)*; **ojos claros** *(blue/green/gray eyes)*; **los ojos marrones** *(the brown eyes)*

EXERCISE 54

Coloca en el cuadro las siguientes palabras y expresiones.
Insert the following words and phrases in the box below.

gordo/-a *(fat)*   el bigote *(the mustache)*   pelirrojo/-a *(red-haired)*
una barba *(a beard)*   una falda *(a skirt)*   los ojos oscuros *(the dark eyes)*
calvo/-a *(bald)*   simpático/-a *(nice)*   el pelo liso *(the straight hair)*
una camisa azul *(a blue shirt)*

SER	TENER	LLEVAR
gordo/-a	los ojos oscuros	una barba
simpático/-a	el bigote	una falda
calvo/-a	una barba	una camisa azul
pelirrojo/-a	el pelo liso	el bigote

EXERCISE 55

¿Llevar o llevarse? Completa las frases.
¿Llevar or llevarse? Complete the sentences.

1.a) 2.b) 3.a) 4.b) 5.a)

EXERCISE 56

Forma conexiones posibles con los elementos de las dos columnas.
Puede haber varias posibilidades.
Connect the elements in the two columns. There may be several possibilities.

1. a, b, e, f, g, h)   2. a, g)   3. e, h)   4. l)   5. c, m)   6. j, k)   7. d, i)

EXERCISE 57

Une un lado con el otro para formar una frase.
Connect one side to the other to form a phrase.

1. e)   un paquete de azúcar;
2. a)   una caja del pralines;
3. i)   una barra de pan;
4. b)   un trozo de Camembert;
5. c)   un cartón zumo (*LatAm* jugo) de de naranja;
6. d)   una bolsa de compras;
7. f)   una lata de espárragos;
8. g)   una docena de huevos;
9. h)   una botella de leche

EXERCISE 58

Relaciona las preguntas con las repuestas.
Match the questions to the answers.

1.e) 2.f) 3.g) 4.h) 5.c) 6.b) 7.d) 8.a)

EXERCISE 59

Completa las frases con las siguientes preposiciones: *a, con,* **y** *de*.
Complete the sentences using the following prepositions: *a*, *con*, **and** *de*.

1. De postre quiero yogur griego **con** miel.
2. Me encanta la merluza **a** la plancha.
3. Me gusta mucho el pollo asado **con** patatas.
4. ¿Te gusta el té **con** leche o **con** limón?
5. ¿Me puede traer agua **con** gas fría?
6. ¿El salmón va **con** tallarines?
7. ¿Tenéis un zumo **de** limón?   (*LatAm* ¿Tenéis un jugo **de** limón?)

EXERCISE 60

Relaciona estas comidas con un adjetivo.
Match these foods with an adjective.

El flan – dulce; el estofado a la húngara – picante; el asado de cerdo – pesado; la sopa de verduras – ligera; la sepia cocida sin sal – sosa; el jamón serrano – salado.

EXERCISE 61

Completa los diálogos.
Complete the dialogues.

soso/-a   dulce   picante   salado/-a

1. Quiero comer dos tabletas de chocolate con leche.
   Pues, para mí, el chocolate con leche es demasiado **dulce**.

2. ¿Quieres un trozo de jamón serrano?
   Hm, solo si no está demasiado **salado**.

3. ¿Me gusta mucho la comida húngara.
   ¿De verdad? Creo que es un poco **picante**, ¿no?

4. Lo siento, creo que la merluza está un poco **sosa**.
   No pasa nada; me gusta sólo con un poco de sal.

EXERCISE 62

Completa estas oraciones con un pronombre de objeto directo (lo, la, los, las).
Complete these sentences using a direct object pronoun (lo, la, los, las).

1. He comprado 1 kg de zanahorias.
   Perfecto, **las** metes en el cajón de la verdura ahora mismo.

2. ¿Has pelado los pepinos?
   Sí, y **los** he cortado en rodajas también.

3. Para mi gusto el flan está muy dulce.
   Pues, **lo** he comprado en el supermercado.

4. Esta crema catalana sabe muy bien.
   Gracias, **la** he preparado por primera vez.

EXERCISE 63

Completa estas conversaciones con las siguientes expresiones.
Complete these conversations using the following expressions.

1. el de   el que   el

* ¿Cuál es el perro de su padre?
* No lo sé. ¿**El de** piel blanca?
* No, creo que es **el que** ladra siempre.
* Ah, sí, me acuerdo, **el** agitado. Ese es un perro de caza.

2. los de   los que   los

* ¿Quiénes son esos? ¿Esos son los nietos de Pedro?
* No, esos son **los de** mis abuelos. Los nietos de Pedro son **los que** están cerca de mi tía.
* ¿Ah, **los** pelirrojos?
* Sí.

3. la que   la del   la

* Esa chica alta de rojo, ¿es tu hija?
* ¿**La que** está detrás de Miguel?
* No, esa es una colega.
* ¿**La** casada? ¿**La del** abrigo blanco?
* Sí, es guapísima.

EXERCISE 64

¿Con qué palabras puedes relacionar cada uno de estos tres verbos?
Anota el número delante de las expresiones siguientes.
Which words can you match to each of these three verbs?
Write down the number in front of the following expressions.

	1 tener	2 ir	3 tener que

2	a caballo	3	tomar mucha agua sin gas durante todo el día
3	pagar las tasas académicas	2	en tren
1	un novio	1	hambre
2	en avión	1	miedo a un perro negro
3	terminar la carrera	2	de viaje

¡SPANISH FOR YOU!

EXERCISE 65

Completa los siguientes diálogos con las formas adecuadas de *tener* o *tener que*.
Complete the following dialogues using the appropriate forms of *tener* or *tener que*.

Hace buen tiempo, pero llévate el paraguas por si acaso.
Pero no (yo) **tengo** un paraguas.

Estoy bajo el dominio de mi suegra. Es una persona muy autoritaria. Yo creo que **tengo que** hablar con mi marido respecto a su madre.

(Nos) **Tenemos** suerte, allí hay un sitio para aparcar.
¡Menos mal! (Yo) **Tengo que** irme de prisa.

He suspendido una reunión en mi empresa. No (yo) **tengo** ganas de hacer negocios con una gran empresa multinacional.
(Vosotros) **Tenéis que** competir con la industria química.
Me lo pensaré.

EXERCISE 66

¿Cómo le pedirías estas cosas a un compañero de clase?
Clasifícalas en la columna correspondiente.
How would you ask for these things from a classmate?
Sort them into the corresponding column.

¿ME DEJAS ...?	¿ME DAS ...?
las tijeras	un osito de goma
el cepillo de pelo	tu correo eletrónico
un libro	un vaso de zumo (***LatAm*** jugo) de naranja
el coche	el papel higiénico
la bicicleta	el pañal

EXERCISE 67

Completa con *por* o *para*.
Complete with *por* or *para*.

Example: Voy a Madrid para ver a mi pareja.

1. Nos perdimos …… un bosque y tardamos cuatro horas en encontrar el sendero.
2. Bueno, aquí están las galletas. Nos tocan cuatro …….. persona.
3. Encontrar este piso fue una suerte. Lo compramos ……. la mitad de lo que vale ahora.
4. Pedro afirmó rotundamente que ha dejado el trabajo ……. su pareja, pero yo creo que lo ha hecho ….. él, solo …… él.
5. ¿……… quién son estos regalos?
6. Queremos hablar con la directora ……. ver qué nos dice.
7. Oye, no iremos a la playa …….. aquella carretera que tiene tantas curvas, ¿verdad?
8. Vale, perfecto, ¿por qué no me lo envías …… fax?
9. ¿Puedes firmar tú ……. mí? Es que me duele muchísimo el dedo y no puedo escribir.
10. El documento va a tardar un poquito, pero llegará a tiempo …….. la tarde.
11. Señoras y señores, les estoy muy agradecida ……… este homenaje.

1. *Por* because we got lost somewhere in the woods.
2. *Por* because it's a distribution, each person gets four cookies [BE biscuits].
3. *Por* because it is a purchase.
4. *Por* he does it because of his girlfriend, which is the cause.
5. *Para* this question (*quién*) is about whether something is meant for a person.
6. *Para* because it is about a purpose, aim ***(finalidad)***.
7. *Por* because it is an approximate direction—movement toward.
8. *Por* because it's about a medium of communication (= fax).
9. *Por* because someone is doing something for another person—the cause.
10. *Por* there is no exact point in time given (without time of day).
11. *Por* because <u>*por*</u> always follows after gracias (= agradecida).

EXERCISE 68

Relaciona con la interpretación más adecuada.
Match the most appropriate interpretation.

1. Hemos visto el cuadro para la puerta de cristal …
a) Han visto el cuadro hecho como decoración para una puerta.
1.a) Localización.

2. Hemos visto el cuadro por la puerta de cristal …
b) Han visto el cuadro detrás de la puerta de cristal …
2.b) The painting was seen through the glass door.

3. Vamos a caballo por el bosque …
d) Estamos cabalgando dentro del bosque.
3.d) They ride through the forest.

4. Vamos a caballo para el bosque …
c) El bosque es el destino final adónde quieren llegar.
4.c) The GOAL is the forest.

5. He pintado un cuadro para mis padres …
f) El cuadro es un regalo.
5.f) The painting is a gift for the parents.

6. He pintado un cuadro por mis padres …
e) Porque ellos me lo han pedido.
6.e) The parents are the reason for the painting. They asked him for it.

7. Han recogido el girasol para la ventana …
g) Quieren poner el girasol en el alféizar.
7.g) The flower is on the window-sill.

8. Han recogido el girasol por la ventana …
h) El girasol ha entrado a través de la ventana.
8.h) The flower was passed through the window.

9. Escuchamos las noticias para el móvil …
j.) Tenemos que comprar un móvil.
9.j) The mobile phone is the goal, they have to buy one.

10. Escuchamos las noticias por el móvil …
i.) Para entenderlas bien ponemos el móvil un poco alto.
10.i) They listen to the news through the handy.

EXERCISE 69

Este texto ha sido completado con *por* y *para*. Revísalo y descubre los errores.
This text has been completed with *por* or *para*. Check it and find the mistakes.

1. Soy Mustafa. Yo vine a Marruecos **para** estudiar en una universidad. Vine para (1) …… pasar los exámenes, pero por (2)…….. problemas con un estudiante, no pude aprender bien. Vivo en una pensión que está por (3) ……….. la salida del Esmeraldo. Anteayer, quería visitar a mi tío en Sevilla, pero por (4) ………. mis deberes me he quedado aquí. En breve, no creo que sea posible ir a Sevilla para (5) ……. visitar a mi familia.

2. Llegué a esta ciudad para (6) ……… mi tío. Mi tío quiso ampliar su taller para (7) ……. mí. Vivo en su piso. Mi tío compró su taller para (8) ……… 200.000 dólares. Mi familia es muy importante por (9) …….. mí. Por (10) ……. la mañana escuché las noticias por (11) …….. la radio y para (12)…….. la tarde fui a comer. Mi tío compraba el periódico todos los días y se enteró de la visita de la cantante peruana por (13) ……. este espectáculo; por ello, mi tío me mandó esta noticia por (14)……. fax.

3. No sé por (15) …… qué estás furioso con mi hijo Pedro. Es un niño muy amable. Ayer dieron un paseo por (16) ……. el bosque y, de improviso, me enteré para (17) ……. mi marido de tus problemas con Pedro. Fuimos por (18) …….. casa y cenamos con mi madre para (19) …………discutir a fondo el asunto. Le he dicho sin rodeos lo que pienso de ti y que no sé por (20) ……. qué tratas así a mi hijo. ¿Qué significa esto? No quiero que esto acabe en una riña; en el fondo, ¿para (21) …….. qué sirve? Para (22) …………este inútil enfrentamiento, el otro día tu pareja incluso me empezó a insultar.

4. Anteayer por (23) …….. la mañana estuve por (24) …….. la galería comercial, compré un pañuelo por (25) …… mi hija. Un pañuelo hermoso, lo compré para (26) ……. 10 dólares. Cuando salí de la galería comercial para (27) ……. llevar el pañuelo a mi casa, me encontré a mis vecinos y charlamos de la contaminación del medio ambiente. Después, para (28) ……… la tarde, limpié mi casa. Mi hija tenía que guardar cama para (29) ………. la gripe. Salí para (30) ……. comprar medicamentos porque nuestro médico no tiene consulta hoy.

1.
(1) para pasar; before *pasar* always follows *para* = *to spend, to pass*; this is about the purpose.
(2) por problemas con un estudiante = *because of problems with a student*; this is about the cause.
(3) por la salida = *por* because he goes *through the entrance*.
(4) por mis deberes = *because of my homework* = the reason, the cause.
(5) para visitar = *to visit* = purpose.

2.
(6) por mi tío = *because of my uncle* = the reason, the cause.
(7) para mí = something is meant *for me*.
(8) por 200.000 dólares = exchange (intercambio).
(9) para mí = the aim.
(10) por la mañana = always *por*.
(11) por la radio = *on the radio*: communication medium

(12) por la tarde = always *por*.
(13) por este espectáculo = *this event* is the reason.
(14) por fax = communication medium.

3.
(15) por qué estas furioso = *why are you angry* = the reason, the cause.
(16) por el bosque = you only know the area, not the exact destination.
(17) por mi marido = medium, she knows it *through her husband*.
(18) Fuimos para casa = the direction; you could have said **Fuimos a casa** too.
(19) para discutir = the goal here is *the discussion*.
(20) por qué = *why?* = the reason, the cause.
(21) para qué sirve = *what is it for?* = purpose, function.
(22) por este inútil enfrentamiento = because of *this useless confrontation*;
                               = the reason, the cause.

4.
(23) por la mañana = always *por*.
(24) por la galería comercial = *the shopping mall [BE the shopping arcade]*.
                        = in general, no exact destination.
(25) para mi hija = something is meant *for my daughter*.
(26) por 10 dólares = exchange (*intercambio*); whenever you buy something.
(27) para llevar el pañuelo a mi casa = the purpose = *to bring the scarf home*.
(28) por la tarde = always *por*.
(29) por la gripe = *the flu* is the reason, the cause.
(30) salí para comprar medicamentos = *I left to buy medication* = the purpose (*finalidad*).

EXERCISE 70

Completa el siguiente texto con los verbos conjugados en pretérito indefinido.
Complete the following text with conjugated verbs in *el pretérito indefinido*.

(1) recibí, (2) fui, (3) fue, (4) continué, (5) ayudaron, (6) Viví, (7) habité, (8) acostumbré, (9) estuvieron, (10) tuve, (11) salimos, (12) visitamos, (13) estuvimos, (14) salieron, (15) aplaudieron, (16) me gustaron, (17) vimos, (18) me encantó.

EXERCISE 71

Completa conjugando en pretérito indefinido con los verbos que se presentan.
Complete by conjugating the given verbs in *el pretérito indefinido*.

        nacer   **empezar**   **aprender**
      (to be born)   *(to begin)*   *(to learn)*
          irse   **sentirse**
        (to leave)   *(to feel)*

Nació en Inglaterra en 1921, pero poco después **se fue** a vivir a España con su tía. Desde muy pronto **se sintió** atraída por la cultura española **aprendió** sus comidas y el flamenco, su lenguaje, y **empezó** a parecerse a los españoles.

empezar	hacerse	apartarse
(to begin)	*(to become)*	*(to withdraw)*
mantener	tener	
(to keep)	*(to have)*	

Empezó a hacer comedia en los años 30, pero **se hizo** célebre sólo entre los años 40 y 60. En estos años **mantuvo** una relación amistosa con el actor José López. En los años 65, la actriz **tuvo** dificultades de salud y por ese motivo **se apartó** de mundo del espectáculo.

colaborar	hacer	publicarse	morir	regresar
(to collaborate)	*(to do, to make)*	*(to be published)*	*(to die)*	*(to come back)*

Carmen **regresó** en un espectáculo mediático gracias a su amistad con Bigas Luna, director de cine español. **Colaboró** en las direcciones de las películas *Bilbao* y *Lola* trémula e **hizo** una breve actuación en *Bambola*. En 2012 **se publicó** su biografía y **murió** en abril de 2013.

EXERCISE 72

Completa las frases conjugando en pretérito indefinido con los verbos que se presentan.
Complete the phrases by conjugating the given verbs in *el pretérito indefinido*.

I.
(1)(Nacer) **Nació** en Sevilla, España, en 1876 y (2)(viajar) **viajó** a Francia, donde (3)(aprender) **aprendió** la técnica vocal. A los 21 años (4)(casarse) **se casó** con Paula Blanca. (5)(Ingresar) **Ingresó** en la banda "Mosquito," con la que (6)(producir) **produjo** muchas canciones. A partir de 1920 (7)(sufrir) **sufrió** varias dificultades que (8)(influir) **influyeron** en su música. Entonces (9)(comenzar) **comenzó** a hacer deporte. (10)(Morir) **Murió** en 1940, en Málaga.

II.
(1)(Nacer) **Nació** en Argentina, en 1917. Su madre (2)(ser) **fue** escritora y su tía (3)(ser) **fue** escritora y también (4)(tocar) **tocó** el violín. En 1940 (5)(casarse) **se casó** y, después, (6)(tener) **tuvo** tres niños. En 1995, (7)(abandonar) **abandonó** Argentina a causa del golpe militar y (8)(exiliarse) **se exilió** en España. En 1992 (9)(morir) **murió** su tía Carmen, lo que le (10)(llevar) **llevó** a escribir un guión sobre ella. En 1984 (11)(recibir) **recibió** el premio Nobel y en 1985 ya era la autora de muchos súper ventas. En 1981 (12)(publicarse) **se publicó** su libro más famoso: Mis gatos.

III.
(1)(Nacer) **Nació** en Cádiz en 1900. En 1918 (2)(trasladarse) **se trasladó** a Sevilla, donde (3)(ingresar) **ingresó** en una universidad. En 1922 (4)(ir) **fue** a Montpellier, donde (5)(organizar) **organizó** un espectáculo. Tres años después (6)(volver) **volvió** a vivir en Montpellier, donde (7)(conocer) **conoció** a Paulina. Después, (8)(pintar) **pintó** su primer cuadro. En 1956 (9)(empezar) **empezó** a viajar, pero (10)(volver) **volvió** de nuevo a Montpellier,

donde (11)(pintar) **pintó** otro cuadro famoso. (12)(Casarse) **Se casó** tres veces y (13)(tener) **tuvo** dos hijas. En 1965 (14)(instalarse) **se instaló** en París y, poco después, (15)(pintar) **pintó** el tercer cuadro. (16)(Morir) **Murió** en 1983 en París.

IV.

(1)(Nacer) **Nació** en Málaga en 1930. (2)(Estudiar) **Estudió** el oficio de actor y (3)(licenciarse) **se licenció** en una escuela de arte dramático. En 1950 (4)(comenzar) **comenzó** a trabajar en un teatro. Su éxito como actriz (5)(llegar) **llegó** en 1976 con la película *El cuadro de mis amigos*, que (6)(obtener) **obtuvo** el Premio Cinematográfico y (7)(convertirse) **se convirtió** en un éxito mundial.

En 1986 ya (8)(ser) **fue** una actriz famosa. En 1982 (9)(conseguir) **consiguió** un premio por la película *La Cetrería*. En 1996 *Las Armas* (10)(obtener) **obtuvo** un premio también. (11)(Morir) **Murió** en 1987 en Barcelona.

EXERCISE 73

Completa las frases con la forma del pretérito indefinido que corresponda.
Complete the sentences with the correct form of *el pretérito indefinido*.

1. En su época, la emperatriz Sisi (ella, ser) **fue** famosa por su belleza.
2. Los inmigrantes (ellos, poblar) **poblaron** primero las costas.
3. La Segunda Guerra Mundial (ella, empezar) **empezó** en 1939 y (ella, acabar) **acabó** en 1945.
4. España (ella, vivir) **vivió** una guerra civil.
5. En la Guerra Civil de España, muchos (ellos, luchar) **lucharon** contra el fascismo.
6. Los colonos blancos (ellos, torturar) **torturaron** a muchos indios.
7. Mis abuelos (ellos, meter) **metieron** un montón de dinero en su empresa.
8. Podías montar a caballo muy bien, pero nunca (tú, poder) **pudiste** más después del accidente.
9. Me (ella, salvar) **salvó** la vida.
10. En 1980 (yo, encontrar) **encontré** esas muñecas y me acostaba con ellas en la cama temprano, pero (yo, dormir) **dormí** siempre profundamente.
11. El sábado pasado, después del veterinario, mi gato (él, vomitar) **vomitó.**
12. En 2002 (vosotros, interpretar) **interpretasteis** la obra de teatro *Hamlet*.
13. Hace seis meses (vosotros, superar) **superasteis** una crisis.
14. Carmen (ella, saber) **supo** de todo, incluido la gramática.
15. Después de la reunión no (ellos, decir) **dijeron** nada más.
16. Después de haber hecho una cura, no (ellos, poder) **pudieron** trabajar nunca más.
17. Mi marido me (él, mentir) **mintió** y (yo, sentirse) **me sentí** fatal.
18. Mis padres (ellos, morir) **murieron** como consecuencia del accidente.
19. Ayer en la fiesta, (tú, mentir) **mentiste** en varios momentos.
20. Los maestros (distribuir) **distribuyeron** a los alumnos en grupos.
21. La opinión pública no (ella, influir) **influyó** para nada en la decisión del gobierno.
22. Los griegos (ellos, tener) **tuvieron** la primera democracia y esa nación (él, construir) **construyó** la Acrópolis.
23. Juan y yo (nosotros, elegir) **elegimos** el perro con la piel blanco, porque (nosotros, preferir) **preferimos** colores claros.
24. Pedro y yo (nosotros, fantasear) **fantaseamos** sobre un mundo sin guerras.
25. Ayer, (yo, llorar) **lloré** de tanto reírme de tus tonterías.

EXERCISE 74

Subraya la opción correcta.
Underline the correct option.

- Lo que **ha hecho**/hizo este jugador últimamente no **ha sido**/fue juego limpio.
- Pero hace un año este jugador ha sido/**fue** la estrella del equipo de fútbol.

- Nunca **he jugado**/jugué al golf.
- ¿Es verdad? A mi hija le encanta el golf. Le **he regalado**/regalé palos de golf este mes por su cumpleaños.

- Me **han llamado**/llamaron para una entrevista de trabajo.
- Para esa posición vacante se **han presentado**/presentaron 50 personas.

- Hace 15 años Carmen ha estudiado/**estudió** mucho sobre su especialidad.
- Carmen ha tenido/**tuvo** diez años de experiencia profesional.

EXERCISE 75

Busca el error.
Find the error.

1.
- Ayer mi madre se ~~ha vuelto~~ volvió loca. Tengo miedo.
  (False, ayer = *pretérito indefinido* = volvió)
- ¿Hasta ahora no has llamado al médico? (Correct. Hasta ahora = *pretérito perfecto*)

2.
- Nunca ~~estuve~~ he estado en el desierto de Arizona.
  (False, nunca = *pretérito perfecto* = he estado.)
- Hace un año ~~he viajado~~ viajé al desierto de Arizona. Fue maravilloso.
  (False, hace un año = *pretérito indefinido* = viajé; Fue = correct = *pretérito indefinido*)

3.
- ¡Hola Jose! ~~Monté~~ He montado a caballo. Me encanta. (There is no exact time given; the moment, in which this event took place in the past is not important here, therefore *pretérito perfecto* = He montado).
- ¿Es verdad? Ayer ~~he montado~~ monté a caballo también.
  (False, ayer = *pretérito indefinido* = monté)

4.
* En 2008 España envió a 18 competidores y la victoria del nadador español fue una sorpresa.
  (Everything is correct; en 2008 is a precise time, thus *pretérito indefinido*)

5.
- Hemos hecho muchas veces excursiones maravillosas por esa montaña.
  (Everything is correct; no time is specified,
  muchas veces = often = *pretérito perfecto*)
- Pues nunca he estado ahí. (Correct; nunca = *pretérito perfecto*)

EXERCISE 76

Completa las frases con los verbos en el tiempo del pasado apropiado (pretérito perfecto o pretérito indefinido).
Complete the sentences with the verbs in the appropriate past tense (*pretérito perfecto* or *pretérito indefinido*).

1. Ayer (yo, comer) **comí** una pera.
2. También (yo, comprar) **he comprado** un nuevo colchón; tu espalda te lo agradecerá.
3. Últimamente (nosotros, ir) **hemos ido** en avión a Madrid muchas veces.
4. Cristóbal Colón (él, cruzar) **cruzó** el Océano Atlántico con un barco.
5. En 1939 Franco (él, asumir) **asumió** el poder en España.
6. El invierno pasado se le (él, congelar) **congeló** un dedo.
7. Siempre (yo, tomar) **he tomado** la palabra en las reuniones del personal de la empresa.
8. Ayer (yo, descubrir) **descubrí** un secreto de mi marido.
9. La pieza de música la (nosotros, grabar) **hemos grabado** muchas veces.
10. Nunca (yo, romper) **he roto** una ventana.
11. La semana pasada (vosotros, cantar) **cantasteis** en la calle.
12. Los indios (ellos, luchar) **lucharon** encarnizadamente contra los blancos.
13. Muchos países (ellos, traficar) **han traficado** con armas.
14. Nunca (yo, forzar) **he forzado** un coche.
15. Esta vez (tú, comer) **has comido** con moderación.
16. En agosto (yo, echar) **eché** a mi marido de casa.
17. Ayer el jugador (él, meter) **metió** un gol.
18. A mí nadie me (él, regalar) **ha regalado** nada en esta vida.
19. Aún les (ellos, ayudar) **han ayudado** a los refugiados a atravesar ilegalmente la frontera.
20. Nunca (yo, tocar) **he tocado** la flauta.

EXERCISE 77

¿De qué están hablando? Subraya la opción más probable.
Who is being talked about? Underline the most likely option.

1. Alguien ha encerrado a Maria Stuart. b) Maria Stuart es mi perra.
1b) Because this action is taking place right now, in relation to the present.

2. Ese asunto mostró muy poco potencial. b) En 2005.
2b) It is further away in time and completed = *pretérito indefinido*.

3. Le ha tocado la lotería. b) Esta semana.
3b) Because the winning took place in relation to the present.

4. Fue una boda bonita. b) Hace dos años.
4b) It is further away in time and completed = *pretérito indefinido*.

5. Ha sido terrible para África. a) Muchos niños mueren de hambre.
5a) It is permanent, that's why *pretérito perfecto*.

6. Fue una transformación para todo del mundo. a) La invención del avión.
6a) It is further away in time and completed = *pretérito indefinido*;
   in b) an era is specified that is still continuing, therefore it has a relationship to the present.

EXERCISE 78

Subraya la forma más adecuada en cada contexto.
Underline the most appropriate form depending on the context.

1. Estos niños cantan como los ángeles. Hace tres años han empezado/**empezaron** a cantar.
   Pero últimamente uno de ellos **ha dejado**/dejó de cantar en el coro.
2. Dicen que *la Biblia* y *Don Quijote* son los dos libros más vendidos de la historia. Nunca **he leído**/leí *la Biblia*.
   Últimamente **he pensado**/pensé en comprar *Don Quijote*.
3. Cuando estoy en la fiesta de la empresa hay mucha palabrería durante toda la noche.
   Este año no fui/**he ido** a la fiesta.
   ¿Por qué no? Me encanta. Siempre **he bebido**/bebí mucho en la fiesta de la empresa.
4. ¿Qué tal si damos un paseo por el pinar? Últimamente **has tenido**/tuviste mucho estrés.
   Lo siento, no puedo. Ayer me he torcido/**torcí** el pie.

EXERCISE 79

Completa estas frases conjugando los verbos en pretérito perfecto o en pretérito indefinido. Fíjate en los marcadores temporales.
Complete these sentences by conjugating the verbs in *pretérito perfecto* or *pretérito indefinido*. Look at the temporal expressions.

1. Últimamente nuestro pueblo (cambiar) **ha cambiado** totalmente de aspecto.
   ¿Hace un mes (construirse) **se construyó** una nueva iglesia?
   Sí, sí, la semana pasada (abrir) **abrieron** también un parque muy grande en el centro del pueblo.

2. *Los Vampiros* es una película de siete horas de duración. Nunca (ver) **he visto** esa película.
   Siempre me (gustar) **han gustado** los vampiros, pero esta película es increíblemente espeluznante.

3. Ayer (ver) **vi** volar un papagayo cerca de mi casa, pero mis hijos no lo (ver) **vieron**.
   ¿Es verdad? Me han dicho que todavía hoy por la mañana una bandada del papagayos (hacer) **ha hecho** un alto en el parque.

4. Ayer, ¿a qué hora (comenzar) **comenzó** la comedia?
   Pues creo que (ser) **fue** muy tarde. No me acuerdo.

5. Mi marido siempre (beber) **ha bebido** tres cervezas todas las noches. No me gusta mucho.
   Da igual. Nunca me (excitar) **he excitado** porque mi novio beba un poco de alcohol.
   Lo peor es que la semana pasada mi marido (empezar) **empezó** a cantar mientras veía a televisión.

6. Ayer (ser) **fui** despedido.
   ¿Qué (pasar) **ha pasado**?
   Ayer ellos (afirmar) **afirmaron** rotundamente que desde hace tiempo (yo, hurtar) **he hurtado** dinero de la casa. Mentiras y engaños.

7. ¿Hace diez años tú (vivir) **viviste** en Sevilla durante algún tiempo? ¿Qué te (parecer) **pareció** la ciudad?
   ¡Me (encantar) **encantó**!

EXERCISE 80

Subraya la mejor opción en cada caso. Underline the best option in each case.

1. Cada vez que veía a Pedro **estaba** muy gordo.
   Pretérito imperfecto, as a description of the person is given.
2. Cuando conocí a Carlos, **llevaba** bigote.
   Pretérito imperfecto because a mustache is a part of the person's description.
3. En el entierro de mi abuela me **sentí** fatal.
   "At the funeral" is an exact date, therefore *pretérito indefinido*.
4. Recibí una botella de champaña y el día de mi boda la **abrí** para tomarla con mi marido.
   Pretérito indefinido, the wedding is referred to = this is an exact date.
5. María tenía un chalet grande, pero **estaba** un poco deteriorado, así que lo **renovó**.
   Description of the house (it is damaged) is the *pretérito imperfecto*, until it receives a renovation. Then it becomes the *pretérito indefinido*. This is the end of the house's bad condition.
6. De vez en cuando **iba** al restaurante "Dos Caballos". Me encanta la paella.
   A habitual act - this is the *pretérito imperfecto*.
7. José **cantaba** muchos cánticos, pero un día **tuvo** un accidente y **tuvo** que dejar de cantar.
   He always sang, so *pretérito imperfecto*, but then something happened, which triggered the end of these repetitions = the accident; so this is the *pretérito indefinido*.

EXERCISE 81

Corrige los errores en los tiempos verbales del pasado si es necesario.
Correct the errors in the past tenses, if necessary.

1. El día anterior no cantamos porque no teníamos ganas de cantar.
   Everything is correct because a reason is given after porque.
   = pretérito imperfecto.
2. Este día no he comido porque no tenía tiempo.
   This is tenía instead of tuve because a reason is given after porque.
   = pretérito imperfecto.
3. Mi tía conoció un nuevo compañero de trabajo que era de Chile, y tres meses después, se casaron.
   This is era instead of fue = pretérito imperfecto because a description of the nationality is given.

4. Hace tres años los extremistas cometieron un atentado con bombas en Barcelona.
   Los reportajes de televisión eran horribles.
   Everything is correct because los reportajes de televisión eran horribles is a description.
5. Nunca lo he visto.
   Everything is correct. Nunca is a time phrase for the pretérito perfecto.
6. Mi padre tuvo un ataque cardíaco mientras montaba a caballo.
   My father had a heart attack while riding a horse.
   Here the riding (= a continuous action) is interrupted by the heart attack and thus tenía, which is in the pretérito imperfecto and is corrected by the pretérito indefinido.
7. Fui en coche con mi marido; tenía una forma de conducir agresiva.
   Everything is correct, this is a description (how he drove) = pretérito imperfecto.
8. Como estaba enfermo, no canté en el coro.
   As I was sick, I did not sing in the choir.
   The illness is the reason, that is the background of the action, therefore the pretérito imperfecto.
9. La semana pasada visité una exposición y la sala estaba pintada con frescos.
   Everything is correct. La sala estaba pintada con frescos is a description and consequently in the pretérito imperfecto.
10. Solo he escrito un libro en mi vida.
    This is the pretérito perfecto because life is not yet finished.
    I am still alive and talk about myself.

EXERCISE 82

Completa las oraciones con *pretérito indefinido*, *pretérito imperfecto*, o *pretérito perfecto*.
Complete the sentences with *pretérito indefinido*, *pretérito imperfect*, or *pretérito perfecto*.

1. La semana pasada mi nieto (comprar, él) **compró** un perro que (ser) **era** muy grande y (tener) **tenía** manchas.
   Last week, my grandson bought a dog (= pretérito indefinido—la semana pasada is the time phrase for it), that was very big and had spots.
   The description of the dog is in the pretérito imperfecto.

2. Últimamente (dormir, yo) **he dormido** muy poco. Ayer (ir, yo) **fui** al médico y (darme, él) **me dio** unas pastillas para dormir.
   Lately, I haven't slept very much. Yesterday, I went to the doctor and he gave me some sleeping pills.
   Últimamente = pretérito perfecto, Ayer = pretérito indefinido.

3. ¡Qué día más terrible! Esta mañana me (ducharse, yo) **he duchado** con agua fría y (tener, yo) **he tenido** los pies fríos. (Irse, yo) **Me he ido** de compras y al salir del supermercado llovía tanto que (mojarme, yo) **me he mojado** los pies.
   What a terrible day! This morning I showered with cold water and I had cold feet.
   I went shopping and, when I left the supermarket, it rained so much that I got wet feet.)
   Esta mañana is the pretérito perfecto.

4. El domingo (irse, nosotros) **nos fuimos** de excursión a un bosque. El terreno allí (ser) **era** irregular, los senderos (ser) **eran** muy difíciles para caminar, y (hacer) **hacía** mucho calor.
   Al final (alegrarse, nosotros) nos **alegramos** muy contentos de ir a casa.
   (On Sunday, we went for a trip to a forest. The terrain there was uneven, the trails were very difficult to walk, and it was very hot. In the end, we were very happy to go home.)
   El domingo *is an exact date = pretérito indefinido. Afterward, a description follows in pretérito imperfecto.*

5. El viernes (estar, yo) **estuve** tan enfermo que no (ir, yo) **fui** al trabajo, aunque (querer, yo) **quería** hacer el balance final y (estar, yo) **estaba** muy preocupado.
   Sin embargo, (quedarse, yo) **me quedé** en casa el viernes y (tomar, yo) **tomé** un poco de té.
   (On Friday, I was so sick that I did not go to work although I wanted to do the balance sheet and I was very worried. However, I stayed at home on Friday and had some tea.)
   El viernes *is an exact date, therefore pretérito indefinido. The reason why she wanted to go to work is pretérito imperfecto.*

6. Cuando (ser, él) **era** un niño pequeño (estar, él) **estaba** muy loco, pero cuando (empezar, él) **empezó** el colegio (transformarse, él) **se transformó** en un niño muy amable.
   (When he was a small child, he was very crazy, but when he started school he became a very friendly boy.)
   The description of how he was as a child (crazy) is in the pretérito imperfecto.
   The interruption of his craziness after enrolling at school is in the pretérito indefinido.

7. Hace un año, Carmen (trasladarse, ella) **se trasladó** a una casa porque el piso anterior (ser) **era** muy pequeño.
   (One year ago, Carmen moved to a house because the previous apartment [BE flat] was very small.)
   Hace un año *is the time phrase for the pretérito indefinido.*
   Since the apartment [BE flat] being very small is the reason, it's pretérito imperfecto.

8. Hace seis meses, (encontrarse, yo) **me encontré** con muchas dificultades porque no (querer, yo) **quería** ir a trabajar, (beber, yo) **bebía** mucha cerveza, (recibir, yo) **recibía** una paliza, y (robar, yo) **robaba** en muchas casas.
   (Six months ago, I found myself in difficulties because I did not want to go to work, I was drinking a lot of beer, I got beaten up, and I was stealing from many houses.)
   Hace seis meses *= pretérito indefinido; afterward follows the description of the difficulties in the pretérito imperfecto.*

9. (Vosotros, saber) ¿**Sabíais** que Pedro quiere vender su bicicleta?
   Sí, hoy (enterarse, nosotros) **nos hemos enterado** por Juan, pero Pedro (vender, él) **vendió** la bicicleta ayer y (estar) **estaba** casi nueva.
   (You know Pedro wants to sell his bicycle?
   Yes, we have heard about it from Juan today, but Pedro sold the bike yesterday and it was almost new.)
   The question of whether they know that Pedro wants to sell his bike is in pretérito imperfecto, since it concerns an action that is probably still in progress—the questioner does not know anything about the final outcome of this action in this moment. Hoy *is the time phrase for the pretérito perfecto and* ayer *for the pretérito indefinido. The fact that the bike was almost new is a* description, *therefore pretérito imperfecto.*

EXERCISE 83

Subraya la opción correcta en cada una de las siguientes oraciones.
Underline the correct option in each of the following sentences.

1. Soy un traductor muy competente. Hasta ahora no **he cambiado**/cambiaba de profesión.
   Hasta ahora is the time phrase for the pretérito perfecto.

2. ¿Has hablado con María últimamente?
   Sí, nos **reunimos**/reuníamos la semana pasada.
   La semana pasada is the time phrase for the pretérito indefinido.

3. Esta semana **hemos tenido**/teníamos tres reuniones.
   Esta semana is the time phrase for the pretérito perfecto.

4. La semana pasada **tomé**/tomaba la iniciativa. **Invité**/Invitaba a Pedro a un café y **nos divertimos**/divertíamos mucho.
   ¿Sí? Es un buen amigo mío.
   La semana pasada is a completely closed period of time in the past, therefore everything is in the pretérito indefinido.

5. Siempre **he tenido**/tenía la impresión de que me engaña.
   Siempre is the time phrase for the pretérito perfecto.

6. Jugué tenis, pero **estaba**/estuve muy cansado.
   Here it is pretérito imperfecto because the description is related to the main action.

7. Fui a la cantina y comí. La comida **tenía**/tuvo un sabor amargo.
   Here it is pretérito imperfecto because the description is related to the main action.

8. Llegas antes de tiempo, Carmen.
   Es que hoy **he ido**/iba en taxi.
   Hoy is the time phrase for the pretérito perfecto.

9. Antes **vivíamos**/vivimos en un pueblo muy hermoso.
   Pues a mí nunca me **ha gustado**/gustó vivir en el campo.
   Antes is the time phrase for the pretérito imperfecto and nunca for the pretérito perfecto.

10. Muchas de las personas que tuvieron un accidente de motocicleta **estaban**/estuvieron en la flor de la vida.
    Here it is pretérito imperfecto because the description is related to the main action.

EXERCISE 84

¿Puedes completar la tabla con palabras de la misma familia de palabras?
Éste es un ejercicio muy importante para ampliar el vocabulario.
Can you complete the chart with words from the same word family?
This is a very important exercise for expanding your vocabulary.

SUSTANTIVO	VERBO	ADJETIVO
la motivación *(the motivation)*	motivar *(to motivate)*	motivador, motivadora *(motivating)*
el entusiasmo *(the enthusiasm)*	entusiasmar *(to excite)*	entusiasmado/-a *(excited)*
el daño *(the damage)*	dañar *(to damage)*	dañado/-a *(damaged)*
la ocupación *(the occupation)*	ocupar *(to occupy)*	ocupado/-a *(occupied, busy)*
el movimiento *(the movement)*	mover *(to move)*	movido/-a *(moved)*
la demostración *(the proof)*	demostrar *(to demonstrate, to prove)*	demostrable *(provable)*
la característica *(the characteristic)*	caracterizar *(to characterize)*	característico/-a *(characteristic)*
el vuelo *(the flight)*	volar *(to fly)*	volante *(flying, driving)*
la educación *(the education)*	educar *(to educate, to teach)*	educativo/-a *(educational)*
la fantasía *(the fantasy)*	fantasear *(to fantasize)*	fantástico/-a *(fantastic)*

EXERCISE 85

Completa las frases con la forma del futuro correcto.
Complete the sentences using the correct future form.

recibir   poder   haber   llegar   hacer   ir
tener   ser   subir   acostarse   terminar

1. Si nos toca la lotería este mes, **podremos** vivir en México.
   Here a possible state is expressed.
2. Se dice que en nuestro pueblo **habrá** una nueva iglesia.
3. He suspendido el examen. Quizás **tendré** que hablar con mi profesor.
4. Pues ... Pedro sólo **hará** la carrera si trabaja mucho.
5. Esta noche supongo que **me acostaré** temprano. Estoy muerto.
6. Muy probablemente, la oposición **subirá** al poder.
7. ¿Supongo que tú **terminarás** tus estudios? ¿Posiblemente **recibirás** un montón de dinero de regalo?

8. Estoy seguro que no **llegaré** al autobús. No me encuentro bien.
9. Posiblemente **iré** a Hungría. Me encanta el estofado a la húngara.
10. Si el equipo juega muy mal, **será** vencido.

EXERCISE 86

Cada uno tiene su deseo. ¿Quién está deseando qué?
Everyone has their wish. Who is wishing for what?

un gato *(a cat)*	**un mendigo** *(a beggar)*	**un rabino** *(a rabbi)*
un hippie *(a hippie)*	**un Don Juan** *(a Don Juan)*	**una flor** *(a flower)*
una feminista *(a feminist)*	**una bruja** *(a witch)*	**un médico** *(a doctor)*

1. Me gustaría comer un ratón muy grande. **Un gato**.
2. Desearía tener más fieles en mi sinagoga. **Un rabino**.
3. Me encantaría vivir en una pradera. **Una flor**.
4. Me gustaría descubrir un remedio contra el SIDA. **Un médico**.
5. Me gustaría hacer el amor con muchas mujeres. **Un Don Juan**.
6. Desearía comer pequeños niños. **Una bruja**.
7. Me encantaría tener una comida rica y poder dormir en una cama. **Un mendigo**.
8. Desearía acabar con la brecha salarial de género. **Una feminista**.
9. Desearía fumar hachís todo el santo día. **Un hippie**.

EXERCISE 87

Completa los espacios con los verbos conjugados en condicional.
Después, clasifica cada consejo con el problema correspondiente.
Complete the spaces using conjugated verbs in conditional form.
Then, match each piece of advice to the corresponding problem.

A. Deberías ir al médico.
B. Yo que tú lo dejaría en seguida.
C. Yo en tu lugar me confesaría pronto.
D. Yo golpearía el techo o tocaría música ruidosa toda la noche.
E. Yo que tú me divorciaría inmediatamente.
F. Yo que tú me afeitaría la barba.
G. Yo me cambiaría de sección.
H. Tendríais que hablar sobre vuestras opiniones diferentes.
I. Yo que tú reuniría a tus padres y les diría la verdad.

A.1) B.5) C.3) D.7) E.2) F.8) G.4) H.6) I.9)

EXERCISE 88

Completa las frases con la forma correcta del condicional simple e identifica la función que tiene el condicional en cada frase (cortesía, consejo, deseo, o probabilidad).

Complete the sentences with the correct form of the *condicional simple* and identify the function that the conditional has in each sentence (courtesy, advice, desire, assumption, or probability).

1. Yo que tú (irse) me iría a una isla desierta y (desconectar) desconectaría de todo durante algún tiempo.
   Advice
   Everything is in the 1st person singular because of Yo.
2. ¿A qué hora llegasteis a Madrid?
   No sé, (ser) serían las ocho menos cuarto o nueve, no estoy seguro.
   Probability
   serían because it is followed by las ocho = plural
3. ¿Me (acercar, tú) acercarías las galletas? Es que no llego.
   Courtesy
4. Yo (venir) vendría todas las semanas a practicar vela, pero es terriblemente caro.
   Desire
5. No sé cuantos éramos en la huelga, pero (ser) seríamos unas trescientas personas, no me acuerdo bien.
   Assumption
6. (Poder, usted) ¿Podría traernos la carta de vinos?
   Possibility
7. ¡Qué guapa estaba en ese cuadro! Pero ... ¿quién era ése?
   (Ser) Sería su pareja, pero quizás se separaron ya.
   Assumption
8. (Deber, tú) Deberías calmarte y no darle la menor importancia. Ten en cuenta que José es así.
   Advice
9. Yo que tú (hablar) hablaría con él y (arreglar) arreglaría los asuntos para siempre.
   Advice
10. ¿Cuánto te costó ese abrigo? Es muy bonito.
    No sé, (valer) valdría unos 120 dólares; era muy caro.
    Assumption

EXERCISE 89

Completa los diálogos con las siguientes perífrasis.
Complete the dialogues with the following periphrases.

acabo de recibir *(just received something)*   **sigues trabajando** *(keeps on working)*
ha vuelto a estudiar *(is back to study)*   **sigo leyendo** *(keep reading)*
sigues viviendo *(still living)*
dejó de fumar *(because dejó is in the pretérito indefinido, he did quit smoking in the past.)*
acabo de montar *(I just rode)*
dejó de estudiar *(dejó is in the pretérito indefinido, so he stopped studying in the past.)*

1. Carmen: ¿**Sigues trabajando** en la empresa?
   Pepe: Sí, y tengo un buen sueldo.

2. José: **Acabo de recibir** un regalo de Navidad; es un bonos de viaje.
   Pablo: Yo he estado en Chile. Te aconsejo ir a Chile.

3. María: Dicen que Pablo es un fuerte fumador. ¿Es verdad?
   Carmen: Ya no. En 2008 Pablo **dejó de fumar**.
   María: ¡Increíble!

4. Diana: ¿Sabes? Pablo **ha vuelto a estudiar** francés otra vez.
   ¿Es verdad? ¿Por qué Pablo **dejó de estudiar** este idioma en 2009?
   No sé, creo que Pablo está un poco loco.

5. Carmen: ¿Haces deporte aún?
   María: Sí, figúrate que **acabo de monta**r a caballo.
   Carmen: ¡Estupendo!

6. Philippe: ¿Me dejas tu libro *Don Quijote*?
   Pedro: Lo siento, pero todavía **sigo leyendo** este libro yo.

7. Carmen: ¿**Sigues viviendo** en Granada?
   Pepe: Sí, me fui a vivir a Granada.

EXERCISE 90

Completa con las perífrasis adecuadas: **acabar de/empezar a** + infinitivo, **llevar/seguir** + gerundio.
Complete with the appropriate periphrases: **acabar de/empezar a** + infinitivo, **llevar/seguir** + gerundio.

En Francia Pepe ha estudiado derecho y ha trabajado de escritor. Su francés es muy bueno. Tiene compañeros franceses y está prometido.

"Fui en avión a Francia en 1998. Vine solo a visitar mi tía que lleva ya más o menos 20 años aquí. No me gusta el idioma francés porque la pronunciación es muy difícil. Por supuesto **sigo** *estudiándolo para mi carrera y hablo solo francés. En noviembre* **empezaré** *a abrir un bufete porque no quiero vivir en otro país. También* **acabo de** *cocinar muchos platos típico de Francia".*

Pepe is talking about himself = italics, Pepe is being discussed = normal letters.

EXERCISE 91

¿Con qué verbos puedes relacionar los sustantivos?
En algunos casos necesita una preposición.
Which verbs can you relate to which noun? In some cases, you will need a preposition.

casarse *(to get married)* **con** alguien; **acabar** *(to end, to finish)* **la** carrera; **mudarse** *(to move)* **de** casa/**de** piso; **mudarse a** las afueras; **competir** *(to compete)* **con** alguien; **cambiar** *(to change)* **de** casa; **divorciarse** *(to get divorced)* **de** alguien; **conseguir** *(to get)* un trabajo; **terminar** *(to finish)* el paro; **quedarse** *(to stay)* **en** casa.

EXERCISE 92

Completa las frases con estas expresiones.
Complete the sentences with these expressions.

desde   desde hace   desde que   hace

1. **Desde que** he comprado un abrigo nuevo, no tengo frío.
2. ¿Trabajas en la escuela **desde** 2007?
3. Mi tío suele ir a ver un partido de fútbol todos los sábados **desde hace** dos años.
4. Estudio español **desde** 2010.
5. **Desde hace** poco ha empezado a montar a caballo.
   (with poco, a precise time is not given.)
6. Le puso la mano en el hombro **desde que** están enamorados.
7. Mi hermana Carmen terminó la carrera **hace** tres años.

EXERCISE 93

Completa las frases con *hace, desde, hasta, de, a, después* y *durante*.
Complete the sentences with:

hace *(ago)*   desde *(since)*   hasta *(until)*   de *(from)*
a *(to)*   después *(later)*   durante *(during)*

1. La casa está en mal estado **desde** abril.
2. Rompí la foto de mi marido **hace** dos años.
3. Tengo que trabajar **hasta** las ocho.
4. Visité a mis abuelos en Francia **de** abril **a** junio del 2015.
5. Me has estado engañando **durante** todo este tiempo.
6. ¿No puedes hacer esto **después**? Ahora no tengo tiempo.
7. 30 trabajadores de la empresa han sido despedidos **durante** el mes pasado.
8. Pablo trabaja por libre de homeópata **desde** 2012.
9. Comenzaron a eliminar muchos puestos de trabajo **hace** dos meses.

EXERCISE 94

Completa estos eslóganes con la forma adecuada del imperativo de los verbos que aparecen entre paréntesis.
Complete these slogans with the appropriate form of the imperative of the verbs in parentheses [BE brackets].

1. Esta tarde (hacer, tú) **haz** física.
2. (Descubrir, usted) **Descubra** la naturaleza. *La Laguna*, una cerveza para descubrir.
3. (Renovarse, tú) **Renuévate** con Telepunto y (conseguir, tú) **consigue** un celular increíble.
4. No (perder, tú) **te lo pierdas**: París desde 57 dólares.
5. (Creérselo, tú) **Créetelo**: París desde 57 dólares.
6. No (dudarlo, usted) **lo dude** - (volar, usted) **vuele** con Airwings.

EXERCISE 95

Completa la siguiente receta con los pronombres que faltan.
¿Van delante o detrás del verbo?
Complete the next recipe with the missing pronouns.
Are they placed before or behind the verb?

Requesón con patatas (para cuatro personas)

1. Compra 1 kg de patatas, péla**las** y córta**las** en trozos medianos.
2. Calienta tres cucharadas de aceite en una sartén y poco después añade las patatas.
3. Acto seguido, añade una cebolla grande cortada en trozos pequeños.
4. Déja**las** hasta que estén bien crujientes, quizás unos 10 minutos.
5. Añade una pizca de sal, pimienta negra, y un poco de perejil.
6. Separa seis huevos.
7. Haz una masa con las yemas con 500 g de requesón y remuéve**la**.
8. Bate las claras de huevo y mézcla**las** con el resto.
9. Añade las patatas y mézcla**las** con el requesón, las claras, y las yemas.
10. Rellena dos moldes con todo y deja el guisado a fuego medio durante 20 minutos.

EXERCISE 96

¿A qué categoría corresponde cada oración? Decide si es obligación o prohibición.
Which phrases belong to what category? Are they *obligación* or *prohibición?*

1. **Es obligatorio** el uso de las botas de montar en la clase de equitación. (= Obligación)
2. **No está permitido** alimentar las ovejas. (= Prohibición)
3. **Prohibido** fumar. (= Prohibición)
4. **Se ruega** escuchar. (= Obligación)
5. **Está prohibido** beber alcohol. (= Prohibición)
6. **Está prohibido** hacer fotografías. (= Prohibición)

7. **No se permiten** las bebidas alcohólicas. (= Prohibición)
8. **Está prohibida** la entrada a los jóvenes. (= Prohibición)
9. Recordamos a todos los estudiantes en del curso de idiomas que **es obligatorio** hablar alemán.
(= Obligación)
10. **Se debe** trabajar mucho. (= Obligación)
11. **No se admiten** gatos. (= Prohibición)
12. **Prohibida** la venta de cigarrillos a niños. (= Prohibición)
13. **No se permiten** molestar a los perros. (= Prohibición)

se + 3rd person	Es/son + adjetivo	Está/Están + adjetivo	Prohibido
4, 7, 10, 11, 13	1, 9	2, 5, 6, 8	3, 12

EXERCISE 97

Encuentra la conexión correcta.
Find the right conjunction.

1. Pablo llega a Sevilla, donde toda la familia se ha reunido **porque** la tía se ha puesto gravemente enferma. Un día Pablo pierde los nervios con su tía porque ella quiere escapar del hospital. **Aunque** la tía tiene previsto ocultar lo que está sintiendo, Pablo descubre su misterio.

2. María, una joven de 17 años tiene que vivir con su nuevo novio. **Como** se siente muy triste, se refugia en su mundo imaginario. Un buen día, va de paseo por un bosque y se encuentra con un enano que le dice que ella es la reina de todos los enanos y que debe volver a su pueblo. **Sin embargo**, la tarea no será fácil. Así es la vida, un poco extraordinaria.

EXERCISE 98

Formula la segunda frase empleando una acción involuntaria.
La primera frase describe la acción intencional.
Formulate the second sentence using an *involuntary* action.
The first sentence describes the intentional action.

1. Pablo ha perdido los libros.
   A Pablo se le han perdido los libros.
2. He roto la ventana.
   (A mí) se me ha roto la ventana.
3. José ha olvidado los dibujos.
   A José se le han olvidado los dibujos.
4. He perdido los papeles.
   (A mí) se me han perdido los papeles.
5. Hemos olvidado tu documento.
   Se nos ha olvidado tu documento.

EXERCISE 99

Escribe las oraciones con *ojalá* para que concuerden con los siguientes deseos.
Write the following sentences using *subjuntivo presente* and *ojalá*.

1. Haber una buena noticia en cuanto a la convalecencia de Pedro.
   Ojalá haya una buena noticia en cuanto a la convalecencia de Pedro.
2. Tener (nosotros) una excursión bonita.
   Ojalá tengamos una excursión bonita.
3. (Pablo) pasar el examen.
   Ojalá pase el examen.
4. No haber un accidente en la vía.
   Ojalá no haya un accidente en la vía.
5. No terminar el desarme en todos los países.
   Ojalá no termine el desarme en todos los países.
6. (Carmen) enamorarse de mí.
   Ojalá se enamore de mí.
7. (Paul) proteger al gato.
   Ojalá proteja al gato.
8. Haber una buena ópera en el teatro.
   Ojalá haya una buena ópera en el teatro.
9. Conseguir (ustedes) entradas para el cine.
   Ojalá consigan entradas para el cine.
10. No ladrar (el perro) muchas veces hoy.
    Ojalá no ladre muchas veces hoy.
11. Acordarse un salario mínimo en ese país.
    Ojalá se acuerde un salario mínimo en ese país.
12. Cocinar (yo) una buena paella esta tarde.
    Ojalá cocine una buena paella esta tarde.
13. Vender (vosotros) muchos cuadros
    Ojalá vendáis muchos cuadros.

EXERCISE 100

Completa las frases con indicativo o subjuntivo, eligiendo el verbo adecuado.
Complete the sentences with *indicative* or *subjunctive*, choosing the appropriate verb.

haber   ser   ponerse   seguir   tirar   ir(se)   empezar

1. Es increíble que (nosotros) <u>nos pongamos</u> pálidos. Nadie más sale de casa. El internet tiene la culpa.
   (= Assessment)
2. Me parece mal que <u>haya</u> manipulación genética. Es muy grave para la salud.   (= Assessment)
3. ¿Es cierto que Angela Merkel <u>es</u> la canciller de Alemania?   (= Certainty)
4. Nos parece increíble que <u>sigan</u> produciendo bombas atómicas. Son muy peligrosas.   (= Assessment)

5. Es urgente que <u>empiecen</u> a repartir ayuda humanitaria para las últimas víctimas del terremoto.
   (= Assessment)
6. Es mejor que no <u>tiren</u> a matar en una fiesta popular. (= Assessment)
7. Es verdad que el arte <u>es</u> muy importante en una sociedad. (= Certainty)
8. Está claro que con una fuerte irrupción del invierno <u>va a</u> haber muchas más heladas este año.
   (= Certainty, followed by *futuro próximo*)
9. Es necesario que el gobierno <u>empiece</u> a proteger el medio ambiente. (= Assessment)
10. No es lógico que <u>sigan</u> destruyendo el medio ambiente. (= Certainty in a <u>negative</u> sentence)

EXERCISE 101

Enlaza las partes de una forma lógica.
Combine the parts to form logical sentences.

a) Les parece fantástico　　　　1) que haya una polución increíble en Hong Kong y que no se haga nada para reducirla.

b) Es horrible　　　　2) que hagan caza de ballenas ilegal.

c) Es verdad　　　　3) que haya sitios antiguos famosos como, por ejemplo, la Acrópolis.

d) Me parece interesante　　　　4) que una sexualidad oprimida es el fondo de muchos sindromes psíquicos.

e) Creo que es urgente　　　　5) que el hecho de que los gastos de alquileres están demasiado caros en las ciudades comienza a ser un asunto importante.

f) Está claro　　　　6) que en muchas empresas se usen sobres reciclados.

g) Me parece increíble　　　　7) que se tomen en serio en numerosos congresos muy importantes el asunto de la protección de los animales.

h) Nos parece fatal　　　　8) que todavía haya muchos estados en guerra.

a) **Les parece fantástico** is an assessment. This is always followed by the *subjuntivo*.
   a. 3,7)

b) **Es horrible** is an assessment. This is always followed by the *subjuntivo*.
   b. 1, 2, 8)

c) **Es verdad** is a certainty. The *subjuntivo* only follows in the negative sentence.
   c. 4, 5)

d) **Me parece interesante** is an assessment. This is always followed by the *subjuntivo*.
   d. 6)

e) **Creo que es urgente** is an assessment. This is always followed by the *subjuntivo*.
   e. 7)

f) **Está claro** is a certainty. The *subjuntivo* only follows in the negative sentence.
   f. 5)

g) **Me parece increíble** is an assessment. This is always the *subjuntivo*.
   g. 1, 2, 8)

h) **Nos parece fatal** is an assessment. This is always the *subjuntivo*.
   h. 8)

EXERCISE 102

Reescribe las siguientes oraciones con los términos *Qué pena* y *Qué raro*.
Rewrite the following sentences using the terms *Qué pena* and *Qué raro*.

Example: Él viene a visitarme a la empresa continuamente, pero hoy no ha venido.
   Qué raro que no haya venido a verme.

1. Ellos hacen una excursión una vez al mes, pero este mes no la han hecho.
   Qué raro que no hayan hecho una excursión este mes.

2. Ellos estaban en armonía siempre, pero se han separado.
   Qué pena que se hayan separado.

3. Los compañeros de piso eran amables, pero han destrozado las habitaciones.
   Qué pena que hayan destrozado las habitaciones.

4. Las vacaciones se nos han acabado tan rápido.
   Qué pena que las vacaciones se nos hayan acabado tan rápido.

5. La dependienta se ha ido sin mirar atrás.
   Qué raro que la dependienta se haya ido sin mirar atrás.

6. Pablo ha terminado de estudiar física.
   Qué pena que Pablo haya terminado de estudiar.

7. Los gastos de alquiler no han subido.
   Qué raro que los gastos de alquiler no hayan subido.

EXERCISE 103

Conjuga el verbo en presente de subjuntivo o pretérito perfecto de subjuntivo, según convenga.
Conjugate the verb in *subjuntivo de presente* or *subjuntivo de pretérito perfecto*, as appropriate.

1. Es raro que Ana no <u>haya</u> <u>venido</u> al curso de primeros auxilios. (venir)
2. ¡Qué raro que no <u>haya</u> <u>empezado</u> aún el torneo de tenis! Son las siete y treinta. (empezar)
3. Es una pena que tu nieta no <u>haya</u> <u>querido</u> ir a la escuela. (querer)
4. Es raro que ellos no <u>conozcan</u> a Carmen; vive en el mismo barrio. (conocer)

5. Es raro que ellos no <u>hayan</u> <u>sabido</u> nada de su amiga. (saber)
6. Es una pena que los adolescentes <u>tomen</u> mucho alcohol. (tomar)
7. ¡Es raro que él no <u>haya</u> <u>llegado</u> aún; normalmente es puntual! (llegar)
8. ¡Qué pena que no <u>hayáis</u> <u>visto</u> mi cuadro! Es muy hermoso. (ver, vosotros)
9. ¡Qué raro que él <u>sea</u> alcohólico! Tiene carácter. (ser)
10. No es raro que <u>haya</u> <u>perdido</u> el carné de conducir, es una alcohólica. (despedir)

TEST 1 - A Results
1.a) 2.c) 3.b) 4.d) 5.d) 6.d) 7.a) 8.a) 9.a) 10.b) 11.a) 12.a) 13.d)

TEST 1 - B Results
1.d) 2.a) 3.b) 4.c) 5.b) 6.c) 7.b) 8.a) 9.c) 10.d) 11.a) 12.d) 13.a) 14.d) 15.b) 16.b) 17.a),18.d)

TEST 2 - Results
1c) 2a) 3d) 4b) 5a) 6d) 7d) 8c) 9d) 10c) 11d) 12b) 13c) 14a) 15c)

TEST 3 - Results
1.c) 2.a) 3.d) 4.d) 5.b) 6.c) 7.d) 8.b) 9.b) 10.b) 11.d) 12.b) 13.b) 14.d) 15.a) 16.a)

ENGLISH TRANSLATIONS

Translation no. 1

Hello friends,

My name is Frida, I'm a Spanish woman and I'm 21 years old. I'm from Sevilla, a very nice city. I'm a student at the university. I'm studying to be a lawyer because I believe that it is a very demanding profession. I also study English and French to be able to talk with my friends. I have two French friends: Jérôme and Philippe. They are from Paris. And I also have a good English friend, named Nancy. She is from the south of England. My three friends are 20 years old and they study law and Spanish.

Translation no. 2

Meals

In Spain, there is a very small breakfast before going to work. Normally, they have, for example, a coffee or a glass of milk with cookies. But after 11:00 a.m. there is usually a break to eat a sandwich and have a coffee. Many Spaniards have lunch between 1:00 p.m. and 3:00 p.m. They have dinner from 9:00 p.m. onwards, and in summer also later.

Shops and offices

In Spain, most stores [BE shops] close between 1:30 p.m. and 4:30 p.m., except supermarkets.

Leisure

After work. many Spaniards have a small glass of beer or a glass of wine and a tapa.
In general, Spaniards go to bed very late, particularly on weekends.
On TV, there are late-night shows that start at midnight.

Work

The majority of Spaniards have working hours with a lunch break of two or three hours.
However, many prefer the intensive schedule from 8:00 a.m. until 3:00 p.m.

Children and schools

Children go to school at 9:00 a.m. Many pupils eat at school and have some extracurricular activities. Since the dinner is very late, and afterwards they usually watch a little TV, many school children are tired in the morning.

Translation no. 3

My Spanish friends have a light breakfast. Usually they have black tea with lemon and a small sandwich. My classmates travel all over the world and go on excursions. The language school teachers are well educated; that's why they are working at the school. They are all very polite, kind, and helpful. Every afternoon, there is a question on the bulletin board of the school: "What is today's program?" For example, the students can get to know the city, visit a museum or some catacombs, as well as go out at night. In Andalusia, it is sunny until very late; consequently, people go to bed very late.

Translation no. 4

Spaniards are friendly and communicative. The Spanish eat out and go out at night. Spaniards who live in Spain are happy. In Spain, the climate is perfect, since it is a Mediterranean country, and the sun makes the people feel more satisfied and sociable. Beaches are particularly important for Spaniards. In Spain, each region is different.

Translation no. 5

Mallorca

I'm very happy here. Today I'm on the beach. I sunbath, swim, and dive. The beaches are wonderful, but there are many tourists here and because of that, the beaches are very crowded. Many countries live on tourism and in Mallorca everything is designed for tourists. It is very hot, and the climate is very dry. I have to drink a lot of water, and then I feel very well. I advise you to make a trip to Mallorca; it is a lovely island. The island is very pretty. I like it very much. Have a good time!

Translation no. 6

Anna chats with a girlfriend. Who are they talking about?

Mary	Have a nice holiday! Where are you going?
Anna	To Mallorca with my nephews. And you? On vacation with your boyfriend and your parents?
Mary	This summer I'm going to Tarife, but only with my partner and my mother. My father is in Barcelona with his companions. Diana will travel with you to Mallorca, won't she?
Anna	Yes, she is my neighbors' daughter. Her parents are seriously ill, and her brother has serious physical problems.
Mary	My goodness!
Anna	That's right! Have a good time with your family!
Mary	The same. See you later!
Anna	Bye-bye!

Translation no. 7

Dialogue between a waiter (camarero) and a customer (cliente)

Camarero	What would you like?
Cliente	Excuse me, do you have lentils?
Camarero	No, I'm sorry. Today we have Greek salad, macaroni au gratin, and soup.
Cliente	Does the macaroni au gratin come with minced meat or only with tomato sauce?
Camarero	With minced meat.
Cliente	Okay, as a starter, I would like the macaroni au gratin.
Camarero	And as the main course, what would you like?
Cliente	As the main course, steak with potatoes, please.
Camarero	Anything to drink?
Cliente	A lemonade.

Camarero	I'll get you the lemonade right away.
Cliente	Thank you. And, excuse me, can you also bring me a little salt?
Camarero	Yes, immediately.
Cliente	Thank you.
Cliente	The check [BE bill], please!
Camarero	Yes, right away.

Translation no. 8

City district of Seville

Seville is the cradle of flamenco

Triana is to the west of the bank of the Guadalquivir River, outside the old town. It is a very historic neighborhood. This old district of potters, sailors, and laborers is famous as much for its flamenco singers as for its bullfighters. There are also flamenco shows and many bars and restaurants offering the delicious tapas in the city.

Macarena is one of the most densely populated neighborhoods and is located near the old town. This area served as the gateway to the city and its architecture was clearly influenced by the Arabic style. Some interesting monuments are, for example, the "Arco de la Macarena"; some parts of the ancient city wall; the Basilica of the Macarena; and the church "Omnium Sanctorum", which is a beautiful illustration of the Gothic-Mudejar style. There are also many tapas bars and traditional stores (BE shops).

Santa Cruz is a very monumental district with many places of interest. UNESCO has declared it a World Cultural Heritage. Some of its most interesting sights are, for example, the cathedral with its "Giralda" and the Archive of the Indias. There are many narrow streets, small squares, oriental drawings, buildings, elegant courtyards, and many bars and restaurants.

Translation no. 9

Read this forum
Carmen
Hello, I am moving from Madrid to Strasbourg. I'm a lawyer. I want to buy a house or rent an apartment. Anyone know of anything?

<u>*Respuesta*</u>
Juan
Hello, Carmen. Well, I believe that houses in Strasbourg are as expensive as they are in Madrid, but in my opinion, the houses are older than in Madrid. The houses are less modern than in Madrid and there are fewer warm months here.

Be careful! Many houses are more damp than usual. Maybe it would be better to rent an apartment. If you have problems with the apartment, that really doesn't matter to you.

You inform the owner, and he is responsible for the repair. Unfortunately, the rents are as expensive as in Madrid, but the bills are less expensive than in Spain. The nightlife is as exciting as in Spain.

Translation no. 10

Carmen calls her friend:

Hello, how are you? I'm very sad. Today I saw my husband with another woman in front of the church. By chance, I saw how they talked, embraced, and kissed.

I have always thought it would be better not to know anything about the other woman. Today my husband has driven me crazy, and I have become like a fury. I have also cried all day. So far, I did not know anything about his love affair, and I have been under a lot of stress in my work lately.
I have never cheated on my husband. I believe nothing can be done about it. What bad luck!

Translation no. 11

Un hombre español, de vacaciones en Fuerteventura, les envía una postal a sus hijas.
(A Spanish man, on holiday in Fuerteventura, sends a postcard to his daughters.)
Hello!
I have arrived in Fuerteventura. I am glad, because I am afraid of flying. I am so happy! It has been a quiet trip. The beaches are wonderful. I have sunbathed a lot and I have swum in the Atlantic many times. I will go on many excursions. On one trip, we will go to the south of the island with jeeps. We are going to visit "Villa Winter" and a lighthouse. In three weeks, I will fly to Granada to visit the Alhambra. A kiss. Pedro.

Translation no. 12

<u>June 2016, Alhambra</u>
Today we arrived at the Alhambra at 9:00 a.m. and I love it. The Alhambra is altogether wonderful and very large. We have seen many trees, palm trees, and flowers. We've really liked the Arab ornaments in the old walls. We have had a guided tour and, during a pause, we have drunk an Arab coffee. This coffee isn't bad! Tonight, we are going to have dinner at a restaurant in Granada. Afterwards, we are going to a very famous bar. Tomorrow, we will go by bus to Seville.

<u>June 2016, Seville</u>
We are already here! The city is very beautiful. We through Seville by horse-drawn carriage and we have seen many of the city's districts. This is so nice that we're going to stay two more days. Tonight, we are going to see a flamenco show in a very big bar, then we will go on foot through Seville, and we will go for tapas.
In Seville, there are many bars and restaurants. How fortunate!

Translation no. 13

Text for positive terms about school subjects.
What is your favorite subject?

Monica   French. I like to learn things about the French revolution. Speaking French is very funny. We sing French songs on Tuesdays and Fridays, and I'm very happy those days.
Maria   I love math. I have a great time when I solve a complicated equation.
Pedro   Latin. I have a great time reading the Latin texts. Also, I love medicine, so it's useful to learn Latin.
Pablo   Physics. It seems very easy to me, because I am passionate about solving difficult problems, and when I finish them, I feel fantastic.

Text for negative terms about school subjects.
What subject do you not like at all?

Monica Physics! I do not understand any of it and that's why I feel very frustrated. I do not like attending classes very much. The subject makes me very sad; I am devastated.
Maria Latin. I don't like it at all. It bothers me to have to learn so many words. Generally, I go blank.
Pedro German. I find it very difficult. I feel ridiculous speaking German. I don't know, I am embarrassed to admit it.
Pablo Math. I have a really hard time in the exams. It scares me and I get very nervous.

Translation no. 14

Una página web de contactos
(*Website for personals (BE lonely hearts advertisements)*)

1) Single doctor seeks ...
My name is Pedro. I'm 41 years old and I'm single. I'm blond, I have a mustache, and my eyes are brown. I'm an understanding and sincere person. I really like to travel. I want to meet a kind, red-haired, slim woman, between 30 and 38 years old for a serious relationship.

2) Monica
I'm a slightly older woman. I'm 55 years old but I'm slim, dark-haired, and a keen sportswoman. I have green eyes and long hair. I'm a Spanish teacher. I'am affectionate and intelligent. I'm looking for an open-minded, active, and handsome man with blue/green/gray eyes.

3) Miguel
Hello, my name is Miguel and I'm 25 years old, I measure 1,90 m, and weigh 84 kg. I'm dark-haired and I have green eyes. I look a bit like Arnold Schwarzenegger. I work in a gym, I love bodybuilding and boxing. I want to meet a thin, blonde, athletic and beautiful girl.

4) Elvira
I'm 48 years old and a nutritionist. I'm dark-haired and have blue eyes. I live with my two cats in an apartment [BE flat]. I love making paella. I'm looking for a slim, active, fun-loving man with a good character for a serious relationship.

5) Joseph
Hi, I'm Joseph. I'm 40 years old. I'm an engineer and very intelligent. I'm bald, I have a goatee, and I wear glasses. I love gardening and nature. I have two dogs and three cats. I live in a big house and I have enough space. I want to meet a woman over 35 who is nice, intelligent, and beautiful.

Translation no. 15

Cacerola de verdura

Ingredients *for* *5* *people*: four potatoes; four carrots; two zucchinis [BE courgettes]; three garlic cloves; two onions; four tomatoes; 1/4 l vegetable stock; olive oil; salt and black pepper.

Preparation: Peel the potatoes, carrots, onions, and cloves of garlic.

Wash the zucchini [BE courgettes] and cut all the vegetables into small pieces.

Heat the oil in a frying pan and roast all the vegetables.

Season them with salt and black pepper and mix everything together.

Afterwards, add the vegetable stock and cook everything for 10 minutes.

Meanwhile, peel the tomatoes, cut into large pieces, and mix them with the vegetables in the frying pan.

Let rest for five minutes.

Translation no. 16

If you have a cat

If you want to acquire a cat, you also have obligations. You have to buy a cat toilet and three feeding bowls. One of the feeding bowls must be filled with fresh water every day and dry food must be put into the second bowl. You have to put a package of moist cat food in the third feeding bowl every morning and every afternoon. Also, the fur needs to be groomed occasionally, especially in summer.

If you want to lose weight

You have to eat lots of light meals. You should workout for at least 30 minutes every day and try to develop a lot of muscles. It is not good to drink alcohol. It is best to drink only water and tea. It is good to do a lot of yoga, and you should sleep at least 8 hours every day.

Translation no. 17

In the picture, you can see my new colleagues. Diana is the one with the glasses, the blonde in the black shirt. She is very kind. The one next to her is Mary; she is the first person I met in the faculty. The one in the white sweater is called Pedro and he is from Seville. The other guy, the one with the saxophone, is Pablo, and the blonde who is beside him is his partner, Silvia. Let's see if you can come and visit one day and meet them in person, okay?

Translation no. 18

Joseph   In 1994, I moved to Paris and lived there for a few years. I studied natural sciences in a university. Those were the happiest years of my life.

Alberto   Last year, I went to London and bought a lot of clothes. I felt fantastic.

Mary   A few months ago, I got married in a church.

Rosa   A few years ago, I took a sailing trip to Greece with my friends. We swam and dove a lot in the Aegean. It was a wonderful time!

Translation no. 19

Carlos Saura

He was born in Huesca, Aragón, in 1932. During the Spanish Civil War, his parents moved from Madrid to Valencia, and then to Barcelona.

First, he began studying engineering sciences. In 1952, he was a student at the "Instituto de Investigaciones y Experiencias Cinematograficas". In 1957, he premiered his first feature film, *La Tarde del Domingo*.

Between 1965-1983, he won several awards in Berlin and Cannes with many films:
La Caza (1965), *Peppermint Frappé (1967)*, *La Prima Angélica (1973)*, *Cría Cuervos (1975)*, and *Carmen (1983)*.

His most famous movie, *Cría Cuervos*, came out in 1975 and was a great success.

Translation no. 20

Once upon a time there was a princess named Mary who lived in a castle that was very large and beautiful. She was very pretty and always satisfied. Mostly she liked to sing, but she also liked dancing a lot. Every morning she went to Spanish class but she felt sad because her teacher was evil. Her name was Lady Baba. Mary wanted to run away and find another Spanish teacher but, on day the evil Lady …

Translation no. 21

- What a small forest! You could plant a tree.
- Yes, Pablo should stop working.
- I would like to go horseback riding more often if it were possible. I would love to, but I don't have time.
- Yes, I would love to live in Fuerteventura. It is a very quiet island with wonderful beaches.
- I would never move to Canada. I would get very bored.
- You should respect the laws.
- I would really like to swim in a very large lake, but I would prefer the Atlantic Ocean.

Translation no. 22

Carmen
She just started gardening. Since then, she has lost many kilos and has returned to doing sports. It was of great importance to stop eating three meals every day.

"Being a gardener is an extraordinary job. It really gives me something in my life. I have worked in a company for 30 years, since 1989. I started smoking in 2001 and now I'm still smoking."

Mary
"I used to ride a lot. When I stopped riding three years ago, I went through a crisis. In 2018, I had an accident and lost a leg. I started writing books in 2010 and now I keep writing at home."

Now she has many friends among the French writers and has begun to study French. She has also stopped smoking.

Translation no. 23

Carmen:
- She has been teaching Spanish and French for 4 years.
- Recently, she has finished a correspondence course (AE distance learning).
- Ever since she has been the school principal, she has worked many more hours.
- She works a lot since she became a director.
- For the past two years, she has been doing sports and traveling a lot.
- She has been living in Seville since 2010.

Pablo:
- He has been working in a legal department for 3 years.
- He finished his law studies 4 years ago.
- From the moment he negotiated with the opposing party, the results have improved.
- He has been doing sports for 8 years.
- He has been a lawyer ever since he finished his law studies.
- He has been living in Madrid since 2009.

Translation no. 24

It turns out that a sailing regatta is taking place between the Granada team and the Cádiz team. After a while, the Granada team seems to be winning with a sailing ship. Suddenly, this sailing vessel capsizes in a tight turn. In the end, the Cádiz team wins. What happened to the captain on the sailing ship? The truth is that … what he did was reckless!

Translation no. 25

La gente con habilidades … People with skills …

1. Verbal linguistics
Have the ability to communicate, inform, persuade. Those people are good at learning languages and writing, and have the the knack of memorizing things.
They are good conversationalists.

2. Logical mathematics
Have a capacity for thinking logically and establishing cause-effect relationships.
Are good at solving logic problems.

3. Spatial/Visual
For these people, understanding the relationship between shapes and sizes of objects is easy.
For this reason, they are good at making models, reading maps, and doing disciplines such as sculpture or drawing. Furthermore, they have a flair for using technology.

4. Aural/Music-related
Are able to perceive different tones and compose melodies. These people are good at singing or playing an instrument; they also have a talent for imitating accents.

5. Kinesthetic/Physical

Those people move with ease and are generally good at creating objects manually.

They have great skill in expressing ideas and feelings with the body.

For this reason, they are good at sports, dance, or handicrafts.

6. Interpersonal

Have a great ability to analyze themselves and know their flaws and virtues.

These people don't find it difficult to concentrate; they can be very disciplined, and they are good at writing personal diaries or autobiographies.

¡SPANISH FOR YOU!

TEST 1 - A

1. * ¿Cómo te llamas?
    Pablo Blanco.
    ¿Blanco es .... ?
    Sí.
    a. el apellido   b. el nombre
    c. la casa   d. el padre

2. * ¿A qué os dedicáis?
    _____
    a. Es abogado.
    b. Son de Madrid.
    c. Yo soy mecánico y ella es maestra.
    d. Soy dentista.

3. * _____ 32 años.
    a. Soy   b. Tengo
    c. Hoy   d. Estoy

4. * _____
    Bolígrafo.
    a. ¿Puedes leer en alto, por favor?
    b. ¿Cómo se dice casa en alemán?
    c. ¿Cómo tú te llamas?
    d. ¿Cómo se llama esto en español?

5. * _____ interesan las tradiciones
    y los bailes españoles.
    a. A Carlos les   b. Carlos le
    c. Carlos y Ana les   d. A Carlos le

6. * Quiero _____
    a. salir por tomar.   b. ir a coche.
    c. hacer rota esta cosa.   d. conocer el pueblo.

7. * Yo quiero ir al concierto y conocer el pueblo. ¿Y tú?
   _____
   a. Yo también. Y además quiero ir de compras.
   b. Pues yo quiero ir al concierto y conocer el pueblo.
   c. Yo también. Y además quiero ir al concierto.
   d. Yo sí.

8. * ¿_____ los flamencos?
   Pájaros muy grandes y de color rosa.
   a. Qué son   b. Cuáles son
   b. Qué es   d. Cuál es

9. * _____ prefieres: ¿la blanca o la verde?
   La blanca.
   a. Cuál   b. Por qué
   c. Cuántas   d. Qué

10. * ¿Cuáles son tus bailes _____?
    Tango y salsa.
    a. preferidas   b. preferidos
    c. favorito   d. favoritas

11. * Pablo es el nombre de …………., el hijo de mi hermana.
    a. mi sobrino   b. su tío
    c. su padre   d. mi abuelo

12. * _____
    Ochenta millones, aproximadamente.
    a. ¿Cuántos habitantes tiene tu país?
    b. ¿Cuántos hijos tienes?
    c. ¿Cuántos regalos recibes?
    d. ¿Cuántos amigos tienes?

13. * ¿Qué blusa te gusta más? ¿Esta o esta?
    _____
    a. El verde.   b. Los tres.
    c. Nada.   d. La blanca.

¡SPANISH FOR YOU!

TEST 1 - B

1. * ¿A qué _____?
   Soy médico.
   a. curar
   b. cansar
   c. trabajas
   d. te dedicas

2. * ¿Cómo _____ llamáis?
   Yo Carmen y ella María.
   a. os
   b. nos
   c. se
   d. te

3. * ¿_____ son tus abuelos?
   Los que bajan del taxi ahora mismo.
   a. Qué
   b. Quiénes
   c. Quién
   d. Cuáles

4. * Tengo que ir al supermercado. No _____ ni pan ni fruta.
   a. estás
   b. ser
   c. hay
   d. soy

5. * ¿_____ tocar el piano?
   Sí, pero ahora _____ porque tengo el dedo roto.
   a. Sé/no sé
   b. Sabes/no puedo
   c. Puedes/no puedo
   d. Puedes/sabe

6. * ¿La iglesia está muy cerca de aquí?
   Sí, _____
   a. Está a 20 minutos en coche.
   b. Está un poco lejos.
   c. Está aquí al lado, a trescientos metros.
   d. Está lejos de la iglesia.

7. * ¿Qué falda es más cara?
   _____.
   a. El roja
   b. La verde
   c. El amarilla
   d. La blanco

8. *A mi tío no _____ nada las gambas.
   a. le gustan   b. les encantan
   c. te gusta   d. se encanta

9. * ¿A qué hora vamos de tapas?
   _____.
   a. Con las ocho   b. Por las ocho
   c. A las ocho   d. Son las ocho

10. * Usualmente, _____ a dar clase de español
    a las 9.00 y _____ a las 16.00.
    a. comenzar/terminar   c. he terminado/he comenzado
    b. termino/comienzo   d. comienzo/termino

11. * Yo no me despierto temprano los sábados.
    _____.
    a. Yo tampoco   b. A mí tampoco
    c. Yo también   d. Tú también

12. * El tsatsiki _____ yogur, pepino, diente de ajo, sal y pimienta blanca.
    a. incluir   b. hacer
    c. tiene   d. lleva

13. * ¿_____?
    Sí, de primero sopa y de segundo pollo al ajillo.
    a. ¿Ya lo sabe? ¿Le tomo nota?   c. ¿Y de segundo?
    b. ¿Algún café?   d. ¿Qué van a tomar?

14. * ¿A qué hora _____?
    Usualmente a las ocho, por la tarde.
    Pero no siempre _____.
    a. desayuno/meriendas   b. como/cenas
    c. meriendo/comas   d. cenas/ceno

15. * _____ de mi casa es la terraza-invernadero.
    a. Quiero   c. Me encantan
    b. Lo que más me gusta   d. El que gustan mucho

16 * Pablo conoce a mucha gente porque es un chico muy _____.
   Muy bien. Es importante que los menores sean _____.
   a. modesto/orgullosos
   b. abierto/sociables
   c. paciente/caseros
   d. vago/tímidos

17. * ¿Sabes si hay _____ mercado por aquí cerca?
    Sí, hay _____ la primera a la derecha.
    a. un/uno
    b. una/uno
    c. un/un
    d. uno/una

18. * ¿Qué has _____ este fin de semana?
    He _____ a mis padres y he _____ una paella.
    Fantástico.
    a. invitado/hecho/ido
    c. hecho/visto/ido
    b. comido/visto/invitado
    d. hecho/invitado/comido

TEST 2

1. * ¿Desde cuándo trabajas en la empresa?
   _____.
   a. Desde dos años b. Dos años
   c. Desde hace dos años c. En abril

2. * ¿Tienes una cerveza?
   No, lo siento. Es que _____.
   a. he dejado de beber alcohol b. yo siempre tengo alcohol
   c. me encanta el alcohol d. he empezado a beber alcohol

3. * En España _____ comer muy tarde.
   a. se tienen b. usual
   b. todos los días d. la gente tiene la costumbre de

4. * En este museo _____.
   a. perro ladrador no están permitidos b. los perros no están permitidos
   c. no dejan los perros d. se prohíben traer de perros

5. * Yo, _____, _____ con mis padres.
   a. cuando pequeño/vivía b. pequeño/he vivido
   c. de pequeño/vivía d. de pequeño/viví

6. * Tú _____ la basura y yo _____ la casa.
   a. pones/ordeno b. limpia/separo
   c. secas/friego d. separas/limpio

7. * Si os interesa este CD, _____.
   a. no lo compréis b. comprarlo
   c. comproslo d. comprároslo

8. * _____, ¿por favor?
   Un momento, _____
   Hola, Señora Blanca al aparato.
   a. Señora Blanca/nadie contesta. b. ¿La señora Blanca/qué tal?
   c. La señora Blanca/ahora se pone. d. Hablo con señora Blanca/ahórrame eso.

9. * Pedro: ¿Sabes qué? Acabo de dejar la asignatura.
   a. Pedro me ha preguntado que acaba de dejar la asignatura.
   b. Pedro me ha habido que acaba de dejar la asignatura.
   c. Pedro me ha agradecido si acaba de dejar la asignatura.
   d. Pedro me ha comentado que acaba de dejar la asignatura.

10. * Esta semana no _____ a mis padres.
    Es que estaba ocupado.
    a. estoy viendo   b. veo
    c. he visto   d. vi

11. * En mi familia _____ bebe alcohol. ¿Y en el tuyo?
    a. nada   b. no había nadie
    c. ninguna otra cosa   d. nadie

12. * En los museos _____ cantar.
    a. no se admite   b. no está permitido
    c. Prohibida   d. no dejan de

13. * Yo todavía voy a la iglesia los domingos. ¿Y tú?
    _____. Es que no tengo ganas.
    a. Aún voy   b. Yo también voy
    c. Yo ya no voy   d. Yo ya sí voy

14. * ¿Dónde dejo las servilletas?
    a. Si ya no las necesitas, déjalas sobre la mesa.
    b. No sé, ¿me podrías dar las servilletas?
    c. Deja que te ayude.
    d. Por favor, déjame las servilletas.

15. * ¿En tu país _____ mucha cerveza?
    a. se reparte   b. se coge
    c. se bebe   d. se admiten

TEST 3

1. * Anoche cuando volviste a casa _____.
   a. estuviste llamado por teléfono a mi padre   b. llamaste por teléfono a mi padre
   c. estabas llamando por teléfono a mi padre   d. has estado llamado por teléfono a mi padre

2. * ¿Qué pasa? _____ me pasé por tu casa. Quise hablar con tu madre.
   a. La semana pasada   b. Últimamente
   c. Esta semana   d. Enseguida

3. * Los niños _____ la flauta en la escuela de música y la canción _____ sonaba genial.
   a. tocan/tuvo   b. tocaban/esta
   c. tocan/tiene   d. tocaron/tenía

4. * ¿Qué _____ después de la ópera?
   Nos quedamos en casa. _____ vagos y _____ - la tele.
   a. hacíais/Estamos/veíamos
   b. hicisteis/Éramos/hemos hecho
   c. hicisteis/Estábamos/vimos
   d. hicisteis/Estábamos/veíamos

5. * Luego podríamos vernos, de momento no.
   _____ tengo que trabajar. Lo siento.
   a. Quizás   b. Es que
   c. Varias veces   d. También

6. * ¿_____ el ordenador portátil?
   Sí.
   a. Sabemos   b. Podes
   c. Puedo usar   d. Pones

7. * ¿_____ abrir la puerta?
   No, no. Ábrela tú.
   a. Prestas   b. Puede
   c. Podrías   d. Te importa si

8. * ¿Sales de viaje conmigo este verano?
   _____ dinero.
   a. Depende de tengo   b. Depende de si tengo
   c. Depende de tener   d. Depende de si tener

9. * ¿Dónde crees que trabajarás _____?
   a. tres años en el futuro   b. dentro de tres años
   c. tres años que viene   d. tres años próximos

10. * Si mi marido tiene dos entradas para el partido, _____.
    a. quieren hacer un poco deporte
    b. allí hay un espectáculo y música en vivo
    c. me apetece ir a tomar algo al centro
    d. creo que nos divertiremos

11. * _____ mis llaves, dámelas, por favor.
    Es muy importante.
    a. Depende de si encontrarás   b. Si encuentras
    c. Si encontrarás   d. Depende de si encuentras

12. * ¿Vienes del cine?
    Sí. He visto una película _____. _____ una pareja que …
    a. de actualidad/Resulta   b. de aventuras/Va de
    c. famoso/Como   d. típico francés/Porque

13. * ¿Qué pasa con la gallina en el relato corto?
    Pues, _____.
    a. la gallina la llevan a otra granja y es feliz allí
    b. a la gallina llevan a otra granja y es feliz allí
    c. la gallina le llevan a otra granja y es feliz allí
    d. a la gallina la llevan a otra granja y es feliz allí

14. * ¿Estás heredando?
    Sí, pero no _____. Tenemos que fijar una cita con el notario.
    a. lo sabe nadie   b. sabe nadie
    c. sé   d. se lo nadie sabe

15. * _____.
    Se lo ha dicho esta tarde. No lo han comprendido bien.
    a. Carmen dice que deja el trabajo. A ver qué dicen sus abuelos
    b. Carmen dice que deja el trabajo. A ver qué dice su abuelo
    c. Los hermanos dicen que dejan el trabajo. A ver qué dicen sus abuelos
    d. Los hermanos dicen que dejan el trabajo. A ver qué dice su abuelo

16. * ¿Carlos sabe que Carmen se casa?
    Pues no lo sé. Yo no _____ he contado.
    a. sé   b. se lo
    c. se le   c. sé la

VOCABULARY

Abbreviations: BE (British English); AE (American English); LatAm (Latin American); CAm (Central American)

A

a	to, at, a
a las	at
a medida de	according to, tailored to
a medida que	as
al final	in the end, at the end
al fondo	in the background, at the back
al fondo de	in the background of, at the back of
a la vez	at the same time
a partir de	from ... on, as of, since, starting
¿A qué hora?	At what time?, What time?
a veces	sometimes, at times
abajo	down, below
abandonar	to abandon, to leave
abierto, abierta	open, open-minded
abrazar	to hug, to embrace
el abrazo	the hug
el abrelatas	the can opener, BE tin opener
el abrigo	the coat
el abril	the April
abrir	to open
abrirse	to open up, to sprain, to undo, to open
aburrido, aburrida	boring, bored
aburrir a alguien	to bore someone
el aburrimiento	the boredom, the drag
aburrirse	to be bored, to get bored
acabar	to finish, to end
acabar de	just, to finish
acampar	to camp
el accidente	the accident
la acción	the action
el aceite de oliva	the olive oil
la aceituna	the olive
el acento	the accent, the emphasis, the stress
aceptar	to accept
la acera	the sidewalk, BE the pavement
el acercamiento	the approach, the introduction
acercar	to move closer, to bring closer

acercarse	to approach
ácido, ácida	sour, acid
acompañar	to go with, to accompany, to keep company
aconsejar	to advise
acordar	to agree
acordarse de	to remember to, to remember that
acostar	to put to bed
acostarse	to go to bed, to lie down
acostumbrar (a)	to get used (to)
acostumbrarse (a)	to get used (to)
la acrópolis	the acropolis
la actividad	the activity
activo, activa	active
el acto	the act, the ceremony, the action
acto seguido	immediately afterward
el actor	the actor
la actriz; pl. actrices	the actress
la actuación	the performance, the intervention
actual	present, current
la actualidad	the current situation, the present
actualizar	to update, to bring up to date
actualmente	currently
actuar	to act (in a theater), to perform
el acuerdo	the agreement
acudir	to come, to turn to, to go to
el acusado, la acusada	the accused, the defendant
acusar	to accuse, to charge
adelante	forward
¡Adelante!	Come in!
adelgazar	to lose weight
además	as well, besides
además de	as well as
adentro	inside
adicional	additional
adiós	goodbye, bye
el adjetivo	the adjective
la admiración	the admiration
admirar	to admire, to amaze
la admisión	the admission
admitir	to admit, to accept
adolescente	adolescence
el/la adolescente	the teen, the teenager
adónde	where
la aduana	the customs

el adverbio	the adverb
el aeropuerto	the airport
afeitar	to shave
la afición	the hobby
ser aficionado/-a	to be interested (in)
afirmar	to state, to declare
la África	Africa
afuera	outside
las afueras	the outskirts
agarrar	to grab, to take
la agencia	the agency
la agencia de viajes	the travel agency
el agosto	August
agradable	pleasant, nice
agradecer	to thank, to be grateful
agradecido, agradecida	grateful, thankful
agresivo, agresiva	aggressive
el agua	the water
agudo, aguda	sharp, acute, severe, high
ahí	there
ahora	now
ahora mismo	right now
el aire	the air
el ajo	the garlic
la alarma	the alarm
el alcohol	the alcohol
el alcohólico, la alcohólica	the alcoholic
alegre	happy, cheerful
la alegría	the happiness
alegrarse de	to be happy, to be pleased, to be glad
la alergia	the allergy
el alfabeto	the alphabet
el alfarero, la alfarera	the potter
el alféizar	the windowsill
la alfombra	the carpet, the rug
algo	something, anything (in questions)
alguien	someone, anyone (in interrogative clauses)
algún, alguna	some, any
algunos, algunas	some, a few
la alimentación	the diet, the feeding, the food
alimentar	to feed, to nourish
alimentarse (de)	to feed (of)
el alimento	the food, the nourishment
los alimentos	the food

allí	there
el alma	the soul
la almeja	the clam
la almendra	the almond
la almohada	the pillow
almorzar	to have lunch
el almuerzo	the lunch
el alojamiento	the accommodations
el alpinismo	the mountaineering
el alquiler	the rent
alquilar	to rent
alternativo, alternativa	alternative
el alumno, la alumna	the student, the pupil
alto, alta	tall (person), high (mountain), loud (sound)
alterarse	to get upset
altísimo, altísima	extremely high, extremely tall
la altura	the height, the altitude, the level (position)
amable	kind
amar	to love
amargo, amarga	bitter
amarillo, amarilla	yellow
la ambulancia	the ambulance
el amigo, la amiga	the friend
ser amigo/-a de	to be a friend of, to be fond of
la amistad	the friendship
el amor	the love
ampliar	to increase, to extend
amueblado, amueblada	furnished
añadir	to add
analizar	to analyze
ancho, ancha	wide, broad
¡Anda!	Come on!
andar	to walk, to work (to operate)
el ángel	the angel
el animal	the animal
el aniversario	the anniversary
el año	the year
anoche	last night
anterior	previous, former
antes	before
antes de	before
antes de ayer, anteayer	the day before yesterday
antiguo, antigua	old, ancient
la Antigüedad	the antiquity

antipático, antipática	unfriendly, unpleasant
anual	yearly, annual
anular	to cancel, to annul
apagar	to turn off, to switch off, to put out
el aparcamiento	the parking lot, BE the car park
el apartamento	the apartment, BE the flat
aparte	to one side, separately, apart
aparte de	aside from, BE apart from
aparte de eso	apart from that, AE aside from that
el apellido	the surname
apenas	hardly, scarcely
el apetito	the appetite
apetitoso/-a	appetizing
aplaudir	to applaud, to clap
el aplauso	the applause, a round of applause
aprender	to learn
aprobar	to approve, to pass, to endorse
aprobar un examen	to pass an exam
aproximadamente	approximately, roughly, around
árabe	Arab (person of Arabic origin), Arabic (language)
el árbol	the tree
el área	the area
la arena	the sand
el argumento	the argument
el arma	the weapon
el armario	the closet, BE the wardrobe
la armonía	the harmony
la arquitectura	the architecture
arreglar	to fix, to repair, to sort out
arriba	up (situation), upstairs
el arroz	the rice
el arroz con leche	the rice pudding
el arte	the art
artesanal	handmade, handcrafted
la artesanía	the (handi)crafts
el artículo	the article
el/la artista	the artist
el asado	the roast
la asamblea	the meeting, the assembly
asar	to roast
asar la parrilla	to broil, BE to grill
ascender	to rise, to go up, to climb, to ascend, to be promoted
el ascenso	the promotion, the ascent (mountain), the rise (to power)
el ascensor	the elevator, BE the lift

el asco	the disgust
asegurar	the secure, to ensure, to guarantee
así	like this, like that
el asiento	the seat
la asignatura	the subject, the course
la asignatura obligatoria	the obligatory subject
la asignatura optativa	the optional subject
asistir a	to attend (to), to accompany
asistir a alg.	to attend to someone
asistir en	to assist in, to help in
la asociación	the association
el aspecto	the appearance, the look
asumir	to assume, to accept, to come to terms with
el asunto	the issue, the matter, the affair
el ataque cardíaco	the heart attack
¡Atención!	Your attention, please!
la atención	the attention, the courtesy
atender	to look after, to attend to, to serve, to pay attention to
atenerse (a)	to abide (by)
Atentamente	attentively, sincerely yours, BE yours faithfully
el atentado	the attack, the attempt, the assault
atentar	to make an attempt, to threaten, to infringe
atento, atenta	attentive
aterrizar	to land
el Atlántico	the Atlantic
atómico, atómica	atomic
la atracción turística	the tourist attraction
atractivo, atractiva	attractive
el atractivo	the appeal, the attraction
atraer	to attract
atraerse	to be attracted to each other, to attract each other
atrás	behind, at the back of, back(wards)
atravesar	to cross, to go through
el atún	the tuna
la audiencia	the audience, the court (tribunal), the hearing
el aula	the classroom, the lecture hall, BE the lecture theatre
aumentar	to increase, to raise, to put up, to go up
aún	still, yet (in negative phrases), even (in comparatives)
aunque	although, even though, even if
la ausencia	the absence, the lack
austriaco/-a	the Austrian
la autobiografía	the autobiography
el autobús	the bus
la autopista	the freeway, BE the motorway

la autorización	the authorization, the permission slip,
autorizado, autorizada	authoritative, official
autorizar	to authorize, to allow, to approve
la autovía	the divided highway, BE the dual carriageway
el auxilio	the assistance, the help, the aid
la avenida	the avenue
la aventura	the adventure, the venture (finance), the affair (romance)
el avión	the plane, the airplane, the aircraft
el aviso	the notice, the warning (caution)
ayer	yesterday
la ayuda	the help, the aid, the assistance
ayudar	to help
el ayuntamiento	the city council, the town council, the city hall, the town hall
el azúcar	the sugar
azul	blue

B

bailar	to dance
el bailarín, la bailarina	the dancer
el baile	the dance, the ball
bajo, baja	short (person), low (object, reduced)
bajar	to fall, to go down, to come down, to drop
el balance	the balance
el balcón	the balcony
el balón	the ball
la ballena	the whale
el ballet	the ballet
bañarse	to take a bath, to have a bath, to bathe
el banco	the bank, the bench (to sit down)
la banda	the band, the sash, the stripe, the gang, the group
la bandada	the flock (group of birds), the swarm (crowd)
el bar	the bar
barato, barata	cheap
la barba	the beard
la barca	the boat
el barco	the ship
la barra de pan	the loaf of bread, the baguette
barrer	to sweep
el barrio	the district, the neighborhood, BE the neighbourhood
la báscula	the scales
la basílica	the basilica (church building)
bastante	enough, plenty of

la basura	the trash, BE the rubbish
batear	to hit, to bat (sports)
bautizar	to baptize, to christen (a boat), to name
el bebé	the baby
beber	to drink
la bebida	the drink
la belleza	the beauty
el beso	the kiss
besar	to kiss
besarse	to kiss each other
la Biblia	the Bible
la biblioteca	the library, the bookcase (furniture)
la bicicleta	the bicycle
bien	good
bien, gracias	fine, thank you
el bienestar	the well-being
bienvenido, bienvenida	welcome
el bigote	the m(o)ustache
el billete, el boleto	the ticket
el billete de avión	the plane ticket
el billete de ida	the one-way ticket
el billete de ida y vuelta	the round-trip ticket, BE the return ticket
la biografía	the biography
el biquini	the bikini
el bistec	the steak, the beefsteak
blanco, blanca	white
blando, blanda	soft
la blusa	the blouse
la boca	the mouth
el bocadillo	the sandwich
la boda	the wedding
la bodega	the bar, the wine cellar, the wine shop
el bolígrafo	the ballpoint pen, the pen
la bolsa	the bag, AE the sack
la bolsa de compras	the shopping bag
la bolsa (de viaje)	the travel bag
el bolsillo	the pocket
el bolso	the bag, AE the purse, BE the handbag
bonito, bonita	pretty
la bomba	the bomb
la bomba atómica	the atomic bomb
los bomberos	the fire department, BE the fire brigade
el bombón	the chocolate
borracho, borracha	drunk

borrar	to delete, to erase, to remove
el bosque	the wood, the woods, the forest
la bota	the boot
la bota de montar	the riding boot
la botella	the bottle
el botón	the button
la boutique	the boutique
el boxeo	the boxing
el brazo	the arm
la brecha	the breach, the gash (wound), the gap (difference)
breve	brief, short
brillar	to shine
de broma	of joke, of a joke, joking
la broma	the joke
bromear	to joke, to kid
bucear	to dive
el buceo	the diving
budista	Buddhist
Buen viaje	good trip, safe trip
Buenas *(phrase)*	hello, fine, cool, safe, well
Buenos días	Good morning, Good day
Buenas tardes	Good day, Good afternoon
Buenas noches	Good evening, Good night
bueno, buena	good, kind, dear
la bufanda	the scarf
el bufete	the lawyer's office
el buque	the vessel, the ship, the boat
el buque de vela	the sailing ship
el burro, la burra	the donkey
el buscador	the search engine
el buscador, la buscadora	the searcher
buscar	to search for, to look for

C

cabalgar	to ride
el caballo	the horse
la cabeza	the head
la cabra	the goat
el cacahuete, **LatAm** cacahuate	the peanut
el cacao	the cocoa, the cacao
cada	each, every
cada uno	each one

caducar	to expire
caer bien	to be liked
caerse	to fall (down)
el café	the coffee + the café (coffee bar)
el café con leche	coffee with milk
la cafetera	the coffee pot
la cafetera (eléctrica)	the coffee maker
la caja	the box, the case
el cajero automático	the cash register, BE the cash point
el cajón	the drawer, AE the casket, the coffin
el calabacín	the zucchini, BE the courgette
la calculadora	de bolsillo the pocket calculator [SEP]
calcular	to calculate
el caldo	the stock (soup)
la calefacción	the heating
el calendario	the calendar, the schedule
calentar	to heat (up)
caliente	hot
calificar	to rate, to qualify, to designate, to grade, BE to mark
la calma	the calmness, the calm, the stillness
calmar	to calm (down)
la calle	the street
la calleja	the alley
el calor	the heat, the warmth
caluroso, calurosa	hot, warm
la calva	the bald patch, the bald head
calvo, calva	bald
la cama	the bed
la cámara	the camera, the chamber
el camarero, la camarera	the waiter, the waitress (**Mexican** chambermaid)
cambiar	to change, to exchange
caminar	to walk
la caminata	a long walk
el camino	the path, the way, the track, the road
el camión	the truck, BE the lorry
la camisa	the shirt
la camiseta	the T-shirt
el campo	the country, the field, BE the pitch
la caña	the cane, the rod, the pole
una caña	a pint
el Canadá	Canada
cancelar	to cancel
el cáncer	the cancer
el/la canciller	the chancellor

la canción	the song
la canela	the cinnamon
canoso, canosa	gray-haire, BE grey-haired, white-haired
cansado, cansada	tired
el/la cantante	the singer
cantar	to sing
el cántico	the canticle, the chant
la cantina	the canteen
la capacidad	the capacity, the competence
capaz (de, para)	be able to, be capable of
la capital	the capital
el/la capitán	the captain
la cara	the face
el carácter	the character
el caramelo	the candy, BE the sweet
la caravana	the trailer, BE the caravan
la cárcel	the prison
el carné de conducir	the driver's license
caro, cara	expensive, costly, dear
cariñoso, cariñosa	loving, caring, affectionate, sweet
el cariño	the sweetheart, honey, darling
la carne	the meat
la carne picada	the ground meat, BE the mince
la carnicería	the butcher's shop
el carnicero, la carnicera	the butcher
la carrera	the race, the degree course, the career
la carretera	the road
la carta	the letter, the card, the menu
la cartera	the purse, the wallet, AE the billfold
el cartero	the mailman, the mailwoman, BE the postman
la casa	the house, the home
casado, casada	married
casarse	to get married
el casco antiguo	the old town, the old city, the historic quarter
casero, casera	domestic, home-loving, homely
casi	almost, nearly, hardly (in negative sentence)
la castaña	the chestnut
el castillo	the castle
las catacumbas	the catacomb, the catacombs
la catástrofe	the catastrophe
la catedral	the cathedral
católico, católica	Catholic
causa y efecto	cause and effect
la causa	the cause, the reason

a causa de	because of, due to
la cava	the sparkling wine, the cava
la caza	the hunt
cazar	to hunt, to catch, to shoot
la cazuela	the pan, the casserole, the pot
la cebolla	the onion
la celebración	the celebration
celebrar	to celebrate
celebrarse	to take place, be held
celoso, celosa	jealous
el celular	the mobile, the cellphone
el cementerio	the cemetery
la cena	the dinner
cenar	to have dinner
el cenicero	the ashtray
la central nuclear	the nuclear power station, the nuclear power plant
céntrico, céntrica	central
el centro comercial	the (shopping) mall, BE the shopping centre
cepillar	to brush
el cepillo	the brush
el cepillo de dientes	the toothbrush
cerca	near, close
cereal	the cereal
los cereales	the (breakfast) cereal
el cerdo, la cerda	the hog, BE the pig
cerrado, cerrada	closed
la cerradura	the lock
cerrar	to close, to shut, to seal
la cerveza	the beer
el chalé, el chalet	the house (country), the cottage
la champáña	the champagne
charlar	to chat, to talk, AE to gab
la chaqueta	the jacket
el cheque	the check
la chica	the girl
el chico	the boy, small, little
el Chile	Chile
el chimenea	the chimney, the fireplace
el chiringuito	the beach bar
el chiste	the joke
chocar	to crash, to collide
el chocolate	the chocolate
el choque	the collision, the crash, the shock (medical)
el chorizo	the chorizo (highly-seasoned pork sausage)

la chuleta	the chop
los churros	strips of fried dough (typical Spanish food)
el cielo	the sky, the heaven
la ciencia	the science
las ciencias naturales	the natural sciences
el científico, la científica	the scientist
ser cierto	be true, be right, be serious
la cifra	the figure, the number, the amount
el cigarillo	the cigarette
el cine	the movie theater, the movies, BE the cinema
la cinematografía	the cinematography
cinematográfica	cinematic, cinematographic, film
la circunstancia	the circumstance, the fact
la cita	the date, the appointment
la ciudad	the city, the town
¡Cuidado!	Careful!
la clara del huevo	the egg white
claro, clara	clear, sure, light
la clase	the class, the classroom, the lesson, the lecture
dar clases	to teach, to tutor, to give lessons
clásico, clásica	classic, classical
el cliente, la clienta	the client, the customer
el clima	the climate, the weather
la clínica	the clinic, the health center
cobrar	to charge, to collect, to cash
cocer	to cook, to bake, to boil
el coche	the car
el coche de caballos	the horse-drawn carriage, the carriage
la cocina	the kitchen, the stove
cocinar	to cook
el cocinero, la cocinera	the cook
el cóctel	the cocktail
el codo	the elbow
coger	to take, to pick up, to catch
la colaboración	the collaboration
la colcha	the bedspread
el colchón	the mattress
el colegio	the school
el cojín pl. cojines	the cushion
colgar	to hang, to put up
el colono	the settler, the colonist
el color	the color
la coma	the coma
el comedor	the dining room, the dining hall

comenzar	to begin
comer	to eat
comer con moderación	to eat moderately
cometer	to commit, to make (mistake)
el cometido	the task, the mission
la comezón	the itching, the itch, the tingle
la comida	the food, the meal
la comida casera	the home cooking, the comfort food
cómo	how
como	like, as, into, how
¿Cómo está (usted)?	How are you? How do you do?
¿Cómo estás? *(phrase)*	How are you? How are you doing?
las comodidades	the amenities, the comfort
cómodo, cómoda	comfortable, comfy, convenient, lazy
el compañero (sentimental)	the life partner
la compañera (sentimental)	the life partner
el compañero de clase	the classmate (male)
la compañera de clase	the classmate (female)
la competencia	the competition, the rivalry
competente	competent
competer a alguien	to be responsible for someone
la competición	the competition, the contest, the race
competidor, competidora	rival
competir (con)	to compete (with)
completamente	completely
completo, completa	complete, total
complicado, complicada	complicated, complex
componer	to make up, to compose, to write
la compra	the buy, the purchase
comprar	to buy, to purchase
comprender	to understand
comprensible	understandable
comprensivo, comprensiva	understanding
comprobar	to confirm, to check, to prove, to realize
común	common, mutual (friend)
la comunicación	the communication
comunicar	to inform, to communicate, to transmit, to convey
comunicativo, comunicativa	communicative
la comunidad	the community
con	with
la concentración	the concentration
concentrar	to concentrate, to focus
concentrarse	to be concentrated, to assemble, to concentrate
la conciencia	the conscience

con frecuencia	often, frequent, regularly
con gas	carbonated, sparkling, fizzy, with gas
el concierto	the concert, the recital
condenar	to condemn
conducir	to drive, to lead, to bear
la conferencia	the lecture, the talk, the conference
confesar	to confess, to admit
la confirmación	the confirmation
confirmar	to confirm
la congelación	the freezing, the frostbite
el congelador	the freezer
congelado, congelada	frozen
congelar	to freeze
congelarse	to freeze, be frozen
el congreso	the congress, the conference, the convention
conmigo	with me
conocer	to know, to be familiar with, to meet, to get to know
el conocido, la conocida	the acquaintance
conocido, conocida	famous, well-known, familiar
el conocimiento	the knowledge
la consecuencia	the consequence
consecuente	consistent
consecuentemente	consequently, according to one's beliefs
conseguir	to achieve, to obtain, to get
el consejo	the piece of advice, the council, the board
considerar	to consider, to weigh
considerar (como)	to consider (to be)
consigo	with him, with it
construir	to build, to construct
construirse	to be built, to build, to be constructed
la consulta, el consultorio	the consultation, the conference, the consultancy
consultar	to consult, to look up, to provide
consumir	to consume, to use
el consumo	the consumption
el consumo de energía	the energy consumption, the power consumption
la contaminación	the pollution, the contamination, the corruption
contaminado, contaminada	contaminated, polluted, tainted
contaminar	to pollute, to contaminate, to corrupt
contar	to count
contar con	to count on, to rely on, to involve
contentísimo, contentísima	thrilled, overjoyed, over the moon, extremely happy
contento, contenta	happy, content
contestar	to answer, to reply, to respond
contigo	with you

continuar	continue
contra	against
la contraparte	the counterpart, the counterparty
contrario, contraria	contrary, otherwise, opposite
el contrato	the contract, the agreement
el control	the control, the monitoring
controlar	to control, to monitor
la convalecencia	the convalescence, the recovery
convencer	to convince, to persuade
estar convencido/-a de	to be convinced of
conveniente	appropriate, desirable, convenient
la conversación	the conversation, the discussion
conversador	chatty, talkative
el conversador	the talker, the conversationalist
conversar	to talk, to chat, to discuss
el convenio	the agreement, the convention
convocar	to convene, to call
la copa	the cup, the glass
una copa de vino	a glass of wine, a cup of wine
la copia	the copy
copiar	to copy, to cheat, to duplicate
cordial	cordial, friendly, warm, hearty
la cordillera	the mountain range
el coro	the choir, the chorus
la corrección	the correction
corregir	to correct, to address, to redress
el correo	the courier, the mail, BE the post
correr	to run, to race
el corte	the court, the cut, the cutoff
el corte de pelo	the haircut
corto, corta	short, brief
cortar	to cut, to cut off
la cortina	the curtain, the screen
la cosa	the thing
las cosas	the stuff, the things
la costa	the coast
costar	to cost, to take
los costes	the costs
los costes adicionales	the additional costs
la costumbre	the custom, the customary, the habit
crear	to create, to establish
crecer	to grow, to grow up, to increase
creer	to believe, to think, to imagine
creerse	to believe

la crema	the cream
el crimen	the crime, the murder
criminal	criminal
la crisis	the crisis, the show, the breakdown
el cristal	the glass, the crystal
cristiano, cristiana	christian
el cristiano, la cristiana	the Christian
Cristóbal Colón	Christopher Columbus
la crítica	the criticism, the critics, the critique, the review
criticar	to criticize, to review, to gossip
el cruasán	the croissant
el cruce	the crossing, the crossroads
el crucigrama	the crossword, the crossword puzzle
crudo, cruda	raw, underdone
crujiente	crunchy, crusty
crujir	to creak, to rustle, to crackle, to crack, to click
cruzar	to cross, to go across
el cuadro	the painting, the picture
de cuadros	plaid, checkered, checked
lo cual	which
cual; *pl.* los/las cuales	which
cuál; *pl.* cuáles	which
cuando	when, time
cuándo	when
cuánto, cuánta	how much, how long, how
¿Cuánto vale … ?	How much is … ?
el cuarto	the room, the quarter
el cuarto de hora	the quarter of an hour
el cubierto	the piece of cutlery, the place setting
el cubito de hielo	the ice cube
la cuchara	the spoon
la cucharada	the spoonful, the spoon
la cucharilla	the teaspoon, the coffee spoon
la cuenta	the check, BE the bill
el cuero	the leather
el cuerpo	the body
la culpa	the fault, the guilt
culpable	guilty, culpable
el cultivo	the cultivation, the crop
el cultivo de cereales	the cereal crop, the cultivation of cereals
culto, culta	cultured, educated
la cultura	the culture
el culturismo	the bodybuilding
el cumpleaños	the birthday

cumplimentar	to complete, to be completed, to fill out
cumplir	to meet, to honor, to fulfill
el cuñado, la cuñada	the brother-in-law, the sister-in-law
curado, curada	cured, healed, fixed
curar	to cure, to heal, to treat
curarse	to be cured, to be healed, to heal
el currículum vitae	the curriculum vitae, the résumé, the CV
el curso	the course
el curso de idiomas	the language course
la curva	the curve, the turn

D

¡Da igual!	It's all the same! Doesn't matter!
de gran importancia	of great importance, of major importance
dañar	to harm, to damage
el daño	the harm, the damage
los daños ecológicos	the ecological damage, the environmental damage
dar	to give, to provide, to take
dar de comer	to feed
dar marcha atrás	to reverse, to go back, to turn back
darse	to arise, to occur, be given
darse a algo	to take to something
dar(se) la vuelta	to turn around, to roll over
de	from (origin), at, with, of, by
¡De acuerdo!	Agreed! All right!
de manera que	in a manner of, in order
¡De nada!	You're welcome!
de ningún modo	in any way, no way, by no means
de pronto	suddenly, of a sudden
de repente	suddenly, all of a sudden
de todas formas	anyway, still, in any case
debajo de	under, below, underneath
el debate	the debate, the discussion
deber	must, have to, should, to owe, to owe to
el deber	the duty, the obligation, the responsibility
los deberes	the homework, the duties
débil	weak, faint
la decepción	the disappointment, the deception
decepcionar	to disappoint, to be disappointed, to let down
el deceso	the demise, the death, the passing
la decisión	the decision, the choice
decidir	to decide, to determine

decidirse a	to decide to, to be decided at
décimo, décima	tenth, 10th
es decir	i.e., namely, in other words
decir	to say, to tell, to mean
la declaración	the declaration, the statement
declarar	to declare, to state
la decoración	the decoration, the décor
decorar	to decorate, to redecorate
dedicarse	to engage, to be devoted
el dedo	the finger
el defecto	the defect, the flaw
dejar	to leave, to let
dejar caer	to drop
dejar de hacer algo	stop doing something
delante de	in front of, ahead of
el delfín	the dolphin
delgado, delgada	thin, skinny, slim
delicioso, deliciosa	delicious, delightful, tasty
demasiado, demasiada	too much, too many
la democracia	the democracy
demostrar	to demonstrate, to prove
denso, densa	dense, thick, heavy
el/la dentista	the dentist
dentro	within, inside
dentro de	in + inside (area), in + within (time)
dentro por	in for, inside for, inside to
el departamento	the department, the apartment, BE the flat
el dependiente, la dependienta	the salesclerk, BE the shop's assistant
el deporte	the sport
el deporte de invierno	the winter sport
el/la deportista	the sportsman, the sportswoman
deportista	sporty
a la derecha	to the right, on the right
derecho, derecha	right, right side
el derecho	the right, the law
desaparecer	to disappear, to go away, to vanish
desarmar	to disarm, to dismantle, to disassemble
el desarme	the disarmament
desarrollar	to develop, to carry out (work), to explain (theme)
el desarrollo	the development
desayunar	to have breakfast
el desayuno	the breakfast
descansar	to take a break, to rest, to relax, to have a rest
el descanso	the relaxation, the rest, the break

descargar	to download, to unload
el desconcierto	the confusion, the bewilderment, the uncertainty
desconectar	to disconnect, to switch off
desconectarse	disconnect, log out
describir	to describe, to outline
el descubrimiento	the discovery, the breakthrough
descubrir	to discover, to find out
desde *(in area)*	from
desde *(in time)*	since
desde entonces	since then, ever since, since that time
desde hace *(in time)*	for, since
desde ... hasta	from ... to
desde que	since, ever since *(since I do something e.g., go to work)*
desear	to wish, to desire
el deseo	the desire, the wish
la desesperación	the despair, the desperation, the hopelessness
desesperado, desesperada	desperate, hopeless
desgraciadamente	unfortunately, sadly
desierto, desierta	desolate, deserted, lonely
el desierto	the desert, the wilderness
la desnuclearización	the denuclearization
desnudo, desnuda	naked, nude
el despacho	the office
despedir	to fire, to dismiss
despedirse	to say goodbye
despegar	to take off
el despertador	the alarm clock, the alarm, the wake-up call
despertar	to wake up, to wake
despertarse	to wake up
el despido	the dismissal
después	after, then, later
después de	after
el destino	the destiny, the fate
la destrucción	the destruction
destruir	to destroy
el desván, *pl.* desvanes	the attic, the loft
el detergente	the detergent, the washing powder
el detonador	the detonator, the trigger
detonar	to detonate, to trigger
detrás de	behind
devastar	to devastate
devolver	to return, to give back
de día	daytime
el día	the day

el día festivo	the holiday
el día laborable	the working day
el Día de Navidad	Christmas Day
el Día de Reyes	the Three Kings' Day, the Epiphany
el Día de San Esteban	the Day of San Esteban (the second day of Christmas)
el diablo	the devil
diario, diaria	daily
el diario	the newspaper, the journal, the logbook
dibujar	to draw
el dibujo	the drawing
el diccionario	the dictionary
el diciembre	December
la dictadura	the dictatorship
la difamación	the defamation, the slander
difamar	to defame, to slander, to libel
la dieta	the diet
la diferencia	the difference
diferente	different, different from
difícil	difficult, hard
difícilmente	hardly
la dificultad	the difficulty
el dinero	the money
el dios	the god
¡Dios Mío!	My goodness! My God!
la dirección	the address, the direction, the leadership
la dirección de correo electrónico	the email address
directo, directa	direct, straight, nonstop
el director, la directora	the director, the manager
el/la director/-a de cine	the film director, the filmmaker, the movie director
dirigir	to direct, to lead, to manage
la disciplina	the discipline
disciplinado, disciplinada	disciplined, orderly
la discoteca	the disco, the club, the nightclub
discrepar de	to disagree with, to differ from
disculparse	to apologize
las disculpas	the apology, the regrets
¡Disculpe!	Excuse me!
la discusión	the discussion, the debate
discutir	to discuss, to argue, to debate
diseño	the design, to layout
disfrutar	to enjoy
disminuir	to reduce, to decrease
disponible	available
dispuesto, dispuesta	willing, ready

la distancia	the distance, the gap, the range
distinto, distinta	different
la distribución	the distribution
distribuir	to distribute
distribuirse	be distributed, be spread
divertido, divertida	fun, funny
divertirse	to party, to have fun
divorciado, divorciada	divorced
divorciarse	to get divorced
el divorcio	the divorce
el/la docente	the docent, the teacher
el doctor, la doctora	the doctor
doctorarse	to get doctor's degree, to receive a PhD
la documentación	the documentation
el documento	the document
dólares	dollars
doler	to hurt
el dolor	the pain, the grief
el dolor de cabeza	the headache, the pain in the neck
el domicilio	the domicile, the residence
el domingo	the Sunday
el don	the gift, the talent
el don de lenguas	the gift of tongues, the gift for languages
donde	where
dormir	to sleep
dormirse	to fall asleep, to go to sleep
el dormitorio	the bedroom, the dormitory
el drama	the drama, the tragedy
dramático, dramática	dramatic, theatrical
la droguería	the drugstore, BE the chemist's
la ducha	the shower
ducharse	to take a shower, BE to have a shower
la duda	the doubt
dudar	to doubt
dulce	sweet
duodécimo, duodécima	twelfth, 12th
durante	during, for
duro, dura	hard, tough

E

es que	it's just that, is that
echar	to throw, to put, to mail, BE to post
la ecología	the ecology
ecológico, ecológica	ecological, environmental
la economía	the economics, the economy
la ecuación	the equation
la edad	the age
la Edad Media	the Middle Ages
el edificio	the building
la editorial	the publisher, the publishing house
educado, educada	polite, well-mannered
educar	to educate, to teach, to bring up
efectivamente	really, effectively
el efecto	the effect
eficiente	efficient
el Egeo	the Aegean (Sea)
el ejemplo	the example
ejercer	to work in, to practice, BE to practise
el ejercicio	the exercise
el/la electricista	the electrician
el electrodoméstico	the electrical appliance
elegante	elegant, stylish, smart
elegir una profesión	to choose a profession
eliminar	to remove, to delete
embarcar	to board, to embark
el embarque	the boarding, the embarkation, the loading
la emoción	the emotion
emocional	emotional
emocionante	moving, exciting, thrilling
emocionar	to move, to affect
empeñarse en	to insist on
la emperatriz	the empress
empezar	to start, to begin, to get started
empezar a	to begin to, starting to
el empleado, la empleada	the employee, the clerk, BE the shop assistant
el empleador, la empleadora	the employer
emplear	to employ
el empleo	the employment, the job
la empresa	the company, BE the firm
en	in, on, as, by
en aquel momento	at that time, in that moment
en consecuencia	therefore, accordingly, consequently

en defecto de	in lack of, in default of
en la foto	in the picture, BE in the photo
en plena forma	on top form, in great shape
en principio	in principle, initially
en un principio	in the beginning, initially, originally
en vano	in vain, for nothing
enamorado, enamorada	in love
enamorarse de	to fall in love
el enano, la enana	the dwarf
¡Encantado!; ¡Encantada!	Delighted!
encargar	to order, to commission
encargarse	to be in charge
encarnizado, encarnizada	bitter, fierce
el encarnizamiento	the cruelty, the savageness, the fury
el encendedor	the lighter
encerrar	to lock up, to shut up
el enchufe	the plug, the socket, the power point
encima de	above, over, on top of
encontrar	to find
encontrarse	to be found, to meet
encontrarse con	to meet
el encuentro	the meeting, the encounter
el eneldo	dill
el enemigo, la enemiga	the enemy
la energía	the energy, the power
la energía atómica	the atomic energy, the nuclear power
el enero	January
enfadado, enfadada	angry, annoyed
enfadar	to anger, to annoy, to make ... angry
enfadarse	to get annoyed, BE to get cross
el enfado	the anger, the annoyance
el enfermero, la enfermera	the nurse
enfrente de	opposite (to), in front of
el enfrentamiento	the clash, the confrontation
engañar	to cheat on, to be unfaithful to
el engaño	the deception, the ploy, the trick
engordar	to fatten (up), to gain weight, to swell
la ensalada	the salad
enseguida	at once, immediately, right away
enseñanza	the teaching, the education
enseñar	to teach, to show
entender	to understand
entender de	to know about
entenderse	to get along with

enterar	to inform, to notify
enterarse (de)	to find out (about), to hear (about)
la entidad	the entity, the body, the significance
el entierro	the burial, the funeral
por entonces	by then, at the time, back then
entonces	then, well, anyway
el entorno	the environment, the setting, the range (math)
la entrada	the entrance, the entry
entrar	to come in, to go in
entre	between, among, BE amongst
entregar	to deliver, to give
el entrenamiento	the coaching, the training
la entrevista	the interview, the meeting
la entrevista de trabajo	the job interview
entrevistar	to interview
entusiasmado, entusiasmada	excited, enthusiastic
entusiasmar	to get excited
el entusiasmo	the enthusiasm
enviar	to send
envidiar	to envy
la época	the time, the period
el equipaje	the baggage, BE the luggage
el equipo	the team, the equipment
la equitación	the horseback riding, BE the horse riding
equivocarse	to make a mistake, to be wrong
el error	the error, the mistake
la escala	the scale, the stopover, the ladder
la escalada	the climb, the ascent
la escalera	the stairs, the staircase
escapar	to escape
escaparse	to run away, to escape
el escaparate	the shop window
la escena	the scene
el escenario	the stage, the scene
escoger	to choose
escolar	school (adjective)
escribir	to write
el escrito	the document, the writings
el escritor, la escritora	the writer, the author
el escritorio	the desk
escuchar	to listen (to), to hear
la escuela	the school
la escuela infantil	the kindergarten
la escuela primaria	the elementary school, BE the primary school

la escuela secundaria	the high school, the secondary school
la escuela nocturna	the night school
la escultura	the sculpture
esforzarse	to make an effort
el esfuerzo	the effort
el esmero	the care
el espacio	the space, the room, the area
la espalda	the back
especial	particular, special, especial
la especialidad	the specialty, BE the speciality
especialmente	especially, particularly
las especias	the spices
el espectáculo	the show, the sight
el espectáculo mediático	the media spectacle
el espectador, la espectadora	the spectator, the audience, the viewer
espeluznante	creepy, spooky, scary, horrifying, horrific
la esperanza	the hope
esperar	to wait for, to hope, to meet, to expect
esperar(se)	to expect, to hang on, to hold on
¡Espero que si!	I hope so!
¡Espero que no!	I hope not!
el esposo, la esposa	the husband, the wife
esquiar	to ski
establecer	to establish, to set up
establecerse	to settle, to set up
la estación (del año)	the season
la estación (de trenes)	the station
el estado	the state, the condition
estallar	to break out, to explode, to burst
el estanco	the tobacconist
estar con gente	to be with people, to be around people
estar contentísimo/-a	to be delighted, to be thrilled, to be happy as a lark
estar enfermo	to be sick, to be ill
estar en paro	to be unemployed
estar pasar de moda	out of style, out of fashion
estar tumbado	to lie here
el estatus	the status
el estilo	the style
mi estimado amigo	my dear friend
el estofado	the stew
el estofado a la húngara	the Hungarian goulash (stew)
estrecho, estrecha	narrow (street), tight (clothes), close (friendship)
la estrella	the star
estrenar	to premiere

estrenarse	to make one's debut
el estreno	the premiere (movie), the debut (person)
el estrés	the stress
estresado, estresada	stressed, stressed out
estropear	to break, to ruin, to spoil
estropearse	to break down, to go bad (food), to go wrong (plan)
el/la estudiante	the student, the scholar
estudiar	to study
el estudio	the studio, the office
el estudio a distancia	the distance learning
los estudios	the studies
la estufa	the stove
estupendo	fantastic, wonderful
la estupidez	the stupidity
estúpido, estúpida	stupid
evidente	evident, clear
evidentemente	obviously, clearly
el ex-marido	the ex-husband
exactamente	exactly, precisely
la exageración	the exaggeration, the overstatement
exagerar	to exaggerate, to overstate
el examen	the exam, the test, the review
examinar	to examine, to consider
excelente	excellent
la excepción	the exception
excepcional	exceptional
excepto	except
excesivo, excesiva,	excessive
excitado, excitada	excited, aroused
excitante	exciting
excitar	to excite, to arouse
la excursión	the trip, the excursion
la excusa	the excuse
exigente	demanding
la exigencia	the demand
exigir	to demand, to call for
exiliado, exiliada	exiled, in exile
el exiliado, la exiliada	the exile
exiliarse	to go into exile
estar en el exilio	to be in exile
la existencia	the existence, the life
existir	to exist
el éxito	the success
la experiencia	the experience

el experimento	the experiment
la explicación	the explanation
explicar	to explain
explosivo, explosiva	explosive
el explosivo	the explosive, the bomb
la exposición	the exhibition
expresar	to express
la expresión	the expression
exterior	external, outward
el extranjero	the foreign country
el extranjero, la extranjera	the foreigner
extraño, extraña	strange, odd
extraordinario/-a	extraordinary, unusual
extremista	extreme, extremist
el/la extremista	the extremist
extremo, extrema	extreme

F

fácil	easy
la facilidad	the ease
factible	feasible
la facultad	the faculty, the authority
la falda	the skirt
fallar	to fail, to miss
falso, falsa	false
faltar	be missing, to miss
la familia	the family
el/la familiar	the relative
la familia numerosa	the large family, the extended family
famoso, famosa	famous
fantasear	to fantasize
la fantasía	the fantasy
fantástico, fantástica	fantastic
el fantasma	the ghost, the phantom
el faro	the lighthouse, the headlight
la farmacia	the pharmacy, the drugstore, BE the chemist's
el farmacéutico, la farmacéutica	the pharmacist, the druggist, BE the chemist
fascismo	the fascism
fatal	fatal, dreadful, awful
el favor	the favo(u)r
favorito, favorita	favo(ur)rite
el fax	the fax

la fe	the faith
el febrero	the February
la fecha	the date
la felicidad	the happiness
¡Felicidades!	Congratulations!
felicitar	to congratulate
feliz	happy
¡Feliz cumpleaños!	Happy birthday!
¡Feliz Navidad!	Merry Christmas!
femenino, femenina	feminine
feo, fea	ugly, nasty
el ferrocarril	the railroad, BE the railway
el festival	the festival
la ficción	the fiction
el fiebre	the fever
fiel	faithful, loyal
la fiesta	the festival, the party, the public holiday
fijarse en algo	to notice something
el filete	the fillet
la filosofía	the philosophy
el fin de semana	the weekend
el final	the final, the end
la finalidad	the purpose, the aim, the finality
la finca	the farm, the property, the country estate
fino, fina	thin, slender, fine
firmar	to sign
la física	the physics
físico, física	physical
el flan	the cream caramel (dessert)
la flauta	the flute
la flor	the flower
la floristería	the florist, the flower shop
el fondo	the bottom, the depth, the background (photo)
estar en forma	to be fit
la forma	the shape, the form, the way
forma lógica	logically, logical way
la formación	the formation, the training
formar	to form, to educate
forzar	to force, to rape
la foto	the picture, BE the photo
la fotocopia	the photocopy
fotografiar, hacer fotos	to take a photograph of, to photograph
la fractura	the fracture
fracturar	to fracture

frágil	fragile
franquear	to clear, to frank, to pay the postage on
el franqueo	the postage
la frase	the phrase, the sentence
frecuente	frequent, common
fregar	to wash (dishes), to mop or to scrub (floor)
fregar (los platos)	to wash the dishes, BE to do the washing-up
freír	to fry
frenar	to brake, to slow down, to check, to curb
el freno	the brake
la fresa	the strawberry
fresco, fresca	cool, fresh, BE cheeky (person)
el fresco	the fresco, the painting
el frigorífico	the fridge, the refrigerator
el frío	the cold
frío, fría	cold
la frontera	the border, the frontier
frustrado, frustrada	frustrated
la fruta	the fruit
el fuego	the fire
la fuente	the fountain, the dish, the source
¡Fuera!	Get out!
fuera	outside, abroad, out of the country, away (work)
fuera de	outside
fuerte	strong, intense (pain), heavy (rain), loud (noise)
la fuerza	the strength, the force, the power
fugarse	to run away, to escape
fumar	to smoke
el fumador, la fumadora	the smoker
la función	the function, the duty (work), the performance
funcionar	to work
el funeral	the funeral
la furia	the fury, the rage
furioso, furiosa	furious
fútbol	soccer, BE football
el futuro	the future

G

las gafas	the glasses
las gafas de sol	the sunglasses
la galería (de arte)	the gallery, the art gallery
la galleta	the cookie, BE the biscuit
la gallina	the chicken, the hen
el gallo	the rooster, BE the cock
la gamba	the shrimp, BE the prawn
el ganado	the cattle
el ganador, la ganadora	the winner
la ganancia	the profit
ganar	to win, to earn (work), to gain
ganarse a alguien	to win over
ganarse la vida	to earn one's living
el gancho	the hook
la ganga	the bargain
la garantía	the guarantee
garantizar	to guarantee
el gas	the gas
el gasóleo	the diesel
la gasolina	the gasoline, the gas, BE the petrol
la gasolinera	the gas station, BE the petrol station
los gastos	the expenses, the costs
los gastos de alquiler	the rental costs
el gato, la gata	the cat
gay	gay
el gel (de ducha)	the (shower) gel
el gemelo, la gemela	the twin
la generación	the generation
general	general
en general, por lo general	in general
el/la general	the general
generoso, generosa	generous
genial	great, brillant, fantastic
la gente	the people
la geografía	the geography
gigantesco, gigantesca	giant, gigantic, huge
el gimnasio	the gymnasium, the gym
el girasol	the sunflower
girar	to turn, to revolve, to go around
el glaciar	the glacier
gobernar	to rule, to govern
el gobierno	the government

el gol	the goal
el golf	the golf
el golpe	the knock, the blow
el golpe militar	the military coup, the military takeover
golpear	to bang (thing), to hit (person)
la goma	the rubber, the gum, the glue
la goma de borrar	the eraser, BE the rubber
gordo, gorda	fat, thick, chunky, big
la gorra	the cap
el gorro	the cap
la gota	the drop
gótico, gótica	Gothic, goth
grabar	to record, to engrave, to film
¡Gracias!	Thank you!
gracias por ….	thanks for ….
gracioso, graciosa	funny
el grado	the degree, the grade
la gramática	the grammar
gran *(short form of grande)*	great, bit, large
grande	big, large, great, huge
el granizo	the hail
la granja	the farm
la gratificación	the bonus, the reward, the gratification
gratinar	to cook au gratin, to brown on top
gratuito, gratuita	free
grave	serious, solemn, low, deep
gravemente	seriously
gravemente enfermo	seriously ill, gravely ill, critically ill
griego, griega	Greek
el grifo	the faucet, BE the tap
la gripe	the flu, the influenza
gris	gray, BE grey
gritar	to shout, to yell
el grupo (de música)	the (music) group, the band
guapo, guapa	handsome, good-looking, attractive
guardar	to keep, to put, to observe, to save, to keep up
la guardería	the nursery, the kindergarten, the childcare
la guarnición	the accompaniment, the side dish, the garrison (Mil.)
la guerra	the war
la guerra civil	the civil war
el guía turístico	the tour guide, the tourist guide
guiar	to guide, to lead
el guión	the script (film), the dash, the hyphen
el gusano	the worm

el guiso	the stew, the casserole
gustar	to like, to enjoy

H

hábil	skilled, capable, clever, smart
la habilidad	the skill, the ability, the cleverness
la habitación	the room, the bedroom
la habitación individual	the single room
el/la habitante	the inhabitant
habituarse a algo	get used to something
hablar	to speak, to talk
hablar por teléfono	to talk on the phone
hace poco	recently, not long ago
hacer	to do, to make
hacer autostop	to hitchhike, to hitch
hacer (el) balance	to take stock
hacer una barbacoa	to barbecue, to have a barbecue
hacer caso	to ignore, to listen, to take notice
hacer clic	to click, to click through
hacer comedia	to perform comedy
hacer cosquillas	to tickle
hacer deporte	to play sports, to do sport
hacer falta	to need, to be required
hacer footing	to jog
hacer las maletas	to pack, to make the suitcases
hacer la vista gorda	to turn a blind eye
hacer reír	to amuse, to make you laugh
hacer transbordo	to transfer, to change
hacer un esfuerzo	to make an effort, to make the effort
hacer un favor	to do me a favor
hacer vela	to go sailing
el hachís	the hashish
hacia	toward
hacia arriba	up
el hall; *pl.* halls	the hall
el hambre	the hunger
tener hambre	to be hungry, to be starving
la hamburguesa	the hamburger
el hardware	the hardware
la harina	the flour
hasta	until
hasta que	until

¡Hasta luego!	See you later!; So long!
¡Hasta mañana!	Until tomorrow! See you tomorrow!
¡Hasta pronto!	See you soon!
hay	there is, there are
hay mucha marcha	there is a lot going on
hay que	should be, is necessary to
hecho, hecha	done
el hecho	the fact
la helada	the frost
el helado	the ice cream
helarse	to freeze
el helicóptero	the helicopter
heredar	to inherit
la herida	the wound, the injury
herirse	to get hurt, being harmed
el hermano, la hermana	the brother, the sister
los hermanos	the brothers and sisters, the siblings
hermoso, hermosa	beautiful
la herramienta	the tool
hervir	to boil
el hielo	the ice
la hierba	the grass
las hierbas aromáticas	the aromatic herbs, the spices
el hierro	the iron
higiénico, higiénica	hygienic
el hijo, la hija	the son, the daughter
los hijos	the children
el hincha	the fan, the supporter
hincharse	to swell
hindú	Hindu
la historia	the history, the story
las historias	the stories, the histories, the tales
el hockey sobre hielo	the ice hockey
el hockey sobre hierba	the field hockey
la hoja	the leaf, the sheet (paper)
¡Hola!	Hello!
¡Hombre!	Well, hey!
el hombre	the man, the mankind
el hombre de negocios	the businessman
el hombro	the shoulder
el homenaje	the homage
el/la homeópata	the homeopath
el honor	the honor
la hora	the hour, the time

la hora extra	the extra hour, the overtime
la hora punta	the rush hour, the prime time
el horario	the schedule, BE the timetable
el horario de vuelos	the flight schedule
el hormigón	the concrete
el horno	the oven
horrible	horrible, dreadful
horroroso, horrorosa	terrible, dreadful, hideous
el hospital	the hospital
hospitalizar	hospitalize
la hospitalización	the hospitalization
la hostería	the inn
el hotel	the hotel
hoy	today
la huelga	the strike
estar en huelga	to be on strike, to go on strike
el hueso	the bone
el huevo	the egg
el huevo cocido	the boiled egg, the hard-boiled egg, the stewed egg
el huevo pasado por agua	the soft-boiled egg
la huida	the flight, the escape
huir	to flee, to escape, to avoid
humano, humana	human
la humedad	humidity
húmedo, húmeda	humid, damp, moist
el humor	the humour, AE the humor
hurtar	to steal, to shoplift
hurtar el cuerpo	to move out of the way, to sneak away
hurtarse	to withdraw, to hide from

I

la ida	the outward journey
la idea	the idea
la ideología	the ideology
el idioma	the language
la iglesia	the church
ilegal	illegal
la ilustración	the illustration
la imaginación	the imagination
imaginar	to imagine
imaginario, imaginaria	imaginary, imagined
imaginarse	to imagine, to figure out

la imitación	the imitation
imitar	to imitate
importar	to import, matter
imposible	impossible
la impresión	the impression
impresionante	impressive
el impreso	the form, the print
imprudente	reckless, rash, unwise, careless
el incendio	the fire
incluido, incluida	inclusive
incluso, inclusa	even, including, indeed
incomprensible	incomprehensible
el inconveniente	the disadvantage, the drawback
increíble	incredible
incurable	incurable
la independencia	the independence
independiente	independent
indio, india	Indian
el indio, la india	the Indian
la industria	the industry
industrial	industrial
el INEM	national employment agency
la infancia	the infancy, the childhood
el infarto	the heart attack
la infección	the infection
infeliz; *pl.* infelices	unhappy, miserable
infiel	unfaithful
el infierno	the hell
la inflamación	the inflammation
influenciar	to influence, to sway
influenciarse	to influence each other
influir	to influence
la información	the information
informar	to inform
la informática	information technology
el informe	the report
la ingeniería	engineering
ingresar	to pay in, to deposit
la iniciativa	the initiative
inmediatamente	immediately
el/la inmigrante	the immigrant
inmigrar	to immigrate
inmoral	inmoral
inmueble	immovable

el inmueble	the building, the property, the real estate
inscribirse	to register, to be registered
la inscripción	the registration, the inscription
inseguro, insegura	insecure
inservible	useless
insistir en	to insist on
instalar	to install, to put
instalarse	to settle, to set up, to install
el instituto	the institute
las instrucciones	the instructions, the directions, the guidance
insultar	to insult, to curse, to swear at
integral	integral, complete, comprehensive
la inteligencia	the intelligence
inteligente	intelligent
la intención	the intention
el intento	the attempt, the try
intercambiar	to exchange, to swap
el intercambio	the exchange, the swap
el interés	the interest
interesado, interesada	interested
interesante	interesting
interesarse por	to be interested in
interior	interior, inside
la interpretación	the interpretation
interpretar	to interpret, to play
el/la intérprete	the interpreter, the performer, the translator
interrumpir	to interrupt, to cut short, to suspend
el interruptor	the switch
inútil	useless
la invención	the invention
inventar	to invent, to make up
el invento	the invention
(quiere) invertir	(wants) to invest
la investigación	the investigation
el invierno	the winter
invitar	to invite
ir	to go, to walk
ir a	go to, get to (future tense)
ir a caballo	to go horseback riding
ir a trabajar	to go to work
ir a ver	to go see
ir con	to go with
ir de compras	to go shopping
ir de tapas	go out for tapas

ir de tiendas	to go shopping, to hit the shops
ir en bicicleta	to cycle, to ride a bike
ir en tren	to go by train
ir en trineo	to go sledding
ir hacia adelante	to go forward, to move forward
ir (a) por ello	go for it, go after it
irse	to go, to leave, to go away, to get out
irregular	irregular
la irrupción	the break-in
la isla	the island
islámico, islámica	Islamic
izquierdo, izquierda	left
a la izquierda de	to the left of, on the left side of

J

el jabón, *pl.* jabones	the soap
el jaleo	the racket, the row, AE the ruckus, the muddle
jamás	never
el jamón cocido	the cooked ham
el jamón serrano	the cured ham, the serrano ham
el Japón	Japan
japonés, japonesa	Japanese
el jardín	the garden
el jardín den infancia	the kindergarten
los jardines	the gardens, the grounds, the yards
el jardinero, la jardinera	the gardener
la jardinería	the gardening
el jeep	the jeep
el jefe, la jefa	the boss, the chief, the leader (political)
el jersey	the sweater
la jornada completa	the full time, the whole day
la jornada laboral	the work day, working time, working hours
joven	young
el/la joven	the youth, the teen
la joya	the jewel, the gem, the jewelry
la joyería	the jewelry store, BE the jeweller's
la judía verde	the green been, the runner bean
el juego	the play, the game
el juego limpio	the fair game
el juego de ordenador	the computer game
el jueves	Thursday
el juez, la jueza	the judge

jugar	to play, to gamble (with money)
la juguetería	the toy store, the toy shop, the candy store
el julio	July
el junio	June
la junta directiva	the board of directors
junto, junta	together
juntos	together, each other, (both = adj.)
jurado, jurada	sworn, vowed
el jurado, la jurada	the jury, the juror
jurar	to swear
jurídico, jurídica	legal, juridical
la justicia	the justice
justo, justa	just, fair, right
juzgar	to judge, to prosecute

K

el kayak	the kayak
hacer kayak	kayaking
el keroseno	the kerosene
el kétchup	the ketchup
el kilo	the kilo
el kilobyte	the kilobyte
el kilométro	the kilometer
el kilotón	the kiloton
el kiosco	the kiosk
el kiwi	the kiwi
el Kleenex	the Kleenex, the tissue

L

el labio	the lip
el lado	the side
la lágrima	the tear
lamentablemente	regretfully
lamentar	to regret, to be sorry about
la lámpara	the lamp
la lana	the wool
el langostino	BE the king prawn, shrimp
lanzar	throw
el lápiz	the pencil
largo, larga	long, tall (person)

el largometraje	the feature film
a las	at, to the
la lata	the can, BE the tin
el latín	Latin
latino, latina	Latino/-a (adjective)
el lavabo	the washbowl
la lavadora	the washing machine
el lavaplatos	the dishwasher
lavar	to wash
lavarse	to wash up, BE to have a wash
lavarse los dientes	to brush one's teeth
la leche	the milk
la leche entera	the whole milk
la leche desnatada	the skimmed milk, the skim milk
el lector, la lectora	the reader
el lector de DVD	the DVD Player
leer	to read
las legumbres	the pulses, the legumes
lejos	far, far away
lejos de	far from, away from
la lengua	the tongue, the language
la lengua extranjera	the foreign language, the foreign tongue
la lengua materna	the mother tongue
la lenteja	the lentil
la lentilla	the contact lens
lento, lenta	slow
el león, la leona	the lion
la letra	the letter
el letrero	the sign
levantar	to raise, to lift up, to pick up, to put up, to erect
levantarse	to get up, to stand up, to rise, to rise up (rebellion)
liberar	to free, to release, to liberate (country)
la libertad	the freedom, the liberty
libre	free
por libre	freelance
la librería	the bookstore
el libro	the book
licenciarse	to graduate, to be discharged (military.)
ligera, ligero	light
la limonada	the lemonade
limpiar	to clean, to clean up, to wash (vegetables)
la limpieza	the cleanliness
la línea	the line
en línea	online, on-line

lindo, linda	lovely
el lío (amoroso)	the (love) affair
el litro	the liter, BE the litre
liso, lisa	smooth, flat (land, field), straight (hair)
la lista	the list
listo, lista	clever (adjective), ready
literario, literaria	literary
litoral	coastal (adjective)
el litoral	the coast
la llamada	the call
la llamada local	the local call
llamar	to phone, to call, to call up, BE to ring
llamarse	to be called
llamar la atención a alg.	to call attention to (oneself)
llamar por teléfono	to phone, to call, BE to ring
el llano	the plain
la llanura	the plain
la llave	the key
el llavero	the key ring
la llegada	the arrival
llegar	to arrive, to reach
llegar a	to come to, to come at, to come put to
llenar	to fill, to fill out
lleno, llena	full, covered
llevar	to take, to wear (glasses), to keep up (rhythm)
para llevar	to go, to take out
llevar la casa	to run the household, to keep house
llevar al correo	to mail (e.g., letter), to take it to the post office, BE to post
llevar puesto, llevar puesta	to wear, to be wearing
llevarse	to take, to take away
llorar	to cry, to weep
llover	to rain
llueve	it is raining
el lobo, la loba	the wolf
lo (que) más a menudo	most often
local	local
loco, loca	mad, crazy
lógico, lógica	logical, natural, of course
la lombarda	the red cabbage
el Londres	London
¡Lo siento!	I'm sorry!
la lotería	the lottery
la lucha	the fight, the struggle, the wrestling
luchar (por)	to fight (for)

lucir	to look good, to twinkle, to shine
lucirse	to excel oneself, to show off
luego	later, then
el lugar	the place
el lugar de interés	the point of interest, the place of interest
el lugar de residencia	the place of residence
el lujo	the luxury
la luna	the moon
el lunes	Monday

M

los macarrones	the macaroni, the pasta
la madera	the wood
la madre	the mother
¡Madre mía!	Holy Mother!
de madrugada	in the early morning
la madrugada	the early morning
maduro, madura	ripe (fruit), mature
maestro, maestra	masterful
el maestro, la maestra	the master, the teacher
el maíz, pl. maíces	the corn
majo, maja	nice, pretty
la mala racha	the losing streak, the slump, the streak
¡Mala suerte!	Bad luck!
la mala suerte	the back luck, the bad fortune
maleducado, maleducada	rude, bad-mannered
la maleta	the suitcase, the case
malísimo, malísima	very bad, terrible, awful, dreadful
malvado, malvada	wicked, evil
mamá	mom, BE mum
la mañana	the morning
mañana	tomorrow
por la mañana	in the morning, mornings
la mancha	the (dirty) mark, the stain
mandar	to order, to send
la mandarina	the mandarin, the tangerine
manejar	to handle, to operate
la manera	the way, the manner
la manga	the sleeve
manifestarse	to demonstrate, to speak out
la manipulación genética	the genetic manipulation
manipulado genéticamente	genetically engineered

la mano	the hand
la manta	the blanket
el mantel	the tablecloth
la mantequilla	the butter
manual	manual
la manzana	the apple, the block (grouping of houses)
la mapa	the map
la maqueta	the model
el maquillaje	the make-up
maquillarse	to put on makeup
la maquinilla de afeitar	BE the shaver, the razor
el mar	the sea
maravilloso, maravillosa	marvelous, wonderful
marcar	to mark, to score (goals, points), to dial (phone)
marcar un punto	to score a point
marchar	to walk, to go, to march (military), to work (function)
marcharse	to leave, to go
la marea	the tide
el mareo	the seasickness, the dizziness, the nausea
la margarina	the margarine
el marido	the husband
la mariposa	the butterfly
el marisco	the seafood
el mármol	the marble
marrón	brown
el Marruecos	the Morocco
el Marte	Mars
el martes	Tuesday
el marzo	March
más	more, plus (math)
más a menudo	more often
el masaje	the massage
masculino, masculina	masculine
la mascota	the pet, the mascot
matar	to kill, to slaughter
las matemáticas	the mathematics
la materia	the matter, the material, the subject, the matters
el material	the material
la matrícula	the license plate, BE the numberplate
el matrimonio	the married couple, the marriage
el mayo	the May
ser mayor de edad	to be an adult
la mayoría	the majority
Me da lo mismo	I don't care, I don't mind

Me da igual	It doesn't matter to me
Me quedo en blanco	go blank, I'm blanking, my mind is blank
mecánico, mecánica	mechanical
la medalla	the medal
la media	the stocking, the average (math), the half hour (time)
la media pensión	the half board
la mediación	the mediation
las medias	the nylons, the socks
la media hora	the half-hour, half an hour
la medianoche	the midnight
el medicamento	the medicine, the medicament, the drug
la Medicina	the medicine
médico, médica	medical
el/la médico	the doctor
la medida	the measurement, the dimension, the measure
medio, media	half, medium, average
el medio ambiente	the environment
el mediodía	the midday
medir	to measure
Mediterráneo	Mediterranean
el Mediterráneo (mar)	the Mediterranean (sea)
la medusa	the jellyfish
la mejilla	the cheek
el mejillón	the mussel
mejorar	to improve
el melocotón	the peach
la melodía	the melody
el melón, pl. melones	the melon
la memoria	the memory, the report (information)
memorizar	to memorize
mencionar	to mention
el mendigo, la mendiga	the beggar
menor de edad	underage, minor
menos	less, fewer (number)
¡Menos mal!	Thank God! Thank goodness!
el mensaje de texto	the text message
mensual	monthly
mentir	to lie
mentir a alg.	to lie to someone
la mentira	the lie
mentiras y engaños	lies and deception, lies and deceit, lies and tricks
el mentiroso, la mentirosa	the liar
el menú	the menu
el menú del día	the menu of the day

menudo, menuda	small
a menudo	often
el mercado	the market
merendar	to have an afternoon snack
la merienda	the afternoon snack
la merluza	the hake, BE heik (fish)
la mermelada	the jam
el mes	the month
la mesa	the table
meter	to put, to fit, to involve, to score (sports)
meter gol	to score goal
el método	the method
el metro	the subway, BE the underground, the metro
mezclar	to mix, to blend
la mezquita	the mosque
el microondas	the microwave
el miedo	the fear
tener miedo de que	to be afraid that
la miel	the honey
el miembro	the member
miente más que habla	he/she lies more than he/she speaks
mientras	while, as long as
el miércoles	the Wednesday
la milla	the mile
mínimo, mínima	minimum
la minoría	the minority
el minuto	the minute
la mirada	the look
el mirador	the viewpoint
mirar	to look at, to watch
mirar atrás	to look back, to look behind
mirar a alg. por encima del hombro	to look down on somebody
la miseria	the misery, the poverty
mismo, misma	same
lo mismo	as well, likewise, the same
el misterio	the mystery
la mitad	the half, the middle
la mochila	the backpack
a la moda	fashionable, in style
modelar	to model, to shape
el modelo	the model
la moderación	the restraint, the moderation
moderno, moderna	modern
modesto, modesta	modest, humble

el modo	the mode, the way
mojado, mojada	damp, moist, wet
el molde	the mold, BE the mould
molestar	to bother, to annoy, to trouble
el momento	the moment
un momento	a moment, one moment
el monasterio	the monastery
la moneda	the coin, the currency
el mono, la mona	the monkey, the coveralls, BE the boilersuit
el monólogo	the monologue
la montaña	the mountain
las montañas	the mountains
montar	to assemble, to ride, to mount, to edit (film)
montar a caballo	to ride a horse
el montón	the pile
monumental	monumental
el monumento	the monument
el monumento emblemático	the emblematic monument
la moqueta	the (wall-to-wall) carpet
moral	moral
moreno, morena	dark, brunette, tanned, brown-haired
morir	to die
morir de hambre	to die of hunger
morirse	to die, to die for
mortal	mortal, fatal, lethal
la mostaza	the mustard
el mosto	the grape juice
mostrar	to show
mostrarse dispuesto/-a	to express readiness
el motivo	the motive
la motocicleta	the motorcycle
mover	to move, to shake, to drive
moverse	to move, to move around
la movida	the scene, the action
movido, movida	lively
móvil	mobile
muchísimo	so much, very much
mucho, mucha	a lot of, lots of, much
muchas veces	often, many times
mucho *(adv.)*	much
mudarse	to move, to move out, to move in
el mueble	the piece of furniture
la muerte	the death
muerto, muerta	dead

el muesli	the cereal (breakfast dish)
la mujer	the woman, the wife
la multa	the fine, the ticket
el mundo	the world
la muñeca	the doll, the wrist (anatomy)
la muralla	the (city) wall
el muro	the wall
el museo	the museum, the gallery
la música	the music
la música folclórica	the folk music
la música pop	the pop music
el musical	the musical
el músico	the musician
el muslo	the thigh
muy	very, too

N

nacer	to be born
el nacimiento	the birth
la nación	the nation
nacional	national
la nacionalidad	the nationality
el nacionalismo	the nationalism
las Naciones Unidas	the united nations
nada	nothing
nada más	nothing more, nothing else
nadar	to swim
naranja	orange (color)
la naranja	the orange (fruit)
la nariz	the nose
el narrador, la narradora	the narrator, the storyteller
la nata	the cream
la naturaleza	the nature
la naturalidad	the naturalness
las náuseas	the nausea
la navaja	the knife, the pocketknife, the blade
navegante	seafaring
el/la navegante	the navigator, the sailor, the skipper
navegar	to sail, to navigate
navegar por internet	to netsurf, to surf the Web
la Navidad	Christmas
las Navidades	the holidays

nebuloso, nebulosa	hazy, nebulous
necesario, necesaria	necessary
necesitar	to need, to require
negar	to deny, to refuse
negarse (a)	to refuse (to)
negativo, negativa	negative
la negociación	the negotiation
negociar	to negotiate
el negocio	the business, the deal
negro, negra	black, dark, tanned, BE brown
el nervio	the nerve
nervioso, nerviosa	nervous
neto	net
el neumático	the tire, BE the tyre
neutro, neutra	neutral
nevar	to snow
ni … ni	neither … nor
el nieto, la nieta	the grandson, the granddaughter
la nieve	the snow
la niña	the girl, the child, the pupil
de ningún modo	no way, by no means
el niño	the boy, the child
el nivel	the level, the height
no es en absoluto	it is not at all, is absolutely not
¡No hay de qué!	Don't mention it! You're welcome!
no importa	no matter, never mind
¡No te lo tomes a pecho!	Don't take it too hard!
la nobleza	the nobility, the royalty
la noche	the evening, the night
esta noche	tonight, this evening
la Nochevieja	New Year's Eve
nombrar	to mention, to appoint
el nombre	the name
el nombre (de pila)	the first name
nonagésimo, nonagésima	ninetieth, 90th
normal	normal
el norte (de)	northern, the north of
el norte	the north
notar	to notice, to feel
la noticia	the piece of news, the news story
la novela	the novel
la novela policíaca	the crime novel
noveno	ninth, 9th
la novia	the girlfriend, the bride (the day of the wedding)

el noviembre	the November
el novio	the boyfriend, the bridegroom (the day of the wedding)
la nube	the cloud
nublado, nublada	cloudy, overcast
nuevo, nueva	new
de nuevo	again, once again
la nuez	the walnut
el número (de la calle)	the street number, the house number
el número (de pie)	the shoe size
el número de teléfono	the telephone number
nunca	never
el/la nutricionista	the nutritionist, the dietitian

O

obedecer	to obey, to respond
objetivo, objetiva	objective
el objetivo	the objective, the goal, the target (Mil.)
el objeto	the object
obligar a	to force
obligatorio, obligatoria	obligatory, compulsory
la obra de teatro	the play, the theater piece, BE theatre, the stage play
la obra	the work, the play
las obras	the construction
el obrero, la obrera	the worker
observar	to observe, to notice
obtener	to get, to obtain
obvio	obvious
obvio es	obvious is, clear is
la ocasión	the occasion, the change, the opportunity
occidental	western
el océano	the ocean
el Océano Atlántico	the Atlantic Ocean
el Océano Pacífico	the Pacific Ocean
el ocio	the leisure time, the free time
octavo, octava	eighth, 8th
octogésimo, octogésima	eightieth, 80th
el octubre	the October
ocultar	to hide, to conceal
ocupado, ocupada	busy, taken
ocupar	to occupy, to take up
ocurrir	to happen, to occur
odiar	to hate

el odio	the hate, the hatred
al oeste (de)	west of
el oeste	the west
ofender	to offend
la oferta	the offer
oficial	official
la oficina de correos	the post office
el oficio	the job, the trade, the function, the service, the office
ofrecer	to offer
ofrecerse	to offer one's service
el oído	the hearing
oír	to hear, to listen to
¡Ojalá!	Let's hope so!
el ojo	the eye
la ola	the wave
oler	to smell
oler a	to smell like, to smell of
oler mal	to stink, to smell bad
el olor	the smell, the scent
olvidar	to forget
olvidarse de algo	to forget something
la ópera	the opera
la operación	the operation
operar	to operate (on)
opinar	to think, to express an opinion
la opinión	the opinion
las opiniones	the views, the positions
la oposición	the opposition
la opresión	the oppression
oral	oral
el orden	the order
la orden	the order, the warrant
el ordenador	the computer
ordenar	to order, to arrange, to tidy up (room)
organizar	to organize
el orgullo	the pride
orgulloso, orgullosa	proud
oriental	eastern, oriental
el origen	the origin
original	original
la orilla	the shore, the bank (river)
el ornamento	the ornament
el oro	the gold
la ortografía	the spelling, the orthography

la oscuridad	the darkness
oscuro, oscura	dark, obscure, black
un osito de goma	a jelly baby, AE a gummy bear
el oso, la osa	the bear
el otoño	the fall, BE the autumn
otro, otra	another
otra vez	again
el otro día	the other day
la oveja	the sheep

P

la paciencia	the patience
el/la paciente	the patient
paciente	patient
pacífico, pacífica	peaceful, peaceable (person)
el Pacífico	the Pacific
el padre	the father
los padres	the parents
el paella	the paella (rice dish)
pagar	to pay (for)
la página	the page
el país	the country
el paisaje	the landscape
el pájaro	the bird
la palabra	the word
la palabrería	the talk, the mumbo jumbo
el palacio	the palace
pálido, pálida	pale
la paliza	the beating, the trashing, the drubbing, the drag
la palmera	the palm tree
el palo de golf	the golf club, the putter, the driver
el pan	the bread
la panadería	the baker's shop
el panadero, la panadera	the baker
el pañal	the diaper
el panecillo	the (bread) roll
la pantalla	the screen, the shade (lamp)
el pantalón	the pants, BE the trousers
el pantalón corto	the shorts, the short pants
los pantys	the tights, the pantyhose
el pañuelo	the handkerchief, the scarf
el pañuelo de papel	the tissue, the tissue paper, the Kleenex

el papá	the dad
el papagayo	the parrot
el papel	the paper
el papel higiénico	the toilet paper
el papel (pintado)	the wallpaper
la papelera	the wastepaper basket
la papelería	the stationery store
el paquete	the package, the parcel, the packet (cigarette)
el par	the couple, the pair
para	for
la parada	the stop
parado, parada	unemployed
el paraguas	the umbrella
el paraíso	the paradise
pararse	to stop, to stand (up)
el parasol	the parasol, the sun visor
parecer	to seem, to look (like), to appear
el parecer	the opinion
parecerse	to look like, to be like, to look alike
parecido, parecida	similar
la pared	the wall
la pareja	the couple, the partner
el/la pariente	the relative
el parking	the parking lot, BE the car park
el parlamento	the parliament
el paro	the unemployment
el parque	the park
participar en	to participate in
particularmente	particularly, especially
la partida	the game, the consignment, the certificate (document)
el partido	the game, the party (political)
el partido de fútbol	the football game, the football match, the soccer game
partir	to split (open), to break open, to cut
el parto	the childbirth, the delivery
¡Pasadlo bien!	Have fun! Have a good time!
pasado, pasada	last
pasado/-a de moda	old-fashioned
pasado mañana	the day after tomorrow
el pasaje comercial	the commercial arcade
el pasajero, la pasajera	the passenger
el pasaporte	the passport
pasar	to pass, to go past, to cross, BE to overtake
pasar el aspirador	running the vacuum cleaner
pasar la fregona	to mop, wet mop

pasar por	to go by, to go through
pasarse	to come by, to stop by, to spend
Pascua (de Resurrección)	Easter
pasear	to walk, to take for a walk, to promenade
el paseo	the walk, the ride
el pasillo	the hall, the corridor, the aisle (cinema)
la pasión	the passion
el paso	the step
la pasta de dientes	the toothpaste
las pastas	the cookies, BE the biscuits
el pastel	the cake, the pastel (painting)
la pastelería	the cake shop
la pastilla	the pill, the tablet, the bar (soap)
la patata	the potato
las patatas fritas	the chips, the potato chips, the fries
el patio	the courtyard, the patio
el pato, la pata	the duck
la patria	the homeland
el patrimonio cultural de la humanidad	the cultural heritage
la pausa	the pause, the break, the rest (music)
el pavo	the turkey
el peatón	the pedestrian
el pecado	the sin
pecar	to sin
el pedido	the order
pedir	to ask for, to need, to order
pedir socorro	to yell for help, to call for help
pedir(se)	to be asked, to be required, to be requested
el pegamento	the glue
el peinado	the hairstyle
peinar	to comb
peinarse	to comb one's hair
el peine	the comb
pelar	to peel, to skin
la pelea	the fight, the struggle, the brawl
pelearse con	fighting with, brawling with, to get in a fight with
la película	the movie, the film
la película de terror	the horror movie, the scary movie
el peligro	the danger
peligroso, peligrosa	dangerous
pelirrojo, pelirroja	red-haired, red-headed
el pellejo	the skin, the hide
el pelo	the hair

el pelo canoso	the gray hair, BE the grey hair
el pelota	the ball
la peluquería	the hairdresser's shop, the hair salon
el peluquero, la peluquera	the hairdresser
la pena	the penalty, the sentence, the grief, the sorrow
dar pena	for sympathy, pain, to feel bad for
el penalti	the penalty (kick)
el pendiente	the earring
pensar	to think, to think about
la pensión	the pension, the guesthouse, the pensioner
la pensión completa	the full pension, BE the full board
peor	worse, worst, worst case
lo peor	the worst-case scenario
el pepinillo	the pickle, BE the gherkin
el pepino	the cucumber
pequeño, pequeña	small, little
la pera	the pear
la percha	the coat hanger
el perchero	the coat rack
percibir	to perceive
el perdedor, la perdedora	the loser
perder	to lose (object), to miss (train), to waste (time)
perderse	to get lost
el pérdida	the loss
¡Perdón!	Pardon!
perdonar	to forgive
¡Perdone!	Excuse me!
el perejil	the parsley
la pereza	the laziness
perfecto, perfecta	perfect
el perfecto	the perfect
las perforadoras (de papel)	the hole punches, the paper punches
el perfume	the perfume
la perilla	the goatee
el periódico	the newspaper
el/la periodista	the journalist
el período	the period
el periodo de prueba	the probation period
permanecer	to remain, to stay
permanente	permanent
el permiso	the permission, the permit (document)
el permiso de conducir	the driver's license, BE the driving license
el permiso de residencia	the residence permit
el permiso de trabajo	the work permit, the green card

permitir	to permit, to allow
permitirse	to afford
pero	but
el perro, la perra	the dog
la persona	the person
el personal	the personnel, the staff
personal	personal
la personalidad	the personality
persuadir	to persuade
peruano, peruana	Peruvian
el peruano, la peruana	the Peruvian
pesado, pesada	heavy (object), boring (book), tough (work)
pesar	to weigh
a pesar de	despite, in spite of, regardless of
la pesca	the fishing
la pescadería	the fish shop
el pescado	the fish (catch)
el pescador, la pescadora	the fisherman
pesimista	pessimistic
el peso	the weight, the peso (money)
el petróleo	the oil, the petroleum
el pez	the fish (living in the water)
picante	hot, spicy
el picnic	the picnic
el pico	the peak (mountain), the beak (animal)
la piel	the skin (person, fruit), the fur (animal), the leather (animal)
la pierna	the leg
la pieza	the room, the piece (music), the part (apartment)
la pieza de música	the piece of music
la pila	the battery
la píldora	the pill
el/la piloto	the pilot (plane), the driver (car)
el pimentón	the paprika, AE the bell pepper
la pimienta negra	the black pepper
la pimienta (de) cayena	the cayenne pepper
el pinar	the pine forest
el pinchazo	the prick, the sharp pain, the flat, BE the puncture
pintar	to paint
el pintor, la pintora	the painter
la pintura	the paint
la pipa	the pipe
la pirámide	the pyramid
el piso	the floor, the apartment, BE the flat

la pizarra	the blackboard
la pizca	the pinch
la pizza	the pizza
el placer	the pleasure
el plan	the plan
la plancha	the iron, the griddle (cullinary)
planchar	to iron
planear	to plan, to glide (aviation)
la planta	the plant, the floor
la planta baja	the ground floor, the first floor
plantar	to plant
el plástico	the plastic
la plata	the silver, **LatAm** cash (money)
el plátano	the banana
el platillo	the small plate, the saucer
el plato	the plate, the dish (gastr.)
la playa	the beach
la plaza	the square, the job (position of work)
la plazas de aprendiz	the apprenticeships
la plaza mayor	the main square
la plaza vacante	the vacant position
la pluma	the pen, the fountain pen, the feather
la plural	the plural
la población	the population, the city + the town (populated area)
poblado, poblada	populated, bushy (hairy)
poblar	to populate
pobre	poor
la pobreza	the poverty
pocas veces	few times, rarely
poco *(adv.)*	little
poco, poca *(adj.)*	little, not much, few, not many
poco a poco	little by little
un poco	a little
poder	to can, to be able to
el poder	the power, the influence
poderoso, poderosa	powerful
el poema	the poem
la poesía	the poetry
el poeta, la poetisa	the poet
la policía	the police, the police officer
la policía de tráfico	the traffic police
la politíca	the politics
político, política	political
el político, la política	the politician

el pollo	the chicken (gastr.)
la polución	the pollution
el polvo	the dust, the powder
la pomada	the cream
el pomelo	the grapefruit
el ponencia	the presentation, the paper (educational)
poner	to put, to put on (cloth), to send (to ship)
poner al fuego	*(phrase)* to put on the fire, to put over the fire (milk)
poner la mesa	to set the table
ponerse	to put on (clothes), to set (to go down)
ponerse de acuerdo sobre	to agree on
ponerse el cinturón	to belt up
ponerse en contacto con	to get in contact with
ponerse enfermo	to become ill, to fall ill
popular	popular
poquito	little, tiny
por	for, because of (motive)
por aquí	this way
por casualidad	by any chance, by accident
¡Por Dios!	For God's sake!
por ejemplo	for example, for instance
por encima	above, over, on top
por encima de	over, in excess of
por eso	why, so
por favor	please, if you please
Por favor, ¿podría?	Please, could you?
¡Por fin!	Finally!
por hora	per hour
por lo menos	at least, at the very least
(por) mucho tiempo	for long, for a long time
(por) poco tiempo	for a little while, briefly
¿Por qué?	Why?
porque	because
por separado	separately
por si acaso	just in case, by the way
por supuesto	of course, naturally
por (lo) tanto	therefore, thus
por último	finally, lastly
el portal	the foyer, the front door, the portal (computing)
poseer	to possess, to own
la posesión	the possession
la posibilidad	the possibility
posible	possible
posiblemente	possibly

positivo, positiva	positive
la postal	the postcard
el póster	the poster
el postre	the dessert
el potencial	the potential
el pozo	the well (of water), the shaft (mine), the pool (pot)
la práctica	the practice
practicar	to practice, BE to practise, to play (sport)
las prácticas	the internship, BE the work experience
la pradera	the grassland, the prairie
el prado	the meadow
el precio	the price
preciso, precisa	precious, beautiful
predecir	to predict
preferir	to prefer
la pregunta	the question
preguntar	to ask
preguntarse	to wonder
el premio	the prize
el premio Nobel	the Nobel Prize
prender	to catch, to light (to ignite)
la prensa	the press
la preocupacion	the worry, the concern
preocupar	to worry, to concern, to preoccupy
preocuparse	to worry about, to care
la preparación	the preparation, the training (work)
preparar	to prepare, to get ready
los preparativos	the preparations
la presentación	the presentation, the submission
presentar	to present, to launch (to make public), to introduce
presentarse	to show up, to introduce oneself, to arise
presentarse a un puesto	to apply for employment
presente	present
el presente	the present
el presidente, la presidenta	the president
la presión	the pressure
prestar	to lend, to provide (to give)
prestar primeros auxilios	to provide first aid
presumir	to presume, to show off (to brag)
prevenir	to prevent, to warn (against)
preventivo, preventiva	preventive, preventative
prever	to foresee
previsto, prevista	foreseen, expected
la primavera	the spring

la primera	the first, 1st
el primer piso	the first floor
la Primera Guerra Mundial	World War I
el primo, la prima	the cousin
la princesa	the princess
principal	main, principal
el príncipe	the prince
el/la principiante	the beginner
el principio	the beginning, the start, the principle
la prisa	the rush, the hurry, the haste
privado, privada	private
probable	probable, likely
probablemente	probably
probar	to test, to try (out), to taste (food), to prove
probarse	to try on
el problema	the problem
el proceso	the process, the trial (judicial)
la producción	the production
producir	to produce, to cause (to make happen)
el producto	the product
la profesión	the profession
el/la profesional	the professional
profesional	professional
el profesor, la profesora	the teacher, the professor, BE the lecturer
profundamente	deeply, profoundly, in depth
el programa	the program
el programador, la programadora	the programmer
progresar	to progress, to make progress
el progreso	the progress
la prohibición	the ban, the prohibition, the embargo (commerce)
prohibir	to forbid, to ban (officially)
la promesa	the promise
prometer	to promise
prometerse	to get engaged
promover	to promote, to provoke, to cause
pronto	(adjective) prompt/(adverb) soon, early
la pronunciación	the pronunciation
pronunciar	to pronounce, to say
la propiedad	the property
el propietario, la propietaria	the owner
propio, propia	own, characteristic, typical
proponer	to propose, to suggest
a propósito	on purpose
el propósito	the intention, the purpose

la propuesta	the proposal
el prospecto	the directions for use, the leaflet (propaganda)
el/la protagonista	the main character, the star, the hero, the heroine
protagonizar	to star in, to play the lead in, to play the leading role in
la protección	the protection
proteger (de)	to protect (from)
la protesta	the protest
protestar	to protest, to complain
la provincia	the province
provocar	to cause, to provoke
próximo, próxima	next, near, close
el proyecto	the plan, the project (work)
la prudencia	the caution, the prudence
prudencial	sensible, moderate
prudente	careful, cautious
la prueba	the test, the examination, the proof (demonstration)
la psicología	the psychology
publicar	to publish
publicarse	to come out, to be published
público, pública	public
el público	the public, the audience, the crowd
el puchero	the cooking pot, the stewpot, the pout (lips)
pudiente	wealthy
el pueblo	the village
¿Puedo ayudarle?	Can I help you?
¿Puedo ayudarle en algo?	Can I help you with something?
el puente	the bridge
la puerta	the door, the gate
el puerto	the port, the harbor
pues	well, as + since (why)
pues entonces	well, then, in that case
¡Pues mejor!	All the better!
el (puesto de) peaje	the tollbooth
puesto que	since, because
el puesto de trabajo	the position, the job
el pulgar	the thumb
la pulsera	the bracelet (jewelry), the strap (for watch)
la punta	the tip (extremity), the point (geography)
el punto	the point (sports), the dot (small mark)
en punto	on the dot
el punto de vista	the point of view
puntual	punctual
puntualmente	promptly, accurately, occasionally
el puro	the cigar

Q

¿A qué hora?	What time?
¡Qué aproveche!	Enjoy your meal!
¿Qué cuesta?	What does it cost?
¿Qué desea?	What would you like? How can I help you?
¡Qué faena!	What a chore!
¿Qué hora es?	What time is it?
¡Qué lástima!	What a shame! What a pity!
¿Qué pasa?	What's up?
¡Qué pena!	What a shame!
¿Qué querías?	What did you want?
¿Qué tal?	How are you? How are things?
¡Qué tenga un buen día!	Have a nice day!
¡Qué vergüenza!	How embarrassing!
quedar	to stay, to look, to keep, to meet
quedar bien	to look good, to be fine
quedar con	to meet with, to stick with, to stay with
quedarse	to stay, to remain, to keep
quedarse con	to stay with, to hold on to, to stick with
quedarse embarazada	to become pregnant, to get pregnant
la queja	the complaint
quejarse de	to complain about
quemar	to burn, to burn down, to torch
quemarse	to burn, to burn out, to burn off, to burn up
querer	to want
querido, querida	dear
Querría …	I would want to …, I would like …
el queso	the cheese
el queso fresco	the cottage cheese, the cream cheese
¿Quieres … ?	Do you want … ?
la Química	the chemistry
el químico, la química	the chemist
químico, química	chemical
quinto, quinta	fifth, 5th
el quiosco	the kiosk
quitar	to take off (cloth), to remove
quizá(s)	perhaps, maybe

R

la rabia	the rage, the anger, the fury, the rabies (medical)
la ración	the share, the serving, the portion
el racismo	the racism
el radiador	the radiator
la radio	the radio, the radius (math), the radium (chemistry)
radioactivo, radioactiva	radioactive
rallado, rallada	grated
el ramo	the sector
el rape	the anglerfish
rápido, rápida	quick, fast
la raqueta	the racket
raro, rara	seldom, rare
el ratón	the mouse
la raza	the race, the breed (animal)
la razón	the reason
de rayas	striped, stripy
razonable	reasonable
reactivar	to revive
la realidad	the reality
realizar	to realize, to carry out (task), to produce (cinema)
la recepción	the reception
la receta	the recipe (gastr.)
la receta médica	the prescription
recetar	to prescribe (medical)
rechazar	to reject, to repel (mil.)
el rechazo	the rejection
recibir	to receive
reciclar	to recycle
recién exprimido/-a	freshly squeezed
la reclamación	the complaint, the claim, the demand
reclamar	to complain, to demand, to claim
recobrar	to recover
recobrar las fuerzas	to get one's strength back
recobrar el juicio	to come to your senses
recobrarse (de)	to recover from
recoger	to pick up, to recover, to tidy up (room)
la recomendación	the recommendation
recomendar	to recommend
reconocer	to recognize, to examine (medical), to admit (mistake)
el reconocimiento	the examination (medical), the recognition
el récord	the record
recordar	to remember, to recall

el recorrido	the route
recto	straight, honest
el recuerdo	the memory
la redacción	the writing, the editorial
reducir	to reduce
referirse a	to refer to
la reflexión	the reflection, the thought
reflexionar	to reflect on, to ponder
refrescar	to cool, to brush up (know-how), to cool down (weather)
el refresco	the soda, BE the soft drink
refugiarse	to take refuge
el regalo	the gift, the present
regar	to water, to irrigate
la regata	the regatta, the irrigation channel (agriculture)
la región	the region
regional	regional
regular	to regulate, to control (temperature)
regularmente	regularly
reír	to laugh
reírse de alguin	to laugh at someone
registrarse	to register, to check in (hotel), to be recorded (temperature)
la reina	the queen
la relación	the relationship
el relato	the short story
la religión	the religion
religioso, religiosa	religious
rellenar	to fill out, to fill in (document.); to stuff (gastr.), to fill
el reloj	the clock
el reloj de pulsera	the watch, the wristwatch
el remedio	the remedy
la remisión	the sending, the forgiveness
remover	to stir, to dismiss (*LatAm*), to remove (*Mexican*)
renovar	to renovate, to renew
renovarse	to resume (to start again)
la renovación	the renovation, the renewal
la rentabilidad	the profitability (finance), the yield (on investment)
renunciar a	to resign, to relinquish, to give up (alcohol)
la reparación	the repair
reparar	to repair
repartir	to share, to divide up, to deliver (products)
repetir	to repeat
el reportaje	the story, the report
representar	to represent, to put on and to perform (opera)

el requesón	the cottage cheese
la reserva	the reservation
reservado, reservada	reserved
reservar	to reservar, to book, to save, to set aside
estar resfriado, resfriada	to have a cold
el resfriado	the cold (medicine)
el residuo orgánico	the organic waste
la resistencia	the resistance, the tolerance (ability to endure)
resolver	to solve
respectivo, respectiva	respective
el respecto	the regard
al respecto	on the matter
respetar	to respect
el respeto	the respect
la respiración	the breathing, the breath, the ventilation
respirar	to breathe
responsable	responsible
la respuesta	the reply, the answer, the response
el restaurante	the restaurant
el resto	the rest, the remainder
el resultado	the result
retirar	to take away, to remove, to withdraw (money)
el retraso	the delay
la reunión	the meeting, the get-together (friends)
reunir	to bring together (people), to meet, to gather
reunirse	to meet up, to get together
el revisor, la revisora	the inspector (ticket)
la revista	the magazine
la revolución	the revolution
el rey	the king
rezar	to pray
rico, rica	rich, delicious (food), cute or sweet (i.e. a kitten)
el riesgo	the risk
la riña	the quarrel, the fight
el río	the river
la risa	the laugh
el ritmo	the rhythm
robar	to rob (person), to steal (object)
el robo	the robbery, the burglary (in house)
la roca	the rock
rodar una película	to make a film, to shoot a movie
rodear	to surround, to go around, to encircle
la rodilla	the knee
rogar	to ask for

rojo, roja	red
la romero	the rosemary
romper	to break, to smash, to tear
romperse algo	to break something (arm)
el ropa	the clothes
rosa	pink
rotundamente	strongly, categorically
rubio, rubia	blond/blonde
la rueda	the wheel
el ruido	the noise
ruidosa, ruidosa	noisy
las ruinas	the ruins, the remains
la ruta	the route

S

el sábado	Saturday
la sábana	the sheet
saber	to know, to taste
el saber	the knowledge
sabroso, sabrosa	tasty, juicy; *L.Am.* - nice, pleasant
el sacacorchos	the corkscrew
sacar	to take out, to remove, to make (a photocopy)
sacar una foto	to take a picture
sacar los muebles	to take out the furniture
el saco	the sack; *L.Am.* - the jacket
el saco (de dormir)	the sleeping bag
la sal	the salt
la sala	the room, the hall, the court room (judicial)
la sala de espera	the waiting room
salado, salada	salted, salty, funny, witty
salarial de género	the gender wage, the gender pay
el salario	the salary
el salario mínimo	the minimum wage
la salchicha	the sausage
el salchichón	type of spiced sausage
la salida	exit, way out, departure (transportation)
la salida de emergencia	the emergency exit
la salida del sol	the sunrise, the rising sun
salir	to leave, to go out, to appear, to come out
salir bien	to be fine, to be all right, to go well
el salmón	the salmon
el salón	the living room

la salsa	the sauce (gastronomy), the salsa (dance)
saltar	to jump, to leap
saltar(se)	to miss, to skip
¡Salud!	Cheers!
la salud	the health
salvaje	wild, brutal
salvar	to save, to get around (obstacle)
la sandalia	the sandal
la sandía	the watermelon
el sándwich	the sandwich, the toasted sandwich
la sangre	the blood
la sangría	the sangria
sano, sana	healthy
saquear	to sack, to ransack
el saqueo	the plundering, the plunder
la sardina	the sardine
la sartén	the frying pan
satisfecho, satisfecha	satisfied
el saxofón	the saxophone
el secador (de pelo)	the hair dryer
la secadora	the (clothes) dryer
secar	to dry
secarse	to dry, to dry out, to dry up, to be dried
secarse el pelo	to dry your hair
la sección	the section
seco, seca	dry, curt + brusque (person)
el secretario, la secretaria	the secretary
el secreto	the secret
la sed	the thirst
tener sed	to be thirsty
la seda	the silk
la sede	the headquarters, the seat (government)
seguir	to follow, to continue, to carry on
según	according to
la Segunda Guerra Mondial	World War II
el segundo	the second, 2nd
seguramente	probably, surely, certainly
la seguridad	the safety, the security (against crime), the certainty
el seguro	the insurance, the lock (car); *LAm.* - the safety pin
seguro, segura	safe, steady, sure
los seguros de enfermedad	the health insurance
el sello	the stamp
el semáforo	the traffic light
semanal	weekly

la semana	the week
la Semana Santa	the Easter, Holy Week
el semestre	the semester, the six-month period
el seminario	the seminary
el señal de tráfico	the traffic sign, the traffic signal
el sendero	the path, the track
el señor	sir, lord, mister
la señora	madam, mrs., ma'am
la señorita	miss, young lady, mademoiselle
sensible	sensitive
sentarse	to sit down
el sentido	the sense, the meaning
el sentido común	the common sense
el sentido del humor	the sense of humo(u)r
el sentimiento	the feeling
sentir	to feel, to sense
sentirse	to feel; *LAm.* - to take offense; BE to take offence
la separación	the separation
separado, separada	separated
separar	to separate
separarse de	to separate, to split up
el se(p)tiembre	September
septuagésimo/-a	seventieth, 70th
ser	to be
ser amigo/-a de	to be friends with, to be a friend of
ser de	to be of, to come from
ser cierto	to be true, be right
serio, seria	serious
la serpiente	the snake
servicial	obliging, helpful
el servicio	the service, the restrooms, BE the toilets
la servilleta	the serviette, the napkin
servir	to serve, to be of use
servirse	to help, to help oneself to
la seta	the mushroom
sexagésimo/-a	sixtieth, 60th
el sexo	the sex
el shock	the shock (medical)
si	if
¡Sí, con mucho gusto!	Yes, with pleasure!
si no	if not
el SIDA	AIDS (medical)
siempre que	providing that, as long as
la sierra	the saw, the mountain range (geographical)

el siglo	the century
el significado	the meaning
significar	to mean, to signify
el signo	the sign
el silencio	the silence
la silla	the chair
el sillón	the armchair, the easy chair
simpático, simpática	nice, lik(e)able
sin	without
sin alcohol	nonalcoholic, alcohol-free
sin embargo	however, nevertheless
sin falta	without fail, for sure
sin madurar	unripe, unripened
sin que	without
sin rodeos	bluntly, straight, plainly
la sinagoga	the synagogue
la sinceridad	the sincerity
sincero, sincera	sincere
el sindicato	the labor union, BE the trade union
el singular	the singular
siniestro, siniestra	sinister
¡Sírvase!	Help yourself!
el sistema	the system
sistemático, sistemática	systematic
el sitio	the place, the room
el sitio para aparcar	the parking space, the parking spot
la situación	the situation
el snowboard	the snowboard
sobrar	to be left over, not to be needed
sobre	on, about (relating to)
el sobre	the envelope
sobrevivir	to survive
el sobrino, la sobrina	the nephew, the niece
sociable	sociable
social	social
el socialismo	the socialism
la sociedad	the society
¡Socorro!	Help!
el sofa	the sofa
el sol	the sun
solamente	only
soleado, soleada	sunny
soler	to tend to, to use to (in past tense)
la solicitud	the application, the request

solo, sola	single
(tan) sólo *(adv.)*	only
soltero, soltera	single, not married
la solución	the solution
la sombra	the shadow
el sombrero	the hat
el soñar	to dream
sonar	to ring out
el sonido	the sound
sonreír	to smile
la sonrisa	the smile
la sopa	the soup
soportable	bearable
soportar	to bear, to put up with
no puedo soportar	I can't stand, I can't bear
sorprender	to surprise
la sorpresa	the surprise
el sótano	the basement, BE the cellar
subir	to go up (stairs), to climb (mountain), to raise (lift)
el subordinado, la subordinada	the subordinate
subrayar	to underline, to emphasize
sucio, sucia	dirty
la sudadera	the sweatshirt
sudar	to sweat
el sudor	the sweat
el suegro, la suegra	the father-in-law, the mother-in-law
el sueldo	the salary
el suelo	the floor (house), the ground (on the outside - earth)
el sueño	the dream, the sleep
tener sueño	to be sleepy
la suerte	the luck
suficiente	enough, sufficient
sufrir	to suffer, to put up with
la suma	the sum
sumar	to add
superdotado, superdotada	gifted
superfluo	superflous
el supermercado	the supermarket
suponer	to suppose, to assume
al sur de	to the south of
el sur	the south
el surf	the surfing
suspender	to suspend, to hang (object), to fail (test)
el susto	the fright, the scare

T

el tabaco	the tobacco
la taberna	the bar
la tabla	the board, the panel (art)
el tablón de anuncios	the bulletin board, BE the notice board
tacaño, tacaña	stingy, mean, miserly
tal vez	maybe, perhaps
el talento	the talent, the gift
el talento de idioma	the talent for language
la talla	the size, the height, *CAm.* the lie
el taller	the workshop
el tamaño	the size
tamaño, tamaña	in the size of, such
también	also, too, as well
tampoco	neither
tan	so
tan ... como	as ... as
tanto, tanta	so much, as much
la tapa	the lid, the top, the flank (culinary)
tapar	to cover, to put the lid on
el taparrabo	the loincloth
tardar	to take a long time
tarde	late
la tarde	the afternoon (from noon until sunset), the evening
la tarea	the task, the job
la tarjeta de crédito	the credit card
la tarjeta de embarque	the boarding card
la tarjeta telefónica	the phone card
la tarta	the cake, the tart
la tasca	the bar
el taxi	the taxi, the cab
la taza	the cup, the bowl (water)
¿Te puedo ayudar?	May I help you?
el teatro	the theater
el techo	the ceiling, the roof
la tecla	the key (music + keyboard), the bottom (on a device)
teclear	to key in, to play
la técnica	the technique
el técnico, la técnica	the technician, the repairman (dishwasher)
técnico, técnica	technical
la tecnología	the technology
el tejado	the roof
la tela	the fabric + the material (textile)

el teléfono	the (tele)phone
el teléfono de emergencia	the emergency phone number, the hotline
la televisión	the television, the TV
el televisor	the television, the TV
el tema	the subject, the topic, the theme
la temperatura	the temperature
la tempestad	the storm
tempestuoso/-a	stormy
el templo	the temple
temprano	early
¡Ten cuidado!	Watch out! Careful!
el tenedor	the fork
tener	to have
tener 10 años	to be 10 years old
tener aspecto de	to look like
tener buen aspecto	to look well, to look fine
tener capacidad	to have the ability
tener cuidado con	to be careful with, to watch out for
tener dificultad	to have difficulty, to have trouble, to find (it) difficult
tener facilidad para algo	to have a gift for something
tener ganas de	to be excited to, to fancy, to be looking forward to
tener habilidad manual	to be clever with one's hands
tener lugar	to take place, to occur
tener el pelo canoso	to have gray [BE grey] hair
tener el pelo castaño	to have brown hair
tener el pelo negro	to have black hair
tener pensado	to have in mind, to look forward to
tener previsto	to plan
tener prisa	to be in a hurry, to be rushed
tener que	to must, to need to
tener sueño	to be sleepy, to get sleepy
tener un aspecto descuidado	to look sloppy, to have a careless appearance
tener una avería	to have a (car) break down
el tenis	the tennis
el tentempié	the snack
la teología	the theology
la teoría	the theory
teórico, teórica	theoretical
la terminal	the terminal
terminar	to end, to finish
el termómetro	the thermometer
el ternero, la ternera	the calf
el terremoto	the earthquake
el terreno	the land, the field

terrible	terrible, awful, horrible
terriblemente	terribly, awfully, horribly
el terrorismo	the terrorism
el test	the test
el/la testigo	the witness
la tetera	the teapot
el texto	the text
el tiburón	the shark
el tiempo	the weather, the time, the tense (grammar)
el tiempo libre	the spare time, the free time
la tienda	the shop, AE the store
la tienda de alimentos	the grocery store, the food store
la tienda de deportes	the sporting goods store, the sports shop
la tienda de fotos	the photo studio, the camera shop
la tienda de ropa	the clothing shop, the dress shop
la tienda de souvenirs	the souvenir shop, the gift shop
la tierra	the land, the soil, the ground, the earth (planet)
las tijeras	the scissors
tímido, tímida	shy, timid
típico, topica	typical
el tipo	the type, the kind, the guy
tirar	to throw, to knock down (person), to waste (money)
tirar (el dado)	to roll the dice
tirar de	to yank, to tug at, to pull
la tirita	the Band-Aid, BE the (sticking) plaster
el tiro	the shot (gunshot, sport), the throw (sport)
el título	the title, the degree (university)
la tiza	the chalk
tocar	to touch, to play (music), *LAm.* to knock (on a door)
todavía no	not yet
todo, toda *(adj.)*	all
todo *(Pron.)*	all, everything
tolerar	to tolerate
tomar	to take, to make (a decision), to have (a drink)
tomar a mal	to take offense
tomar drogas	to take drugs
tomar el sol	to sunbathe
tomar la píldora	to take the pill, to go on the pill
tomar prestado/-a	to borrow, to have borrowed
tomarse	to take, to have (food)
el tomate	the tomato
el tomillo	the thyme
la tontería	the nonsense
tonto, tonta	silly, foolish

el toreo	the bullfighting
la tormenta	the storm
el torneo de tenis	the tennis tournament
torpe	clumsy
el toro	the bull
la torre	the tower
la torre de la iglesia	the church tower
la tortilla	the omelette, **LAm**. - the tortilla
la tortura	the torture
torturar	to torture
la tos	the cough
toser	to cough
la tostada	the piece of toast
la tostadora	the toaster
total	total, complete
totalmente	totally, completely
el trabajo	the work
el trabajador, la trabajadora	the worker
trabajar	to work
el trabajo escrito	the written work
la tradición	the tradition
tradicional	traditional
la traducción	the translation
traducir	to translate
el traductor, la traductora	the translator
traer	to bring
traficar	to deal
el tráfico	the traffic, the trade
tragar	to swallow
la tragedia	the tragedy
trágico, trágica	tragic
el traje de baño	the swimsuit
la tranquilidad	the calm, the quietness
tranquillo, tranquilla	calm, quiet
el transbordador	the ferry
la transferencia	the transfer
la transformación	the transformation
transformar	to transform
transformarse (en)	to transform into, to turn into, to develop into
el transporte	the transport
transportar	to transport
el transporte público	the public transport, the public transportation
el tranvía	the streetcar, BE the tram
el trapo	the rag, the cloth (to clean)

trasladar	to move, to transfer
trasladarse (a)	to move (to)
el tratamiento	the treatment
tratar	to treat, to handle, to address, to come in contact with
tratar mal	to treat badly
la trayectoria profesional	the professional career
el tren	the train
el tren regional	the regional train
trescientos, trescientas	three hundred, 300
el tribunal	the court
trigésimo, trigésima	thirtieth, 30th
el trimestre	the quarter, the semester, BE the term
triste	sad
la tristeza	the sadness
la trompeta	the trumpet
el trozo	the piece
el trozo de papel	the piece of paper
la trucha	the trout
el tubo	the tube
el tulipán	the tulip
la tumba	the tomb, the grave
tumbarse	to lie down
el turismo	the tourism
el turismo rural	the rural tourism
turístico, turística	tourist
el turno	the turn

U

ulteriormente	further, subsequently, at a later stage
última parada	the last stop, the final stop, the last stand
últimamente	lately
último, última	last, latest
un cordial saludo	a cordial greeting, a warm hello, warm greetings
una vez	once
undécimo, undécima	eleventh, 11th
único, única	only, unique
el uniforme	the uniform
la unión	the union
la Unión Europea	the European Union
unir	to join, to unite (people), to combine (characteristics)
unirse a	to join
la universidad	the university

el universo	the universe
¡Un momento!	A moment!
un poco	a little, a bit
la urbanización	the housing development, BE the housing estate
urbano, urbana	urban
las urgencias	the emergency room, BE the casualty
urgente	urgent
usado, usada	worn, second hand
usar	to use, to wear (cloth)
el uso	the use, the custom
útil	useful
utilizar	to use
la uva	the grape

V

la vaca	the cow, the beef (gastronomy)
las vacaciones	the vacation, BE the holiday
vacante	vacant, empty
vacío, vacía	empty
vago, vaga	lazy
el vagón restaurante	the dining car, BE the restaurant car
la vajilla	the dishes
¡Vale!	Okay! Sure!
¡Vale, gracias!	Okay, thank you!
valer	to be worth, to cost
valer la pena	be worthy, pay off, be worthwhile
valiente	brave, fine
la valle	the valley
el valor	the value, the courage
el vampiro	the vampire
el vaquero	the jeans
vario, varia	several, various
el vaso	the glass, the vessel (anatomy)
¡Vaya!	Well!
el vecino, la vecina	the neighbor
vegetariano, vegetariana	vegetarian
el vehículo	the vehicle, the carrier (medical)
la vejez	the age
la vela	the sailing, the sail, the candle
vencido, vencida	defeated, losing, expired (past date)
la venda	the bandage
el vendaje	the dressing (medical)

vender	to sell, to sell out (to betray)
¡Venga!	Hurry up! Come on! Yeah, right! (express disbelief)
venir	to come
venir(se)	to come, to come back (to return)
la venta	the sale
la ventaja	the advantage, the lead (in career)
la ventana	the window
ventoso, ventosa	windy
ver	to see, to watch (television)
ver la televisión	to watch television
el verano	the summer
el verbo	the verb
la verdad	the truth
verdadero, verdadera	true, real
la verdura	the vegetable, the greens [plural], the greenness (color)
la vergüenza	the shame, the disgrace
vestido, vestida	dressed
el vestido	the dress, **LatAm** the suit (man)
vestirse	to get dressed, to dress up
el veterinario, la veterinaria	the veterinary
la vez	the time (occasion + frequency)
la vía	the track
viajar	to travel
el viaje	the trip, the journey
el viajero, la viajera	the passenger, the traveler, BE the traveller
la víctima	the victim
la victoria	the victory
la vid	the wine
la vida	the life, the life span
la vida nocturna	the nightlife
el vidrio	the glass, the piece of glass, **LatAm** the window
viejo, vieja	old
la Viena	Vienna
el viento	the wind
el viernes	the Friday
el Viernes Santo	the Good Friday
vigésimo, vigésima	twentieth, 20th
el vinagre	the vinegar
el vino	the wine
la violencia	the violence
violento, violenta	violent, vehement (passionate), awkward (uneasy)
el violín	el violin
violeta	violet

virtual	virtual
la virtud	the virtue
el virus	the virus (medical)
el visado	the visa
la visita	the visit
la visita guiada	the guided tour
la visita panorámica	the panoramic visit, the panoramic tour
visitar	to visit
la vista	the view, the sight, the hearing (law)
visual	visual
la vitamina	the vitamin
viudo, viuda	widowed
el viudo, la viuda	the widower
vivir	to live, to live through (experience)
vivo, viva	alive, bright (color), lively (enthusiastic), quick (mental)
el vocabulario	the vocabulary
vocal	vocal
la vocal música	the vocal music
volar	to fly, to vanish (to go away)
el volcán	the volcano
el volumen	the volume
volver	to return, to come back
volver a	to return to, to resume
volverse	become, to turn around, to get
vomitar	to throw up, to vomit, to puke
votar	to vote
el voto	the vote
el vuelo directo	the direct flight
la vuelta	the turn, the return, the lap (street)

Y

y	and
ya	already, now
Ya es suficiente, gracias.	That's enough, thank you.
¡Ya está!	That's it!
¡Ya está bien!	That's enough!
ya no	no longer, no more
ya que	since, as
¡Ya quisiera yo!	I'd like that!
el yate	the yacht
yayo, yaya	grandpa, grandma
la yema de huevo	the egg yolk

yo	I
el yogur	the yogurt

Z

la zanahoria	the carrot
la zapatería	the shoe store, BE the shoe shop
la zapatilla de deporte	the sneaker, BE the trainer
el zapato	the shoe
la zozobra	the anxiety (stress), the sinking + the capsizing (boat)
zozobrar	to capsize (boat), to founder (shipwrecked)

ABOUT THE AUTHOR

Heidi McPherson is a homeopath, translator and a freelance teacher of Spanish. In her youth she vacationed at her aunts in Andalusia , a community in Spain, every summer. That is where she fell in love with the Spanish language. As an adult she stayed in Spain for an extended period. During that time she decided to write a Spanish course that makes it possible for people to become more familiar with everyday spoken language in Spain.

www.ingramcontent.com/pod-product-compliance
Lightning Source LLC
Chambersburg PA
CBHW081344230426
43667CB00017B/2713